D1749610

Herausforderung Transformation

Nikolaus Mohr · Norbert Büning · Ursula Hess ·
Anna Maria Fröbel

Herausforderung Transformation

Theorie und Praxis

Springer

Dr. Nikolaus Mohr
Accenture GmbH
Campus Kronberg 1
61476 Kronberg im Taunus
nikolaus.mohr@accenture.com

Ursula Hess
Accenture GmbH
Maximilianstr. 35
80539 München
ursula.hess@accenture.com

Norbert Büning
Accenture GmbH
Kaistraße 20
40221 Düsseldorf
norbert.buning@accenture.com

Dr. Anna Maria Fröbel
Accenture GmbH
Maximilianstr. 35
80539 München
anna.maria.froebel@accenture.com

ISBN 978-3-642-02527-3   e-ISBN 978-3-642-02528-0
DOI 10.1007/978-3-642-02528-0
Springer Heidelberg Dordrecht London New York

Bibliografische Information der Deutschen Nationalbibliothek
Die Deutsche Nationalbibliothek verzeichnet diese Publikation in der Deutschen Nationalbibliografie; detaillierte bibliografische Daten sind im Internet über http://dnb.d-nb.de abrufbar.

© Springer-Verlag Berlin Heidelberg 2010

Dieses Werk ist urheberrechtlich geschützt. Die dadurch begründeten Rechte, insbesondere die der Übersetzung, des Nachdrucks, des Vortrags, der Entnahme von Abbildungen und Tabellen, der Funksendung, der Mikroverfilmung oder der Vervielfältigung auf anderen Wegen und der Speicherung in Datenverarbeitungsanlagen, bleiben, auch bei nur auszugsweiser Verwertung, vorbehalten. Eine Vervielfältigung dieses Werkes oder von Teilen dieses Werkes ist auch im Einzelfall nur in den Grenzen der gesetzlichen Bestimmungen des Urheberrechtsgesetzes der Bundesrepublik Deutschland vom 9. September 1965 in der jeweils geltenden Fassung zulässig. Sie ist grundsätzlich vergütungspflichtig. Zuwiderhandlungen unterliegen den Strafbestimmungen des Urheberrechtsgesetzes.
Die Wiedergabe von Gebrauchsnamen, Handelsnamen, Warenbezeichnungen usw. in diesem Werk berechtigt auch ohne besondere Kennzeichnung nicht zu der Annahme, dass solche Namen im Sinne der Warenzeichen- und Markenschutz-Gesetzgebung als frei zu betrachten wären und daher von jedermann benutzt werden dürften.

Einbandentwurf: WMX Design GmbH, Heidelberg

Gedruckt auf säurefreiem Papier

Springer ist Teil der Fachverlagsgruppe Springer Science+Business Media (www.springer.com)

Vorwort

Transformationsfähigkeit als Wettbewerbsvorteil – besonders in Krisenzeiten

Deutschland wird für absehbare Zeit von großen Veränderungen in Wirtschaft, Gesellschaft und Politik betroffen sein. Instabile Finanzmärkte, steigende Anforderungen an die Nachhaltigkeit unserer Handlungsweisen und Verschiebungen in der „Balance of Power" als Folge der fortschreitenden Globalisierung betreffen alle Lebensbereiche.

Die Auswirkungen sind für die meisten von uns unmittelbar spürbar. Die Lage für viele Unternehmen ist so ernst wie selten und zwingt zu radikalen Maßnahmen. Politik und Gesellschaft müssen Antworten finden auf bisher nicht gekannte Fragestellungen. Wandlungsfähigkeit ist in solchen Zeiten Voraussetzung, um sich den laufend ändernden Gegebenheiten anzupassen. Obwohl nichts vorhersehbar ist, ist konsequentes Handeln erforderlich.

Zur ersten Orientierung lohnt ein Blick in die Vergangenheit. Erfahrungen aus der Rezession des Jahres 1990 in den USA zeigen, dass das Verhalten von Unternehmen in der wirtschaftlichen Talsohle einen signifikanten Einfluss auf ihre Leistung und Erfolg nach der Krise hat.

Eine Studie von Accenture zeigt: Einige Unternehmen erzielten in den sechs Jahren nach der Rezession beträchtliche Wettbewerbsvorteile gegenüber ihren Konkurrenten. Diesen Vorsprung erarbeiteten sie sich in der Phase, in der die US-Wirtschaft insgesamt am Boden lag. Daraus lässt sich schlussfolgern: Um später wieder erfolgreich sein zu können, müssen Unternehmen gerade die wirtschaftlich schwächeren Zeiten nutzen.

Es ist also jetzt die Zeit, die Weichen für die Zukunft zu stellen. Jetzt sind Unternehmen gefragt ihre Unternehmensstrategie und ihre operative Exzellenz zu prüfen. Politiker und Verantwortliche von Bildungseinrichtungen müssen jetzt darüber nachdenken, welche Talente Deutschland benötigt, um auch künftig im globalen Umfeld wettbewerbsfähig zu bleiben. Änderungen sind vor allem dann nötig, wenn die strategischen Ziele nicht erreicht werden können oder Flexibilität und Anpassungsfähigkeit über die Jahre verloren gegangen sind.

Wir erwarten deshalb Fusionen und Übernahmen in allen Branchen; vor allem im Banken-, Öffentlichen und Industriesektor werden sie noch um ein Vielfaches zunehmen.

Wir werden gleichzeitig einen konsequenten Konsolidierungskurs der Unternehmen beobachten können; Portfolio-Bereinigung und Fokussierung auf Kernkompetenzen sind hier die Schlagworte. Solche Schritte erhöhen nicht nur die kurzfristige Überlebensfähigkeit, sondern machen das Unternehmen für die Aufschwungphase nach der Krise wettbewerbsfähiger.

Während Unternehmen es sich noch bis vor kurzem leisteten, nicht an ihre eigenen Servicestrukturen heranzugehen, beginnen sie nun diesen Ansatz in Frage zu stellen und zu prüfen, wie bestimmte Services im oder für das Unternehmen künftig günstiger erbracht werden können. Auf die Bedürfnisse zugeschnittene Lösungen mit Shared Services, Outsourcing oder gar Divestment werden mehr und mehr ernsthaft ins Kalkül gezogen. Kostenkontrolle, Kosteneffizienz und finanzielle Transparenz – dies alles ist mehr denn je gefragt.

Die gegenwärtige Situation verändert zudem die Bedürfnisse und Verhaltensweisen der Kunden. Jetzt gilt es pro-aktiv zu sein, die Kunden auch in schwierigen Zeiten zu halten und durch marktgerechte Produkte und Dienstleistungen neue Kunden zu gewinnen.

Auch das Thema Nachhaltigkeit veranlasst viele öffentliche Einrichtungen und Unternehmen sich neu zu orientieren und Prioritäten so zu setzen, dass knappe Ressourcen mit größerer Sorgfalt genutzt werden. Daraus ergeben sich neue Denkweisen, die Ausgangspunkt für neue innovative Verfahrensweisen sind.

So gilt es auch das vorhandene Innovationspotential stärker auszuschöpfen und noch effizienter als bisher in konkrete neue Prozesse, Anwendungen oder Produkte umzusetzen. Wirtschaft und Politik als auch Bildung und Gesellschaft sollten sich noch mehr auf die Förderung von Innovationskultur und die ständige Verbesserung der Rahmenbedingungen konzentrieren.

Diese nur skizzenhaft gezeichneten Entwicklungen führen zu einem enormen Veränderungsdruck in Unternehmen und öffentlichen Institutionen; ganze Organisationen werden in überschaubarer Zeit regelrecht transformiert sein. Die damit einhergehenden Prozesse zu beherrschen wird absolut erfolgskritisch. Sie wird zu einem sehr wichtigen Wettbewerbsvorteil und bestimmen damit maßgeblich den Grad des künftigen Erfolges – nicht nur im Übergang, sondern nachhaltig.

Accenture möchte aktiv dazu beitragen, die Zahl erfolgreicher Transformationen zu erhöhen und offen zu diskutieren, welche Herausforderungen und Chancen während einer Veränderung auf alle Akteure zukommen.

Dieses Buch betrachtet derzeit laufende und abgeschlossene Transformationen ausgewählter Unternehmen und Institutionen aus Wirtschaft, Politik, Gesellschaft, Kultur und Sport.

Gestützt auf theoretische Erkenntnisse, unsere langjährige Beratungserfahrung in verschiedenen Management Consulting Bereichen, fundiertem Theoriewissen und vielen Gesprächen ist dieses Buch entstanden. Es dient als Nachschlagewerk und praktisches Handwerkszeug für jeden, der sich auf einen Transformationsweg machen möchte oder sich bereits mitten drin befindet.

Viel Spaß beim Lesen und viel Erfolg bei Ihrer Transformation!

Dr. Stephan Scholtissek
Vorsitzender der Accenture-Ländergruppe Deutschland, Österreich, Schweiz

Walter Hagemeier
Geschäftsführer Management Consulting der Accenture-Ländergruppe Deutschland, Österreich, Schweiz

Danksagung

Ein Sammelwerk in dieser Größe und Vielfalt steht und fällt mit allen Beitragenden. Deshalb möchten wir uns ganz herzlich bei allen Autoren dieses Werkes bedanken, für ihren interessanten Beitrag, ihre Sorgfalt bei der Überarbeitung und letztendlich für ihre Geduld bei der Fertigstellung des Buches.

Bei Accenture in der Politikkontaktarbeit, in der Rechtsabteilung, im Marketing und im Sekretariat durften wir auf viele Kollegen zurückgreifen, die uns fachkundig beraten haben. Ganz besonders möchten wir uns für die tatkräftige Unterstützung bei Boris von Chlebowski, Annette von Westernhagen, Sonja Fink, Stefanie Schröder, Micaela Feldmann, Julia Heuerz-Sengül und Bettina Igler bedanken.

Des Weiteren haben wir viele Anregungen und Korrekturen bei der Erstellung des Buches, in der ersten Konzeptarbeit und beim Layout von Kollegen bekommen, die dem Buch seinen Feinschliff verliehen haben. Für ihre überaus engagierte and lange Unterstützung möchten wir uns ganz herzlich bei Ralf Kaumanns, Nadine Clauss, Laura Hildebrand, Tom Eppendorfer, Maria Enzensberger bedanken.

Kurz vor Abgabe des Buches konnten wir uns über zahlreiche Helfer glücklich schätzen, die unermüdlich jedes Kapitel gründlich redigiert haben, bevor wir es an den Verlag gaben. Stellvertretend möchten wir hier Julia Schiermann nennen, die das Manuskript inhaltlich, stilistisch und mit Blick auf Vereinheitlichung überarbeitet hat.

Und dann möchten wir uns bei allen bedanken, die unseren Erzählungen über aktuelle Herausforderungen in der Buchgestaltung geduldig zugehört haben. Sie haben immer ein Auge zugedrückt, wenn wir uns auf unser Werk konzentriert haben. Wir danken hiermit unseren Familien und Freunden sehr herzlich für die emotionale Unterstützung.

Wie schön, dass dieses Werk mit so vielen Impulsen geschaffen werden konnte. Wir wünschen allen eine anregende Lektüre und eine erfolgreiche Transformation.

München, im Herbst 2009　　　　　Dr. Nikolaus Mohr, Norbert Büning,
　　　　　　　　　　　　　　　　Ursula Hess und Dr. Anna Maria Fröbel

Inhaltsverzeichnis

Vorwort: Transformationsfähigkeit als Wettbewerbsvorteil –
besonders in Krisenzeiten v

Danksagung ix

Einführung: Unumgänglichkeit der Veränderung –
Der Aufbruch in die multipolare Welt 1

Multipolare Welt als Stimulus für Transformation

Triebkräfte und Stimuli für die multipolare Welt 7

Transformation eines Familienunternehmens –
Das Traditionsunternehmen Roeckl Handschuhe 25
Annette Maria Roeckl

Von „Made in Germany" zu „Created in Germany" 35
Norbert Walter

Trends in einer multipolaren Bildungswelt –
Herausforderung für das deutsche Hochschulsystem 41
Michael Dowling

Initiierung von Veränderungen

Der Beginn und die Phasen der Transformation 55

Die Kunden, die Kultur und die Kontinuität – Über eine der größten
Transformationen in der Telekommunikationsindustrie 71
Friedrich Fuß

Die Energiepolitik der EU im Vertrag von Lissabon –
DIE Zukunftsaufgabe in einer multipolaren Welt 85
Kurt Bodewig

Die Semperoper Dresden auf dem Weg vom DDR-Repräsentations-
institut zu einem international wettbewerbsfähigen Opernhaus 95
Gerd Uecker

Führung und Vision

Überzeugung durch Handeln 115

Eine globale Welt im Wandel erfordert neue Führungskompetenzen 135
Ursula Hess

Das Siemens Leadership Excellence Programm 145
Marion Horstmann

Das Klinsmann-Projekt 155
Wolfgang Jenewein

Mensch im Mittelpunkt

Im Spannungsfeld von Individuum und Gemeinschaft 171

Vision der FirstRand-Gruppe von der Black Economic Empowerment (BEE)
Transformation innerhalb der Organisation 189
Paul Kenneth Harris

Konstanz im Erfolg basiert auf stetem Wandel 199
Birgit Fischer

Wie viel Change verträgt der Mensch? 207
Veit M. Hirche

Implementierung und Nachhaltigkeit

Fortschritt und erfolgreicher Abschluss einer Transformation 215

Zusammenschluss von Siemens COM Carrier
und Nokia Siemens Networks 235
Bosco Novák

Von der Behörde zum Wirtschaftsunternehmen –
Die Transformation der DB Netz AG 249
Volker Kefer

Früher, individueller, wirksamer –
Die Transformation des Sozialstaates im 21. Jahrhundert 265
Matthias Platzeck

Literatur 273

Herausgeber 279

Autoren 283

Liste der Abbildungen und Tabellen

Abbildungen

Abb. 1	Times Higher Education Ranking	43
Abb. 2	Academic Ranking of World Universities 2007 (World Rank 1–15)	43
Abb. 3	Das deutsche Akkreditierungssystem	47
Abb. 4	Siemens Leadership Framework	146
Abb. 5	Die Siemens Leadership Excellence Pyramide	148
Abb. 6	Das Curriculum der SLE-Kurse	150
Abb. 7	Paul Harris mit Einheimischen in einem inoffiziellen Taxi	191
Abb. 8	Paul Harris verteilt Winterdecken an Einheimische	192
Abb. 9	Paul Harris und Sizwe Nxasana mit leitenden Angestellten bei einem Wohltätigkeitslauf	192
Abb. 10	FirstRand – Anerkennung für die Transformation	197
Abb. 11	Foto von Birgit Fischer	200
Abb. 12	Das Accenture Veränderungsrad	218
Abb. 13	Das Accenture Veränderungsrad in der Veränderungskurve	219
Abb. 14	Beispiel-Matrix zur Analyse von Personalinstrumenten in Veränderungsprozessen	228
Abb. 15	Zeitplan und Aktivitäten zur Fusion von Nokia Siemens Networks	240
Abb. 16	Die fünf Unternehmenswerte von Nokia Siemens Networks	242
Abb. 17	Die Vision von Nokia Siemens Networks	243
Abb. 18	Nokia Siemens Networks – das Logo	244
Abb. 19	Zusammenspiel Unternehmenswerte und Markenwerte von Nokia Siemens Networks	244
Abb. 20	Initiativen zur Fusion von Nokia Siemens Networks	246

Tabellen

Tabelle 1 Die 25 Unternehmen – Gründer der European School
of Management and Technology 49
Tabelle 2 Kompetenzen und ihre Definition 120
Tabelle 3 Widerstand in verbalen/nonverbalen und aktiven/passiven
Symptomen nach Doppler und Lauterburg (1994) 179

Einführung

Unumgänglichkeit der Veränderung – Der Aufbruch in die multipolare Welt

Nicht erst seit der aktuellen Wirtschaftskrise ist der Aufbruch, der viele Bereiche unserer Gesellschaft und unseres Umfelds tangiert, allgegenwärtig. Es geht eine Veränderung vonstatten, die Wirtschaft und Politik, Kunst und Sport, öffentliche und private Organisationen gleichermaßen betrifft. Bankenkrise, Klimaerwärmung, Ressourcenverknappung sind die Schlagworte des 21. Jahrhunderts.

Mit der rasanten Entwicklung in Indien und China hat sich das bisher bestehende wirtschaftliche Gleichgewicht verschoben. Die wirtschaftliche Triade aus USA, Europa und Japan wird allmählich abgelöst durch eine Welt mit mehreren wirtschaftlichen Großmächten. In dieser „multipolaren" Welt spielen die bisherigen Schwellenländer China, Indien, Russland, Brasilien und Südkorea zunehmend eine maßgebliche Rolle.

So stehen wir nach langer Zeit wieder vor einem Wendepunkt für die Wirtschaft und unsere Gesellschaft, der sich nun erstmals global auswirkt. Fand in früherer Zeit der Austausch zwischen den westlichen Industrienationen statt, hat sich dieses Bild in den letzten Jahren gewandelt. Und der Wandel nimmt an Geschwindigkeit auf. Der letzte Beschleuniger – die internationale Finanz- und Wirtschaftskrise – hat bereits heute für viele Unternehmen in Deutschland nachhaltige Folgen, die sich auch nach der Erholung der Märkte noch auswirken werden. Die globale Vernetzung und der freie Fluss von Kapital verursachen die kurzfristige Auslagerung von Unternehmensteilen in andere Regionen der Welt. Um auf den neuen Wachstumsmärkten vor allem in Asien wettbewerbsfähig bleiben zu können, wird für viele Unternehmen der Aufbau einer lokalen Präsenz unumgänglich sein. Diese globale Verteilung der Wertschöpfungsketten bedeutet eine große Herausforderung. Restrukturierungen in bisher nicht bekanntem Maße stehen an, um langfristig wettbewerbsfähig bleiben zu können. Die Organisationen stehen vor der Aufgabe, diese Veränderungen anzunehmen, sie begleitend zu managen und nachhaltig zu implementieren. Nur durch eine intensive Auseinandersetzung mit dem eigenen Veränderungsbedarf und den Möglichkeiten der Umsetzung durch selbst gesteuerte Transformationen können Unternehmen ihre Wettbewerbsfähigkeit langfristig sichern. Es reicht nicht, an der einen oder anderen Stelle in der Organisation einen Veränderungsprozess zu initiieren. Die Geschwindigkeit des Wandels in der multipolaren Welt erlaubt es nicht mehr dieses Thema zur Spielwiese für Visionäre abzutun. Nur wer jetzt die bereits heute absehbaren Herausforderungen im Blick hat und sich mit entsprechenden Transformationsmethodiken auseinandersetzt, wird dauerhaft in der Lage sein, flexibel auf notwendige Veränderungen zu reagieren und sich nachhaltig erfolgreich am Markt etablieren.

Dazu befinden wir uns durchaus in einer guten Startposition. Deutsche Marken und Produkte genießen besonders in den Wachstumsmärkten einen ausgezeichneten Ruf, zwölf Prozent der deutschen Exporte gehen inzwischen nach Asien. Die Ausgangsbedingungen für erneutes Wachstum sind daher bei uns günstiger als in einigen anderen Staaten. Mehr noch: Deutschland könnte sogar gestärkt aus einer der schlimmsten Wirtschaftskrisen hervorgehen. Voraussetzung ist, dass die deutschen Unternehmen den gegenwärtigen Abschwung auch als Chance begreifen. Die Voraussetzungen dafür sind hervorragend. Denn die deutschen Unternehmen verfügen über immenses Potential, um mit ihren hochwertigen Produkten die Märkte zu erobern und das Image von Deutschland als innovativen Wirtschaftsstandort global zu stärken.

Hier sind die Unternehmen aber auch die Gesellschaft in der Pflicht, die Weichen für die Zukunft zu stellen. Denn in der Kombination aus Innovation und der Bereitschaft zur ständigen Transformation liegt der Schlüssel, den Herausforderungen der Zukunft erfolgreich zu begegnen. Mehr Wettbewerb bei gleichzeitiger Verknappung von Ressourcen heißt nicht aufgeben, sondern anders denken. Selbst wer in der momentanen Situation eher die Kostenseite im Blick hat, tut gut daran, diese beiden Faktoren zentral in die Unternehmensstruktur und -kultur zu implementieren.

Oft werden die externen Veränderungsfaktoren sogar erkannt, aber allgemein fehlt es in Deutschland an einer offenen Haltung gegenüber Veränderungen. Gerade in Führungskreisen – den eigentlichen Initiatoren – finden wir selten eine hohe Veränderungsbereitschaft vor. Oft wird erst gehandelt, wenn die ersten Warnzeichen deutlich zu spüren sind.

Diese Haltung zeigt sich zum Beispiel im Bereich Personalrekrutierung. Wie die Accenture High-Performance Studie aus 2006 zeigte, sehen deutsche Führungskräfte das Problem alternder Belegschaften aktuell noch nicht als besonders drängend an (Accenture, 2006). Sie rechnen erst innerhalb der nächsten fünf Jahre damit, dass sich dieses Problem auf ihre Mitarbeiterstruktur auswirkt. Dementsprechend beurteilen sie – im Gegensatz zu Führungskräften aus anderen Ländern – die gegenwärtigen Risiken des Fachkräftemangels als gering.

In Deutschland leistet der Staat zu diesem Thema schon längst viel Aufklärungsarbeit und bietet der Wirtschaft konkrete Unterstützung an (zum Beispiel das Projekt WeGebAU[1] zur Behebung des Facharbeitermangels). Die Unternehmen

---

[1] Weiterbildung Geringqualifizierter und -beschäftigter älterer Arbeitnehmer in Unternehmen.

nehmen diese Hilfsangebote derzeit aber nur sehr zögerlich an, was wiederum auf ein noch relativ gering ausgeprägtes Problembewusstsein der verantwortlichen Entscheidungsträger hinweist. Dabei findet Innovation nur dort statt, wo die besten Talente zu Verfügung stehen.

Bereitschaft zur Veränderung ist daher in diesem Spannungsfeld ein entscheidender Faktor. Hierdurch kann sich die Grundlage für eine „out-of-the-box"-Denkweise entwickeln, die als Initiator für Innovation und nachhaltigen Erfolg wirkt. Sowohl im wirtschaftlichen als auch im gesellschaftlichen Umfeld schaffen wir so neue Möglichkeiten und Perspektiven, um uns in der multipolaren Welt zu positionieren. Transformationsmanagement wird damit zu einem zentralen Werkzeug für die Bewältigung der Herausforderungen der Zukunft.

Denn wer in den dynamischen Märkten der multipolaren Welt erfolgreich sein will, muss in der Lage sein, die immer komplexer werdenden Veränderungen besser und schneller umzusetzen als die Konkurrenz.

Ein Unternehmen, das einen Transformationsprozess[2] durchläuft, passt sich aber nicht nur den sich ändernden Bedingungen an, sondern vollzieht einen tief greifenden Wandel, dessen Ergebnis eine in weiten Bereichen veränderte Organisation ist. Der Wandel umfasst oftmals Strategien, Prozesse, Führungsstrukturen, Unternehmenszweck und -ziele und mündet in eine neue Unternehmenskultur.

All dies findet häufig in einem Umfeld statt, das von einem hohen externen und internen Handlungsdruck geprägt ist. Muss die Transformation ad hoc initiiert werden, verstärkt sich dieser Druck noch. Dies tritt zum Beispiel ein, wenn nicht vorausschauend geplant wurde oder aufgrund einer Übernahme, einer finanziellen Schieflage die sofortige Einleitung der Transformation unumgänglich wird. Damit der Transformationsprozess trotzdem erfolgreich gestaltet werden kann, ist professionelles und prozessorientiertes Transformationsmanagement ein entscheidender Faktor. Ein umfassendes Verständnis über die Methodik der Transformation und ihren Verlauf unter sich wandelnden Bedingungen und Schwierigkeiten ist dazu unumgänglich. Dieses Buch gibt hierzu eine fundierte Hilfestellung.

Es beginnt mit der Darstellung wesentlicher Triebkräfte und deren Stimuli für die multipolare Welt. Die daraus abgeleiteten Transformationsnotwendigkeiten führen zur Initiierung von Veränderungen. Dabei wird zwischen unterschiedlichen Arten von Transformationen unterschieden, die aber eines gemeinsam haben: sie benötigen einen starken Auftakt, der den Organisationsmitgliedern die Gründe für die Transformation klar und verständlich darlegt. Damit steigt dann auch im Transformationsverlauf die Relevanz von Führung und Vision. Transformationale Führungskräfte sehen den Bedarf bei ihren Mitarbeitern und adressieren ihn mit entsprechendem Transformationsmanagement. Denn letztendlich entscheiden die Organisationsmitglieder über den Erfolg der Transformation und können sie durch

---

[2] Ein Transformationsprozess ist die bewusste Umsetzung von tief greifenden Veränderungsvorhaben innerhalb der gegebenen Rahmenbedingungen in einem Unternehmen oder einer Organisation. Die maßgeblichen Beteiligten im Unternehmen entscheiden durch ihre Haltung dem Vorhaben gegenüber weitgehend über dessen Erfolg. Werden die neuen Regeln und Vorgehensweisen akzeptiert und gelebt? Sind die Akteure bereit, sich mit der erforderlichen Kraft für die Veränderungen zu engagieren? (vergleiche Königwieser & Lutz, 1992).

ihre Unterstützung und ihre Motivation beflügeln, durch ihren Widerstand aber auch im Sande verlaufen lassen. Ein effizientes Transformationsmanagement, das alle Phasen der Veränderung fokussiert begleitet, führt dann zur erfolgreichen Implementierung der Veränderung. Aber erst wenn die Transformation sich auch in der Kultur und in den Köpfen der betroffenen Menschen widerspiegelt, sind die Grundlagen für einen nachhaltigen Wandel und eine dauerhafte Veränderungsbereitschaft geschaffen.

Ergänzt werden die theoretischen Ausführungen durch individuelle Erfahrungen zur „Herausforderung Transformation" bekannter Vertreter aus Wirtschaft und Gesellschaft. Die Beispiele zeigen die Gründe auf, die den Anstoß für die jeweilige Transformation gegeben haben sowie, unter welchen Rahmenbedingungen die Transformationen verlaufen sind und welche Vorgehensweisen wann und warum gewählt wurden. Sie zeigen in ihrer Vielfalt der Sichtweisen, wie verschieden die aktuellen Herausforderungen in diesen Bereichen sind. Die Transformationsphasen und Erfolgsfaktoren stimmen jedoch in allen Bereichen nahezu überein. Ob beim „Sommermärchen" der deutschen Nationalmannschaft oder beim Wandel der Deutschen Telekom AG zu einem modernen Dienstleistungskonzern – am Anfang steht immer eine gründliche Analyse und Bestandsaufnahme des Ist-Zustands, auf der die Planung der Transformation aufsetzen kann.

Die Abfolge der Beiträge orientiert sich an den Erfolgsfaktoren und den Phasen eines Transformationsprozesses. Dadurch wird es möglich, unterschiedliche Transformationen unter dem gemeinsamen Blickwinkel der jeweiligen Transformationsphase zu betrachten und ihre Erfolgsfaktoren zu vergleichen. Durch den Einblick in die Mechanismen von Transformationsprozessen in den unterschiedlichsten Bereichen wollen wir dazu anregen, den stetigen Wandel und die immer neuen Aufgaben der multipolaren Welt als Chance zu sehen, den eigenen Transformationsbedarf zu erkennen sowie Strategien für einen Wandel zu entwickeln und für den eigenen Erfolg zu nutzen. Denn ein richtig angestoßener und durchgeführter Transformationsprozess hilft, die sich aus dem Wandel ergebenen Potentiale voll auszuschöpfen und nachhaltig zu sichern.

Multipolare Welt als Stimulus für Transformation

Triebkräfte und Stimuli für die multipolare Welt

In der Zeit der amerikanischen Unabhängigkeitskriege unternahm der Kurierreiter Israel Bissell vom 19. bis 24. April 1775 einen Kurierritt zwischen Watertown, Massachusetts und Philadelphia, um die amerikanischen Kolonisten über den bevorstehenden Angriff der Briten zu unterrichten. Dabei legte er 345 Meilen in der Rekordzeit von vier Tagen und sechs Stunden zurück. Die Botschaft von General Joseph Palmer, die er überbrachte, wurde bei jedem Stopp kopiert und neu verteilt. Heute ließe sich Bissells Job per E-Mail in wenigen Minuten, ja Sekunden erledigen. Und mit Hilfe des SMS Dienstes Twitter[1] kann jedermann die gesamte Welt nahezu in Echtzeit über alle Ereignisse informieren. Seien sie so bedeutend wie Revolutionen und Vulkanausbrüche oder so belanglos wie der Kauf eines T-Shirts in einer Boutique in London oder Singapur.

Seit dem legendären Ritt von Bissell sind rund 235 Jahre vergangen. Allein etwa 100 Jahre davon vergingen mit der Erfindung der Telegraphie und des Telefons. Am 07. März 1876 erhielt Bell im Wettlauf mit vielen Vorreitern und Konkurrenten schließlich das Patent für sein Telefon. In dieser Zeit machte auch die Entwicklung der ersten Fahrzeuge mit Motor große Fortschritte. 1886 baute Carl Benz in Mannheim ein mit einem Verbrennungsmotor angetriebenes Dreirad.

Kontext und Transformation

Seither hat sich das Tempo der technologischen Entwicklung beschleunigt. Die meisten der Techniken und Geräte, mit denen wir heute arbeiten, und leben sind in den letzten rund 120 Jahren entwickelt worden. Und das Tempo dieser Entwicklung nimmt weiter zu.

---

[1] Soziales Netzwerk für den Austausch von Textnachrichten. Durch Abonnieren von Nachrichten eines Twitter-Nutzers können andere angemeldete Benutzer diesem folgen. Diese so genannten „Follower" erhalten dann alle Nachrichten des Benutzers in chronologischer Folge auf der Twitter Startseite im Internet angezeigt.

Für Zbigniew Brzeziński[2] sind wir mitten in einer Transformation von der industriellen zur technologischen Ära. Die westlichen Industriestaaten sind Brzeziński zufolge bei dieser Transformation am weitesten fortgeschritten und entwickeln sich zunehmend zu „technotronischen" Gesellschaften. Technologie und Elektronik üben einen Einfluss auf die kulturelle, psychologische, soziale und wirtschaftliche Prägung dieser „technotronischen" Gesellschaften aus.

Die Auswirkungen dieses Wechsels von der industriellen zur technotronischen Ära werden laut Brzeziński ebenso tief greifend sein, wie der Wechsel von der Agrar- zur industriellen Gesellschaft. Im Gegensatz zum industriellen Zeitalter sind die Veränderungen durch den Eintritt in die technotronische Ära jedoch nicht mehr territorial begrenzt, sondern werden zu einer globalen Realität. Die verfügbaren elektronischen Kommunikationsmittel ermöglichen die Übertragung von Informationen von einem Teil der Erde in einen anderen innerhalb kürzester Zeit.

Durch diese heute allgemein als Globalisierung beschriebene Entwicklung werden nach Ansicht von Brzeziński Kräfte freigesetzt, die in politischer, wirtschaftlicher und gesellschaftlicher Hinsicht von größerer Bedeutung sind als die der französischen Revolution.

Der Eintritt in die technotronische Ära und das Zeitalter der Globalisierung erfordert auch von Unternehmen zunehmend tief greifende Transformationsprozesse. Im Gegensatz zu bloßen Anpassungsprozessen und kontinuierlichen Entwicklungen, versteht man unter einer Transformation die Umgestaltung und Umwandlung eines Bestehenden in eine andere Form. Alte Strukturen und Verhaltensweisen werden analysiert und aufgebrochen. Bestehendes wird aufgegeben, eine neue Form wird dauerhaft installiert.

Ein Sportler erkennt, dass er sich einer Transformation unterziehen muss, wenn seine Technik nicht mehr ausreicht, um Spitzenleistungen zu erbringen. Er „verlernt" dann bestehende Bewegungsabläufe, um neue, mehr Erfolg versprechende zu trainieren. Genauso muss ein Unternehmen, das den Ehrgeiz hat, sich vom komfortablen Mittelmass zur Weltklasse zu entwickeln, mit vertrauten Gewohnheiten und Prozessen brechen und neue Verhaltensweisen lernen.

Grundsätzlich sind Organisationen oder auch Individuen allerdings sehr schwerfällig, wenn es darum geht, das Bestehende aufzugeben und sich zu verändern. Denn das Aufgeben von bewährten Verhaltensweisen und Strukturen ist immer auch mit Risiko verbunden. Deshalb gibt es nur selten Transformationen, die ohne einen starken Stimulus gestartet werden. Solange das Bestehende „scheinbar" gut läuft, ist die Bereitschaft für einen Wandel in der Regel gering, und ohne diese Bereitschaft ist eine erfolgreiche Transformation kaum möglich. Dennoch ist es wichtig eine Transformation anzustreben, bevor sich das Blatt wendet und dann längst überholte Strukturen angepasst werden müssen.

Veränderungen bzw. Transformationen finden dabei immer in einem bestimmten Kontext statt. Das Umfeld der Veränderung, der Kontext in dem der Wandel

---

[2] Amerikanischer Politikwissenschaftler polnischer Abstammung. 1977 bis 1981 Sicherheitsberater von US-Präsident Jimmy Carter. Berater am Zentrum für Strategische und Internationale Studien (CSIS) in Washington D.C.

stattfindet – das „why" of change oder der Stimulus – bestimmt entscheidend ob und wie eine Transformation abläuft. Entsprechend kann Transformation oder Wandel in zwei Dimensionen begriffen werden (vergleiche Mohr et al., 1998).

Die erste Dimension ist dabei die Intensität der Transformation. Veränderungen können mit niedriger oder hoher Intensität ablaufen. Bei Wandel niedriger Intensität handelt es sich um evolutionäre oder inkrementale Anpassungen, Verbesserungen oder Modifikationen. Demgegenüber beschreibt Wandel mit hoher Intensität einschneidende, radikale oder revolutionäre Veränderungen. Levy und Merry (1986) verwenden hier das Begriffspaar „first-order change" und „second-order change" und geben in ihrem Buch „Organizational Transformation" einen umfassenden Überblick über die Begriffsvielfalt.

Die zweite Dimension ist der zeitliche Bezug. Es handelt sich dabei um das Verhältnis zwischen Durchführungszeitpunkt der Transformation und dem Stimulus aus dem Kontext. In dem Verständnis können Veränderungen zum einen als Reaktion auf einen Stimulus, also zum Beispiel eine Krise, erfolgen. Solche Veränderungen werden als reaktive Veränderungen bezeichnet. Sie stellen den Normalfall einer Transformation dar, da es hier eine klare Notwendigkeit gibt, etwas zu verändern und die auch allen Beteiligten mehr oder weniger klar kommunizierbar ist. Zum anderen kann eine Transformation aber auch proaktiv und ohne einen starken Stimulus erfolgen. Solche Transformationen sind eher selten, weil in der Regel schwer initiierbar. Denn meist gelingt es in solchen Fällen nicht, die Betroffenen von der Notwendigkeit des Wandels zu überzeugen. Die individuelle Entscheidung eines Einzelnen, zum Beispiel eines CEO (Chief Executive Officer), einen Wandel durchzuführen der nicht durch eine Krise, ein konkret sichtbares Problem oder einen anderen Stimulus herausgefordert wird, trifft daher selten auf die notwendige Unterstützung in der Organisation. Diese Unterstützung ist aber wiederum notwendig, um einen nachhaltigen Wandel zu erreichen.

Nadler und Tushman (1990) haben aus diesen beiden Dimensionen eine bekannte Typologie organisatorischer Veränderungen entwickelt. Erkennbar werden vier unterschiedliche Typen, die sich hinsichtlich ihres zeitlichen Bezugs und ihrer Intensität unterscheiden:

- Tuning: antizipativ und inkrementell,
- Adaption: reaktiv und inkrementell,
- Re-Orientierung: antizipativ und radikal,
- Re-Kreation: reaktiv und radikal.

Auch Worley et al. (1995) führen vier Typen von Veränderungen an: Strategische Anpassung, Reorientierung, Strategische Überarbeitung und Konvergenz. Welche Veränderung notwendig ist, kann durch die Beantwortung von drei wesentlichen Fragen ermittelt werden:

- Wie steht es um die Leistungsfähigkeit des Unternehmens?
- Wie effektiv arbeitet das Unternehmen?
- Liegt eine wesentliche Änderung bei den Rahmenbedingungen vor?

Wenn sich die Rahmenbedingungen nicht wesentlich geändert haben und Performance und Effektivität des Unternehmens „OK" sind, ist Konvergenz gegeben. Eine Transformation ist in diesem Falle nicht notwendig. Haben sich die Rahmenbedingungen entscheidend verändert oder muss eine der Fragen mit „nicht OK" beantwortet werden, sind strategische Anpassungen, eine komplette Überarbeitung der Strategie oder eine Reorientierung des Unternehmens erforderlich.

In der gegenwärtigen Situation verändern sich die Kontextvariablen stetig. Die Stimuli für Transformation sind damit vielfältig und stark. Kaum ein Unternehmen wird sich daher einem Wandel gegenüber auf lange Sicht verschließen können. Denn die zunehmende Komplexität unserer wirtschaftlichen und gesellschaftlichen Realität in einem globalen Umfeld macht es für Unternehmen nahezu unmöglich, ohne die Bereitschaft zur Transformation zu überleben.

Die zentralen Triebkräfte in einer globalisierten und multipolaren Welt[3]

Computertechnologie und Informatik

Die stärkste Triebkraft für das Fortschreiten der Globalisierung in Richtung auf eine multipolare Welt ergibt sich seit einigen Jahrzehnten aus den Innovationen in der Computertechnologie und Informatik. Mikroelektronik und Computer verändern kontinuierlich unsere Umwelt und die Art, wie wir leben und arbeiten. Durch die zunehmende Vernetzung von Computern und die rasante Entwicklung des Internets hat diese Triebkraft weiter an Intensität gewonnen.

Die Schnelligkeit der technologischen Entwicklung im IT Bereich nimmt ständig zu. Computer, Netzwerke und Datenspeicher werden immer schneller und leistungsfähiger. Parallel dazu entwickeln sich die Produktionstechnologien. Waren können immer schneller und kostengünstiger hergestellt werden. Informationen und große Datenmengen können mit extremer Geschwindigkeit an nahezu jeden Punkt der Erde übertragen werden. Videokonferenzen erlauben es uns, virtuell an mehreren Orten gleichzeitig präsent zu sein.

Diese technologische Entwicklung verändert die Art und Weise wie Unternehmen arbeiten und bedingt eine Neuausrichtung von Geschäftsprozessen. Dies auch, weil Internet und die Möglichkeiten des E-Commerce die Beziehungen zwischen Unternehmen und Kunden permanent verändern. Mittels E-Mail und Internet können Unternehmen ihre Dienstleistungen und Waren weltweit anbieten.

Die Vernetzung durch Internet und Telekommunikation macht es möglich, dass das Management eines Unternehmens auf verschiedenen, internationalen Standorten verteilt arbeitet und trotzdem jederzeit auf dem neuesten Stand ist.

---

[3] In Anlehnung an Scholtissek (2008).

Die Daten eines Unternehmens sind nicht mehr nur innerhalb eines lokal begrenzten Netzwerks verfügbar, sondern im Cyberspace des World Wide Web rund um die Uhr, ständig aktualisiert und über alle Zeitzonen hinweg für alle berechtigten Mitarbeiter weltweit abrufbar. Außendienstmitarbeiter können auf den für sie wesentlichen Datenbestand permanent zugreifen und können Aufträge und Anfragen direkt an ihr Backoffice übermitteln und die Daten abgleichen. Dank des Mobilfunks benötigen sie dazu nicht einmal mehr eine Festnetzleitung. Social Networks oder Cloud Computing[4] sind die neusten Trends dieser Zeit.

Die zunehmende Miniaturisierung der elektronischen Geräte wird in naher Zukunft dazu führen, dass Computer, Mobiltelefon und Fernsehen in einem Gerät vereint sind. Diese Geräte werden dann auch zur Navigation und zur Durchführung von bargeldlosen Zahlungen benutzt werden können. Dass es sich hierbei um keine Vision mehr handelt, zeigen Geräte wie I-Phone und Blackberry. Das Unternehmensprozesse und Kundenbeziehungen sich durch diese Möglichkeiten revolutionär verändern werden ist sicher. Schon jetzt haben viele Unternehmen Front- und Back-Office Dienste ausgelagert.

In diesen Prozess sind auch die Länder der neuen Boomregionen in Asien und Südamerika bereits eingebunden. Dabei sind sie nicht mehr nur das Ziel von Offshoring[5]-Projekten, sondern werden immer mehr zu Vorreitern bei der Entstehung von Innovationen. So entwickeln zurzeit chinesische Spezialisten einen neuen Standard für die drahtlose, digitale Datenübermittlung.

Liberalisierung des Welthandels

Bis zum Ende des Zweiten Weltkrieges behinderten starke Handelsbeschränkungen den weltweiten Austausch von Waren und Dienstleistungen. Nach dem Ende des Krieges wurde in langwierigen Verhandlungen mit dem GATT (General Agreement on Tariffs and Trades) ein allgemeines Zoll- und Handelsabkommen ins Leben gerufen, das es zum Ziel hatte, den internationalen Handel zu erleichtern. Die Regelungen dieses Abkommens wurden schließlich in den 1990er Jahren in das Regelwerk der World Trade Organization (WTO) aufgenommen, der heute 149 Staaten weltweit angehören.

Parallel dazu sind auf allen Kontinenten Freihandelszonen geschaffen worden. Eine der weltweit erfolgreichsten dieser Zonen ist die Europäische Union, die sich aus der 1957 gegründeten Europäischen Wirtschaftsgemeinschaft (EWG) entwickelt hat. Vergleichbare Freihandelszonen wurde auch in Amerika (NAFTA) und Asien (ASEAN) geschaffen.

---

[4] Dt.: Rechnerwolke. Das Konzept steht für eine Vielzahl netzbasierter Dienstleistungen, die von überall zugänglich sind. Das fundamentale Konzept besteht darin, das Computerwesen eher auf die Basis variabler und nicht fixer Kosten umzustellen und somit Dienstleistungen auf Nachfrage über ein globales Netzwerk anzubieten.

[5] Offshoring bzw. Auslandsverlagerung ist die Verlagerung unternehmerischer Funktionen und Prozesse ins Ausland.

All diese Abkommen haben in der Folge zu einem wachsenden Handel zwischen den angeschlossenen Ländern geführt und den Wohlstand und Lebensstandard vor allem auch in den schwächeren Ländern angehoben.

Mit der Liberalisierung des Welthandels begann die erste Phase der Globalisierung. Große Unternehmen wie General Electric, Siemens und Toyota fingen an sich global aufzustellen, um neue Märkte zu erschließen. Heute sind die meisten Großkonzerne multinationale Unternehmen, die weltweit Präsenz zeigen und in lokalen Fertigungsstätten lokale Arbeitskräfte beschäftigen. In den letzten Jahren ist diese Präsenz noch stärker gewachsen. Und damit einhergehend haben sich auch die Umsätze dieser Unternehmen in den neuen Märkten rasant gesteigert. Umsatzsteigerungen im zweistelligen Prozentbereich waren dabei keine Seltenheit.

Inzwischen hat eine neue Phase der Globalisierung begonnen. Unternehmen aus den bisherigen Schwellenländern haben sich zu ernsthaften Konkurrenten für die Unternehmen der Triade, USA, Japan und Europa entwickelt und stehen in einem globalen Wettbewerb mit diesen. Dabei sind die Wachstumsraten der neuen Boomregionen China, Indien, Brasilien, Mexiko und Russland beeindruckend und liegen weit über denen der bisher alleinigen Wirtschaftsmächte.

Durch diesen wirtschaftlichen Erfolg verschieben sich die weltweiten Kräfteverhältnisse. Neue Wirtschaftszentren kommen zu den bisherigen Zentren hinzu. Die Weltwirtschaft wird multipolar. Für Unternehmen bedeutet diese Entwicklung, dass sie einer Reihe von Veränderungen und Herausforderungen gegenüberstehen, die es zu meistern gilt, um die Chancen zu nutzen, welche die neuen Entwicklungen bieten.

Multinationale Konzerne

Die großen Konzerne haben sich in den letzten zwei Jahrzehnten verstärkt zu multinationalen Unternehmen entwickelt, die einen großen Teil ihres Umsatzes außerhalb ihrer ursprünglichen Herkunftsländer erzielen und eine größere Bandbreite an Märkten wahrnehmen. Eine wichtige Grundlage für diese Expansion war die Erschließung neuer Quellen für Arbeit und Kapital. Unternehmen wie General Electric, Nokia, BASF oder Siemens haben mittlerweile einen großen Teil ihrer Niederlassungen und Fertigungsstätten außerhalb ihres Heimatlandes und beschäftigen an diesen Standorten rund 50 Prozent ihrer Mitarbeiter. Durch diese internationale Ausrichtung haben die Unternehmen ihre Umsätze und ihre Präsenz in den neuen Boomregionen beträchtlich gesteigert. Die BASF ist weltweit in rund 170 Ländern tätig und erzielte zum Beispiel im Jahr 2008 insgesamt 62,3 Milliarden Euro Umsatz. Davon wurden rund 22 Prozent im asiatisch-pazifischen Raum, in Südamerika, Afrika und im Nahen Osten erwirtschaftet. Diese Entwicklung hin zu multinationalen Großkonzernen bedeutet für die Unternehmen tief greifende Veränderungen in ihrer Struktur und Kultur sowie in ihrem Selbstverständnis.

Auch was die rechtlichen Grundlagen und Rahmenbedingungen anbelangt, stehen die Unternehmen durch Globalisierung und die Bedingungen einer multipolaren Welt vor neuen Herausforderungen.

Mit der Verteilung der Wertschöpfungsketten über viele Länder bewegen sich multinationale Unternehmen an den unterschiedlichen Standorten in den verschiedensten Rechtssystemen. Durch die Erweiterung von Freihandelsabkommen und anderen internationalen Vereinbarungen sowie durch steuerliche Regelungen, Arbeitsschutzbestimmungen, Umweltauflagen und vieles mehr sind die gesetzlichen Rahmenbedingungen in stetigem Wandel begriffen. Und besonders in den aufstrebenden Boomregionen entwickeln sich die rechtlichen Grundlagen parallel zum Tempo der Entwicklung der Volkswirtschaften. Auf diese rechtlichen Gegebenheiten müssen sich die Unternehmen einstellen und ihre Prozesse rechtzeitig und am besten vorausschauend anpassen.

Es gilt die rechtlichen Möglichkeiten für die Entwicklung und Wettbewerbsfähigkeit des Unternehmens optimal zu nutzen. So hat zum Beispiel der Konzern BASF das Unternehmen im Jahr 2007 in eine Europäische Gesellschaft umgewandelt, um durch die Vorteile dieser Rechtsform seine internationale Position zu stärken.

In der Rechtsform der Societas Europaea (SE) bilden Unternehmen eine rechtliche Einheit für den gesamten EU-Raum. Für die Tochterunternehmen einer SE gelten damit in allen EU-Ländern die gleichen Rechtsgrundlagen. Dies spart Kosten, verringert den bürokratischen Aufwand und erleichtert die Beteiligung an Unternehmen aus anderen EU-Ländern oder deren Übernahme, weil solche Transaktionen rechtlich wie nationale Transaktionen behandelt werden. Durch die Umwandlung der Rechtsform hat BASF seine Effizienz und internationale Wettbewerbsfähigkeit vorausschauend weiter erhöht.

Die durch die rasanten Fortschritte in der IT-Technologie, die Liberalisierung des Welthandels und die Formierung von multinationalen Konzernen freigesetzten Triebkräfte beschleunigen die Entwicklung zu einer multipolaren Welt. Diese Triebfedern haben bereits die Globalisierung angestoßen und führen nun zu einer neuen globalen Interdependenz. Die multipolare Welt ist damit eine tiefer gehende Phase der Globalisierung. Ihr Charakter und ihr Einfluss sind jedoch anders. Globalisierung wird nun von mehreren Ländern angetrieben. Die bisherigen passiven Rezipienten aus den Schwellenländern werden zu Akteuren der Globalisierung. Aus dieser Entwicklung ergeben sich sechs Herausforderungen, die zu starken Stimuli für Transformationen in der multipolaren Welt werden.

Stimulus 1: Globaler Wettbewerb um Arbeitskräfte – Generation Y

Die Veränderungen in der Bevölkerungspyramide in den USA, Westeuropa und Japan werden in den nächsten Jahren, wenn nur noch die geburtenschwachen Jahrgänge zur Verfügung stehen, zu einem Mangel an gut ausgebildeten Arbeitskräften führen. Durch Verlagerung von Teilen ihrer Wertschöpfungskette in die Schwellenländer, in denen die dafür am besten ausgebildeten Arbeitskräfte zur

Verfügung stehen, können Unternehmen diesen Mangel nur noch begrenzt ausgleichen. Und auch die Zeiten, in denen westliche Unternehmen in den Schwellenländern gut ausgebildete Spezialisten zu niedrigen Kosten rekrutieren konnten, neigen sich ihrem Ende. Denn bereits heute konkurrieren die westlichen Unternehmen auf den Arbeitsmärkten der Schwellenländer nicht mehr nur mit ihren Mitbewerbern aus den Ländern der Triade, sondern auch mit den aufstrebenden lokalen Unternehmen, deren Bedarf an gut ausgebildeten Mitarbeitern und Führungskräften sprunghaft steigt. Der Wettbewerb um qualifizierte Mitarbeiter wird deshalb in den nächsten Jahren an Bedeutung und Härte gewinnen.

Im Gegensatz zu den sinkenden Absolventenquoten in den USA und Europa, steigt die Quote in den Schwellenländern immer noch an. Die Qualität der Ausbildung entspricht jedoch oft nicht dem Niveau, das westliche Unternehmen gewohnt sind. Sie fördert Kreativität und Flexibilität als auch unternehmerisches Denken immer noch unzureichend und vernachlässigt die Grundlagen für erfolgreiche Innovation und Forschung.

Darüber hinaus mangelt es noch an der Ausstattung der Ausbildungsräume, der Qualität der Körperschaft und an deren fachlicher Expertise, um mit den westlichen Standards mitzuhalten. Von der großen Zahl der akademisch ausgebildeten Spezialisten kommt daher nur ein wesentlich kleinerer Kreis de facto als Mitarbeiter für ausländische Unternehmen in Frage. Der weltweite Wettbewerb um diese am besten ausgebildeten Arbeitskräfte wird sich daher verschärfen.

Für deutsche Unternehmen bedeutet dies, dass sie nicht ausschließlich auf die hohen Absolventenquoten im Ausland setzen können, um ihren zukünftigen Personalbedarf zu decken. Vielmehr gilt es für Wirtschaft und Politik, die Förderung der Ausbildung im eigenen Land massiv auszubauen. Talente müssen rechtzeitig erkannt und gefördert werden, zum Beispiel durch eine engere Zusammenarbeit zwischen Unternehmen und Hochschulen. Und die Personalstrategie der Unternehmen muss den Herausforderungen der Zukunft angepasst werden.

Die Politik steht in diesem Zusammenhang vor der Aufgabe unser Land für qualifizierte Arbeitskräfte aus der ganzen Welt attraktiv zu machen. Dazu gehören neben den politischen Rahmenbedingungen für die Arbeitswelt auch kulturelle Institutionen, die den Standort weltoffen gestalten und ein attraktives, vielfältiges Angebot bieten.

Mitarbeiter von global agierenden Unternehmen müssen Mobilität positiv gegenüberstehen und in der Lage sein, mit Kollegen aus den unterschiedlichsten Kulturkreisen zusammen zu arbeiten. Auf der anderen Seite müssen die Unternehmen eine Unternehmenskultur entwickeln, mit der sich die Mitarbeiter aus den verschiedenen Kulturen identifizieren können.

Eine weitere Herausforderung, vor der die Unternehmen im Wettbewerb um Talente stehen, erwächst aus den Anforderungen der so genannten Generation Y, zu welcher der größte Teil der zukünftigen Mitarbeiter gehören wird.

Der Begriff Generation Y wurde zum ersten Mal im August 1993 in einem Artikel des amerikanischen Magazins „Advertising Age" verwendet und bezeichnet die Generation der zwischen 1982 und 1993 geborenen. Die Angehörigen dieser Generation sind neuen Herausforderungen gegenüber sehr flexibel und bringen gerne ihre technologischen Fähigkeiten ein. Sie sind teamorientiert und lösen Probleme bevorzugt in der Zusammenarbeit mit Kollegen. Sie sind in der IT-Welt zuhause, traditionelle Industrie-Jobs erscheinen ihnen wenig verlockend. Darüber hinaus ist die Generation Y leistungsbereit und hat das World Wide Web, E-Mail und Computerspiele vollkommen in ihr Leben integriert. Schwerfällige Strukturen und Hierarchien sind ihr ein Gräuel. Und der Umgang mit Kommunikationswerkzeugen wie Blogs, Videokonferenzen und Webcasts gehört für sie zum Alltag.

Die Generation der Babyboomer – die Generation der Mitte der 1950er bis Mitte der 1960er Jahre Geborenen – schließt beim Umgang mit Kommunikationstechnologie und dem Internet immer schneller zur Generation Y auf. Dies zeigt eine Studie von Accenture vom Winter 2008/2009 deutlich (Puri, 2009). Die Babyboomer nutzen vermehrt Internet-Video, Blogs und Podcasts und übernehmen elektronische Anwendungen nahezu zwanzig mal schneller als die jüngere Generation. Damit werden die Anforderungen der beiden Generationen an Lebens- und Arbeitsstil immer ähnlicher.

Die Personalabteilungen der Unternehmen stehen vor der Aufgabe, diese Mitarbeitergenerationen zu gewinnen und ins Unternehmen zu integrieren. Dabei müssen die Unternehmen auch Veränderungen ihrer Kultur in Angriff nehmen, um eine Antwort auf die Anforderungen der Generation Y und der sich wandelnden Generation der Babyboomer zu geben.

Accenture setzt auf Talent Management, um dem zunehmenden Wettbewerb um Arbeitskräfte zu begegnen. Das Accenture Research Institute hat in langjährigen Untersuchungen herausgefunden, dass erfolgreiche Unternehmen ihr Talent Management nicht in funktionalen Silos betreiben, sondern als einen unternehmensweit abgestimmten Prozess (Hess & Marchlewski, 2008). Ist eine Veränderung im Unternehmen notwendig, so wird diese auch von einer Kompetenzanalyse und der zukünftigen Ausrichtung der Kompetenzen begleitet werden. Eine strukturierte Segmentierung kann dann zu einer kurz- und langfristigen Personalplanung beitragen. Hess und Marchlewski (2008) sind überzeugt, dass ein Unternehmen, das den „War for Talent" gewinnen will, „das Unternehmensleitbild nach außen auf die Sprache und Bedürfnisse der künftigen Mitarbeiter abstimmen muss". Daher ist hier ein Umdenken notwendig. Dem Wettbewerb um Arbeitskräfte kann nur mit einem ganzheitlichen unternehmens- beziehungsweise institutionsspezifischen Ansatz begegnet werden.

Stimulus 2: Neue Kapitalströme

Durch die mit der Liberalisierung des Welthandels und der IT-Entwicklung einhergehende weltweite Entwicklung von neuen Wirtschaftszentren mit erfolgreichen, neuen, multinationalen Unternehmen, verändert sich die Richtung der weltweiten Kapitalströme. In der ersten Phase der Globalisierung verlief die Richtung der Kapitalströme in einer Einbahnstrasse von den entwickelten Volkswirtschaften der USA, Japans und Westeuropas in die Schwellenländer wie Brasilien, Mexiko oder Indien. Die Investoren investierten ihr Kapital an den Börsen der entwickelten Länder in die Aktien von Unternehmen aus der Triade.

Seit einigen Jahren verändern die Kapitalströme ihre Richtung. Investoren kaufen an den Börsen in Asien, Russland, Indien und Südamerika Aktien der aufstrebenden Unternehmen aus diesen Ländern. Und multinationale Konzerne aus den bisherigen Schwellenländern erwerben Anteile an amerikanischen, japanischen und europäischen Unternehmen oder übernehmen diese gleich komplett. Die erfolgreichsten Unternehmen aus den neuen Wirtschaftszentren stehen dabei mittlerweile in Konkurrenz mit den bedeutendsten Unternehmen aus den Ländern der Triade. Durch ihre Investitionen verschaffen sie sich Zugang zu höherwertigen Technologien, qualifizierten Arbeitskräften und eingeführten Marken. Um sich den Zugang zu Rohstoffen und damit weiteres Wachstum zu sichern, investieren sie, dem Beispiel der westlichen Länder folgend, in rohstoffreichen Staaten. Durch diese Maßnahmen versuchen sie, ihre Konkurrenzfähigkeit und ihre Attraktivität für westliche Investoren zu stärken, die auf der Suche nach Unternehmen mit hohen Wachstumsraten bei möglichst geringem Risiko sind.

Die neuen Kapitalströme bewirken für Unternehmen eine erhöhte Konkurrenz in den eigenen Heimatmärkten. Es eröffnet sich ein stärkerer Wettbewerb um Kunden, Wirtschaftsgüter und attraktive Investitionen. Letztendlich zählt damit das bessere Produkt und nicht mehr seine Herkunft. Westliche Firmen stellen sich auf diese Situation ein, indem sie strategische Allianzen mit Unternehmen aus den Schwellenländern bilden.

Die fehlende Transparenz der globalen Finanzströme bringt die Gefahr mit sich, dass die Staaten die Kontrolle über nationale Schlüsselindustrien verlieren. So ist zum Beispiel der Staatsfonds GIC Special Investments aus Singapur bereits in europäische Märkte vorgestoßen und hat sich im Jahre 2008 für eine Milliarde Euro mit 14,3 Prozent an der Holding Sintonia beteiligt. Sintonia wiederum gehört zur Benetton Familie und investiert in wichtige italienische Infrastruktur-Gesellschaften wie zum Beispiel die Telecom Italia. Die europäische Union erwägt seither die Einführung eines freiwilligen Verhaltenskodex, der die Transparenz staatlicher Investmentfonds erhöhen soll. Dadurch will die Union Befürchtungen hinsichtlich ökonomischer Unabhängigkeit und nationaler Sicherheit in den Staaten entgegen treten.

Die neuen Finanzströme werden es in Zukunft für Unternehmen der alten Wirtschaftsmächte – auch unabhängig von der derzeitigen Finanzkrise – zunehmend schwieriger machen, das benötigte Kapital für Wachstum und Sicherung der Marktposition zu den erforderlichen günstigen Konditionen zu erhalten. Nur Unternehmen, die sich im globalen Wettbewerb gut aufgestellt haben und entsprechende Wachstumsraten vorweisen können, werden die Investoren weltweit für sich gewinnen können.

Stimulus 3: Globaler Wettstreit um Rohstoffe

Die zunehmende Ressourcenknappheit bei gleichzeitig vor allem in den neuen Boomregionen rasant steigender Nachfrage, führt zu einem verstärkten Kampf um Rohstoffe und Energien. Langfristig wird es daher zu einer erheblichen Verteuerung der Ressourcen kommen. Zudem birgt der weltweit schärfer werdende Wettbewerb um diese knappen Güter wie zum Beispiel Öl, Mineralien und Wasser erhebliche Konfliktpotentiale. Die noch zusätzlich verstärkt werden, weil die größten Energiereserven in Ländern mit instabilen Staatssystemen zu finden sind.

Ohne eine ausreichende Versorgung mit Energie und Rohstoffen können die Wachstumsraten der industriellen Produktion in den Schwellenländern keinen Bestand haben. Für die weitere Entwicklung der aufstrebenden Länder ist daher der Zugang zu Rohstoff- und Energiereserven von wirtschaftlicher und politischer Bedeutung. Aus diesem Grund ist zum Beispiel ein Land wie China auch zu zweifelhaften Allianzen bereit, um seine Versorgung sicher zu stellen. Bei den mit China konkurrierenden Ländern stoßen diese Allianzen auf Kritik und schüren die Angst um den eigenen Zugang zu den Ressourcen.

Eine Lösung des Problems liegt im Ausbau von alternativen Energien wie Windkraft, Solarenergie und Geothermie, in einem gezielten Einsatz der Kernkraft sowie im Recycling. Der rasche Ausbau der alternativen Energien ist auch mit Hinblick auf den Klimawandel unverzichtbar. Zugleich müssen die Unternehmen sowohl in den westlichen als auch in den wirtschaftlich aufstrebenden Ländern alles daran setzen, um effizienter mit Rohstoffen und Energien umzugehen.

Durch die Modernisierung von Produktionsanlagen können Energie und Rohstoffe eingespart werden. Eine Steigerung der Effizienz im Umgang mit den Ressourcen kann darüber hinaus auch durch die Optimierung von Arbeitsabläufen mit kürzeren Wegen und optimierten Arbeitszeiten erreicht werden.

Die Sicherung der Energieversorgung und des Zugangs zu den Ressourcen, ist für Unternehmen durch internationale Kooperationen, durch gegenseitige Beteiligungen und durch eine internationale Zusammenarbeit bei der Förderung von Rohstoffen möglich. So hat zum Beispiel die BASF 2005 mit dem russischen Konzern Gazprom ein Abkommen über eine Zusammenarbeit auf dem Feld der europäischen Energieversorgung geschlossen. Vereinbart wurden dabei die gemeinsame Erdgasförderung und der Bau einer Pipeline am Baltischen Meer. Durch die Gründung eines gemeinsamen Unternehmens (WINGAS) ist die Zusammenarbeit zwischen Gazprom und BASF durch gemeinsame, wirtschaftliche Verflechtungen für die Zukunft weitestgehend gesichert.

Dieses Beispiel von BASF und Gazprom zeigt, dass den Unternehmen in der globalisierten, multipolaren Welt eine immer wichtigere Rolle in den Beziehungen der Länder untereinander, bei der Verantwortung für Energieeffizienz und Umwelt sowie beim globalen Management der Versorgung mit Rohstoffen zukommt.

Stimulus 4: Neue globale Konsumentenmärkte

Trotz schwacher Infrastruktur werden die Schwellenländer aufgrund ihres wirtschaftlichen Aufstiegs zu interessanten neuen Absatzmärkten für westliche Unternehmen. Wenn die in den letzten Jahren üblichen Wachstumsraten anhalten, werden die Verbraucher in den neuen Boomländern bereits 2025 über mehr Kaufkraft verfügen, als die Konsumenten in den alten Wirtschaftsregionen. Hinzu kommt, dass die Bevölkerungszahl in den meisten Schwellenländern immer noch rapide ansteigt. Dies sorgt für eine beständig wachsende Zahl erwerbsfähiger Kunden. Durch den wirtschaftlichen Aufschwung eröffnet sich eine positive Wachstumskette: die Entstehung gut bezahlter Jobs führt zu steigendem Konsum, der wiederum für zusätzliche Beschäftigung sorgt und die Kaufkraft weiter wachsen lässt. Mit der zuversichtlichen, wachstumsträchtigen Stimmung wächst auch die Konsumlust auf westliche Produkte und kurbelt das Wachstum noch mehr an.

Die multinationalen Unternehmen haben dies längst erkannt und richten ihren Fokus mehr und mehr auf die neuen Märkte aus. Die westlichen Automobilhersteller zum Beispiel sind in ihren Heimatmärkten mit sinkenden Wachstumsraten konfrontiert und sehen in der Erschließung der neuen Märkte eine Lösung für ihre Absatzschwierigkeiten. Denn die niedrigeren Herstellungskosten in den Schwellenländern, verbunden mit den, durch das rasante Wachstum steigenden Einkommen, führen hier zu einer zunehmenden Nachfrage. Diese Nachfrage wird in den nächsten Jahren in allen Bereichen weiter immens ansteigen. Neben Autos, Mobiltelefonen, Computern und Unterhaltungselektronik werden auch alle Produkte des täglichen Bedarfs, wie Haushaltswaren, Gesundheitsprodukte und Nahrungsmittel einen Boom erleben.

Doch die Konkurrenz vor Ort schläft nicht. Lokale Unternehmen treten zum Wettbewerb mit den westlichen Konzernen an. Sie sind mit den Gewohnheiten und Bedürfnissen der Menschen in den jeweiligen Regionen bestens vertraut und passen ihr Produktsortiment exakt den Bedürfnissen und der Nachfrage der Käuferschichten an. Neben diesem Wettbewerbsvorteil verbessern sie auch stetig die Qualität ihrer Produkte und bemühen sich verstärkt um innovativen Fortschritt.

Diese Entwicklung verlangt von westlichen Unternehmen neue Marketingstrategien und den Aufbau von innovativen (breiten) Vertriebsnetzen. Damit sie im Wettbewerb mit lokalen Anbietern bestehen können, ist es entscheidend, dass die Unternehmen schnell und flexibel auf die örtlichen Besonderheiten und Entwicklungen reagieren. Nur mit maßgeschneiderten Produkten, die zugleich so kostengünstig wie möglich produziert werden, können die neuen Kunden gewonnen werden.

Für westliche Unternehmen ist es dabei wenig sinnvoll, mit billigen Lowtech-Produkten gegen die lokalen Anbieter anzutreten. Vielmehr geht es darum, die wachsenden Ansprüche der Konsumenten zu beobachten und diesen Ansprüchen mit Innovationen zu entsprechen. Für den Erfolg ist es dabei entscheidend, dass es den Unternehmen gelingt, Forschungs- und Entwicklungsergebnisse schneller als die Konkurrenz in marktreife Produkte umzusetzen.

Für die deutschen Markenhersteller liegen in den aufstrebenden neuen Märkten große Chancen. Denn die Konsumenten in den Boomregionen sind für Marken empfänglich. Wenn die Marken mit der richtigen Markt- und Produktstrategie rechtzeitig in den neuen Märkten etabliert werden, werden die Konsumenten diese Produkte gegenüber den einheimischen bevorzugen, sobald es ihre Kaufkraft erlaubt.

Stimulus 5: Globale Forschung, Entwicklung und Innovation

Die westlichen Industrienationen werden in den kommenden Jahren ihre Rolle als alleinige Innovationsträger mehr und mehr verlieren. Parallel dazu werden immer mehr Innovationen aus den boomenden Schwellenländern kommen. Denn viele westliche Unternehmen haben ihre Forschungsstandorte in die mit niedrigen Arbeitskosten und hohen Absolventenquoten lockenden Schwellenländer verlagert. Ein Beispiel dafür ist das indische Bangalore, wo internationale Großkonzerne wie Microsoft und General Electric Forschungs- und Entwicklungsabteilungen unterhalten. Dieser Trend hat mit der Einführung von neuen Standards beim Schutz von Patenten und Rechten in den Schwellenländern weiter zugenommen. Viele der dort entwickelten Patente laufen zwar zum Teil immer noch auf den westlichen Unternehmen, die Forschungsleistungen sind inzwischen jedoch längst anderen Ursprungs. Parallel dazu geht der Anteil von Produktkopien in den Schwellenländern zurück und der Anteil von wirklich innovativen Produkten aus diesen Ländern steigt.

Verstärkt wird diese Entwicklung durch die Regierungen der Schwellenländer, die immer stärker in Forschung und Entwicklung investieren. Und während in den alternden Gesellschaften von Japan und Europa Flexibilität und Experimentierfreude nachlassen, steigen die Patentanmeldungen in Ländern wie China oder Südkorea (WIPO, 2007).

Durch zum Teil massive Steigerungen ihrer Bildungsetats haben die Regierungen der Schwellenländer die Qualität ihrer Schulen und Hochschulen permanent verbessert. Und bereits jetzt bringen die Hochschulen in Asien mehr Naturwissenschaftler und Ingenieure hervor als die Universitäten in Europa und den USA. Zudem verlieren die westlichen Unternehmen zunehmend ihre aus den Schwellenländern stammenden Mitarbeiter, die hier zu Spitzenkräften ausgebildet worden sind, wieder an deren Heimatländer. Zum Teil müssen diese gut ausgebildeten Ingenieure und Wissenschaftler das Land aufgrund einer restriktiven Einwanderungspolitik wieder verlassen oder sie kehren freiwillig in ihr aufstrebendes Heimatland zurück, weil sie dort mittlerweile ausgezeichnete Arbeitsmöglichkeiten vorfinden. Da sich die Rückkehrer mit den westlichen Märkten und dem dortigen Management sehr gut auskennen, sind sie in der Lage, ihre neuen Unternehmen im Wettbewerb mit den westlichen Konkurrenten maßgeblich zu unterstützen.

Die Rückkehr von Talenten wird auch durch die sich schnell verbessernden Bedingungen in den Schwellenländern gefördert. Die Regierungen der aufstrebenden Länder unterstützen den technologischen Fortschritt und somit einen weiteren Aufstieg auf der Wertschöpfungsleiter. Sie fördern die Ausbildung von Naturwissenschaftlern und Ingenieuren und unterstützen Unternehmensgründer mit Geldern und Steuerbefreiungen. Durch Investitionen in die Schnittstellen zwischen Wissenschaft und Industrie verbessern sie darüber hinaus gezielt die Verzahnung von Forschung und Produktion. Um qualifizierte Arbeitskräfte für den chinesischen Markt zu gewinnen, investiert die chinesische Regierung zum Beispiel in eine Reihe von Förderprogrammen, die das Ziel haben, westliche Ausbildungsstandards zu erreichen.

Die Standorte in den neuen Boomregionen bieten außerdem eine experimentier- und kauffreudige Kundschaft, die technische Neuerungen einfordert. Wenn innovative Produkte in einem Testlauf bei dieser Kundschaft Anklang finden, kann die Markteinführung weltweit vorgenommen werden.

Im weltweiten Wettbewerb der Forschungs- und Entwicklungsabteilungen wird es für deutsche und westliche Unternehmen darauf ankommen, ein engmaschiges Netz zwischen ihren weltweiten Forschungs- und Entwicklungsabteilungen aufzubauen. Dazu gehört auch die lokale Vernetzung und enge Kommunikation mit Hochschulen und Forschungseinrichtungen vor Ort. Bei der Entwicklung von innovativen Produkten wird eine deutliche Steigerung der Innovationsgeschwindigkeit notwendig sein, damit die westlichen Unternehmen mit dem schnellen Puls der zukünftigen Innovationszyklen mithalten können. Gleichzeitig müssen Unternehmen bei der Entwicklung von Produkten sehr viel stärker als in der Vergangenheit auf den Geschmack und die Anforderungen der Kunden in den unterschiedlichen Kulturen und Regionen eingehen. Damit dies gelingt, müssen ganz speziell auf die lokalen Bedürfnisse zugeschnittene Produkte entwickelt werden. Eine bloß oberflächliche Anpassung von Produkten wird für einen Erfolg auf den stark umkämpften Märkten nicht mehr ausreichen. Multinationale Konzerne sind herausgefordert, die Trends in den unterschiedlichen Regionen der Welt wahrzunehmen und mit zu gestalten. Außerdem müssen sie mit den lokalen Gegebenheiten vertraut und in der dortigen Gesellschaft verankert und akzeptiert sein. Enge Kooperationen mit den Universitäten vor Ort, der Aufbau von vertrauensvollen Beziehungen zur Regierung und die Entwicklung einer am Standort akzeptierten Unternehmenskultur helfen dabei, sich lokal zu etablieren.

Stimulus 6: Finanzkrise

Krisen waren schon immer Auslöser von großen Transformationen. Dies gilt auch für die aktuelle Finanz- und Wirtschaftskrise, die im Frühsommer 2007 mit der US-Immobilienkrise begann und in der Folge die gesamte westliche Welt und die mit ihr verflochtenen Ökonomien der aufstrebenden Schwellenländer erfasste.

Weil Immobilienkredite von den US-Banken verbrieft[6] und mit besten Ratings renommierter Ratingagenturen in alle Welt weiterverkauft worden waren, hatten die Schockwellen der platzenden amerikanischen Immobilienblase dramatische Auswirkungen auf die weltweiten Finanzmärkte und die Weltwirtschaft.

---

[6] In sogenannten CDOs (Collateralized Debt Obligations).

Wie bei den großen Krisen der Vergangenheit – 1929 und 1987 – war das Volumen der Wertpapierkredite im Vorfeld der Krise an den Börsen extrem hoch. An der Wall Street zum Beispiel entsprachen diese Kredite mit rund 300 Milliarden Dollar zirka 1,6 Prozent des Börsenwertes aller in New York notierten Unternehmen. Bei einer derart hohen Kreditabhängigkeit genügt bereits ein relativ unbedeutender Anlass, um den Stein ins Rollen zu bringen. Wie zum Beispiel eine normale Kurskorrektur, die sich ausweitet und zu einem Verfall der Werte von Aktien und Immobilien führt, die als Sicherheit für die Kredite stehen (vergleiche Süddeutsche Zeitung vom 11.01.07, Interview mit Roland Reuschel).

In Reaktion auf die Krise fordern Politiker in allen Ländern eine größere Transparenz der Finanzmärkte und eine effektivere Finanzaufsicht auf internationaler Ebene. Auch eine internationale Kontrolle der Ratingagenturen ist im Gespräch, um zu verhindern, dass hochriskante Wertpapiere weiterhin Qualitätssiegel erster Güte erhalten.

Für die Unternehmen weltweit bedeutet die Finanzkrise einen erheblichen Veränderungsdruck. Unbewegliche „Dinosaurier", die es an Innovation und Vision fehlen lassen, sind in diesem Umfeld kaum noch überlebensfähig. Der Veränderungsdruck führt dann zur Ausgliederung von Unternehmensteilen sowie zu Fusions- und Übernahmeaktivitäten. Ein Beispiel für die Komplexität solcher Transaktionen ist der Fall Opel, bei dem eine mögliche Abspaltung von General Motors zur Debatte steht. Auch im Finanzbereich wird es weitere Fusions- und Übernahmeaktivitäten geben. Der Zusammenschluss von Dresdner Bank und Commerzbank, von Postbank und Deutscher Bank sind jüngere Beispiele in Deutschland. Darüber hinaus ist zu erwarten, dass fast alle großen Unternehmen erhebliche Restrukturierungen durchlaufen werden, um dem Kostendruck in einer schwachen Weltkonjunktur zu entsprechen.

Im Gefolge der Krise wird die Kapitalbeschaffung für Unternehmen noch schwieriger werden. Die Investoren werden strenge Maßstäbe anlegen, um Risiken zu minimieren. Nur Unternehmen, die die Herausforderungen der Zukunft erkannt haben und über global wettbewerbsfähige Geschäftsmodelle, Produkte und Strukturen verfügen, werden für internationale Kapitalgeber interessant sein.

Durch die Finanz- und Wirtschaftskrise gewinnt auch die Verschiebung der wirtschaftlichen Macht von den etablierten Wirtschaftsmächten hin zu den aufstrebenden Ländern zusätzlich an Brisanz. Investoren aus den neuen Boomregionen retten durch ihre Investitionen große amerikanische Finanzkonzerne und gewinnen über die von ihnen erworbenen Anteile Einfluss auf politische und wirtschaftliche Entscheidungen in Unternehmen der entwickelten Volkswirtschaften.

Im Spannungsfeld der Finanzkrise stehen auch die Unternehmen aus den Schwellenländern auf dem Prüfstand. Die Unternehmen, die jetzt die richtigen Weichen stellen, werden überleben, gestärkt aus der Krise hervorgehen und auf einem Level mit den starken Global Playern konkurrieren.

Alle hier angeführten Stimuli zeigen auf, welche Transformationen in Wirtschaft, Politik und Gesellschaft notwendig sind. Und die Intensität dieser unterschiedlichen Stimuli für Transformation wird mit dem Fortschreiten der Globalisierung und der Entwicklung der multipolaren Welt weiter zunehmen.

Unternehmen müssen sich wandeln und globaler denken. Sie müssen lokale Kulturen berücksichtigen und ihre Strategien und Prozesse an die neuen Anforderungen anpassen. Parallel dazu gilt es Forschung, Entwicklung und Innovation voranzutreiben und global aufzustellen. Damit einhergehend müssen globale Potentiale analysiert und weltweit neue, fähige Mitarbeiter gewonnen werden, damit dieses Potential auch umgesetzt werden kann. Je früher und konsequenter die Unternehmen die erforderlichen Wandlungsprozesse einleiten, desto besser wird es ihnen gelingen, die Chancen der Zukunft zu nutzen.

Die Aufgabe der Politik ist es, die Unternehmen zu unterstützen und Bedingungen zu schaffen, unter denen sie Transformationen leichter und schneller durchführen können. Dabei geht es zum einen um die Beseitigung von bürokratischen Hindernissen und Handelsbarrieren. Zum anderen gilt es Perspektiven zu eröffnen, Investitionen fördern und Ressourcen zu sichern sowie Kooperationen mit anderen Regierungen aufzubauen und gemeinsame politische Wege zu suchen. Die Investitionen in Bildung und in die Schaffung von optimalen Bedingungen für den wissenschaftlichen Nachwuchs müssen deutlich gesteigert werden.

Die Gesellschaft muss insgesamt offener für andere Kulturen werden und die Herausforderungen der Globalisierung annehmen. Es geht um die Bereitschaft, globale Produkte zu kaufen, Innovationen zu akzeptieren und offen für die Transformationen der Zukunft zu sein.

Dazu gehören auch die Bereitschaft zum lebenslangen Lernen und eine höhere Flexibilität in Bezug auf den Ort des Arbeitsplatzes.

Die drei folgenden Praxisbeispiele geben einen Einblick in die Vielfalt der notwendigen Transformationen, die durch die Stimuli der multipolaren Welt ausgelöst werden.

Überblick über die Praxisbeispiele

Transformation eines Familienunternehmens – Das Traditionsunternehmen Roeckl Handschuhe

Annette Maria Roeckl, Geschäftsführerin und Alleingesellschafterin von Roeckl Handschuhe & Accessoires GmbH & Co. KG

Roeckl Handschuhe ist ein Familienunternehmen mit einer sehr langen Tradition. Die Firma wurde 1839 von Jakob Roeckl gegründet und feiert 2009 ihr 170-jähriges Bestehen. In dieser Zeit haben sechs Generationen das Unternehmen geführt und immer wieder flexibel an die Veränderungen des wirtschaftlichen Umfelds angepasst. Dass sich dabei durch den Blick über den lokalen und nationalen „Tellerrand" hinaus viele Chancen bieten, bewies bereits der Unternehmensgründer Jakob Roeckl. Er beobachtete den europäischen Handschuhmarkt, erkannte dessen Potential und beschloss den Bau einer Handschuhfabrik. Der

Erfolg gibt ihm Recht. Der Absatz stieg kontinuierlich und im Jahr 1948 arbeiteten bei Roeckl bereits rund 50 Näherinnen.

Jakob Roeckls Nachfolger an der Firmenspitze führen die Tradition fort. Sie erkannten die Triebfedern der Globalisierung und reagierten auf die sich verändernden Märkte mit einem Wandel des Unternehmens. Und auch heute führt die Geschäftsführerin Annette Maria Roeckl das Unternehmen Roeckl Handschuhe in guter Firmentradition mit den notwendigen Transformationen für den Erfolg des Unternehmens in einer globalisierten und multipolaren Welt.

Die Traditionsverbundenheit eines Familienunternehmens und die Globalisierung in einer multipolaren Welt widersprechen sich dabei nur scheinbar. Denn Tradition bedeutet nicht nur am Bestehenden festhalten, sondern auch langfristigen Erfolg sichern und in der multipolaren Welt verfolgen.

Von „Made in Germany" zu „Created in Germany"
Prof. Dr. Norbert Walter, Chefvolkswirt der Deutsche Bank Gruppe

Wie wird Deutschland im Jahr 2020 aussehen? Wird Deutschland seine wirtschaftliche Position in einer multipolaren Welt behaupten können oder wird das Land hoffnungslos hinter die aufsteigenden Schwellenländer zurückfallen?

Aktuell sieht es so aus, als wären die Deutschen – Krise hin, Krise her – zu einer anspruchsvollen Expedition aufgebrochen, um das Land zukunftsfähig zu gestalten. Und „Made in Germany" wird auch in Zukunft attraktiv bleiben, vor allem wenn daraus mehr und mehr auch ein „Created in Germany" wird, indem sich Deutschland zu einem „Land der Ideen" wandelt.

Deutsche Forschungs- und Entwicklungsstandorte sind bei den Zukunftsthemen des Automobilbaus, wie intelligenten, energieeffizienten Antriebstechniken sowie in der Umwelttechnologie führend. Und auch bei der Entwicklung von elektromedizinischen Geräten sind Deutsche Institute und Unternehmen in einer Spitzenposition.

Durch die zentrale Lage in Europa ist Deutschland auch geographisch gut positioniert. Und im Zuge der weiteren Vernetzung in der globalisierten Welt kann Deutschland zu einem leistungsstarken und begehrten Anbieter von kreativen Produkten und Lösungen für Kunden in aller Welt werden. Vor allem bei Unternehmen und Konsumenten in Asien und im Nahen Osten werden in Deutschland kreierte Innovationen zunehmend gefragt sein.

Für einen nachhaltigen Erfolg deutscher Unternehmen im globalen Wettbewerb ist ein gesellschaftlicher Wandel notwendig, der vor allem die demographischen Herausforderungen der Zukunft meistert. Die Politik ist aufgerufen, diesen Wandel zu unterstützen und durch sachgerechte Regulierung die Rahmenbedingungen für eine innovative deutsche Wirtschaft zu schaffen und auszubauen.

Trends in einer multipolaren Bildungswelt – Herausforderung für das deutsche Hochschulsystem

Prof. Dr. Michael Dowling, Professor für Innovations- und Technologiemanagement, Universität Regensburg

Die Transformationsprozesse im Rahmen der Globalisierung und Multipolarisierung werden Einfluss auf die weltweiten Bildungssysteme haben. Rankings machen zunehmend den nationalen und internationalen Vergleich von Hochschulen möglich. Hinzu kommt ein Wettbewerb in der Hochschulforschung, der zunehmend global wird. Studierende in aller Welt orientieren sich bei der Auswahl ihrer Hochschule an diesen Rankings. Der globale Wettbewerb um die besten Talente hält damit auch im deutschen Hochschulsystem Einzug.

Die deutsche Politik hat darauf mit der so genannten „Exzellenzinitiative" reagiert, um Spitzenforschung im Hochschulbereich zu fördern und die Qualität der Lehre zu steigern

Im internationalen Wettbewerb müssen deutsche Hochschulen vermehrt Wettbewerbsstrategien entwickeln, die langfristig und nachhaltig angelegt sind. Im Zusammenhang damit müssen die internen Systeme und Prozesse an die Veränderungen angepasst werden, damit die externen Chancen der neuen Bildungswelt genutzt werden können.

Für den zukünftigen Erfolg der deutschen Hochschulen ist eine Kooperation mit Hochschulen im Ausland unerlässlich. Dabei geht es nicht nur um Austauschprogramme, sondern um eine gezielte und intensive Zusammenarbeit in Forschung und Lehre.

Transformation eines Familienunternehmens – Das Traditionsunternehmen Roeckl Handschuhe

Annette Maria Roeckl, Geschäftsführerin und Alleingesellschafterin von Roeckl Handschuhe & Accessoires GmbH & Co. KG

„Tradition ist nicht das Bewahren der Asche, sondern das Weitergeben der Glut"
(Sir Thomas More, 1477/78–1535)

Roeckl Handschuhe ist ein Familienunternehmen mit einer sehr langen Tradition. Die Firma wurde 1839 von Jakob Roeckl gegründet und wird 2009 ihr 170-jähriges Bestehen feiern. In dieser Zeit haben sechs Generationen das Unternehmen geführt.

Ein Familienunternehmen kann überhaupt nur so lange bestehen, wenn die Unternehmensführer mit ihren Entscheidungen auf die sich verändernde Welt reagieren und wenn sie die Risiken und die Chancen erkennen, die in den Veränderungen liegen.

Grundvoraussetzung dafür ist Weltoffenheit, sind offene Augen mit denen der Unternehmer sein näheres Umfeld und die Welt betrachtet, um Möglichkeiten zu erkennen und zukünftige Entwicklungen vorherzusehen.

Die Traditionsverbundenheit eines Familienunternehmens und die Globalisierung in einer multipolaren Welt widersprechen sich nur scheinbar. In Wahrheit ergänzen sie sich. Denn Tradition ist die Grundlage für den langfristigen Erfolg eines Geschäfts.

Tradition wird meist für etwas sehr Altes, Verstaubtes, Statisches und Starres gehalten. Über meine Arbeit an der Spitze von Roeckl Handschuhe und Accessoires habe ich zu einer neuen Wahrnehmung gefunden. Tradition kann überhaupt nur entstehen, wenn als Basis höchste Wandlungsbereitschaft und Wandlungsfähigkeit vorhanden sind. Denn nur wenn Veränderung stattfindet, kann etwas über längere Zeit bestehen. Deshalb ist Tradition für mich heute die Weiterentwicklung des Wesentlichen. Das Wesentliche zu bewahren und weiter zu entwickeln, aber zugleich auch das Verbesserungsbedürftige zu verbessern und sich dem Geist der Zeit anpassen.

Darauf passt ein Satz, der zuerst von Sir Thomas More gebraucht wurde: „Tradition ist nicht das Bewahren der Asche, sondern das Weitergeben der Glut".

Dieser Ausspruch von Thomas More war für mich ein sehr wichtiger Schlüsselsatz, weil er soviel ausdrückt. Er hat mir geholfen, Tradition neu und positiv zu sehen. Es geht eben nicht um das Bewahren, um die Anbetung der Asche, sondern es geht um das Weitertragen der Glut. Und diese Glut kann man auch in die heutige Zeit tragen, auch nach Indien, China, Russland oder Brasilien.

Auch für die Firma Roeckl, die ich seit einigen Jahren führe, trifft dieser Satz zu.

Bei Roeckl Handschuhe ziehen sich Tradition und Offenheit für Veränderung durch die Geschichte des Unternehmens.

Diese Weltoffenheit, der Blick für die Veränderung bestimmten bereits die ersten Entscheidungen des Firmengründers Jakob Roeckl.

Nach Abschluss seiner Lehrzeit am 12. Februar 1826 besuchte er als wandernder Geselle unter anderem Wien und Nürnberg. Wien war damals eine Stadt des Luxus und der eleganten Gesellschaft mit einer auf dem Gebiet der Modewaren hoch entwickelten Handwerkstradition. Jakob Roeckl lernte hier die feinste, bis auf den letzten Nadelstich perfekte Handschuhmacherei. In Nürnberg dagegen konnte er beobachten, wie sich das Kleingewerbe mehr und mehr Richtung modernen Großbetrieb entwickelte.

Jakob Roeckl nahm diese Eindrücke in sich auf. Später im Verlauf der Gründung seines Unternehmens sollte er sich wieder daran erinnern.

Nach abgelegter Meisterprobe zum „Säcklermeister" (Säckler oder Beutler verarbeiteten damals steiferes Leder und fertigten u. a. auch Handschuhe), erhielt Jakob Roeckl am 24. September 1839 die „Gerechtigkeit-Verleihungs-Urkunde" des Münchner Magistrats, die ihm die selbständige Gewerbeausübung erlaubte. Damit stand der Gründung der Firma Roeckl nichts mehr im Wege. Und bereits im November 1839 eröffnete Jakob Roeckl seinen ersten Laden in der Kaufingergasse 19 in München.

Der Anfang war schwer. Jakob Roeckl musste eine längere Durststrecke überstehen. Er fertigte zunächst hauptsächlich bunte Studentenmützen und Tschakos (Hauben aus Leder) für die Münchner Bürgerwehr. Wegen der strengen Zunftregeln durfte er jedoch nur die martialische Kopfbedeckung selbst herstellen, nicht aber die dazugehörigen Filzeinlagen. Das war in jenen Tagen, in denen Globalisierung und freier Handel noch in unvorstellbarer Ferne lagen, den Hutmachern vorbehalten.

Jakob Roeckl war mit dieser Situation nicht zufrieden. Er wollte mehr und beobachtete den Markt und sein Umfeld aufmerksam, auf der Suche nach einer Chance.

München war damals politisches und kulturelles Zentrum des bayerischen Königreichs. Die Stadt zog immer mehr internationale Besucher an. Und ein starkes Geschäft in feiner Handschuhware entwickelte sich. Das merkte auch Jakob Roeckl in seinem Laden. Allein mit Handschuhen machte er bald einen Jahresumsatz von sieben- bis achttausend Gulden.

Damals gab es in München nur drei kleinere Handschuhfabriken. Sie beschäftigten zusammen nur rund zehn Zuschneider und konnten den örtlichen Bedarf nicht mehr decken. Die bürgerlichen „Säcklermeister" – wie Jakob Roeckl einer war – fertigten die feinen so genannten „Glacé-Handschuhe" nicht, weil sie das dafür erforderliche Leder nicht auftreiben konnten und es selbst auch nicht zubereiten durften, da das Gerben des Handschuhleders ausschließlich den Fabrikanten erlaubt war. Deshalb kam ein sehr großer Teil der feinen Handschuhe aus Frankreich.

Jakob Roeckl hatte das erkannt und war entschlossen, diese Marktchance zu nutzen. Am 26. März 1844 legte er bei der Regierung von Oberbayern ein Gesuch um Erteilung einer Konzession für den Bau einer Handschuhfabrik in München ein.

In der Begründung seines Vorhabens bewies er ein Gespür für das, was man heute „globales Handeln" nennen würde. Er schrieb, dass „Handschuhe ein Artikel des Welthandels sind", und keine Produkte die nur für den begrenzten „örtlichen Bedarf" bestimmt seien. Daher hätte die Erteilung der beantragten Fabrik-Konzession für die ansässigen Handschuhmacher auch keine Existenz gefährdenden Folgen.

Das Gesuch wurde trotzdem abgelehnt. Aber Jakob Roeckl gab nicht auf. Er suchte nach einem anderen Weg.

Zurück in die Gegenwart. Heute steht die Firma Roeckl in einer vollkommen veränderten Welt. Wir haben weitgehend freien Welthandel. Immer mehr Handelsbarrieren fallen. Und mit dem Ende der Sowjetunion hat sich auch die Weltordnung verändert. Aus der bipolaren Konstellation zwischen den beiden Systemen im Westen und Osten hat sich durch die so genannte Globalisierung eine multipolare Welt entwickelt. Die bisher im Schatten der Blöcke handelnden Länder wie zum Beispiel China und Brasilien treten in die freie Konkurrenz des Weltmarktes hinaus.

Diese Entwicklung bedeutet enorme Chancen für Unternehmen. Seitdem ich vor fünf Jahren das Unternehmen Roeckl Handschuhe von meinem Vater übernommen habe, bin ich dabei, eine Antwort auf die Zukunft zu finden und die Firma entsprechend neu aufzustellen und zu transformieren.

Die Gestalt des Unternehmens, das mein Vater 35 Jahre geführt hat, war eine ganz andere. Es gab zwei Unternehmensbereiche: Roeckl Modehandschuhe und Roeckl Sporthandschuhe.

Der Bereich Sporthandschuhe ist vor rund 30 Jahren von meinem Vater neu aufgebaut worden. Das war damals eine weit blickende unternehmerische Entscheidung. Er hatte erkannt, welche Bedeutung Freizeit und Sport in der Zukunft spielen würden und hat die Sporthandschuhe als wichtiges Segment entwickelt. In diesem Zusammenhang hat er sogar ein Patent einer nahtlosen Unterhand-Schnittführung entwickelt. Dadurch sind Handschuhe entstanden, die beim Sport nicht mehr gedrückt haben. Wir erinnern uns in diesem Zusammenhang wieder an den Unternehmensgründer Jakob Roeckl. Wie bei seiner Gründung der Firma Roeckl sind wir auch hier wieder beim Thema „Chancen erkennen".

Als das Thema „Übergabe des Unternehmens" im Raum stand, war ich nicht die einzige Interessentin. Auch einer meiner Brüder wollte die Firma übernehmen. Mein Vater war jedoch der Überzeugung, dass ein Unternehmer immer ein Alleinentscheidungsrecht braucht, damit er die Geschäfte erfolgreich führen kann. Deshalb hat er die Firma in zwei unabhängige Unternehmen aufgeteilt. Durch Ausgründung sind aus Roeckl Handschuhe zwei neue Unternehmen entstanden, „Roeckl Sporthandschuhe" und „Roeckl Handschuhe & Accessoires".

Diese Ausgründung war nicht nur ein Mittel die Nachfolge zu regeln, sie war auch sinnvoll. Die Sporthandschuhe waren schon immer ein sehr eigenständiger

Bereich. Das gilt für das Marketing, die Produktkonzeption, den Einkauf, die Herstellung, die Vermarktung und für die ganze Produktphilosophie.

Während mein Bruder die Roeckl Sporthandschuhe übernommen hat, habe ich mich für die Roeckl Handschuhe & Accessoires und damit für das traditionelle Kerngeschäft mit hochwertigen klassischen und modischen Lederhandschuhen entschieden. Damit stand ich bei der Übernahme einer vollkommen veränderten Situation gegenüber, die durch den Generationswechsel noch wesentlich verstärkt wurde. Denn in einem Familienunternehmen prägt der Unternehmer mit seiner Person auch wesentlich das Unternehmen. Die Notwendigkeit einer tief greifenden Veränderung war damit essentiell für das Unternehmen. Von dem was es früher gab, was sich bewährt hatte, was gewachsen war, mussten wesentliche Teile ganz neu gedacht, gefunden und entwickelt werden.

Aber noch einmal zurück in die Zeit der Firmengründung. Jakob Roeckl entwickelte ein verbessertes Verfahren für das Gerben von Lamm- und Ziegenfellen zur Fertigung von Glacé-Handschuhen. Dafür gewährte ihm König Ludwig am 20. November 1844 für die Dauer von fünf Jahren ein so genanntes „Gewerbeprivilegium". Analog verhielt sich vier Generationen später mein Vater, der Mitte der 60er Jahre ein Patent für eine verbesserte Schnittführung von Sporthandschuhen entwickelt hat, um das Unternehmen erfolgreich durch die damals aufziehende Flaute im Geschäft mit Modehandschuhen zu steuern.

Mit seinem Gewerbeprivilegium konnte Jakob Roeckl seine ursprüngliche Absicht, eine Handschuhfabrik zu errichten, zumindest teilweise verwirklichen. Er kaufte ein geeignetes Haus in der Glockengasse Nummer 6 – heute Herzog-Wilhelm-Straße 6 – und richtete dort die nötigen Arbeitsräume ein. Wenige Jahre später, im Winter 1848, arbeiteten bereits 20 Gesellen und 50 Näherinnen bei Jakob Roeckl. Der Absatz stieg kontinuierlich. Die Ware wurde hauptsächlich in andere deutsche Länder und ins Ausland geliefert. Und Jakob Roeckl war stolz darauf, dass er „nicht unbedeutende Summen" ins Heimatland hereinzog.

Das zeigt, dass bereits der Gründer des Hauses Roeckl sich des Nutzens eines international handelnden Unternehmens für den Heimatstandort bewusst war.

Im Grunde war das Unternehmen Roeckl immer relativ global aufgestellt. Die Produktion war zwar lange Zeit fest in München aber der Ledereinkauf passierte immer am Ort des Ursprungs. Das war auch früher so. Die feinsten Leder kamen auch vor 100 Jahren je nach Lederart entweder aus Frankreich, Italien oder aus Äthiopien und manche auch aus Nordamerika oder Südamerika. Deshalb gab es immer schon eine gewisse Vernetzung in die anderen Weltteile. Herstellung und Verkauf waren eher lokal und überschaubar, mit Ausnahme der Jahre zwischen 1900 und dem zweiten Weltkrieg. In dieser Zeit gab es einen sehr starken Export nach Amerika. Und bereits 1911 hatte Roeckl eine Filiale in New York.

In den 90er Jahren hat mein Vater die Fertigung in Deutschland aufgelöst. Damit hat er das Unternehmen an die veränderten Bedingungen des Weltmarktes angepasst und erste Globalisierungsschritte eingeleitet. Wir produzieren heute unsere Produkte überwiegend in Temesvar, Rumänien und beschäftigen dort rund 120 Mitarbeiter.

Und auch da wird die Entwicklung weitergehen. Rumänien gehört zu Europa und wie alle anderen Schwellenländer in Europa und Asien unterliegt es einem rapiden Wachstum, was die Veränderung der Lebensumstände und die Arbeitskosten angeht. Das hat natürlich entsprechende Auswirkungen für unsere Produktion, da wir reine Handarbeitsprodukte herstellen. Der Lohnkostenfaktor ist deshalb ein extrem wichtiger Faktor für uns. Auf der anderen Seite brauchen wir aber auch höchste Qualität und handwerkliches Können in der Produktion. Und Handschuhe sind kein schnelllebiges Produkt. Die Ausbildung zum Handschuhmacher ist nicht einfach und dauert drei Jahre. Deshalb brauchen wir bei aller Veränderung auch Solidität, Kontinuität und Stabilität. In manchen Dingen denken wir hier daher sehr langfristig.

Für den Firmengründer Jakob Roeckl sah die Welt bei den Arbeitskosten noch ganz anders aus. Er war froh, dass sich das politische Umfeld in Bayern änderte, als König Ludwig der Erste der Krone entsagte und sein Nachfolger Maximilian der Zweite dem Volk entgegenkommen wollte, was größere Freiheiten auf allen Gebieten verlangte.

Jetzt glaubte er an eine neue Chance für die Erteilung einer Fabrik-Konzession. Er konnte jetzt einbringen, dass er bereits „eine große Anzahl Menschen" beschäftigte und er durch seine Ausfuhr Geld ins Land zog.

Und diesmal hatte sein Antrag Erfolg. Am 10. April 1849 wurde ihm die Konzession erteilt. Dem weiteren Aufstieg des Unternehmens Roeckl stand nichts mehr im Weg. Im Juli 1854 nahm er am Karlsplatz Nummer 4 die „Handschuhfabrik J. Roeckl" in Betrieb.

1867 übergab Jakob Roeckl das Unternehmen an seinen Erstgeborenen, Christian Roeckl. Christian hatte die Münchner Handelsschule besucht und sich dort die Kenntnisse für den kaufmännischen Beruf erworben. Für die Firma Roeckl wurde er der Mann einer neuen Zeit.

In seiner Wanderzeit mit Reisen nach Südfrankreich, Paris und Berlin hat er den regen wirtschaftlichen Aufschwung im Frankreich Napoleons des Dritten erlebt. Die neuen Möglichkeiten, die er gesehen hatte, ließen ihn in kühnen Plänen schwelgen. Er glaubte, dass er es auf 100 Handschuhmacher in der Firma bringen könnte.

Das Unternehmen, das Christian Roeckl von seinem Vater Jakob übernommen hatte, war im Prinzip immer noch eine Fabrikation mit angeschlossenem Einzelhandelsgeschäft. Christian wollte mit dem Unternehmen Roeckl für München auf dem Gebiet der Handschuhfabrikation den Weltmarkt erschließen. Deshalb konzentrierte er sich auf das Kerngeschäft der Lederhandschuhherstellung und auf den wirtschaftlichen Großvertrieb, an den sich der vorsichtigere Vater Jakob noch nicht herangewagt hatte. Bereits im Jahr 1867 begann Roeckl ein reges Versandgeschäft nach England. Und von 1870 an übernahm Roeckl große Aufträge für die Vereinigten Staaten. Als die Kapazitäten nicht mehr ausreichten, begann Christian Roeckl am heutigen Roecklplatz in den Isarauen mit dem Neubau einer großzügigen Fabrik.

Als er am siebten September 1883 mit 42 Jahren bei einem Unfall ums Leben kam, hatte er mit der Firma Roeckl den Durchbruch auf dem Weltmarkt geschafft. Die Handschuhfabrikation war zu einem wichtigen Faktor der Münchner Industrie geworden.

Christians Sohn Heinrich A. Roeckl der ihm nachfolgte, erweiterte und vermehrte die Verkaufsstellen, bis ein Netz von Filialen ganz Deutschland umspannte. Außerdem baute er den Versand nach Amerika weiter aus. Ein eigener Vertreter ermöglichte den direkten Verkehr mit den dortigen Kunden. Bei Ausbruch des zweiten Weltkriegs beschäftigte Roeckl rund 1 000 Mitarbeiter.

Heute steht das Unternehmen Roeckl in einer Welt mit einem sehr stark veränderten Gesicht. Wir befinden uns alle in einem Zeitenwandel. In jedweder Hinsicht. Und dieser Wandel vollzieht sich mit einem nie zuvor gekannten Tempo. Vor ein paar Jahren, es ist noch nicht allzu lange her, da gab es in Deutschland und Europa eine große Diskussion, ob wir die Globalisierung wollen oder nicht. Und es gab Menschen, die dagegen demonstriert haben, als würde man sie aufhalten können, als wäre die Entwicklung der Globalisierung etwas, bei dem man sich dafür oder dagegen entscheiden kann.

Rückblickend kommt mir das sehr absurd vor. Denn die Veränderung der Welt, die Transformation, passiert jeden Tag. Globalisierung, die Entwicklung zur Multipolarität, passiert immer. Und es geschieht allmählich, so dass der Einzelne es gar nicht so deutlich bemerkt. Man ist eigentlich schon mitten drin, in einem vollkommen veränderten Weltszenario und hat es noch gar nicht realisiert.

Ich kann mich zum Beispiel noch gut an mein erstes Handy erinnern. Das ist noch gar nicht so lange her. Das war damals noch etwas ganz besonderes. Und heute haben die allermeisten Schulkinder ihr eigenes Handy, manche sogar zwei.

Und diese Veränderungen betreffen selbstverständlich auch die Unternehmen. Deshalb ist es für mich als Unternehmerin heute die große Herausforderung, mein Unternehmen in seiner Ausrichtung in diese veränderte globale Situation zu führen, in die neue Marktsituation.

Aber diese Notwendigkeit zur Veränderung hat es immer gegeben, das habe ich versucht, mit meinem Ausflug in die Geschichte zu zeigen. Wir müssen keine Angst davor haben. Auch die Generationen vor uns waren mit Veränderungen konfrontiert und haben Antworten darauf gefunden. Und durch diese Antworten ist es ihnen gelungen, erfolgreich zu sein.

Für das Unternehmen Roeckl Handschuhe & Accessoires ist heute die Globalisierung in einer multipolaren Welt die große Herausforderung und Chance der nächsten Jahre.

Unsere aktuelle Aufgabe ist es dabei zunächst, das Unternehmen breiter aufzustellen, in internationale Märkte zu expandieren und aktiv an einer dynamischen Zukunftsentwicklung zu arbeiten. Wir haben die Kernkompetenz und Marktführerschaft bei Lederhandschuhen, Modehandschuhen, klassische Handschuhen. Das ist unsere Tradition: Qualität, höchster Anspruch an Verarbeitung und Materialien, Wertigkeit. Da sind wir traditionell gut aufgestellt. Roeckl betreibt seit über hundert Jahren eigene Geschäfte, über die wir die unmittelbare Nähe zu den Kunden und zum Markt haben und auch die Präsentation unserer Kollektionen steuern können.

Lederhandschuhe sind ein wunderbares Produkt. Aber als alleiniges Standbein für ein Unternehmen sind sie zu wenig. Das Geschäft mit Handschuhen ist stark saisonal und vom Klima abhängig. Darum gilt es hier, eine neue Antwort zu finden. Und deshalb sagen wir jetzt, „Wir können mehr als Handschuhe!" Wir sind dabei, die Marke aufzubauen und uns neu aufzustellen. Wir gehen vom Handschuhhersteller, der sehr produktionsorientiert war, in die Marktorientierung über die Kraft der Marke.

Handschuhe sind und bleiben unsere Kernkompetenz, sie sind immer das Herzstück von Roeckl. Aber daneben bauen wir weitere Kompetenzfelder auf, im Bereich der Accessoires. Die Sortimentserweiterung hat begonnen mit Strick-Accessoires – Handschuhe, Mütze und Schal immer im Set – hinzu kam die Kollektion von hochwertigen Seidentüchern. Aktuell wurde die Kompetenz in der Lederverarbeitung ausgeweitet und jetzt ergänzt eine eigene Taschen- und Lederaccessoire-Kollektion das hochwertige Accessoire-Angebot von Roeckl.

Roeckl als Premiummarke für Accessoires zu entwickeln und uns international aufzustellen, das ist unser Ziel. Premium-Qualität in jedweder Hinsicht, im Produkt, in den Materialien, in der Verarbeitung, im Design. Aus dem Premium-Handschuh kommend gehen wir in die Welt der Accessoires. Und diese Welt ist nichts vollkommen Fremdes. Neben seiner Wärme- und Schutzfunktion hat der Handschuh die große Kraft, auch Ausdruck der Individualität zu sein, modische Akzente zu setzen, modisches Accessoire zu sein.

Zu dieser Kraft und Bedeutung findet der Handschuh gerade jetzt zurück. Seit zirka zwei Jahren bemerken wir in der Mode eine starke Veränderung hin zur Wahrnehmung des Handschuhs als schmückendes und stilbildendes Accessoire. Jahrzehnte lang war der Handschuh nur ein wärmendes Kleidungsstück oder ein Nischenprodukt für Liebhaber. Aber jetzt ist der Handschuh mit Macht zurück in der Mode.

Und auch Prominente haben vielleicht zu dieser Renaissance beigetragen. So wie der Modeschöpfer Karl Lagerfeld oder Victoria Beckham, die man beide seit Jahren auch im Sommer mit Handschuhen sieht. Vielleicht haben aber auch wir einen kleinen Anteil daran – seit zirka zwei Jahren haben wir unsere Public Relations, unser Marketing und unsere Kommunikation wesentlich intensiviert.

Und diesen neuen Trend spüren wir auch. Der Zulauf in unseren Geschäften hat zugenommen. Es kommen immer mehr jüngere Menschen, die sich für Handschuhe interessieren und begeistern. Auch in den Sommermonaten registrieren wir einen zunehmenden Umsatz mit Handschuhen.

Dieser Trend hilft uns jetzt auch, unseren Weg in die Accessoires konsequent weiterzugehen. Wir haben seit ein paar Jahren bereits eine Tücher- und Schalkollektion und bieten Stricksets an, das sind Handschuhe mit einem perfekt darauf abgestimmten Schal. Und beginnend mit der Kollektion 2009 präsentieren wir jetzt die ersten Taschen.

Die Tasche ist ein ganz wichtiges Accessoire. Damit gehen wir einen entscheidenden Schritt beim Aufbau unserer Accessoire-Kompetenz. Mit dem Ziel, zwölf Monate im Jahr stark zu sein und aus der Kälteabhängigkeit heraus zu kommen. Roeckl soll das ganze Jahr über in der Kundenwahrnehmung präsent sein und so für

Handelspartner attraktiver werden. Und die vielen begeisterten und überzeugten Roeckl-Kundinnen und -Kunden sollen künftig neben Handschuhen auch andere „Must-Have"-Accessoires bei Roeckl finden, in der gewohnt hohen Qualität der Produkte.

Die Taschen werden auch aus hochwertigem Leder hergestellt. Dabei geht es wie beim Handschuh um Lederverarbeitung, um feine Produkte, die sowohl schön als auch funktional und userfreundlich sind – wie die Handschuhe. Auch da haben wir neben der Ästhetik den Anspruch an die Passform, an die Wärme, an das Schmückende.

Unsere Vision ist es, Lieblingsstücke herzustellen. Wir wollen nicht nur Produkte verkaufen, wir wollen, dass diese Produkte für unsere Kunden Lieblingsstücke werden, an denen sie Freude haben. Denn das ist die Rolle von Accessoires, sie haben etwas Spielerisches, sollen schmücken und dem Träger darüber hinaus etwas ganz persönliches geben.

Wenn wir unsere Accessoire-Kompetenz aufgebaut haben, dann können wir auch auf den spannenden neuen internationalen Märkten viel agiler arbeiten.

Zurzeit sind wir noch traditionell eingeschränkt auf Regionen, in denen Kälte relevant ist. Unsere Hauptmärkte sind deshalb Deutschland, Österreich und die Schweiz. Da haben wir bereits eine gute Distribution und eine gute Struktur, die wir weiter ausbauen.

Unser stärkster Auslandsmarkt ist Russland. Dort entwickelt sich Roeckl ausgezeichnet – Russland ist ein kaltes Land, die Menschen dort zeichnet die Liebe zum Luxus und zu Statussymbolen sowie die Freude am offensiven Zeigen von Luxusprodukten aus. Außerdem haben die Russen einen sehr großen Nachholbedarf, der zu einer großen Lust und Freude an Luxus, Schönheit und Mode geführt hat.

Mit der Realisierung der Sortimentserweiterung Taschen und Lederaccessoires, ergänzend zu unseren Kernkollektionen, werden wir auch den Weg nach Asien suchen. Dort liegt einer der globalen Zukunftsmärkte. Ein Markt mit sehr viel Potential, und ein sehr spannender Markt von einer Dynamik, die uns hier in Deutschland nicht mehr bekannt ist.

Bei aller Tendenz zur Internationalität stehen wir zu unserem Standort München. Schließlich ist der Unternehmenssitz seit 1870 in München am Roecklplatz. Wir sind stolz auf diese Tradition und unsere Herkunft, gemäß dem Satz „Zukunft braucht Herkunft", halten wir die starke Verbindung zu den Wurzeln des Unternehmens und stellen uns gerne und voller Zuversicht der Herausforderung einer starken und dynamischen Zukunftsentwicklung.

Es sind großartige, spannende internationale Märkte, in die wir expandieren und auf denen wir in der Zukunft präsent sein wollen.

Unternehmen, die offen sind für die Veränderungen in der Welt und bereit sind, global zu handeln und den globalen Wettbewerb anzunehmen, haben auch große Chancen, ihren Platz auf den neuen Beschaffungs- und Vertriebsmärkten zu finden. Davon bin ich überzeugt. Statt Veränderungen zu beklagen und darunter zu leiden, halte ich es für besser, genau hinzuschauen, welche Veränderungen stattfinden, sie zu bejahen und zu nutzen. Veränderungen gehören immanent zum Lauf der Welt, jede Veränderung bringt auch neue Chancen mit sich.

Als global agierendes Unternehmen ist es aber auch wichtig, verwurzelt zu sein, seinen Platz zu haben, nur dann kann man auch in die Welt hinausgehen. Ich will, das Roeckl „Zukunft mit Herkunft" ist. Eine internationale kraftvolle Premium-Marke.

Deshalb werden wir hier in München in Zukunft auch wieder Lehrlinge zum Handschuhmacher ausbilden. Wir werden mit Sicherheit keine große Produktion mehr aufbauen, das geht in Deutschland heute in unserem Bereich nicht mehr. Aber ich möchte die Herstellungskompetenz, das Wissen, wieder nach München zurückholen. Das ist wichtig. Denn es sind am Ende die Produkte, die der Kunde kauft. Und in dem Segment, in dem wir arbeiten, will der Kunde vollendete Produkte, Lieblingsstücke. Da ist es wichtig, dass alle Kompetenzbereiche, die bei der Herstellung des Produkts zusammenwirken, räumlich nah beieinander sind. Das ist für die Entwicklung entscheidend, bei der Schnelligkeit, Innovation und Ausprobieren zählen. Diese Kompetenz gehört auch zur Tradition und zur Herkunft, die für die Entwicklung eines Familienunternehmens in einer multipolaren und globalisierten Welt die Basis bilden.

Von „Made in Germany" zu „Created in Germany"

Prof. Dr. Norbert Walter, Chefvolkswirt der Deutsche Bank Gruppe

Die derzeitige Wirtschaftskrise ist wohl die schwerste Rezession, die wir seit dem zweiten Weltkrieg erfahren haben. Die Auswirkungen werden tief greifend und weit reichend sein: die Unternehmenslandschaft wird sich verändern, Geschäftsmodelle vor allem im Bankbereich bedürfen der Überarbeitung. Trotzdem wird im Jahr 2010 eine wirtschaftliche Erholung beginnen. Nach dieser Krise wird die deutsche Wirtschaft nur dann wieder zu früherer Wachstumsstärke zurückfinden, wenn strukturelle Umorientierungen gelingen.

Ist Deutschland bereit für die Herausforderungen der Zukunft?

Dramatische strukturelle Umbrüche kennzeichneten die zurück liegenden Dekaden. Alle Lebensbereiche waren betroffen. Nichts deutet darauf hin, dass sich das Tempo der gesellschaftlichen, technologischen, politischen und wirtschaftlichen Umwälzungen in Zukunft verlangsamen wird. Das Gegenteil ist der Fall: Wie Moore's Law – die scherzhaft gemeinte Schätzung, dass sich die Rechenleistung von Mikrochips alle zwei Jahre verdoppeln wird – verdeutlicht, leben wir nicht mehr im Zeitalter der linearen Entwicklung und diskreten Veränderung, sondern beobachten exponentiellen technologischen Fortschritt und dramatische Veränderungen.

Und in Deutschland? Ist da jemand dabei aufzubrechen? Deutschland sendet Signale, dass es nicht nur die rote Laterne bei den Wachstumsraten in Europa abgegeben hat. Es gibt mehr und mehr Hinweise, dass Deutsche flexibel anpacken, dass sie mit Kreativität und Intuition neue Märkte entdecken und erfolgreich bearbeiten. Sie wenden sich ihren Kunden zu und entwickeln mit ihnen Lösungen für komplexe Probleme und dies – typisch deutsch – mit enormer Verlässlichkeit. Es sieht so aus, als ob die Deutschen – Krise hin, Krise her – zu einer anspruchsvollen Expedition aufgebrochen sind. Da gibt es Nischen, die immer mehr zu breiten Foren werden und in denen deutschen Wissenschaftler Spitzenleistungen vollbringen.

Forschung & Entwicklung als Schlüssel für Innovation

Dass dies bei Umwelttechnologie und erneuerbaren Energien der Fall ist, überrascht nach der gesellschaftspolitischen Orientierung der letzten 30 Jahre nicht. Aber der Umfang der Forschungs- und Entwicklungsaufwendungen und die vielen erfolgreichen Geschäftsmodelle in diesen Feldern überraschen die traditionellen Unternehmer und Forscher in Deutschland. Sie überzeugen internationale Beobachter und, spannender noch, finanzstarke Investoren aus dem In- und Ausland. Deutschland, das Land, das für „Outsourcing" und „Offshoring" bekannt ist – und dafür vielfach kritisiert wurde – wird nun zum Magnet für „Inshoring". Braunschweig wird zum Mekka für mächtige Megachips, Bitterfeld zum Delphi der Solarforschung. Die Deutschen sind Avantgardisten der Entwicklung von Autos und Maschinen: So bauen asiatische Automobilkonzerne Forschungs- und Entwicklungsabteilungen im Rhein-Main-Gebiet auf. Gerade die Zukunftsthemen des Automobilbaus – intelligente Antriebstechnik, energieeffiziente Technologien, neue Mensch-Maschine-Schnittstellen, wegweisendes Design – werden den Deutschen anvertraut. Die Deutschen sind „state of the art" für elektromedizinisches Gerät. Sie haben die Antworten für die vernetzte Welt der Messen, sie sind als optimale, verlässliche Dienstleister in der Logistik gesucht. Telematikkonzepte mit deutscher Handschrift sind weltweit gefragt. Das weltweit modernste Mautsystem „Toll Collect" ist trotz aller Kinderkrankheiten nur ein Beispiel dafür.

Deutschland im Jahr 2020 – eine Szenarienanalyse

Wie wird dieses Land im Jahr 2020 aussehen? Sind die internationalen Herausforderungen dann gemeistert worden? Diese Herausforderungen sind freilich durch die internationale Wirtschaftskrise nicht weniger geworden. Sie hat in brutaler Weise regulatorische Missstände offengelegt und lange für erfolgreich gehaltene Geschäftsmodelle zerstört. Wird die zuletzt begonnene, ambitionierte Expedition zum Ziel geführt haben? Hat die Kondition gereicht? War die Ausrüstung gut genug? Hat das Team zusammengehalten?

Eine eindeutige Antwort auf diese Fragen ist nicht zu geben. Es lohnt sich, in Szenarien zu denken. Deutsche Bank Research hat hierzu eine ausführliche Studie (www.expeditiondeutschland.de) veröffentlicht. Die möglichen Szenarien reichen von einer erfolgreichen Expedition mit flexibler Ko-Regulierung und Projektkooperationen in den Wertschöpfungsprozessen bis hin zur Überregulierung, Protektionismus und statischem Unternehmertum („Zugbrücke hoch").

Dabei scheinen negative Szenarien einigen unserer deutschen Zeitgenossen nicht nur mindestens ebenso plausibel, viele von uns fühlen sich in solcher Umgebung wohler oder zumindest sicherer. Ich teile diese Einschätzung nicht. Und spätestens seit der Fußballweltmeisterschaft sollte die Zustimmung für meine Sichtweise zugenommen haben.

Was zeichnet Deutschland aus?

Deutschland ist das „Land der Ideen". Man kann und wird stolz auf sein Land sein. Und wir wissen es jetzt: Mit längerer Wochenarbeitszeit und mit der Erhöhung des Renteneintrittsalters steigt die Wettbewerbsfähigkeit und wird Arbeitslosigkeit verringert. Mit Lernbereitschaft und mit Weiterbildung auch für Ältere muss die demographische Perspektive in Deutschland nicht mit Niedergang verbunden sein. Es gibt Anzeichen dafür, dass Lernwillige künftig aus einem deutlich breiteren und transparenteren Lernangebot werden wählen können. Agile private Anbieter werden den Wettbewerb im Lernmarkt beleben und die staatlichen Lernanbieter mitreißen. Die Lernangebote werden besser aufeinander abgestimmt sein: Aus Abschlüssen werden Anschlüsse, Anschlüsse für weitere Lernmodule und für zukünftige berufliche Chancen. Mit besserer Vernetzung durch moderne Informationstechnologie, mit den komplementären (Arbeits-) Kräften in der Welt und anspruchsvollen Kunden werden wir so zum leistungsstarken Anbieter kreativer, verlässlicher Lösungen für eine Fülle von Aufgaben. „Made in Germany" wird auch weiterhin begehrenswert sein. Immer attraktiver wird jedoch – gerade auch für Unternehmen und Konsumenten in Asien und dem Nahen Osten – „Created in Germany".

Auf dem Wege zu „Created in Germany"

Der Standort Deutschland ist als Exportweltmeister enorm herausgefordert, als zentrales Land in Europa aber auch gut positioniert. Statt sich wegen der demografischen Perspektive in Pessimismus zu ergeben, gilt es die Chancen durch virtuose Antworten speziell im Gesundheits-, Weiterbildungs- und Umweltbereich zu ergreifen. Statt an „Made in Germany" festzukleben, gilt es „Created in Germany" zu etablieren. Dabei wird nicht nur Spitzentechnologie aus Deutschland an Bedeutung auf dem Weltmarkt gewinnen. Auch kreative Dienstleistungen – von Forschungsleistungen über Produktentwicklung bis hin zum Design – wird Deutschland immer erfolgreicher exportieren. Die Wissensgesellschaft, in der wir zunehmend leben, erfordert akademische Scouts, die in der sich integrierenden und sich ändernden Welt den Weg in die technologische Zukunft weisen: Erneuerbare Energien, Nano- und Biotechnologien, Web 2.0 erfordern neue Infrastrukturen, neue Lernmethoden und eine Weiterentwicklung des Bildungssektors.

Aber das Ausland wird nicht nur kreative deutsche Güter und Dienstleistungen nachfragen. Ausländische Unternehmen werden auch stärker als heute über Direktinvestitionen an der deutschen Innovationskapazität partizipieren wollen. Beliebte Investitionsziele werden Marktforschungsagenturen und Unternehmen mit umfangreichen Datenbanken über lokale Kunden (so kann das Ausland die hiesigen anspruchsvollen Kunden besser erreichen), etablierte deutsche Konsumgüter- und Dienstleistungsmarken sowie lokale Design-, Forschungs- und Entwicklungskapazitäten sein.

Attraktivität für Direktinvestitionen aus dem Ausland erhalten

Investieren werden neben den aufstrebenden asiatischen Ländern insbesondere die USA, der Nahe und der Mittlere Osten. Für US-amerikanische private Equity-Fonds war Deutschland bisher auf Grund seiner unterbewerteten Mittelstands- und Großunternehmen ein Investitionseldorado. Mit der Finanzkrise werden diese Akteure an den Pranger gestellt und in ihrem Wirken behindert. Jedoch gibt es gerade in Krisenzeiten wie diesen einen großen Bedarf an privatem Kapital. Jeder, der in der Lage und willens ist zu investieren, wird deshalb wieder mehr und mehr ein gern gesehener Mitwirkender sein. Dies gilt auch in der Zukunft. Private Kapitalgeber werden sich auch künftig in Deutschland auf die Suche nach neuen, rentablen Assetklassen machen und das damit verbundene Risiko suchen – und im deutschen Innovationsgeschehen fündig werden. Den US-Finanzpionieren werden die Ölkassen des Nahen Ostens, die sich nach Verarbeitung der Krise wieder füllen werden, folgen. Viele ölreiche arabische Länder haben ihren Strukturwandel weg von der Ölförderung bereits eingeleitet. Auch für sie wird die Innovationskraft deutscher Unternehmen – neben Investitionen in Tourismus, Finanzplatzinfrastrukturen und Logistikhubs – künftig immer attraktiver werden.

Gesellschaftlicher Wandel muss unterstützen

Durch die deutsche Gesellschaft geht ein Ruck. So wurden in Deutschland seit 1996 mehr als 160 Bürgerstiftungen gegründet. Dies und die gestiegene Anzahl von direkt-demokratischen Initiativen zeigen: Die Bürger wollen mehr Mitsprache an Entscheidungen. Die Zivilgesellschaft regt sich, die (innen)politischen Diskussionen um den gesellschaftlichen Zusammenhalt im Zeitalter der Globalisierung nehmen zu. Dabei befürworten Leistungsfähige mehr Eigenvorsorge, Schwächere fordern Versorgung durch den Staat. Die staatliche Versorgung mit Sozialleistungen stößt aber vor allem im Hinblick auf die zunehmende Alterung unserer Gesellschaft an Grenzen. Der demografische Wandel wird künftig zu einer immer stärkeren Belastung der Sozialkassen führen. Um sich diesem Wandel anzupassen, müssen sich Bürger und Politik darauf einstellen, das Renteneintrittsalter früher und gegebenenfalls stärker als geplant anzuheben.

Nach sechzig überaus erfolgreichen Jahren sozialer Marktwirtschaft hat sich Erhards Credo vielfach bewahrheitet. Die Erhaltung des freien Wettbewerbs ist eine der wichtigsten Aufgaben des Staates. Die Finanzmarktkrise hat aber auch gezeigt, dass auf geordnete, strikte und wohldosierte staatliche Regulierung nicht verzichtet werden kann. Der Staat setzt die Regeln, durch die ein nachhaltiges und zukunftsorientiertes Wirtschaften erst möglich wird. Unternehmer wie auch Nichtregierungsorganisationen müssen sich an diese Regeln halten. Dabei muss es die Aufgabe von Unternehmen bleiben, gute Geschäftsmodelle zu entwickeln und die Innovationskraft Deutschlands zu gestalten. Der Staat tut gut daran, nicht als Mitspieler, sondern vielmehr als Schiedsrichter diese Entwicklung zu begleiten und zu fördern. In einer Welt steigender globaler Vernetzung und Interdependenz sollte der Staat allerdings vermehrt auf Konkurrenz-Kooperation (englisch: co-petition – collaboration and competition) setzen, das heißt, die übergeordnete Makrosolidarität des Staates punktuell mit der verstärkt entstehenden Mesosolidarität privater Teilnehmer koppeln. Gezielte Führung in Politik, Wirtschaft und Wissenschaft ist dazu dringend erforderlich. Zur Re-Etablierung einer internationalen Ordnung muss Europa eine gestaltende, müssen die USA die führende und Asien die materielle Rolle übernehmen. Dazu muss sich Europa formieren, die USA müssen multilaterale Lösungen initiieren und Asien muss seine Dynamik durch Offenheit in das weltwirtschaftliche System einbringen.

Kooperative Arbeitsteilung zwischen Wirtschaft und Politik unabdinglich

Bei dieser Expedition kommt es in Deutschland also nicht nur auf eine neue Mentalität der Bürger – agile Unternehmer und kreative Arbeitnehmer – an, sondern auch auf einen dienstleistungsorientierten Staat, der in wohlüberlegtem Maße sachgerecht reguliert und die Rahmenbedingungen für eine innovative deutsche Wirtschaft erhält und weiter ausbaut. Dies gelingt nur, wenn Job-Rotation zwischen Wissenschaft, Wirtschaft und Politik zur Regel wird. Sich kennen und sich verstehen heißt nicht, die Rollen durcheinander zu bringen. Der Aufbruch in die aufregende neue Welt wird – gerade im Hinblick auf die immer geringere Akzeptanz von Demokratie und Marktwirtschaft – nur gelingen, wenn die verschiedenen Akteure – Politiker, Unternehmer und Wissenschaftler, NGO's – über ihre jeweilige Rolle hinaus denken und zur interdisziplinären Zusammenarbeit finden. Nur im Zusammenwirken liegt die Chance für das Gelingen der Expedition. Zusammengenommen bedeutet dies, dass aus dem oft bevormundenden „Vater Staat" ein Partner wird, der Bürgern mit Rat und Tat, Wissen, Hinweisen und – wo erforderlich – mit Absicherung zur Seite steht.

Information und Bildung als Schlüssel zur Innovationsgesellschaft

Freilich sind auch eine bessere Bildungs- und Innovationspolitik ein wichtiger Baustein für eine erfolgreiche Zukunftsgestaltung. Denn es ist offenkundig, dass im Standortwettbewerb um Köpfe und Unternehmen nur derjenige in Zukunft an der Spitze liegen wird, der Rahmenbedingungen auf Basis profunden Wissens und guter Netzwerke gemeinsam mit internationalen Partnern weiter entwickelt. Beispielsweise bieten grenzüberschreitende Standards dem deutschen Mittelstand international zusätzlich Chancen. In einer globalisierten Welt, die durch schnellen Wissensaustausch gekennzeichnet ist, wird dabei Information zu einem wichtigen Produktionsmittel, auch für den Staat. Eine gesellschaftliche Kooperation zwischen Bürgern, Staat, Unternehmen und internationalen Partnern ermöglicht es dabei, dem globalen Strukturwandel nicht nur passiv ausgesetzt zu sein, sondern diesen aktiv zu gestalten. Dabei kommt dem Staat eine Katalysatorrolle zu, indem er rasch lernt und Zukunftsbilder zügig vermittelt.

Mit Projektwirtschaft der Zukunft begegnen

Um bei der Expedition Deutschland auch als Land mit kleiner Bevölkerung für einen globalen Markt leistungsstark zu sein, wird es nötig sein, Projektgesellschaften durch temporäre Zusammenschlüsse verschiedener Talente zu arrangieren. Nur so kann das erforderliche tiefe Spezialwissen und die nötige kritische Masse zusammen gebracht werden. Gerade den deutschen Mittelständlern eröffnet eine solche Kooperation neue Innovationschancen; schlummerndes Potential kann besser und in größerem Umfang als bisher genutzt werden. Für den einzelnen Mittelständler mag die Entwicklung neuer, umfangreicher Wasseraufbereitungssysteme oft finanziell zu riskant, die Wissensanforderungen zu breit sein. In einem gemeinsamen Projekt mit anderen Spezialisten können jedoch beide Hürden überwunden werden. Das gelingt umso besser, je genauer jeder Teilnehmer sein internes Wissen kennt und bewertet, um es als „Kooperationswährung" in ein gemeinsames Projekt einzubringen. Eine solche Projektwirtschaft bringt jene Teams hervor, die das schier unmögliche – wie die Weltumrundung mit dem solargetriebenen Flugzeug – schaffen. Glück auf, Deutschland!

Trends in einer multipolaren Bildungswelt – Herausforderung für das deutsche Hochschulsystem

Prof. Dr. Michael Dowling, Professor für Innovations- und Technologiemanagement, Universität Regensburg

Einführung

In ihrer Studie „The Rise of the Multipolar World" hat die Unternehmensberatung Accenture in 2007 einige wichtige Trends identifiziert, die Wirtschaft und Gesellschaft in einer so genannten multipolaren Welt beeinflussen werden:

- die wachsenden Fähigkeiten von Informations- und Kommunikationstechnologien,
- die Öffnung der Weltwirtschaft,
- das Wachstum und die Bedeutung von multinationalen Unternehmen.

Diese Trends werden durch verschiedene Dimensionen beeinflusst. Zwei Dimensionen, die eine große Bedeutung und Einfluss auf die Entwicklung von Bildungssystemen haben, sind die zunehmende Globalisierung und der Wettbewerb um gut ausgebildete Arbeitskräfte sowie die Tatsache, dass Innovationen in der Zukunft nicht mehr nur aus den „Triade" Regionen USA, Japan und Europa kommen werden. In einer multipolaren Welt werden Arbeitskräfte mehr Freiheit haben und überall auf der Welt flexibel eingesetzt werden. Neue Technologien und Innovationen werden in verschiedenen Zentren entwickelt und durch internationale Märkte auch schneller verbreitet. Hoch industrialisierte Länder wie zum Beispiel Deutschland, USA, Großbritannien, können nicht mehr davon ausgehen, dass sie durch Innovation allein Wettbewerbsvorteile erhalten können.

Diese Transformationsprozesse werden sicherlich auch einen Einfluss auf die Bildungssysteme weltweit haben und beginnen in Deutschland bereits ihre Einwirkung zu zeigen. In dieser Ausführung möchte ich versuchen, diese Trends zu analysieren. Obwohl ich meine akademische Laufbahn in den USA begonnen habe und dort schon als Hochschullehrer tätig war, konnte ich jetzt über 12 Jahre Erfahrung im deutschen Hochschulsystem sammeln und kann daher Entwicklungen in den USA und in Deutschland beziehungsweise Europa gut vergleichen.

Der Transformationsprozess an Hochschulen wird meines Erachtens durch mehrere Treiber beeinflusst. Erstens wird ein Wettbewerb in der Lehre durch so genannte „Rankings" zunehmend in den Vergleich zwischen den Hochschulen in verschiedenen Ländern gestellt, um die Qualität der Ausbildung transparenter zu machen. Insbesondere in Europa hat der Bologna-Prozess versucht, diesen Wettbewerb durch Vergleichbarkeit der Abschlüsse voranzutreiben.

Ein zweiter Treiber des Wettbewerbs im Hochschulsystem ist Wettbewerb in der Forschung. Hochschulen spielen eine wichtige Rolle in den Gesamtforschungsausgaben von vielen industriellen Ländern, insbesondere im Bereich Grundlagenforschung. Hier wird auch in einer multipolaren Welt Forschung nicht nur in industriellen Ländern gemacht, sondern auch in Entwicklungsländern wie beispielsweise China und Indien zunehmend unterstützt. In Deutschland hat man zum Teil auf diesen globalen Wettbewerb mit der „Exzellenzinitiative" der Bundesregierung reagiert, um weltweit Spitzenforschung an Eliteuniversitäten voranzutreiben. Dieser Wettbewerb spielt auch eine Rolle in den Transformationsprozessen im deutschen Hochschulsystem.

Ein dritter Trend, der allerdings nur für bestimmte Fachgebiete relevant ist, ist der zunehmende Wettbewerb zwischen staatlichen und privaten Hochschulen. Im Bereich der Wirtschaftswissenschaften sind private Hochschulen und Universitäten sehr stark vertreten. Und auch in den Bereichen Jura und Medizin spielt dieser zunehmende private Wettbewerb seine Rolle bei den internen Transformationsprozessen der deutschen Hochschulen. Nach Darstellung dieser Trends werde ich in diesem Beitrag eine Zusammenfassung und Analyse der möglichen Auswirkungen auf das deutsche Hochschulsystem bringen.

Wettbewerb in der Lehre

Internationale Rankings

In fast allen Industrieländern werden von verschiedenen Institutionen durch „Rankings" Hochschulen anhand verschiedener Kriterien miteinander verglichen. Es haben sich auch in letzter Zeit einige internationale Rankings etabliert, die versuchen, die weltweit besten Universitäten zu ermitteln. So stellt zum Beispiel das „THES World University Ranking" die 200 weltweit besten Universitäten durch eine Bewertung der Reputation der Universitäten bei Arbeitgebern dar und verwendet weitere Indikatoren wie die Betreuungsrelation von Lehrenden und Studierenden und den Anteil ausländischer Studierender. Das Resultat ist ein Ranking, dominiert von den Top 10 der US-amerikanischen Spitzenuniversitäten wie Harvard, Yale und Princeton sowie einigen britischen Traditions-Eliteuniversitäten wie Cambridge, Oxford und London (Abb. 1; vgl. Times Higher Education, 2007).

Ein anderes Beispiel von globalen Rankings ist das „Academic Ranking of World Universities" von der Shanghai Jiao Tong University (Abb. 2; vgl. Shanghai

Trends in einer multipolaren Bildungswelt

World Univerity Rankings 2007

THE TOP 200 WORLD UNIVERSITIES

2007 RANK	2006 RANK	NAME	COUNTRY	PEER REVIEW SCOORE	EMPLOYER REVIEW SCORE	STAFF/STUDENT SCORE	CITATIONS/STAFF SCORE	INTERNATIONAL STAFF SCORE	INTERNATIONAL STUDENTS SCORE	OVERALL SCORE
1	1	Harvard	US	100	100	100	96	93	91	100
2=	2	University of Cambridge	UK	100	100	99	83	98	91	97,6
2=	3	University of Oxford	UK	100	100	100	82	97	96	97,6
2=	4	Yale University	US	100	98	100	91	84	75	97,6
5	9	Imperial College London	UK	99	99	100	81	98	100	97,5
6	10	Princeton University	US	100	94	95	97	83	75	97,2
7=	7	California Institute of Technology	US	100	55	100	100	100	91	96,5
7=	11	University of Chicago	US	100	97	100	86	71	90	96,5
9	25	University College London	UK	96	97	100	82	91	98	95,3
10	4=	Massachusetts Institute of Technology	US	100	99	85	98	34	94	94,6
11	12	Columbia University	US	100	96	94	91	35	89	94,5
12	21	McGill University	Canada	100	97	99	72	73	96	93,9
13	13	Duke University	US	97	96	88	92	83	65	93,3
14	26	University of Pennsilvenia	US	97	96	88	92	83	65	93,3
15	23	Johns Hopkins University	US	99	77	98	96	35	69	92,9

Abb. 1 Times Higher Education Ranking

World Rank	Institution	Region	Regional Rank	Country	National Rank	Score on Alumni	Score on Award	Score on HiCi	Score on N&S	Score on SCI	Score on Size	Total Score
1	Harvard Univ	Americas	1	USA	1	100	100	100	100	100	73	100
2	Stanford Univ	Americas	2	USA	2	42	78,7	86,1	69,6	70,3	65,7	73,7
3	Univ California - Berkeley	Americas	3	USA	3	72,5	77,1	67,9	72,9	69,2	52,6	71,9
4	Univ Cambridge	Europe	1	UK	1	93,6	91,5	54	58,2	65,4	65,1	71,6
5	Massachusetts Inst Tech (MIT)	Americas	4	USA	4	74,6	80,6	65,9	68,4	61,7	53,4	70,0
6	California Inst Tech	Americas	5	USA	5	55,5	69,1	58,4	67,6	50,3	100	66,4
7	Columbis Univ	Americas	6	USA	6	76	65,7	56,5	54,3	69,6	46,4	63,2
8	Princeton Univ	Americas	7	USA	7	62,3	80,4	59,3	42,9	46,5	58,9	59,5
9	Univ Chicago	Americas	8	USA	8	70,8	80,2	50,8	42,8	54,1	41,3	58,4
10	Univ Oxford	Europe	2	UK	2	60,3	57,9	46,3	52,3	65,4	44,7	56,4
11	Yale Univ	Americas	9	USA	9	50,9	43,6	57,9	57,2	63,2	48,9	55,9
12	Cornell Univ	Americas	10	USA	10	43,6	51,3	54,5	51,4	65,1	39,9	54,3
13	Univ California - Los Angeles	Americas	11	USA	11	25,6	42,8	57,4	49,1	75,9	35,5	52,6
14	Univ California - San Diego	Americas	12	USA	12	16,6	34	59,3	55,5	64,6	46,6	50,4
15	Univ Pennsylvania	Americas	13	USA	13	33,3	34,4	56,9	40,3	70,8	38,7	49,0

Abb. 2 Academic Ranking of World Universities 2007 (World Rank 1–15)

Jiao Tong University & Institute of Higher Education, 2007). In diesem Ranking werden fünf Kriterien zugrunde gelegt, unter anderem ob Nobelpreisträger an den Universitäten lehren, die Zitierungsrate der Forscher, die Zahl der Publikationen und auch die Größe der Institution. In diesem Ranking dominieren in den Top 20 fast nur amerikanische Spitzenuniversitäten, insbesondere auch wieder die privaten wie Harvard und Yale. Lediglich die Universitäten von Cambridge und Oxford in England sind unter den besten 15 des Rankings vertreten. Die ersten deutschen Universitäten, LMU München und TU München, erscheinen erst auf Platz 53 und 56 des Rankings.

Rankings in Deutschland

In Deutschland hat man durch eine Reihe von konkurrierenden Rankings, in der Regel in Zusammenarbeit mit verschiedenen Zeitschriften und Zeitungen, versucht, einen Vergleich der deutschen Hochschulen zu ermöglichen. Am weitesten entwickelt ist das „CHE-Ranking" vom Centrum für Hochschulentwicklung, einem hochschulunabhängigen Institut, das durch die Bertelsmann Stiftung finanziert wird. Diese Institution hat von 1999 bis 2004 zusammen mit dem Magazin „Stern" ein Ranking aller Hochschulen in Deutschland veröffentlicht. Seit 2005 ist der Kooperationspartner die Wochenzeitschrift „Die Zeit". Das Hauptranking des CHE basiert auf den Urteilen in den Fragebogen an über 250 000 Studierende über die Studienbedingungen an ihrer Hochschule sowie auf Reputationen, die von den Professoren der einzelnen Fachbereiche erhoben werden. Das CHE veröffentlicht auch einige andere spezielle Rankings, zum Beispiel ein Employability Ranking, in dem Sozialkompetenzen, Praxisbezug und Internationalität der Hochschulen evaluiert werden sowie ein Forschungsranking, in dem die Forschungsleistungen der Universitäten anhand von Veröffentlichungen und Zitaten evaluiert werden. Streng genommen ist das Hauptranking des CHE gar kein Ranking, sondern eine Evaluierung, da nur Kategorien von „sehr gut", „gut" und „schlecht" im Sinne von grünen, gelben und roten Ampelpunkten veröffentlicht werden. Ein nummeriertes Ranking veröffentlicht das CHE nicht.

Die Zeitschrift „Focus" hat in den letzten Jahren auch einen Vergleich von Universitäten in Deutschland, auf der Basis einer Befragung von Unternehmen, von Hochschulstatistiken und anderen Indikatoren, veröffentlicht. Hier werden jedoch die Top-Universitäten in eine Reihenfolge gestellt. Spezialrankings werden in verschiedenen anderen Publikationen veröffentlicht, zum Beispiel publiziert „Das Handelsblatt" Rankings über Wirtschaftswissenschaftliche Fakultäten und die verschiedenen Fächer VWL, BWL und Wirtschaftsinformatik, und „Der Hochschulanzeiger" der FAZ vergleicht private Hochschulen aus dem deutschsprachigen Raum hinsichtlich des Berufserfolgs der Absolventen. Andere Zeitschriften wie „Spiegel" und „Die Wirtschaftswoche" veröffentlichten ebenfalls

Rankings in Partnerschaft mit Beratungsunternehmen. So befragt zum Beispiel „Die Wirtschaftswoche" in regelmäßigen Abständen Personalmanager bei Firmen, um zu ermitteln, von welchen Hochschulen und mit welchen Fächern die besten Absolventen kommen. Sie zeigen damit die Einstellungschancen bei großen Unternehmen. Über 1 000 Personal-Rekruting-Verantwortliche aus großen deutschen Unternehmen werden dafür befragt.

Ein Vergleich dieser Rankings ist etwas problematisch, da sie alle verschiedene Methoden und Indikatoren verwenden. Auch die Schwerpunkte der Indikatoren liegen von Ranking zu Ranking ganz anders. Zum Beispiel legt die Hauptevaluierung des CHE ihren Schwerpunkt auf die Beurteilung der Hochschule durch die dort gerade Studierenden. Diese Beurteilungen sind grundsätzlich kritisch zu sehen, da Studierende die eigene Hochschule nicht evaluieren können, wenn sie keine Vergleichsmaßstäbe haben. Andere Rankings, wie zum Beispiel die der „Wirtschaftswoche", die nur Personaler befragt, haben das Problem, dass sie von großen Universitäten mehr Absolventen rekrutieren und dadurch die Absolventen automatisch einen größeren Eindruck auf Personal- und Rekruting-Spezialisten machen als kleinere Universitäten.

Trotzdem haben die Rankings Universitäten und Hochschulen in die Lage versetzt, ihre Studien- und Forschungsprogramme mit regionalen, nationalen und auch internationalen Wettbewerbern zu vergleichen. Damit spielen die Rankings als Informationsquelle eine wichtige Rolle in strategischen Prozessen und dienen dazu, Vergleiche für Studieninteressierte darzustellen. Meiner Erfahrung nach werden diese Rankings bei der Wahl eines Studienortes sehr stark von Schülern in Betracht gezogen, obwohl empirische Studien zeigen, dass nach wie vor die Mehrheit der Studierenden in Deutschland ihren Studienort überwiegend anhand von geographischen und anderen Kriterien aussucht und nicht nach Qualität. Die Erfahrung mit Rankings in den USA über die letzten 20 Jahre hat gezeigt, dass sie eine durchaus wichtige Entscheidungshilfe liefern, um die Positionierungsstrategien von Hochschulen zu vergleichen sowie Argumente für interne Ressourcenverteilungen aufzeigen.

Der Bologna Prozess

Der Bologna Prozess wurde Ende der 1990er Jahre konzipiert, um das Hochschulwesen in Europa vergleichbar zu machen (vgl. Bundesministerium für Bildung und Forschung, 2009). Im Jahr 1999 haben Vertreter aus 29 europäischen Ländern in Bologna ein Abkommen unterzeichnet mit den Zielen: Förderung von Mobilität, internationaler Wettbewerbsfähigkeit und Beschäftigungsfähigkeit. Seit dieser Erklärung wurden durch Beschlüsse der Kultusministerkonferenz in Deutschland die Diplom- und Magisterstudiengänge abgeschafft und dafür Bachelor- und Masterstudiengänge eingeführt. Die alte Bezeichnung „Diplom (FH)" ist verschwunden. Die Fachhochschulen nennen sich auch zunehmend nur „Hochschulen (University of Applied Sciences)". Dadurch ist eine stärkere Konkurrenz zwischen den verschiedenen Hochschulformen ausgebrochen, ähnlich wie in England vor einigen Jahren mit der Abschaffung der „Polytechnics" und deren Umbenennung in „Universitäten". Auch werden zunehmend in einigen Rankings, zum Beispiel bei der CHE Employability Studie, Fachhochschulen und Universitäten direkt miteinander verglichen.

Akkreditierung von Studiengängen

Um die Sicherung und Entwicklung der Qualität von Studium und Lehre an deutschen Hochschulen zu gewährleisten und damit die Vergleichbarkeit der Hochschulen und die Transparenz der Studiengänge zu erhöhen, wurde in Deutschland am 8. Dezember 1998 die Stiftung zur Akkreditierung von Studiengängen in Deutschland – kurz der Akkreditierungsrat – gegründet (vgl. Akkreditierungsrat, 2009). Dieser Rat hat den gesetzlichen Auftrag, das System der Qualitätssicherung in Studium und Lehre durch Akkreditierung von Studiengängen zu organisieren, wodurch die Reputation deutscher Studiengänge im In- und Ausland gesichert und erhöht werden soll.

Das deutsche Akkreditierungssystem ist dezentral organisiert. Zur Akkreditierung von Studiengängen akkreditiert der Rat wiederum Agenturen, die nach ihrer Zertifikation mit dieser Aufgabe betraut werden. Zurzeit gibt es in Deutschland sechs Akkreditierungsagenturen (zum Beispiel AQAS, ASIIN), die das Qualitätssiegel des deutschen Akkreditierungsrates vergeben dürfen. Das Gesetz zur Errichtung einer „Stiftung zur Akkreditierung von Studiengängen in Deutschland" und die abgeschlossenen Verträge zwischen Stiftung und Agenturen bilden das rechtliche Fundament, auf das sich das Akkreditierungssystem stützt. Die Regeln und Kriterien der Akkreditierungsverfahren werden vom Akkreditierungsrat festgelegt. Zusätzlich trägt er dafür Sorge, dass die Akkreditierung durch die Agenturen auf der Grundlage dieser verlässlichen, transparenten und international anerkannten Kriterien erfolgt.

Des Weiteren ist es die Aufgabe des Rates, alle Hochschulinteressierten sowie die Gesellschaft über Ziele und Ergebnisse der Akkreditierungsverfahren zu informieren. Die Weiterentwicklung des Akkreditierungssystems als weitere Aufgabe des Rates soll es den Hochschulen ermöglichen, ihre Verantwortung für die Qualität in Studium und Lehre besser wahrnehmen zu können. Ferner vertritt der Akkreditierungsrat das deutsche Akkreditierungssystem im internationalen Kontext und wirkt an der Entwicklung des europäischen Hochschulraums mit. Im Allgemeinen stellt eine Akkreditierung ein Zertifikat mit Qualitätsaussage dar.

Abbildung 3 gibt einen Überblick über das deutsche Akkreditierungssystem.

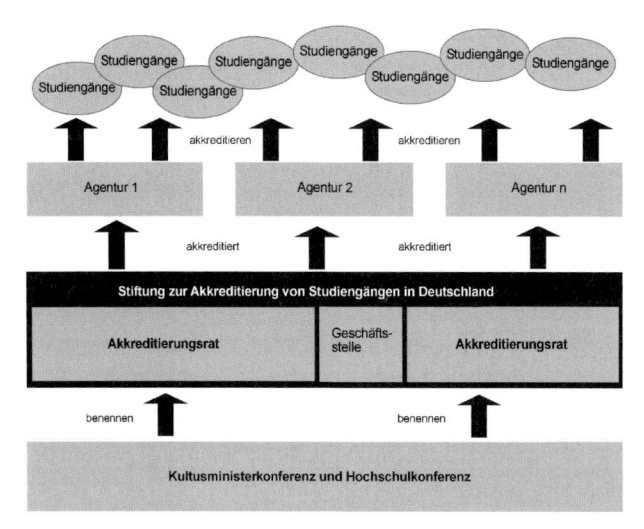

Abb. 3   Das deutsche Akkreditierungssystem

Wettbewerb in der Forschung

Neben dem Wettbewerb in der Lehre durch Rankings und durch die Einführung von Bachelor- und Masterstudiengängen gibt es auch einen zunehmenden Wettbewerb in der Forschung, vor allem unter den Universitäten. Dieser Wettbewerb wurde in den letzten Jahren durch die „Exzellenzinitiative", einem gemeinsam von der Deutschen Forschungsgemeinschaft (DFG) und dem Wissenschaftsrat organisierten Programm, geführt (vgl. Wissenschaftsrat, 2009). Bund und Länder haben durch das Programm den Universitäten und anderen Wissenschaftsinstitutionen zwischen 2006 und 2011 insgesamt 1,9 Milliarden Euro zur Verfügung gestellt. Im Jahr 2009 wird über eine zweite Runde der Exzellenzinitiative entschieden. Gefördert worden sind 40 Graduiertenschulen mit zirka 1 Millionen Euro pro Jahr und 30 Exzellenzcluster mit jeweils durchschnittlich 6,5 Millionen Euro pro Jahr. Darüber hinaus hat die Exzellenzinitiative neun Universitäten für ihre Zukunftskonzepte prämiert, auch mit zusätzlichen Fördermitteln. Diese waren

- RWTH Aachen 2020: Meeting Global Challenges – Die integrierte, interdisziplinäre technische Universität
- Freie Universität Berlin: Internationale Netzwerkuniversität
- Universität Freiburg: Windows for Research
- Universität Göttingen: Tradition – Innovation – Autonomie
- Universität Heidelberg: Zukunft einer Volluniversität
- Universität Karlsruhe (TH): Gründung des Karlsruher Instituts für Technologie

- Universität Konstanz: Modell Konstanz – Für eine Kultur der Kreativität
- Ludwig-Maximilians-Universität München: LMUexcellent: Wissen schaffen – Wissen vernetzen – Wissen leben
- Technische Universität München: Die unternehmerische Hochschule.

Diese Universitäten wurden in der Presse öfter als „Eliteuniversitäten" bezeichnet und erfahren eine große Steigerung der Nachfrage für Studienplätze. Allerdings zielt die Exzellenzinitiative überhaupt nicht auf reguläre Studiengänge ab, sondern ist ein Forschungsförderungsprogramm, insbesondere für die Ausbildung von Doktoranden. Ziel der Initiative ist es, herausragende Forschung an Universitäten in Deutschland zu unterstützen und Spitzenforschung sichtbar zu machen. Man prämierte auch ganz klar die Kooperationen zwischen Universitäten und außeruniversitären Forschungsinstituten, wie dem Max Planck Institut oder den Fraunhofer Instituten. Die so genannten Eliteuniversitäten sind in der Regel bereits schon sehr forschungsstarke Universitäten, die durch die Exzellenzinitiative zusätzliche Mittel erhalten, um ihre Stärken auszubauen.

Insgesamt ist diese Forschungsförderung sehr zu begrüßen. Allerdings ist sie im Vergleich zu den Forschungsetats an führenden amerikanischen Universitäten noch gering. Die Betonung auf Doktorandenausbildung und Grundlagenforschung bedeutet nicht, dass man die universitäre Ausbildung an den Universitäten damit verbessert. Im Gegenteil, es zeichnet sich schon ab, dass sich einige Professoren an „Elite"-Universitäten mit Mitteln aus den Exzellenzinitiativen von der Lehre freistellen können und ihre Lehrstühle durch junge Kollegen vertreten lassen. Es ist auch zu erwarten, dass die besten Mitarbeiter in Zukunft Stellen über die Exzellenzinitiative suchen werden, wo sie weniger Lehrdeputat und mehr Zeit haben, um ihrer Dissertation nachzugehen. Schon jetzt werden Stimmen laut, dass man ein ähnliches Programm für die Unterstützung exzellenter Lehre braucht, allerdings ist konkret noch keine Initiative in ähnlicher Höhe vorgestellt worden.

Wettbewerb von privaten Hochschulen

Ein letzter Treiber, der auch die stärkere Wettbewerbssituation zwischen den Hochschulen in Deutschland kennzeichnet, ist die Etablierung von Privatuniversitäten und Hochschulen in bestimmten Fachgebieten. Insbesondere in meinem Fachgebiet Wirtschaftswissenschaft ist eine zunehmend starke Konkurrenz von diesen Privatinstitutionen zu sehen. Hier sind insbesondere die Wissenschaftliche Hochschule für Unternehmertum – Otto Beisheim School of Management (WHU) in Koblenz, die Handelshochschule Leipzig und die European Business School in Östrich/Winkel zu nennen. Auch unter den Fachhochschulen gibt es inzwischen über 20 verschiedene Hochschulen und andere ähnliche Institute, die auf privater Basis Studienabschlüsse anbieten.

Tabelle 1 Die 25 Unternehmen – Gründer der European School of Management and Technology

• Allianz SE	• EADS N.V.
• Axel Springer AG	• E.ON AG
• Bayer AG	• GAZPROM Germania GmbH
• Bayerische Hypo- und Vereinsbank AG	• KPMG Deutsche Treuhand-Gesellschaft AG
• Bayerische Motoren Werke AG	• MAN AG
• Bundesverband der Deutschen Industrie e.V.	• McKinsey & Company Inc.
• Bundesvereinigung der Deutschen Arbeitgeberverbände e.V.	• Münchener Rückversicherungs-Gesellschaft AG
• Daimler AG	• Robert Bosch GmbH
• Deutsche Bank AG	• RWE AG
• Deutsche Lufthansa AG	• SAP AG
• Deutsche Post AG	• Siemens AG
• Deutsche Telekom AG	• The Boston Consulting Group (Deutschland) GmbH
	• ThyssenKrupp AG

Ein Beispiel einer großen Initiative in diese Richtung war die von der deutschen Industrie gesponserte „European School of Management and Technology" (ESMT), eine Neugründung mit Hauptsitz in Berlin und einem weiteren Standort in Köln. Mit dem Ziel, in Deutschland eine internationale Management School mit europäischem Fokus aufzubauen, gründeten 25 führende deutsche Unternehmen und Verbände – wie beispielsweise Allianz, Deutsche Bank und McKinsey – im Oktober 2002 die ESMT.

Seit Oktober 2003 zählt die „European School of Management and Technology" zu den staatlich anerkannten privaten wissenschaftlichen Hochschulen in Deutschland (vgl. ESMT, 2009). Seit September 2003 bietet sie Führungskräfteausbildungen an. Im Januar 2006 und im Oktober 2007 wurde das Lehrangebot durch ein internationales Full-Time MBA-Programm und einen berufsbegleitenden Executive MBA erweitert. Lehre und Forschung der ESMT sind auf Praxisrelevanz und Anwendbarkeit ausgerichtet. Die Hochschule will vor allem ein „High-Impact Learning" anbieten, welches den Absolventen ermöglichen soll, das Gelernte nach Rückkehr in das Unternehmen sofort umzusetzen.

Notwendigkeit für die Transformation: Ein Ausblick

In einer multipolaren Welt wird das Bildungssystem in Deutschland sich transformieren müssen. Der „War for Talents" wird auch international auf dem Bildungssektor ausgeführt und wie in anderen Branchen nicht nur einen lokalen oder regionalen Markt abbilden.

Strukturelle und Prozessuale Transformationen

Das deutsche Hochschulsystem mit seinen eigenen gekennzeichneten Studiengängen (zum Beispiel Diplom oder Magister), das in der Vergangenheit durch eine starre Trennung zwischen Universität und Fachhochschule gekennzeichnet war, löst sich durch den Bologna Prozess in eine Vielfalt von Bachelor- und Masterstudiengängen auf. Dieser Prozess ist einerseits zu begrüßen, da durch die Umstellung viele Hochschulen die Inhalte und Strukturen ihrer Studiengänge überprüften und dadurch die Qualität der Angebote verbesserten. Andererseits ist die Vergleichbarkeit für die Unternehmen als Abnehmer von Hochschulabsolventen weniger transparent geworden, da es schwierig ist, die genauen Inhalte von Bachelor- und Masterstudiengängen der verschiedenen Hochschularten zu vergleichen, da die traditionellen Titel eines „Diplomkaufmanns" oder „Diplomingenieurs" aufgegeben worden sind. Was sich alles unter einem „Master of Science", „Master of Business Administration", „Executive Master", „Bachelor of Arts", oder „Bachelor of Science" verbirgt, ist für Externe sehr schwierig nachzuvollziehen.

Die diversen Rankings, die in Deutschland und international entstanden sind, helfen nicht wirklich Transparenz zu schaffen, da die verschiedenen Herausgeber der Rankings andere Kriterien und eine andere Gewichtung anwenden. Aber der Wettbewerb durch nationale und internationale Rankings führte dazu, dass gute Studierende aus dem Ausland mehr und mehr auf Eigeninitiative nach Deutschland zum Studieren kommen.

Der Akkreditierungsprozess von Studiengängen ist ebenfalls grundsätzlich zu begrüßen, wenn man dadurch die Qualität der Studienangebote erhöht. Aber auch hier sind viele Akkreditierungsagenturen entstanden, mit verschiedenen Qualitätsstandards und ohne langjährige Erfahrung. Die Kosten für solche Akkreditierungsprozesse sind außerdem sehr hoch (zirka 10 000 € pro Studiengang). Die Vorteile der Akkreditierung werden aber sicherlich auch die Prozesse innerhalb der Hochschulen verbessern (zum Beispiel Evaluation der Lehrenden, leistungsorientierte Mittelvergabe etc.).

Neue strategische Positionierungen in einem neuen Wettbewerbsumfeld

Um sich den Herausforderungen der „multipolaren" Welt für die Bildung zu stellen, müssen alle Hochschulen in Deutschland grundsätzlich ihre Positionierungsstrategien und internen Prozesse neu überlegen.

In der Forschung fokussiert die „Exzellenzinitiative" des Bundes mehr Ressourcen auf die Grundlagenforschung in Deutschland. Diese Programme sind jedoch hauptsächlich für die Förderung von Doktoranden vorgesehen und nicht für Exzellenz in der Lehre für die regulären Studierenden. Auch die begrenzte Zahl von neun „Elite"- Hochschulen in Deutschland ist fraglich. In China hat die zentrale Regierung 100 Eliteuniversitäten identifiziert und mit vielen neuen Ressourcen für die Forschung und Lehre ausgestattet.

Konkurrenz in einigen Fächern zwischen privaten und staatlichen Hochschulen belebt ebenfalls das Bildungsgeschäft aber der Wettbewerb ist noch stark reguliert. Die Studienbedingungen an öffentlichen Institutionen sind grundsätzlich unterschiedlicher als die an privaten Institutionen, die ihre eigene Auswahl durchführen können und durch einen viel höheren Studienbeitrag finanziert sind. Dieser zunehmende Wettbewerb sowohl in der Lehre als auch in der Forschung wird positive und negative Konsequenzen haben.

Diese Trends zwingen Hochschulen viel mehr als in der Vergangenheit, ihre strategischen Entscheidungen für die Zukunft längerfristig zu treffen und ihre Wettbewerbsstrategien genauer zu überlegen. Die Hochschulen in Deutschland werden intern ihre Systeme und Prozesse anpassen müssen und extern die Chancen und Risiken in der neuen Bildungsumwelt analysieren und sich anpassen. Außerdem werden sie zunehmend gezielte kooperative Strategien (nicht nur Austauschprogramme) mit Hochschulen im Ausland verfolgen müssen. Ein sehr erfolgreiches Beispiel hierfür ist der Weiterbildungsstudiengang „Executive MBA", in Zusammenarbeit zwischen der Northwestern University in Chicago, USA, und der privaten Wissenschaftlichen Hochschule für Unternehmertum – Otto Beisheim School of Management (WHU) in Koblenz.

An meiner Universität ist dieser Prozess seit langem im Gange und wird durch diesen zusätzlichen Wettbewerb stark beeinflusst. Wir versuchen jetzt, im Rahmen unserer strategischen Planung für jede einzelne Fakultät kurzfristige und langfristige Ziele zu setzen und machen uns auch spezifische Gedanken darüber, wie sich die Fakultäten im Einzelnen und die Universität im Ganzen für die Zukunft positionieren können. Wir haben mit Hilfe der BMW AG ein „Qualitätsbüro" eingerichtet und streben an, unsere Prozesse für Qualität evaluieren zu lassen. Diese so genannte „Systemakkreditierung" ersetzt die Prüfung von einzelnen Studiengängen und ist dadurch effizienter und erheblich billiger in der Umsetzung.

Einige herausragende „Elite"-Universitäten in Deutschland – wie die Ludwig-Maximilians-Universität und die Technische Universität in München – können sicherlich im internationalen Wettbewerb mitspielen. Aber auch kleinere und mittelgroße Universitäten wie meine, müssen einen Weg zwischen der Erreichung von Exzellenz auf einigen wenigen Gebieten (insbesondere in der Forschung) und einem breiten Angebot von Studiengängen, die notwendig für das regionale wirtschaftliche Wachstum sind (zum Beispiel Ausbildung von Lehrern), anstreben. Die Politik soll diesen Prozess begleiten aber nicht überregulieren, damit der Wettbewerb zwischen den Hochschulen zu einer allgemeinen Verbesserung des gesamten Hochschulsystems in Deutschland führt und nicht zu einem zerstörerischen Kampf um Ressourcen.

Initiierung von Veränderungen

Der Beginn und die Phasen der Transformation

„Noch nie in meinem Leben war ich gesegelt. Wasser war mir unheimlich ... Nun wollte ich den Atlantik überqueren ..." (Nehberg, 2003, S. 229)

Es ist im Herbst 1987. Rüdiger Nehberg kämpft für den Erhalt des Brasilianischen Regenwaldes und den Lebensraum der Yanomami Indianer. Vergeblich hat er versucht, die brasilianische Regierung an ihre internationalen Verpflichtungen dem Regenwald und den Indianern gegenüber zu erinnern und auf den Raubbau an Natur und Menschen aufmerksam zu machen. Jetzt will er Zeichen setzen. Er bereitet sich auf die Überquerung des Atlantiks mit einem einfachen Tretboot vor. Sein Ziel ist Brasilien.

Die Mission gelingt, ist aber noch nicht ausreichend. Nehberg erkennt, dass es einen noch größeren Anstoß geben muss um die Art, wie Brasilien mit seinem Regenwald und dessen Ureinwohnern umgeht, zu verändern. Er plant eine weitere, noch spektakulärere Fahrt mit einem Bambusfloß. Dieses Mal will er seine Botschaft in riesigen Lettern auf sein Segel schreiben. Für alle, die es angeht, steht dort zu lesen: „Landrights for all Indians North and South". Er sorgt dafür, dass die Medien dabei sind um sicher zu stellen, dass seine Botschaft ihre Adressaten erreicht und nicht mehr überhört werden kann. Seine Mission hat dieses Mal Erfolg und leitet eine Transformation der Politik Brasiliens ein.

Auch Transformationen in Unternehmen brauchen einen entschiedenen und deutlichen Auftakt, wenn sie gelingen sollen. Professionelles Transformationsmanagement weiß diesen Auftakt bei der Initiierung von Veränderungen zu setzen.

Die Initiierung ist der entscheidende Grundstein für den weiteren Verlauf des Veränderungsvorhabens. Bevor der Startschuss für die Transformation gegeben wird, bevor die ersten Veränderungen auf den Weg gebracht werden, muss der gesamte Prozess bis ins Detail geplant sein. Nur wenn der „Prozess" richtig aufgesetzt wird, kann er erfolgreich umgesetzt werden.

Auch Nehberg bereitet seine Atlantiküberquerung mit Hilfe eines Teams von Experten vor. Akribisch testet er die Eigenschaften und das Verhalten der Bambusrohre, aus denen er sein Floß baut. Werden die Bambusrohre im Wasser aufbrechen und ihre Tragkraft verlieren? Mit unterschiedlich präparierten Rohren macht er Tests, füllt sie schließlich mit Montageschaum und macht Versuche, um dessen Verhalten im Seewasser zu analysieren. Er weiß, wenn nicht wirklich alles perfekt geplant ist, wenn nicht alles stimmt, macht es keinen Sinn in See zu stechen. Die gesamte Mission wäre zum Scheitern verurteilt. Alles muss perfekt funktionieren. Die Kameras für die Fernseh- und Zeitungsberichte müssen intakt und die Kanäle für den Input an die Medien geöffnet sein. Die Mitstreiter müssen informiert und motiviert sein. Nur dann ist das Ziel zu erreichen.

Transformationsprozesse in Organisationen müssen ebenso akribisch vorbereitet werden. Sonst sind sie zum Scheitern verurteilt und es wäre besser, sie vor dem Start zu beenden.

Mit der Initiierung von Transformationsprojekten werden in einem Unternehmen Mechanismen in Gang gesetzt, die organisatorische Auswirkungen haben. Beispiele für solche Transformationen sind Restrukturierungsmaßnahmen, Business Reengineering, Eliminierung von Hierarchieebenen, Eingehen von Kooperationen, Akquisitionen und Fusionen.

Verbesserung der Effizienz durch Transformation

Transformation ist nichts Neues. Ohne Veränderung und Wandel gibt es kein Leben und keine Entwicklung. Schon seit Anbeginn der Zeiten haben sich Lebewesen ständig an sich wandelnde Bedingungen angepasst oder sind verschwunden.

Auch Unternehmen durchlaufen seit jeher Wandlungsprozesse und folgen damit den auf sie wirkenden Kräften. Jedoch sind heute die technischen, ökonomischen, sozialen, regulatorischen und politischen Kräfte im Spannungsfeld der Globalisierung und multipolaren Welt exponentiell gewachsen. Die Reaktionszeiten sind kürzer, die Anforderungen größer geworden. Puffer für Fehlschläge sind kaum noch vorhanden.

Das Ziel von Transformationen in Unternehmen ist es, durch eine geplante organisatorische Veränderung das vorhandene Effizienzniveau zu verbessern und das Unternehmen an sich wandelnde Umweltbedingungen anzupassen. Professionelles Transformationsmanagement hat hierbei die Aufgabe, diesen Veränderungsprozess zu initiieren und den geplanten organisatorischen Wandel zielgerichtet zu steuern.

Dabei ist eine wesentliche Herausforderung, die Veränderungen in Voraussicht auf das Eintreten einer zukünftigen Veränderung der Einflussfaktoren und nicht erst als reaktiven Wandel durchzuführen. Ein solcher proaktiver Wandel erfordert jedoch wesentlich mehr Energie beim Anstoß des Prozesses und bei der Umsetzung der Veränderungen. Denn solange es gut läuft, ist es nicht einfach, Mitarbeiter und Führungskräfte von der Notwendigkeit von Veränderungen zu überzeugen.

Hat ein Unternehmen versäumt antizipatorisch zu handeln, ist ein reaktiver Wandel unumgänglich, wenn externe oder interne Entwicklungen es notwendig machen. Der immense Zeitdruck und Stress, der in dieser Situation entsteht, schränkt jedoch die Kreativität bei der Transformation ein und verringert in der Regel Effizienz und Leistungsfähigkeit.

Der Prozess des Wandels und seine Phasen

Die Transformation selbst ist ein Prozess. Gängige Modelle für Transformationsprozesse beschreiben diesen Veränderungsprozess in Phasen. In jeder Phase befindet sich die Transformation in einem neuen Zustand, aus dem sich verschiedene Ereignisse und Handlungen für die Organisation und das Transformationsmanagement ergeben.

Modelle der Transformation

Die meisten Modelle des Transformationsprozesses bauen in ihren wesentlichen Grundzügen auf dem von Kurt Lewin (1947) entwickelten Modell auf. Als einer der ersten setzte er sich mit den Gesetzmäßigkeiten und Beeinflussbarkeiten von Gruppenverhalten bei organisatorischen Veränderungsprozessen auseinander. Seine Grundüberlegungen haben auch heute noch Bestand.

Lewin (1947) unterteilt den Transformationsprozess in drei Phasen. Er geht davon aus, dass in einem bestehenden sozialen Kräftefeld jederzeit Kräfte existieren, die den Wandel fördern und solche, die ihn hemmen. Wollen soziale Systeme auf Dauer überleben, müssen sie für einen Ausgleich dieser Kräfte sorgen. Organisationen befinden sich im Normalfall in einem Gleichgewicht dieser Kräfte und zeigen eine gewisse Stabilität gegenüber Änderungsbemühungen. Eine Organisation kann daher nur erfolgreich auf ein höheres Effizienzniveau geführt werden, wenn dieser bestehende Gleichgewichtszustand aufgehoben wird. Lewin nennt diese Phase „Unfreezing" und meint damit das Auftauen bestehender Gewohnheiten und Verhaltensweisen. In dieser Phase geht es darum, Veränderungsbereitschaft bei den Einzelnen und der Gruppe zu erzeugen und sie für die Veränderungsaktivitäten zu motivieren. Dabei gilt, dass der einzelne Mensch seine Einstellungen und Verhaltensweisen mit großer Wahrscheinlichkeit nicht ändert, wenn die Werte und Verhaltensweisen seiner sozialen Gruppe nicht geändert werden. Wenn die Mitarbeiter auf die Veränderungen vorbereitet sind, folgt mit der Phase des „Moving" die eigentliche Veränderung des alten Zustandes. Diese Phase ist durch die Vorgabe der Richtung, der Veränderung und das Erlernen von neuen Verhaltensweisen charakterisiert. In der dritten Phase kehren wieder Ruhe und Sicherheit in der Organisation ein. Lewin nennt diese Phase „Refreezing". Ein neuer Gleichgewichtszustand auf dem neuen, höheren Effizienzniveau stellt sich ein.

Auf der Basis des Modells von Lewin sind in der Folge eine ganze Reihe von Transformationsmodellen entstanden. Aus der Vielzahl der Modelle ragen die von Beckard und Harris (1977) und Tichy (Tichy & Sherman, 1993) heraus.

Beckard und Harris (1977) bezeichnen die drei Phasen der Transformation nach ihrer zeitlichen Abfolge und sehen die Transformation als einen Übergang, als „Transition" von einem gegenwärtigen Zustand (Present) zu einem zukünftigen Zustand (Future).

Die erfolgreiche Transformation hängt für Beckard und Harris (1977) entscheidend von der Analyse des gegenwärtigen Zustands des Unternehmens ab. Das Management muss sich ein klares Bild des Ausgangsstadiums verschaffen, das alle Systeme umfasst, die von der Transformation in irgendeiner Weise betroffen sind. Dabei gilt es festzustellen, wie die gesamte Organisation und ihre Führungsebenen zu den Veränderungen stehen. Wie groß ist die Bereitschaft für die Veränderungen und welche Fähigkeiten stehen zur Verfügung, die Veränderungen durchzuführen? Vor Beginn der Veränderungen muss auch ein detailliertes Bild der Zukunft entworfen werden. Dieses Bild dient als Richtschnur für den Entwurf der endgültigen Transformationsstrategie.

Für Beckard und Harris (1977) muss das Transformationsmanagement in einem ersten Schritt analysieren, wie und in welchem Umfang auf den Stimulus für die Veränderung reagiert werden kann und muss. In diesem Zusammenhang gilt es auch festzustellen, was vor dem Startschuss für die Transformation verändert und vorbereitet werden muss. Wenn auf dieser Basis die Strategie für die Veränderung entwickelt ist, steht die Entscheidung an, wo in der Organisation mit dem Vorhaben begonnen und wie der Prozess weiter vorangetrieben werden soll.

Tichy (Tichy & Sherman, 1993) sieht den Transformationsprozess als ein „Drama in drei Akten": Erwachen (Awakening), Visionierung (Envisioning) und die Kunst des Wiederaufbaus (Rearchitecturing). Er trennt die Transformation der Organisation von den Veränderungen der in ihr tätigen Menschen. Die individuellen, psychologischen „Dramen" finden parallel zum „Drama" der gesamten Organisation statt. Wie diese individuellen „Dramen" verlaufen, ist entscheidend für den Erfolg oder Misserfolg der Transformation.

Damit betont Tichy die Bedeutung der Initiierungsphase. In ihr gilt es, das Gefühl der Unumgänglichkeit des Wandels in der ganzen Organisation zu erzeugen und Widerstände bei den Mitarbeitern zu erkennen und auszuräumen. Die physische Lösung von der Vergangenheit ist für Tichy dabei der einfachste Teil, die psychische Lösung erfordert mehr Energie. Alte Loyalitäten und Beziehungen sind zu entflechten, alte Gewohnheiten müssen aufgegeben werden. Dafür ist eine klare Vision der Zukunft unerlässlich. Sie lenkt die Organisation und die einzelnen Mitarbeiter durch die Transformationsphase in die anvisierte Zukunft.

Ansatzpunkte für organisatorischen Wandel

Was kann in Organisationen verändert werden, um ihre Effizienz und Funktionsfähigkeit zu steigern? Dies ist eine zentrale Frage des Transformationsmanagements.

Nach Leavitt, der 1964 einen der ersten Klassifikationsversuche vorgestellt hat, gibt es im multivariablen System der Organisation vier gleichberechtigte Ansatzpunkte für Veränderungen: Task, Structure, People und Technology. Diese vier Systemvariablen interagieren miteinander. Die Veränderung einer Variablen führt in der Regel auch zu einer Veränderung im Bereich der anderen Variablen im System.

Technologische Veränderungen betreffen primär den Produktionsprozess. Die Produktion eines Produktes oder einer Dienstleistung soll effizienter gestaltet werden.

Personale Veränderungen betreffen in erster Linie Denkweisen und Verhalten der Organisationsmitglieder. Zum Beispiel kann durch eine stärkere Kundenorientierung des einzelnen Mitarbeiters die Kultur der gesamten Organisation verändert werden.

Die Veränderungen der Struktur umfassen die Hierarchie und Organisationsstruktur im Unternehmen, Kommunikationssysteme und Managementsystem.

Der Ansatzpunkt „Task" wurde von Leavitt (1964) noch als „gegeben" und damit mehr oder weniger unveränderlich angesehen. In neuerer Zeit wird jedoch auch der Daseinsgrund einer Organisation als transformierbar angesehen, also der zugrunde liegende Arbeitsprozess, die angebotenen Produkte oder Dienstleistungen.

Eine weiter ins Detail gehende Auffächerung der Ansatzpunkte bietet das so genannte 7-S-Modell von Peters und Waterman (Waterman et al., 1980), das die sieben Ansatzpunkte Strategie, Struktur, Stil, Systeme, Spezialkenntnisse, Stammpersonal und Selbstverständnis benennt.

Arten des organisatorischen Wandels

Welche Art des Wandels braucht eine Organisation? Was ist das Zielbild? Wie soll die Organisation in Zukunft aussehen? Diese Fragen müssen im Vorfeld des Wandels geklärt werden. Die Antworten auf diese Fragen bestimmen die Art der notwendigen Maßnahmen und sind entscheidend für den Erfolg.

Linda S. Ackerman hat 1984 drei Typen des organisatorischen Wandels definiert, die in Unternehmen üblich sind: Developmental Change, Transitional Change und Transformational Change.

Beim „Developmental Change" zielt der Wandel auf eine bloße Verbesserung des bereits Existierenden, zum Beispiel auf die Verbesserung von bestehenden Produktionsabläufen.

„Transitional Change" und „Transformational Change" sind tief greifender und zielen auf eine neue Gestalt des Unternehmens, die sich allmählich herauskristallisiert.

Beim „Transitional Change" entwickelt sich eine Organisation Schritt um Schritt. Alte Abläufe werden durch neue ersetzt. Beispiele sind Reorganisationen, Zusammenschlüsse sowie die Einführung von neuen Dienstleistungen, Prozessen und Technologien.

Beim „Transformational Change" handelt es sich dagegen um einen radikaleren Wandel der Konzeption, der Führungsstruktur sowie der Kultur und Mission eines Unternehmens. Das transformierte Unternehmen hat dabei unter Umständen mit der Gestalt des ursprünglichen Unternehmens nur noch sehr wenig gemein.

Geschwindigkeit und Tiefe des Wandels

Weitere strategische Entscheidungen, die vor der Initiierung einer Transformation bedacht werden sollten, gelten der Geschwindigkeit und der Tiefe des Wandels. Wie lange dauert es, den Plan beziehungsweise das Programm für die Transformation aufzustellen? Wie schnell soll oder muss der Wandel erfolgen? Bei der Beantwortung dieser Fragen richtet sich der Blick auf den Wettbewerb sowie auf die Anforderungen der Kunden und des Marktes. Die entscheidende Frage ist, wie viel Zeit steht zur Verfügung (Todd & Maury, 2002)?

Die Frage nach der Tiefe und Mächtigkeit des Wandels impliziert auch die Frage nach möglichen Widerständen. Soll der Wandel klein anfangen und sich langsam entwickeln oder als große raumgreifende Aktion, als eine Art „Big Bang", alles erfassen? Wie viele Veränderungen können in jedem Bereich eingeführt werden, ohne dass es zu Widerstand kommt? Wie viel Veränderung verträgt eine Organisation? Hier werden oft Fehler gemacht. Veränderungen werden umgesetzt, ohne zu bedenken, welchen psychologischen Effekt der Wandel auf die Menschen in der Organisation hat, vor allem auf jene, die nicht in die Entscheidung eingebunden waren.

Top-Down, Bottom-Up oder From-Middle?

Bei der Initiierung eines Wandels stellt sich auch die Frage, in welchem Bereich die Veränderungen zuerst beginnen und wie sie sich entfalten sollen. Welche unterstützenden Strukturen gibt es in der Organisation? Welche hilfreichen Mechanismen existieren im Unternehmen? Was kann über die normalen Managementprozesse erreicht werden und was muss speziell entwickelt werden?

Zu bedenken ist dabei, dass der Weg über die Routine-Kanäle das Risiko birgt, dass die Veränderungen nicht ausreichend wahrgenommen und nicht als wichtig eingestuft werden. Viele Transformationsprojekte sterben früh, weil sie in der Routine untergehen. Auf der anderen Seite bringen zu viele Berater von außen und zu viele Task Forces die Gefahr mit sich, dass der Wandel zum alleinigen Thema wird und die Funktion der Organisation zu stark beeinträchtigt.

Schließlich gilt es zu entscheiden, von wo aus sich der Wandel entfalten soll. Klassisch von oben nach unten, CEO getrieben? Die oberste Führungsebene entwickelt eine Vision, segnet sie ab und gibt sie zur Implementierung weiter ans mittlere Management. Diese Top-Down-Strategie basiert auf der Überlegung, dass ein Vorhaben, das innerhalb einer Organisation eine bestimmte Spannung bewirkt, nur dann erfolgreich umgesetzt werden kann, wenn die verantwortlichen Top-Führungskräfte des Unternehmens zu dieser Veränderung stehen und sie vertreten.

Oder soll der Wandel aus der Mitte der Organisation heraus vorangetrieben werden, getragen von einem Kernteam unter Einbindung großer Teile der Mitarbeiter? Diese From-Middle-Both-Directions-Strategie ist nach Porter et al. (1975)

vor allem dann sinnvoll, wenn Organisationsstrukturen verändert werden sollen. Denn bei diesem Ansatz werden sowohl die Führungsebene als auch die Mitarbeiter einer Organisation gleichermaßen in den Veränderungsprozess einbezogen. Dies ermöglicht, Widerstände bei den Betroffenen auf allen Organisationsebenen möglichst gering zu halten und somit durch diesen partizipatorischen Ansatz eine weitgehend hohe Akzeptanz bei den Mitarbeitern für die veränderten Strukturen zu erreichen.

Oder soll das Veränderungsvorhaben nach der Bottom-Up-Strategie auf einer unteren Hierarchieebene der Organisation beginnen und sich von dort bis in die Spitze der Hierarchie ausbreiten? Eine Vorgehensweise, die besonders bei strukturellen Veränderungen von Vorteil sein kann, weil hier die Mitarbeiter der unteren Ebenen aufgrund ihrer geringeren Arbeitsverantwortung die Zielgruppe sind.

Und schließlich stellt sich noch die Frage, ob der Wandel von externen Beratern und Transformationsmanagern initiiert und implementiert werden soll.

All diese Punkte müssen im Vorfeld eines Transformationsprozesses bedacht werden. Deshalb ist gerade bei komplexen Transformationsprojekten die frühzeitige Einbindung von erfahrenen Experten sehr zu empfehlen. Was die Strategie angeht, ist der Top-Down-Ansatz unter Einbindung eines starken Führungsteams und des mittleren Managements in der Regel die erfolgreichste Vorgehensweise.

Die Phase der Initiierung

Die Initiierung ist die erste Phase im Transformationsprozess. Sie legt den Grundstein für den bevorstehenden Wandel und setzt den Rahmen für das Transformationsvorhaben.

Da Transformationen in der Regel komplex sind, werden sie insbesondere in Unternehmen, aber auch in anderen Lebensbereichen, oft in Form von mehreren Projekten oder Veränderungsmaßnahmen initiiert, die gleichzeitig oder sukzessive gestartet werden.

Die Phase der Initiierung einer Veränderung ist für den Erfolg des Wandels von entscheidender Bedeutung. Was in den Wochen der Vorbereitung, der Analyse der Ist-Situation und beim Start der Veränderungsprozesse schief läuft, lässt sich im weiteren Verlauf des Wandels kaum noch korrigieren. Dabei sind zwei Grundpfeiler für eine erfolgreiche Initiierungsphase maßgeblich: Vorbereitung und Überzeugung.

Vorbereitung

Bei der Vorbereitung von Veränderungen werden die entscheidenden Rahmenbedingungen für den weiteren Verlauf des Veränderungsprojekts gesetzt. Neben der Situationsanalyse, zu der auch eine offene Diskussion von Projekthypothesen gehört, geht es darum, die Projektorganisation vorzustellen und die Projektkommunikation zu etablieren.

Dabei ist es wichtig, der Kommunikation einen hohen Stellenwert einzuräumen. Denn eine erfolgreiche Kommunikation ist eine Grundvoraussetzung für einen erfolgreichen Wandel.

Zu den wichtigsten Aktivitäten im Kommunikationsmanagement bei der Vorbereitung von Veränderungen gehören die Durchführung von Kommunikationstrainings, die Einrichtung der Kommunikationsbasis, das Festlegen der Kommunikationsstrategie und der Aufbau eines Kommunikationsspiegels, der festlegt, wer, wann und von wem über was informiert wird. In diesem Zusammenhang geht es auch darum, durch Information und offene Kommunikation Unterstützer für die Veränderung zu gewinnen (vergleiche Mohr et al., 1998). Es gilt, alle an der Transformation beteiligten Führungskräfte und Mitarbeiter, für das Thema Kommunikation zu sensibilisieren und bei größeren Transformationsvorhaben zusätzlich Kommunikationstrainings durchzuführen. Die dafür eingesetzten Ressourcen zahlen sich im weiteren Projektverlauf aus.

Das Kick-off-Meeting ist die erste und wichtigste „Kommunikationsarena" beim Projektstart. Bei der Projektvorbereitung muss daher der Vorbereitung des Kick-off-Meetings große Beachtung geschenkt werden, damit es seine Wirkung voll entfalten kann.

Überzeugung

Mit der Bekanntmachung des geplanten Wandels, zum Beispiel im Rahmen eines Meetings oder einer Versammlung, erfolgt der offizielle Start eines Transformationsvorhabens. Bei Transformationsprojekten in Unternehmen werden die Mitarbeiter über das Projekt und seine Bedeutung für sie und ihr Unternehmen informiert. Ziel ist es, einen Dialog über das Projekt anzustoßen und den Projektfortschritt für die betroffenen Mitarbeiter erlebbar und nachvollziehbar zu machen. In diesem Zusammenhang geht es vor allem darum, möglichst viele der vom Wandel betroffenen Mitarbeiter, von der Notwendigkeit und von den Vorteilen der Veränderung zu überzeugen.

Die Eröffnungsveranstaltung ist auch ein wichtiges Vehikel für die Motivation des Projektteams. Die teaminterne und -externe Kommunikation werden synchronisiert und das Team auf seine neuen Aufgaben eingeschworen. Das Commitment der Geschäftsführung für das Projekt muss bei dieser Versammlung anschaulich und unmissverständlich vermittelt werden.

Damit die Veranstaltung Kraft für die Veränderung entfacht, sollte sie Event-Charakter haben. Dies kann durch eine wohl bedachte Inszenierung, die sachlich bleibt aber trotzdem beeindruckt, erreicht werden. Wenn ein großer Mitarbeiterkreis erreicht werden muss, ist es sinnvoll, die Veranstaltung aufzuzeichnen und im Intranet zur Einsicht abzulegen.

Zur erfolgreichen Überzeugungsarbeit gehört auch die Besprechung und gegebenenfalls Anpassung der strategischen und operativen Ziele im Zusammenhang mit der Transformation mit dem Projektteam.

Parallel dazu werden die Teamstrukturen eingerichtet, in denen die Projektarbeit erfolgt. Das Augenmerk gilt hier vor allem dem direkten Dialog im Projektteam über alle Ebenen hinweg sowie der Kommunikation der Teammitglieder mit dem restlichen Unternehmen. Diese Kommunikation ist für das Image des Veränderungsprojekts extrem wichtig. Die Teammitglieder sind wertvolle Multiplikatoren. Sie geben dem Projekt ein Gesicht und tragen entscheidend zur Akzeptanz der Veränderungen bei den Mitarbeitern im Unternehmen bei.

Mangelnde Akzeptanz führt früher oder später zum Scheitern eines jeden Veränderungsprojekts. Die Projektleitung muss daher immer wieder über die aktuell herrschende Akzeptanz-Situation im Unternehmen diskutieren und auftretende Probleme offen ansprechen und ausräumen.

Dies gilt auch für Transformationsvorhaben in anderen Bereichen. Durch Information und gezielte Kommunikation, durch das Commitment der Führungspersonen sowie durch kontinuierliche Überzeugungsarbeit der den Wandel vorantreibenden Promotoren, wird das Bewusstsein für die Notwendigkeit des Wandels geschaffen und die Bereitschaft für die Transformation gestärkt.

Rahmenbedingungen für einen erfolgreichen Wandel

Es gibt drei wesentliche Rahmenbedingungen für die erfolgreiche Initiierung von Wandel in Unternehmen: Die Verankerung des Projektmanagements als Führungskonzept im Gesamt-Management-Konzept des Unternehmens, die Festlegung eines Kriterienkataloges, der die Bedeutung der einzelnen Projekte aufzeigt und die Schaffung einer entsprechenden Veränderungskultur.

Die Rahmenbedingungen für ein Transformationsprojekt müssen stimmen, nur dann ist Erfolg möglich. Diese Rahmenbedingungen zu schaffen, ist eine der wichtigsten Aufgaben eines professionellen Projektmanagements. Jede Transformation benötigt professionelles Projektmanagement. Dazu müssen Meilensteine gesetzt werden, damit der Projektfortschritt kontrolliert werden kann und korrigierende Eingriffe erfolgen können. Wichtig ist dabei, dass Standardinstrumente für die Kontrolle eingesetzt werden, die die Steuerung der Transformation unterstützen.

Ein Teil der Rahmenbedingungen kann vor dem Start des Veränderungsprojekts und in dessen Verlauf geschaffen werden. Daneben gibt es jedoch auch Rahmenbedingungen im Unternehmen beziehungsweise der Organisation selbst, die von der Projektleitung nicht oder nur unwesentlich beeinflusst werden können. Diese Bedingungen gilt es vor Projektstart zu analysieren und einzuschätzen. Kann das Projekt trotzdem erfolgreich durchgeführt werden oder ist absehbar, dass diese Gegebenheiten das Projekt früher oder später zum „Kippen" bringen? In diesem Fall ist zu überlegen, ob es Sinn macht das Projekt trotzdem zu starten.

Gehören mehrere Teilprozesse oder Projekte zum Transformationsprozess eines Unternehmens, sollte die Bedeutung der einzelnen Projekte anhand eines Kriterienkatalogs festgelegt werden, der die strategische Wichtigkeit, die Wirtschaftlichkeit, den Anlass, den Typ, die Größe und den Gegenstand des Projektes umfasst. Dadurch bleiben die Projekte überschaubar. Durch Management des Projektportfolios und der verfügbaren Kapazitäten wird verhindert, dass die verfügbaren materiellen und personellen Ressourcen ineffektiv eingesetzt werden. Eine unstrukturierte Vielzahl von Transformationsprozessen stellt für alle Menschen eine Überforderung dar. Es gilt daher, die einzelnen Teilprozesse richtig zu steuern und nach deren Wichtigkeit für das Ziel zu beurteilen. Dies hilft im weiteren Umgang mit den Herausforderungen während der Transformation.

Übertragbar sind diese Überlegungen zum Teil auch auf Transformationen in gesellschaftlichem Umfeld und der Politik. Hier entfällt zwar die Möglichkeit der internen Kontrolle wie bei Organisationen, zumal diese Bereiche auch stärker äußeren, nicht steuerbaren Einflüssen ausgesetzt sind. Dennoch können Elemente des Projektmanagements auch hier helfen die steuerbaren Faktoren zu kontrollieren.

Die Erfolgskomponenten des professionellen Transformationsmanagements

Bei Transformationen gibt es eine Reihe von harten und weichen Komponenten, die für den Erfolg der Veränderung ausschlaggebend sind. Es gehört zu den Aufgaben eines professionellen Transformationsmanagements, diese Komponenten zu beachten.

Harte Komponenten

Eine Grundvoraussetzung für den Erfolg einer jeden Transformation ist eine konkrete Zielbestimmung. Das Ziel der Transformation muss an alle Beteiligten deutlich kommuniziert werden. Bei einem Transformationsprojekt in einem Unternehmen, muss jeder Betroffene verstehen, was mit der Veränderung erreicht werden soll. Diese Zielbestimmung umfasst den Inhalt der Veränderung und genaue Angaben zu der zur erwarteten Qualität, der abzuliefernden Meilensteine und Ergebnisse. Zudem ist eine exakte Definition von Zeit-, Kosten- und Aufwandszielen erforderlich.

Ausgehend von dieser konkreten Zielbestimmung kann eine angemessene Projektorganisation aufgebaut werden. Festzulegen ist, wer die Transformation leitet, wer zum Führungsteam gehört und aus welchen Personen das Entscheidungsgremium besteht. Die Projektorganisation gibt dabei vor, wer welche Rolle im Projekt zu übernehmen hat. Die Projektleitung muss darauf bedacht sein, dass die ins Projektteam berufenen Mitarbeiter, die ihnen zugedachte Rolle im Projekt stets mit vollem Engagement einnehmen und die Projektarbeit nicht mit ihrer normalen Linienarbeit (der Arbeit, die sie in ihrem normalen Arbeitsalltag leisten) vermengen. Dadurch wird vermieden, dass Widerstände gegen das Veränderungsprojekt aus der Linienarbeit ins Projektteam getragen werden und dort Konflikte auslösen.

Der Erfolg des Transformationsteams hängt wesentlich von der personellen Kompetenz der beteiligten Führungspersönlichkeiten ab. Deshalb ist diese personelle Kompetenz ein wichtiges Kriterium bei der Auswahl der Teammitglieder. Selbstverständlich sollten die Fachkompetenzen der Beteiligten sowie die Managementkompetenz des Führungskreises außer Zweifel stehen.

Zu den harten Komponenten des Transformationsmanagements gehört auch die Festlegung der Planungs-, Steuerungs- und Überwachungsinstrumente, mit denen gearbeitet wird. Dazu gehören zum Beispiel Ressourceneinsatzpläne, Netzpläne, Meilensteinpläne und Aktivitätspläne. Mit diesen Instrumenten wird die Effizienz der Veränderungsarbeit sichergestellt und dafür gesorgt, dass die materiellen und personellen Ressourcen rechtzeitig und vollständig verfügbar sind.

Ein wichtiger Punkt ist auch die Ansiedlung des Führungsteams. Die Arbeitsräume für die Kernteams müssen so positioniert werden, dass eine schnelle und reibungslose Kommunikation möglich ist. Mitglieder der obersten Führungsetage sollten in die Transformation eingebunden werden. Durch ihre Mitwirkung verdeutlichen sie die Wichtigkeit der Veränderung und können eine Vorbildfunktion übernehmen.

Weiche Komponenten

Die so genannten „Softfacts" spielen eine immer stärkere Rolle bei der erfolgreichen Durchführung einer Transformation. Ein Veränderungsprojekt erfordert eine Neuausrichtung der Zusammenarbeit und damit einhergehend eine grundsätzlich andere Art der Leistungserstellung.

Eine besonders wichtige Komponente in diesem Zusammenhang ist die Mobilisierung der Beteiligten. Besonders in der Anfangsphase ist ein starker Mobilisierungsimpuls wichtig. Es geht darum eine hohe kreative Spannung zu schaffen, die durch eine straffe Durchführung der Transformation über die gesamte Strecke erhalten bleibt. Bei unternehmensweiten und lange andauernden Projekten gilt es diese Spannung stets im Auge zu behalten und immer wieder zu erneuern.

Eine weitere sehr wichtige weiche Komponente ist der konstruktive Umgang mit Widerständen. Es ist Aufgabe des Führungsteams durch Information und Kommunikation, eine positive Einstellung für die Veränderung zu erreichen und aufrechtzuerhalten. Die Basis dafür bilden aktive Zusammenarbeit und Offenheit im Umgang miteinander. Im Kapitel „Der Mensch im Mittelpunkt", beschäftigen wir uns ausführlich mit diesem Thema.

Veränderungen richtig „vermarkten"

Als Pinguin Fred entdeckt, dass der Eisberg, auf dem er mit seiner Pinguinkolonie bereits seit Generationen lebt, zu Schmelzen beginnt, versucht er, seine Mitpinguine vom Ernst der Lage zu überzeugen. Doch damit stößt er auf große Widerstände und Angst, bei all denen, die die Notwendigkeit der Veränderung nicht wahrhaben und an Bewährtem festhalten wollen. „Unser Eisberg wird niemals schmelzen!" Damit schlagen sie Freds Warnung in den Wind, wie sie es bereits mit allen früheren Warnungen getan haben.

Aber Fred gibt nicht auf und sucht nach Unterstützung. In der Pinguindame Alice findet er schließlich die Unterstützerin, die er braucht, um den Wandel in der Pinguinkolonie zu initiieren. Denn Alice ist bei den Mitgliedern des Pinguinrats überaus angesehen und kann ihren Einfluss auf die Ältesten der Kolonie in die Wagschale werfen. Durch ein Experiment gelingt es Alice und Fred, den Ältesten die Gefahr vor Augen zu führen und sie von der Notwendigkeit der Veränderung zu überzeugen.

Diese Geschichte erzählt John P. Kotter in seinem Buch „Das Pinguin-Prinzip" (Kotter & Rathgeber, 2006) und zeigt so an einem einfachen Beispiel, wie wichtig es ist, in der Initiierungsphase die richtigen Schlüsse zu ziehen und die Menschen durch Fakten von der Notwendigkeit des Wandels zu überzeugen und Mitstreiter für den Veränderungsprozess zu gewinnen.

In der Anfangsphase geht es darum, die Herausforderungen durch die multipolaren Stimuli für alle deutlich zu machen und die vom Wandel betroffenen Menschen durch Fakten von der Notwendigkeit der Veränderungen zu überzeugen. Wie in Kotters Geschichte sind dafür Unterstützer nötig, deren Stimme gehört wird und Gewicht hat.

Bei der Initiierung des Transformationsprozesses ist eines der wichtigsten Ziele das Erzeugen von Veränderungsbereitschaft. In der Phase des „Unfreezing" muss eine emotionale Erweckung stattfinden. Bei Transformationsprozessen in Unternehmen zum Beispiel steht das Projektmanagement vor der Wahl, zwischen zwei Extremen den richtigen Einstieg zu finden. Das erste Extrem ist der große Showdown zu Beginn des Veränderungsprozesses. Alle Mitarbeiter werden mit einem großen, effektvollen Auftakt mit dem Transformationsprozess konfrontiert und für den Wandel motiviert. Das Risiko dabei ist, dass ein mächtiger Showdown am Anfang oft auch das Gegenteil bewirken und die Mitarbeiter abschrecken kann.

Das andere Extrem ist die bewusste Zurückhaltung zu Beginn des Prozesses. Sie beinhaltet das Risiko von nicht gesteuerter Kommunikation und Gerüchten. Unter Umständen entsteht bei vielen Mitarbeitern auch der Eindruck, dass die Verantwortlichen nicht genau wissen, was sie wollen oder, dass das Projekt ein Testballon ist und nur halbherzig betrieben wird. Dies kann zu Passivität und latentem Widerstand führen.

Neben der genauen Analyse der Rahmenbedingungen im Unternehmen, gehört einiges Fingerspitzengefühl für die Situation der Mitarbeiter dazu, um sich für die richtige Eröffnungsvariante zu entscheiden. Das Führungsteam ist gut beraten, sich in diesem Zusammenhang immer wieder der Allgegenwart von Kommunikation bewusst zu sein. Jede Handlung und selbst jede unterlassene Handlung ist eine Botschaft, die wir aussenden. Dies gilt auch für die Auftaktveranstaltung mit der wir einen Transformationsprozess im Unternehmen publik machen. So ist zum Beispiel bereits das Auftauchen von Beratern im Unternehmen oder das Nachdenken über ein Veränderungsprojekt ein Kommunikationsakt, der entsprechend von den Mitarbeitern im Unternehmen wahrgenommen wird.

Deshalb kann die Wichtigkeit einer konsistenten Kommunikation bei Veränderungsprojekten gar nicht oft genug herausgestellt werden. Und speziell in der Initiierungsphase von Transformationsprozessen ist ein gutes Kommunikationsmanagement die Grundlage für den Projekterfolg.

Finden von Promotoren

Erfahrungsgemäß gehört nur eine kleine Minderheit unter den Menschen beziehungsweise Mitarbeitern zu den Befürwortern oder Promotoren eines anstehenden Transformationsprozesses. Vor allem in Unternehmen mit langer Geschichte und etablierten Traditionen und Werten sind in der Regel nur maximal fünf Prozent der Mitarbeiter Befürworter des Wandels. Diese Promotoren gilt es zu finden, denn sie können als Startbasis der Veränderung genutzt werden. Zum Beispiel im Rahmen der Durchführung eines Pilotprojekts.

Zu den Promotoren gehören meist die Personen, die durch die Veränderung keine persönlichen Nachteile erwarten und natürlich jene Personen, die im Zuge der Transformation auf eine interessantere Tätigkeit oder den nächsten Karriereschritt hoffen.

Die Einbindung in den Veränderungsprozess und neue Vergütungssysteme können helfen, die Front der Gegner zu verkleinern. Skeptiker lassen sich am ehesten zum Mitmachen bewegen, wenn es gelingt, sie von der Leistungsfähigkeit und Notwendigkeit einer Maßnahme zu überzeugen. Bei den Bremsern kann es helfen, ihnen die persönlichen Vorteile der Veränderungen näher zu bringen. Widerständler sind dagegen kaum umzustimmen. Wenn überhaupt, lassen sie sich nur von klaren und unmissverständlichen Erfolgen der Veränderungsmaßnahmen in ihrer Haltung beeinflussen.

Multiplikatoren

Durch ihre Rolle in der Hierarchie und im Kommunikationsnetzwerk einer Organisation werden bestimmte Personen zu „Schlüsselspielern", wenn es darum geht, Vorhaben auf den Weg zu bringen und erfolgreich umzusetzen. Diese Schlüsselspieler wirken als positive oder negative Multiplikatoren. Sie erleichtern und beschleunigen die Diffusion des Vorhabens im Unternehmen erheblich, wenn es gelingt, sie in die Umsetzung einzubeziehen und für die Veränderung zu begeistern.

Solche „Key-Player" gibt es in jedem Unternehmen. Zu ihnen gehören auch die so genannten „Machtpromotoren", die aufgrund ihres Status in der Organisation eine Multiplikatorenrolle spielen. Beispiele hierfür sind die Mitglieder des Vorstands oder der zweiten Führungsebene, Direktoren oder Bereichsleiter. Auch die Chefsekretärin oder der persönliche Assistent der Geschäftsführung, die per se „Gatekeeper" sind, gehören zu den wichtigen Multiplikatoren. Hinzu kommen Mitarbeiter die eine Brücken- oder Liaison-Rolle einnehmen, wie zum Beispiel Betriebsräte.

Für die erfolgreiche Durchführung von Veränderungsprojekten gilt es, möglichst viele dieser Multiplikatoren bereits im Anfangsstadium des Transformationsprozesses zu gewinnen und in den Prozess einzubinden.

Aufbau eines positiven Bildes zur Transformation

In der Initiierungsphase ist der Aufbau eines positiven Bildes von entscheidender Bedeutung für den erfolgreichen Verlauf der gesamten Transformation. Dabei spielt ein professionelles Kommunikationsmanagement eine Schlüsselrolle. Alle die Veränderung betreffenden Informationen müssen qualitativ und quantitativ korrekt übermitteln werden. Dabei geht es vor allem darum, den Dialog mit den Betroffenen aufzubauen, sie für das Vorhaben zu sensibilisieren, zu überzeugen und zu mobilisieren. Ein Anlaufpunkt für nicht direkt in die Veränderungsarbeit eingebundene Personen ist daher ein Muss. Auch sollte festgelegt werden, wie das Führungsteam auf Anfragen zu reagieren hat und welche Auskünfte an welche Personen weitergegeben werden sollen. Denn nichts untergräbt das Image eines Veränderungsprojekts mehr als nicht abgestimmte, sich unter Umständen sogar widersprechende Äußerungen und Informationen aus dem Führungsteam.

Jedes Transformationsprojekt braucht zudem ein individuelles Gesicht. Entscheidend sind dabei ein mit Bedacht gewählter Name, einprägsame Logos und Darstellungsformen sowie klare Bilder. Jeder Mitarbeiter im Unternehmen sollte das Veränderungsprojekt mit den gleichen positiv belegten Begriffen und Symbolen verbinden und beschreiben können.

Darüber hinaus müssen die Meilensteine des Transformationserfolgs in der ganzen Organisation sichtbar gemacht werden. Dialogorientierte und überzeugende Kommunikationsveranstaltungen, die den Mitarbeiter möglichst interaktiv mit einbeziehen, geben allen das Gefühl am Erfolg beteiligt zu sein.

Damit der Aufbau eines positiven Images gelingt, ist es eine Voraussetzung, dass sich die Verantwortlichen zu Beginn der Transformation vollständig über die Veränderungs- und die Kommunikationsziele im Klaren sind und über ein Konzept verfügen, wie diese Ziele vermittelt werden.

Trotzdem wird es nicht bei allen Transformationen gelingen, nach allen Seiten ein positives Bild aufzubauen, zum Beispiel bei radikalen Restrukturierungen zur Verhinderung einer Insolvenz. Aber auch in solchen Fällen trägt eine möglichst gute Vermarktung der Veränderungen entscheidend zum Erfolg der Transformation bei.

Überblick über die Praxisbeispiele

Die Kunden, die Kultur und die Kontinuität –
Über eine der größten Transformationen
in der Telekommunikationsindustrie

Friedrich Fuß, Bereichsvorstand Technischer Service, T-Home

Als ehemaliges Staatsunternehmen steht die Telekom seit ihrer Privatisierung vor gewaltigen Transformationen. Hinzu kommt die rasante technologische Entwicklung innerhalb der Telekommunikationsindustrie. So produzierte beispielsweise im Jahr 1995 die gesamte Internetwelt so viel Datenverkehr wie im Jahr 2015 allein für 20 Haushalte prognostiziert wird. Diese Entwicklung wird von extremen Veränderungen der Umwelt begleitet. Produkte verändern sich sehr kurzfristig. Die Kundenerwartungen nach steigender Leistung und Qualität bei stetig fallenden Preisen in Form von Flatrates finden immer schnellere Iterationen. Dazu kommen Wettbewerber mit unterschiedlichem Potential und Fokus. Auch können Dienstleistungen mittlerweile im globalen Wettbewerb überall auf der Welt erbracht werden. Produkte, die in Deutschland eingesetzt werden sollen, müssen nicht unbedingt auch in Deutschland produziert werden. Deshalb muss die Telekom auch über den „deutschen Tellerrand" hinausschauen, wenn sie im Wettbewerb um den Kunden und um die technologische Führungsposition bestehen will.

Qualität und damit ausgezeichneter Service und Technologie sind die Unterscheidungsmerkmale, mit denen die Telekom im Wettbewerb um den Kunden punkten kann. Im Transformationsprozess geht es deshalb auch darum, dieses Bewusstsein bei den Mitarbeitern zu schaffen und stetig wach zu halten. Daneben müssen Innovationskraft und das Tempo der Umsetzung von technologischen Neuerungen gestärkt werden. Die Telekom entwickelt die Technik gemeinsam mit den Herstellern nicht nur einfach weiter, an manchen Punkten wird sie auch gleichsam neu erfunden.

Die Energiepolitik der EU im Vertrag von Lissabon –
DIE Zukunftsaufgabe in einer multipolaren Welt

Kurt Bodewig, Mitglied des Deutschen Bundestages und Stellvertretender Vorsitzender des Ausschusses für die Angelegenheiten der Europäischen Union

Die bekannten Gas- und Ölreserven lagern überwiegend in Regionen, die politisch und/oder wirtschaftlich eher instabil sind. Deshalb strebt die EU nach einer Diversifizierung der Energieversorgung und einem einheitlichen energiepolitischen Auftreten nach außen. Dieses Vorhaben wird durch eine Stärkung der Kompetenzen der EU im Bereich der Energiepolitik durch den Vertrag von Lissabon bekräftigt.

Der Vertrag ist nicht nur im Hinblick auf die Energiepolitik eine wichtige Errungenschaft für die Zukunft der Europäischen Union. Er stellt auch einen weiteren Schritt in Richtung europäische Einheit dar und enthält wichtige Neuerungen, mit denen die europäischen Institutionen demokratischer, effizienter und transparenter gemacht werden sollen. Auf längere Sicht bildet der Vertrag eine Grundlage für ein geschlossenes Auftreten Europas auf der Bühne der internationalen Politik. Durch dieses gemeinsame Auftreten soll die Position der EU gegenüber den politischen und wirtschaftlichen Mächten einer multipolaren Welt gestärkt werden. Denn nur, wenn der europäische Kontinent als Makro-Region auftritt, kann er im Wettbewerb mit den großen Wirtschaftsregionen der Welt seine Zukunftschance wahrnehmen.

Die Semperoper Dresden auf dem Weg vom DDR-Repräsentationsinstitut zu einem international wettbewerbsfähigen Opernhaus

Prof. Gerd Uecker, Intendant der Sächsischen Staatsoper Dresden, Semperoper

Die heute weltbekannte Semperoper errichtete der Architekt Gottfried Semper von 1838 bis 1841 als königliches Hoftheater in Dresden. In den vergangenen Jahren strömten jährlich etwa 440 000 Theatergäste in die Semperoper. Wie kaum ein anderer Gebäudekomplex haben die Hoftheater und die Semperoper in Dresden den teilweise verhängnisvollen Lauf der Geschichte sowie den manchmal radikalen gesellschaftlichen Wandel der Stadt und des Landes als Identifikationszeichen für jeweilige kulturelle und zivilisatorische Epochen begleitet. Theater als Kulturinstitutionen waren immer wieder Motor für ästhetische Wandlungen, unterlagen aber auch dem Zwang, sich selbst strukturellen Anpassungen im Laufe ihrer eigenen Geschichte zu unterziehen. Diese Anpassungen hatten stets den Charakter von Transformationsprozessen, bedingt durch strukturelle Umformung, Umwandlung oder Veränderung eines politischen, gesellschaftlichen und/oder wirtschaftlichen Systems. In der Realität des politischen Lebens in der DDR hat Kunst eine eher unwesentliche Rolle gespielt. Kunst war bevormundet und eingefroren. Seit der Wende ist die Semperoper zu einer „Marke" geworden, die gepflegt und deren Image dort etabliert wird, wo man ihre Position im Kultur- und Opernumfeld sieht. Die Semperoper steht seit geraumer Zeit vor der Aufgabe, sich auf dem vitalen Künstlermarkt und in der internationalen Opernlandschaft zu positionieren. Ziel ist es, dem Haus im Konzert der international bedeutenden Opernhäuser, den Stellenwert zu geben, der dem traditionsreichen Namen und dem künstlerischen Anspruch der Semperoper entspricht.

Die Kunden, die Kultur und die Kontinuität – Über eine der größten Transformationen in der Telekommunikationsindustrie

Friedrich Fuß, Bereichsvorstand Technischer Service, T-Home

Kundenbedürfnisse treiben den technischen Wandel voran

Die Anforderungen an Unternehmen in der Telekommunikationsindustrie in Deutschland sind heute gewaltig. Unsere Kunden erwarten von uns eine Vielfalt an Produkten, Services und Diensten, die nicht nur perfekt funktionieren, sondern auch rund um die Uhr zur Verfügung stehen sollen.

Diesen Kundenwünschen zu entsprechen und gleichzeitig effizient und gewinnbringend zu wirtschaften, das ist die Aufgabe, vor der unsere Branche im Allgemeinen und die Telekom im Besonderen stehen.

Um zu verstehen, welche gravierenden Umwälzungen wir heute zu verkraften haben, muss man einen Blick in die Vergangenheit werfen.

Früher gab es im Haushalt einer Familie etwa ein Telefon. Dieses stand üblicherweise im Flur und war dort fest installiert. Mit diesem Gerät konnte man telefonieren und das war's. Unser Unternehmen, zu dieser Zeit noch die staatliche Post, hat also ein Gerät angeschlossen und im Falle einer Störung einen Mitarbeiter hinausgeschickt, der sich des Problems annahm. Dabei konnte es passieren, dass ein Teilnehmer auch über einen Zeitraum von einigen Tagen keinen Anschluss hatte. Damals hat der Kunde, der zu dieser Zeit auch Teilnehmer genannt wurde, das hingenommen. Heute wäre das unvorstellbar!

Diese Zeiten sind lange vorbei. Heutzutage schließen wir nicht ein Telefon, nein wir schließen gleich ein ganzes Wohnzimmer an, denn außer dem Telefon bietet die Deutsche Telekom auch Fernsehkanäle, Video-on-Demand, Zugang zum Internet sowie Speicher für Fotoalben und Musik über ihr Netz an. Und das Telefon im Flur ist im modernen Haushalt nicht mehr zu finden.

Ein Netz der Vielfalt

Ein multimedialer Haushalt besitzt natürlich weiterhin ein Telefon oder auch mehrere mit unterschiedlichen Rufnummern, denn die Eltern wollen nicht erst erreichbar sein, wenn die Tochter nach stundenlangen Gesprächen die Leitung freigibt. Aber darüber hinaus ist die Vielfalt der Geräte enorm gestiegen. Vielfach besitzen die Menschen auch mehr als ein Fernsehgerät, um den unterschiedlichen Sehgewohnheiten in der Partnerschaft zu entsprechen. Während er die Bundesliga schaut, möchte sie ihre Talkshow nicht verpassen.

Die allermeisten besitzen heute ebenso eine HiFi-Anlage und Internet-Radio, und bleiben so auch tagsüber immer informiert. Abgerundet wird das Spektrum bei vielen mit dem Internetanschluss für einen Computer und eventuell auch einer Spielkonsole. Diese Geräte, die für die Menschen heute zum täglichen Leben dazugehören, bieten unterschiedliche Möglichkeiten der Kommunikation und Information. Im Internet suchen sich die Menschen vielleicht das nächste Urlaubsziel aus, mit dem Telefon halten sie Kontakt zu ihrer Familie und der Fernseher oder das Radio, ja die laufen sowieso immer und nebenher.

All diese Komponenten der täglichen Kommunikation laufen, und das ist eine der großen Herausforderungen an Unternehmen unserer Branche über nur ein einziges Netz.

Um diese Herausforderung stemmen zu können, muss das Netz höchst flexibel sein. So muss es skalierbar sein, es muss auch immer in der Lage sein, Daten gleichzeitig zu übertragen und es muss zuverlässig sein. Technisch gesehen ist es nämlich ein großer Unterschied, ob ein Telefongespräch geführt, eine E-Mail versendet oder im Fernsehen durch die Programme geschaltet wird. Aber das ist aus Sicht unserer Kunden nicht relevant. Sie erleben, ob unsere Angebote funktionieren oder eben nicht. Für uns heißt das, eine maximale Flexibilität bei gleichzeitig höchster Stabilität unserer Plattformen ist die Basis unseres Geschäfts.

Plug and Play oder Easy to use

Und all diese Kommunikationselemente sollen natürlich permanent zur Verfügung stehen. Die Menschen nutzen unsere Angebote nach individuellen Bedürfnissen. Sie surfen, wenn sie eine Information benötigen, nicht wenn wir ihnen dies ermöglichen. Auch sollen die Geräte und Dienste leicht zu installieren sein, denn wer will heute schon noch eine Bedienungsanleitung lesen. Zumal diese oft schon Dimensionen eines Romans angenommen haben. Intuitive Bedienung und Menüsteuerung sind hier die Schlagworte.

Selbstverständlich erwarten die Menschen auch, dass alle Geräte sofort nach Kauf zur Verfügung stehen. Kommt also der Kunde mit seinem WLAN-Router[1]

---

[1] WLAN (Wireless Local Area Access, dt.: kabelloses, lokales Netzwerk).

durch die Haustür, soll der DSL²-Anschluss bereits freigeschaltet sein. Und schließlich erwarten die Menschen, dass alles gleichzeitig funktioniert!
Wie schaffen wir all das?

Innovation – das Morgen schon heute denken

Die in den oberen Abschnitten beschriebenen Bedürfnisse und Anforderungen der Kunden sind nur auf eine Weise zu erfüllen: Die Bandbreite muss wachsen, und zwar stetig und schnell.

Um zu verstehen, um welche Dimensionen es geht, lohnt auch hier ein Blick in die Vergangenheit. In den 1970er Jahren war das Netz der Deutschen Telekom analog. Die Übertragung der Sprache wurde durch Schalten einer direkten elektrischen Verbindung zwischen den Teilnehmern erreicht, bei dem an Vermittlungspunkten eine elektrische Brücke zwischen zwei Fernsprechkabeln gesetzt wurde, die wiederum an ein Vermittlungselement angeschlossen waren. Das analoge Netz war auf die Übertragung von Sprache abgestimmt. Andere Anwendungen wie zum Beispiel Fernschreiber hatten eigene Leitungsnetze mit eigener Abstimmung und geeigneten Vermittlungselementen.

Mit Einführung von ISDN³, etwa zehn Jahre später, stiegen die Möglichkeiten der Übertragung von Daten sprunghaft an. Im Gegensatz zum analogen Netz hatte der Teilnehmer nun zwei Leitungen, die parallel in Anspruch genommen werden konnten, zur Verfügung. Auch waren nun Datenübertragungen von maximal 128 kbit/s möglich. Dies ermöglichte erstmals das gleichzeitige Telefonieren und schmalbandige Surfen im Internet.

Ein echter Sprung in der Datenübertragung gelang dann mit Einführung von DSL. Jetzt war es möglich, insgesamt drei Leitungen parallel zu nutzen und breitbandig⁴ zu surfen. Wir sprechen hier von Bandbreiten von 384 kbit/s bis zu 16 Mbit/s. Mit diesen Datenraten wurde der Versand von großen Datenmengen, zum Beispiel beim Versand von Bildern und Videos ein Kinderspiel.

Dieser kurze Ausflug in die Geschichte zeigt bereits, wie rasant sich die Entwicklung der Telekommunikation vollzog. Allerdings ist dieser Prozess noch lange nicht an einem Ende.

Aktuelle Studien sagen voraus, dass im Jahr 2010 – und das ist in knapp zwei Jahren – 20 Haushalte das gleiche Datenaufkommen im Netz generieren werden, wie alle Internet-User im Jahr 1995 zusammen!

Um es plastisch zu machen: Hätte man den gesamten IP-Traffic, also den Datenverkehr über das Internet, in Deutschland aus dem vergangenen Jahr auf CD gebrannt, ergäbe dies einen Stapel von zirka 3 300 Kilometer Höhe. Stellte man

---

² Digital Subscriber Line, dt.: digitaler Teilnehmeranschluss.
³ Integrated Services Digital Network, dt.: diensteintegrierendes digitales Netz. ISDN ist ein internationaler Standard für ein digitales Telekommunikationsnetz.
⁴ Bandbreite: die Differenz zweier Frequenzen, die einen bestimmten, kontinuierlich zusammenhängenden Frequenzbereich – ein Frequenzband – bilden.

diese CDs senkrecht nebeneinander, ergäbe das nahezu die Strecke von Kopenhagen bis nach Neapel.

Und für die kommenden Jahre, die Schätzungen reichen bis zirka 2015, rechnen Experten mit einer Steigerung dieses IP-Traffic um 1 200 Prozent. Die entsprechenden CDs reichten dann einmal um den Erdball. Das klingt utopisch? Nun vielleicht ist das so, vielleicht können wir uns das heute noch nicht so recht vorstellen. Aber ein kleines Beispiel zeigt, was in Zukunft möglich sein kann:

Vor kurzem „standen" im indischen Bangalore zwei Vorstände der Firma CISCO auf der Bühne und unterhielten sich vor den versammelten Entwicklern des Unternehmens. Einer der beiden war vor Ort, stand also tatsächlich auf der Bühne. Der andere hingegen befand sich im Hauptsitz der Firma, im kalifornischen San José und wurde als 3D-Hologramm auf die Bühne projiziert. Und das in Echtzeit.

Zugegeben, so weit sind wir heute in der alltäglichen Kommunikation noch nicht, aber bereits jetzt erfordern die auf dem Markt befindlichen Anwendungen sehr hohe Bandbreiten. Man denke nur an Videostreaming oder, wie oben beschrieben, die Anforderung, mehrere Kommunikationselemente gleichzeitig zu nutzen.

Immer schneller, immer mehr

Unsere aktuelle Netztechnik erlaubt Bandbreiten von bis zu 16 Mbit/s im ADSL2+[5], damit können beispielsweise 100 MB in weniger als einer Minute aus dem Internet heruntergeladen werden, beziehungsweise bis zu 50 Mbit/s im VDSL[6], was entsprechend höhere Datenübertragungsgeschwindigkeiten ermöglicht.

In naher Zukunft werden wir Datenübertragungsraten von mehr als 100 Mbit/s realisieren können – und zwar mit der Glasfaser, die die heute übliche Kupferleitung ersetzen wird. Damit können die Menschen alle heute schon eingeführten und möglichen neuen Anwendungen gleichzeitig nutzen, denn diese Übertragungstechnik integriert alle verbalen und visuellen Dienste, sie erlaubt das Surfen im Internet mit echtem Highspeed und schafft viele parallele Telefonverbindungen.

Das ist, in wenigen Worten, die Entwicklung, die aktuell voranschreitet. Doch angetrieben werden wir nicht nur von den Wünschen nach mehr Bandbreite. Parallel dazu ist eine andere Entwicklung zu beobachten, und diese betrifft den Preis. Deutsche sind, grundsätzlich preisbewusst. Wir beobachten das zum Beispiel bei Lebensmitteln. Deutsche geben, im europäischen Vergleich, weit weniger für ihre Ernährung aus, als beispielsweise Franzosen oder Italiener.

Und was bei den Lebensmitteln funktioniert, wird auf unsere Branche übertragen. So tobt seit Jahren in diesem Land ein Preiskampf. Mittlerweile bieten alle Unternehmen in der Telekommunikationsbranche ihren Kunden eine so genannte

---

[5] Asymmetrisches DSL, bedeutet, die Kapazität für die Datenübertragung und den Datenempfang sind nicht gleich.
[6] Very High Speed Digital Subscriber Line, dt.: sehr schnelles DSL.

Flatrate[7] an. Surfen oder telefonieren, so lange und so viel man mag, aber zum Festpreis.

Eine derartige Entwicklung gibt es in anderen, ebenfalls das tägliche Leben betreffenden Bereichen, nicht. Man stelle sich nur einmal vor, ein Kunde käme zur Tankstelle und forderte, er wolle monatlich so viel tanken wie er will, aber mehr als 100 Euro sei er nicht bereit zu zahlen.

Diese Entwicklung zwingt uns ebenfalls darüber nachzudenken, wie wir unsere Ertragsquellen sichern können. Denn wenn der Preis es nicht mehr gewährleisten kann, müssen neue Wege gefunden werden, um die aufwendige Infrastruktur zu finanzieren. Zudem müssen wir gleichzeitig auf Kostenstrukturen und Effizienz achten. Doch darauf wird später näher eingegangen.

Schließlich beobachten wir noch einen weiteren Trend, und zwar die Verknüpfung verschiedener Dienste und Services. Bisher schalteten wir den Fernseher ein und schauten, beispielsweise, einen Film. Klingelte dann das Telefon, waren wir froh, einen Anrufbeantworter zu besitzen, denn so verpassten wir nichts – weder die spannendste Szene im gesamten Film noch den Anruf eines guten Freundes.

Nun gibt es Time-Shift[8] – quasi die Pause-Taste für den Fernseher. Damit kann der laufende Film angehalten werden. Im Hintergrund läuft dabei automatisch ein Rekorder, der weiterhin speichert. Wird der Film dann wieder gestartet, steigt der Zuschauer exakt an der Stelle ein, an der er zuvor unterbrochen hat. Dies ist ein typischer Service, den wir aus den Bedürfnissen unserer Kunden entwickelt haben.

Genau das ist es, was unsere Entwickler tagtäglich tun müssen. Sie werden angehalten schon heute darüber nachzudenken, was der Kunde morgen wünschen könnte und entsprechende Produkte und Angebote entwickeln. Denn wir müssen unsere Kunden immer aufs Neue begeistern für unsere Produkte, für unsere Services und damit für unser Netz, das Herzstück unseres Unternehmens.

Der Wettbewerb bestimmt die Richtung

Diese Begeisterung muss die Telekom in einem Umfeld, welches durch Regulierung, Wettbewerbsdruck und Globalisierung geprägt ist, immer aufs Neue entfachen.

Ganz ohne Frage, wir wollen den Wettbewerb in Deutschland! Denn dabei entstehen die besten Ideen, Unternehmen ohne Druck von außen lassen in der Entwicklung, in der Innovationsfreude und im Vorwärtsdrang nach – so weit so gut.

In Deutschland herrschen indes, zumal in unserer Branche, andere Bedingungen. Die Telekom, als ehemaliger Staatsbetrieb, unterliegt in diesem Land der Regulierung durch die Bundesnetzagentur. Diese Behörde, ehemals die Regulie-

---

[7] Flatrate (von engl. „flat rate"), dt.: Pauschaltarife für Telekommunikations-Dienstleistungen wie Telefonie und Internetverbindung.
[8] Time Shift, dt.: im Netz der Telekom mögliches zeitversetztes Fernsehen. Funktion in digitalen Videorekordern, PCs mit TV-Karte und digitalen Receivern mit Festplatte, bei der eine Sendung gleichzeitig aufgenommen und wiedergegeben werden kann.

rungsbehörde für Telekommunikation und Post, soll den Wettbewerb überwachen und sicherstellen, dass der Marktzugang aller Teilnehmer gewährleistet ist. Für unser Unternehmen heißt das, dass in den letzten Jahren Entscheidungen getroffen wurden, die dazu führten, dass wir Marktanteile abgeben mussten – diese Entwicklung war und ist gewollt.

Für die Telekom stellt die Regulierung durch die Bundesnetzagentur eine Einschränkung ihrer Handlungsmöglichkeiten dar. Denn die Bedingungen auf dem Telekommunikationsmarkt in Deutschland sind nicht für alle Teilnehmer gleich. Die Telekom ist asymmetrisch reguliert, unterliegt also anderen Bedingungen als die übrigen Marktteilnehmer. Mit dieser Regulierung wird selbstverständlich auch den Bereich der Investitionen berührt. Hierbei geht es um die Rahmenbedingungen, unter welchen wir unser Geschäft entwickeln wollen und können. Diese Rahmenbedingungen müssen für unser Unternehmen stimmen. Wenn ein Konzern, wie die Telekom beispielsweise, große Summen in die Infrastruktur und den Ausbau neuer Übertragungstechniken in Deutschland investiert, müssen diese Investitionen auch einem gewissen Schutz unterliegen.

Wille zum Wandel

Die im vorhergehenden Abschnitt beschriebene Ausgangslage und die bestehende Regulierung setzen die Telekom einem ungeheuren Innovations- und Effizienzdruck aus. Unser Konzern kann nicht, wie viele kleinere und neue Marktteilnehmer, den Preis als differenzierendes Merkmal gegenüber dem Kunden anführen. Wie auch René Obermann, unser Vorstandsvorsitzender, treffend bemerkt: „Wir wollen und können nicht der ‚Billige Jacob' sein!" Wir müssen uns über ein anderes Merkmal vom Wettbewerb unterscheiden und das ist für uns eindeutig die Qualität.

Worin zeigt sich gute Qualität? Erst einmal natürlich in störungsfrei funktionierenden Produkten und Services. Auch immer neue, attraktive Angebote für die Kunden zeugen von der Güte eines Anbieters. Ein weiteres Merkmal für Qualität ist ein gutes Preis-Leistungsverhältnis. All das gehört zu einem qualitativ guten Geschäftsgebaren. Aber ein hervorragender Service, rund um die Uhr, an sieben Tagen in der Woche, macht den Unterschied. Das ist für die Telekom das Plus, das hebt unseren Konzern vom Wettbewerb ab. Unser Service soll spürbar besser sein als der unserer Konkurrenz.

Denn eine ausgezeichnete Betreuung ist direkt wahrnehmbar. Unsere Kunden erwarten von uns zu Recht jederzeit und bei allen Fragen oder Problemen, schnelle, kompetente und freundliche Hilfe. Um dies zu gewährleisten, hat unser Konzern in den vergangenen Jahren verschiedene Maßnahmen gestartet, die einerseits die Störungsquote reduzieren und die Anzahl der auf Anhieb gelösten Fälle maximieren sollen. Aktuell sind wir dabei auf einem guten Weg, unsere Kunde bescheinigen uns einen immer besser werdenden Service und zeigen sich bei Kontakt zu unseren Mitarbeitern zunehmend zufrieden.

So erfreulich diese Entwicklung ist, so wissen wir aber auch, dass wir bei dem Erreichten nicht stehen bleiben dürfen. Verbesserungen solcher Art sind ein permanenter Prozess. Wir müssen bei unseren Mitarbeitern das Bewusstsein, ein Dienstleister unter mehreren zu sein, stetig wach halten. Dazu sind regelmäßige Kontrollen unserer Arbeit notwendig. In festgelegten Abständen werden die Arbeit und die Ergebnisse der Mitarbeiter gemessen und im Bedarfsfall schulen wir unsere Mitarbeiter.

Ziel unserer Maßnahmen ist, dass die Mitarbeiter erkennen, auch sie sind Teil des Unternehmens im Wettbewerb. Heutzutage müssen wir den unternehmerischen Blick unserer Mitarbeiter schärfen, sie zu mehr Eigenverantwortung ermuntern und Leistungsträger herausstellen. Denn es ist klar, Effizienz und Flexibilität ist von uns allen gefordert. Es reicht nicht mehr, täglich zur Arbeit zu kommen, festgelegte Tätigkeiten zu verrichten und am Ende des Monats mit Lohn entgolten zu werden. Unsere Mitarbeiter müssen die Situation und die Herausforderungen des Unternehmens auch für sich selbst annehmen und mit ihrer Arbeit die Ziele des Unternehmens aktiv unterstützen.

Die geforderte Flexibilität und Effizienz äußern sich auch in veränderten Arbeitsbedingungen. So haben wir beispielsweise die Arbeitszeit deutlich flexibilisiert. Unter dem Stichwort „Service-Samstag" haben wir die Verfügbarkeit der Techniker auch am Wochenende eingeführt. Auch ist es heute bei uns üblich, dass wir Mitarbeiter dort einsetzen, wo Arbeit ist. So unterstützen sich Teams verschiedener Regionen bundesweit zum Beispiel beim Ausbau unseres Hochgeschwindigkeits- oder Glasfasernetzes.

Die hier beschriebenen Maßnahmen stellen allerdings nur einen kleinen Ausschnitt der erforderlichen Maßnahmen dar. Denn wir stehen heute nicht nur in Deutschland, sondern wir stehen in einem globalen Wettbewerb. Dienstleistungen können überall auf der Welt erbracht werden. Produkte, die in Deutschland funktionieren sollen, müssen nicht gezwungenermaßen hier produziert werden. Das zeigt, welche Dimensionen der Wettbewerb mittlerweile angenommen hat. Daher ist es erforderlich, dass wir auch bei unseren Maßnahmen über den „deutschen Tellerrand" hinausschauen und sehen, welche Verfahren wir für unser Geschäft übernehmen können.

Nicht zuletzt müssen wir auch unsere Kosten auf Weltmarktniveau senken. Hier haben wir eine *der großen Herausforderungen* zu bewältigen. Denn es macht einen gewaltigen Unterschied, ob man es mit kurzfristigen Kostenkalkulationen oder, wie speziell bei der Technik der Deutschen Telekom im Festnetz, mit langfristigen Investitionen zu tun hat.

Die Telekom, als ehemaliger Staatsbetrieb, hat laut „Universaldienstverpflichtung", geregelt im Telekommunikationsgesetz, einer Grundversorgung der Bevölkerung nachzukommen. Dieses Gesetz schreibt „die Sicherstellung einer flächendeckenden Grundversorgung mit Telekommunikationsdiensten (Universaldienstleistungen) zu erschwinglichen Preisen" vor. Unter Dienstleistungen, die zu einer solchen Grundversorgung gehören, werden der Telefondienst für festleitungsgestützte Kommunikation, die Verfügbarkeit eines Teilnehmerverzeichnisses, die Verfügbarkeit eines Auskunftsdienstes, die flächendeckende Bereitstellung von öffentlichen Münz- oder Kartentelefonen sowie die Bereitstellung eines kostenlosen

Notrufdienstes bestimmt. Laut Gesetz haben die Menschen in Deutschland ein Recht darauf eine Telefonverbindung zur Verfügung zu haben. Dafür haben wir in der Vergangenheit Kabel- und Leitungsnetze in ganz Deutschland verlegt. Diese stellen für unser Unternehmen einen realen Wert dar und müssen sich amortisieren. Dabei sprechen wir von Zeiträumen, die schnell mehrere Jahrzehnte betragen. Gleichzeitig schreitet die Entwicklung in der Telekommunikation rasant voran und zwingt uns, um wettbewerbsfähig zu bleiben, Schritt zu halten. Das bedeutet konkret, wir müssen auch schon dann neue Leitungen legen oder Technik aufbauen, wenn die „alten" Systeme noch lange nicht die Kosten wieder hereingebracht haben.

Das Netz der Zukunft

Die im vorangegangenen Abschnitt beschriebenen Herausforderungen stellen allerdings nur einen Teil der Wirklichkeit dar, denn neben unseren Mitarbeitern sind unser Netz, unsere Produkte sowie unsere Dienstleistungen die wesentlichen Faktoren unseres Geschäftes. Wir müssen unser Netz und seinen Betrieb konsequent in Richtung Zukunft umbauen. So müssen wir weg von der Vielzahl von Tätigkeiten, die physisch zu erbringen sind. Bisher mussten wir selbst beim Wechsel eines Kunden vom Sprachdienst zum Internet noch einen Mitarbeiter hinausschicken, der an bestimmten Stellen im Netz einen „Schalter umlegte". Auch bei Störungen war meist viel manuelle Tätigkeit vonnöten. Mittlerweile sind wesentliche Komponenten unseres Netzes aus der Ferne steuer- und wartbar.

Auch über Produktzyklen und Automatisierung von Prozessen können wir die Effizienz und Flexibilität unseres Netzes steigern. Ein wesentlicher Baustein ist an dieser Stelle die so genannte „Customer-Self-Administration"[9]. Kunden fordern heute mehr und mehr die Möglichkeit, ihren Anschluss individuell zu konfigurieren. Einzelne Features werden, den eigenen Bedürfnissen entsprechend, zu einem persönlichen Produkt zusammengestellt. Wir haben diesen Trend erkannt und entwickeln unser Produktportfolio entsprechend weiter.

Eine weitere wesentliche Herausforderung ist der technische Umbau unseres Netzes. Heute existieren für die unterschiedlichen Kommunikationskomponenten einzelne Netze. So gibt es ein Festnetz für Sprachübermittlung, ein Mobilfunknetz für die Kommunikation unterwegs. Daten, etwa E-Mail oder Bilder, Videos und anderes, werden noch in großem Umfang über spezielle Netze verbreitet. Zukünftig werden alle Applikationen und Services auf einer einheitlichen Plattform, die auf dem Internet Protokoll basiert, angeboten. Daraus ergeben sich für die Telekom sowohl Vorteile bei der Einführung neuer Produkte, da die Produkteinführungszyklen sich verkürzen, als auch eine Steigerung der Effizienz hinsichtlich der Kosten und Entwicklungen neuer Dienste. Diesen Umbau der Plattform betreiben wir aktuell. Dabei gibt es immer wieder Rückschläge, weil einzelne Komponenten

---

[9] Dt.: „Kundenselbstverwaltung", der Kunde verwaltet seinen Anschluss selbst. Meist online über entsprechende Web-Applikationen.

entweder nicht wie geplant funktionieren oder es zu Kompatibilitätsproblemen kommt. Auch ist zu bedenken, dass wir teilweise, gemeinsam mit den Herstellern der Technik, ganz neue Wege beschreiten. Wir entwickeln Technik nicht nur weiter, an manchen Stellen „erfinden" wir sie gleichsam neu.

Verzögerungen in der Entwicklung oder Konfiguration von Technik können unser Unternehmen schnell bis zu zwölf oder mehr Monaten in der Planung zurückwerfen. Damit müssen wir umgehen und sind daher oft gezwungen, Planungen anzupassen und Ersatzlösungen zu finden.

Es gibt nur einen Weg zum Ziel

Mit diesen Veränderungen einhergehen muss eine hohe Standardisierung und Automatisierung aller Verfahren, Prozesse, Abläufe und Dokumentationen. In großen Konzernen wie der Deutschen Telekom ist eine weitgehend standardisierte Arbeitsweise in der Produktion umso wichtiger, als viele Mitarbeiter nur anteilig an den Kundenbeziehungen arbeiten. So ist beispielsweise die eine Abteilung für die Anforderung und Konfiguration neuer Technik verantwortlich, eine andere Abteilung führt die Technik ein, eine nächste verantwortet das Netzmanagement und eine weitere stellt den laufenden Betrieb sicher. Wenn in einer derart vielteiligen Arbeitsorganisation nicht sauber dokumentiert und nach einheitlichen Verfahren gearbeitet wird, kann eine hohe und einwandfreie Qualität nicht sichergestellt werden. Das äußert sich, im schlechtesten Fall, darin, dass ein Service oder Dienst beim Kunden nicht funktioniert. Und das können wir uns heute schlichtweg nicht mehr leisten. Das den Mitarbeitern klar zu machen, ist eine der wichtigen Aufgaben für unser Management während der Veränderungsphase.

Wandel ist ein stetiger Prozess

Die Telekom steht seit Jahren in einem Prozess der Umstrukturierung. Wir haben im Laufe der Zeit einiges ausprobiert, manches wieder verworfen, manches in unsere Organisation eingeführt. Aber eines haben wir konsequent betrieben: den Umbau unseres Unternehmens. Warum haben wir das getan? Es sind drei wesentliche Ziele, die wir mit den Veränderungen verfolgen:

Erstens müssen wir unseren Konzern von einer staatlichen Behörde ohne Konkurrenz zu einem modernen Dienstleister wandeln, der in einem harten Wettbewerb bestehen kann. Zweitens müssen wir unsere Position auf einem streng regulierten Markt sichern. Wir tun dies, indem wir unsere Kosten senken. Nur so ist es für uns möglich, unsere Produkte und Services zu marktgerechten Preisen anbieten zu können. Und drittens, und dies resultiert aus den ersten beiden Zielen, sichern wir so unsere Zukunftsfähigkeit. Denn nur die Veränderungen der letzten Jahre ermöglichen uns heute einen erfolgreichen Marktangang.

Allerdings, und auch das gehört zur Wahrheit, ist es notwendig, dass der Umbau weitergeht, auch wenn das an der einen oder anderen Stelle schmerzhaft ist. Gleichzeitig sollten wir uns täglich fragen, ob wir das Beste für unser Unternehmen leisten. Denn nur, wenn wir bereit sind, das bestmögliche zu geben, uns den Herausforderungen zu stellen und neuen Verhältnissen anzupassen, werden wir in der Zukunft erfolgreich arbeiten können. Dies gilt im Übrigen für alle Mitarbeiter eines Konzerns, bezieht also die Führungskräfte ausdrücklich mit ein.

Zum jetzigen Zeitpunkt können wir sagen, dass wir bereits viele Schritte der Veränderung bewältigt haben, aber es stehen noch weitere aus. Dabei ist entscheidend, dass wir begreifen, dass Transformationen immer ein ganzheitliches, langfristiges Vorgehen erfordern. Alle Bereiche eines Unternehmens gehören auf den Prüfstand und ein langer Atem ist vonnöten.

Mit kurzfristigen Maßnahmen können wir sicher auch auf die Schnelle Erfolge erzielen, aber auf Dauer ist es wichtig, dass alle Bereiche, von der Entwicklung bis hin zum Vertrieb wie die Teile eines Puzzles zusammenpassen. Passt es an nur einer Stelle nicht, ist der gesamte Prozess bedroht. Dies haben wir erkannt und richten unsere Maßnahmen auf dieses Ziel aus.

Ein Kulturwandel ist nötig

Es stellt sich nun die Frage, wie man einen derart komplexen Prozess in einem großen und kulturell vielschichtigen Konzern initiiert? Um es vorweg zu nehmen, es ist ein langer, mitunter schwieriger Weg, und es ist Chefsache!

Führungskompetenz ist der wichtigste Erfolgsfaktor in der Phase der Veränderung. Laut einer Studie von INSEAD[10] hängt der Erfolg der Veränderung zu 73 Prozent an guter und wahrgenommener Führung.

Von uns als Führung des Unternehmens wird zu Recht erwartet, dass wir die Richtung bestimmen und Orientierung geben. Denn gerade in Zeiten des Umbruchs fühlen sich Mitarbeiter oft „verloren". Das kann zu innerer Emigration oder bewusstem Fehlverhalten führen und stellt so eine große Gefahr für unser Unternehmen dar.

Nicht auf allen Ebenen eines derart großen Konzerns kann aber ein umfassendes Wissen um Strategie und Ausrichtung der Geschäftstätigkeit verankert werden. Daher ist es umso wichtiger, geeignete Instrumente für die Weitergabe der notwendigen Informationen zu entwickeln. Dabei ist es mit entscheidend für die Akzeptanz bei der Belegschaft, dass jederzeit eine adressatengerechte Ansprache erfolgt. Einer Führungskraft der mittleren Ebene können Informationen anders vermittelt werden, als dem „einfachen" Mitarbeiter. Als Faustformel kann gelten, je tiefer in der Hierarchie desto einfacher muss kommuniziert werden.

---

[10] The Business School for the World, mit Sitz in Fontainbleau in der Nähe von Paris.

Kommunikation auf allen Ebenen

Wir, als Technik, haben für diesen Zweck ein Kommunikationsmodell entwickelt, welches bei uns Führungskaskade genannt wird. Es handelt sich dabei um eine mehrstufige Kommunikation über die verschiedenen Führungsebenen. Inhaltlich ist die Frage, wie die Erreichung der Geschäftsziele durch eine veränderte Führung und Zusammenarbeit gesteigert werden kann, ein Schwerpunkt. Die Führungskaskade nimmt die Führungskräfte konsequent in die Verantwortung, denn sie sind verantwortlich dafür, ihrem Team die Geschäftsziele zu vermitteln und mit ihm gemeinsam Beiträge zur Erreichung dieser Ziele zu erarbeiten. Auf diese Aufgabe werden die Führungskräfte durch die Kaskade systematisch vorbereitet.

Das Modell wendet sich an alle Führungskräfte und Mitarbeiter des Vorstandsbereiches. Es besteht aus zwei Teilen, den Konvent- und den Konnektveranstaltungen. Zunächst treffen sich die Führungskräfte zum Konvent, erarbeiten das gemeinsame Verständnis für die anstehenden Ziele und leiten Maßnahmen ab, die die Zielerreichung sicherstellen. In der Folge führen diese Führungskräfte dann mit den Mitarbeitern die Konnektveranstaltungen durch und erarbeiten auch hier, basierend auf den Ergebnissen des Konvents, eine gemeinsame Vereinbarung über die Erreichung der Ziele.

Die Führungskaskade soll also ein Verständnis für die Geschäftsziele und die Zusammenarbeit innerhalb des Bereiches Technik vermitteln, systematisch über alle Führungsebenen. Die Vereinbarung auf die Beiträge jedes Einzelnen – von der Geschäftsleitung bis zum Mitarbeiter – auf die Geschäftsziele steht dabei im Fokus.

Die in der Führungskaskade getroffenen Vereinbarungen überprüfen wir kontinuierlich und konsequent. Dies geschieht anhand verschiedener Maßnahmen. Eine davon sind quartalsweise durchgeführte „Reviews"[11]. Dabei handelt es sich um die Kontrolle der Arbeitsergebnisse der letzten drei Monate. Des Weiteren führen wir die so genannten Round Table Gespräche. Hier treffen sich der Vorstand und zirka 15 bis 20 Mitarbeiter und besprechen, wie die Dinge im Arbeitsalltag laufen. Dabei wird auch offen angesprochen, was weniger gut läuft. Als Geschäftsführer nehme ich aus diesen Veranstaltungen regelmäßig Verbesserungsvorschläge mit.

Wir haben erkannt, dass Kommunikation, permanent, auf allen Ebenen und konsistent ein sehr wichtiges Instrument ist, notwendige Veränderungen in der Organisation zu verankern, Akzeptanz herbeizuführen und das Engagement der Mitarbeiter sicherzustellen.

---

[11] Dt.: Rückblick.

Von der starren Behörde zum serviceorientierten Dienstleister

Allerdings erleben wir auch, dass zwischen der Theorie, also dem Erkennen des Notwendigen, und der Praxis, also dem Umsetzen, noch oft eine große Lücke klafft. Es liegt ganz offensichtlich an unserer Vergangenheit als Behörde, dass eine offene und durchlässige Kommunikation in unserem Unternehmen nicht etabliert ist. Wir finden häufig noch das Denken in althergebrachten Mustern. Unsere Mitarbeiter, insbesondere diejenigen, die schon lange im Unternehmen sind, müssen wir aus überholten Schemata herauslösen. Es gilt heute, nicht lediglich eine Anweisung zu befolgen oder einen Antrag zu bearbeiten und diesen anschließend abzuheften. Es bedarf vielmehr einer aktiven Beteiligung, insbesondere mit Ideen, des einzelnen Mitarbeiters, um die Ziele des Unternehmens zu erreichen.

Dieses „neue Denken" herbeizuführen, es in den Köpfen der Mitarbeiter zu verankern, stellt uns vor gewaltige Anstrengungen – ist aber nach unserer Überzeugung der einzige Erfolg versprechende Weg.

Leistungen sichtbar machen

Ein Mittel, diesen gewünschten Kulturwandel herbeizuführen, kann in der Etablierung einer Gewinnerkultur bestehen. Ein „Gewinner" ist der Mitarbeiter oder das Team, der oder das nicht nur seine Leistungen laut Arbeitsvertrag oder Arbeitsplatzbeschreibung erbringt, sondern sich auch darüber hinaus für die Ziele des Unternehmens engagiert. In jeder Unternehmung, also auch bei uns, gibt es Menschen oder Gruppen, die die Erreichung der Ziele des Arbeitgebers auch zu ihren eigenen Zielen machen. Diese herauszustellen und ausdrücklich für die erbrachte Leistung zu würdigen, schafft und befördert die Identifikation des Einzelnen mit der Firma.

Wir haben vor einiger Zeit damit begonnen, solche Gewinnerteams intern in das „Licht der Öffentlichkeit" zu stellen. Denn wir erleben, dass Wertschätzung ein ungemein wirkungsvolles Motivationsinstrument ist. Unsere Mitarbeiter, die sich mit ihrer Leistung wahrgenommen fühlen, entwickeln ein sehr dynamisches Verhalten und sind bestrebt, die positive Bestärkung wiederholt zu erfahren.

Führungsqualitäten sicherstellen

Aber so wichtig es ist, positive Signale in die Belegschaft zu senden und die Führungsebenen zu qualifizieren, so unerlässlich ist es auch, disziplinarische Maßnahmen zu ergreifen. Führungskräfte, die sich den Herausforderungen an ihre Führungsarbeit während der Phase der Transformation nicht gewachsen zeigen, müssen wir beizeiten aus ihrer Verantwortung herausnehmen.

Starke Führungsarbeit war bei der Telekom in der Vergangenheit nicht in dem Umfang notwendig, wie heute. Auch lag der Fokus bei der Auswahl von Führungskräften nicht auf der Fähigkeit, Veränderungsprozesse umzusetzen. Fachliche Qualifikation reichte oft, eine erste Führungsebene zu erreichen. Dies ist heute eindeutig nicht mehr ausreichend. Zunehmend wählen wir unsere Führungskräfte gezielt aus und schulen bei Bedarf nach. Zeitigen diese Maßnahmen keinen Erfolg, ziehen wir die notwendigen Konsequenzen. Das bedeutet auch, dass wir die ganze Bandbreite der Instrumentarien von Personalpolitik ausschöpfen.

Konsequenz ist ein Merkmal von Führung

Der in den vorangegangenen Abschnitten beschriebene Kulturwandel darf sich allerdings nicht nur auf die so genannten Soft Skills[12] beschränken.

Veränderungen sind, in unserem Fall ganz besonders, auch in der Gehaltsstruktur notwendig. Dies hängt einerseits mit unserer Position im Wettbewerb zusammen, rührt andererseits aber auch daher, dass bei der Telekom die leistungsbezogen Gehaltskomponente in vielen Bereichen und Gehaltsebenen bisher vernachlässigt worden ist.

Unsere Mitarbeiter sollen gerecht entlohnt werden, das ist unstrittig. Richtig ist aber auch, dass Personalkosten, zumal in großen Konzernen, einen wesentlichen Faktor der Kosten darstellen. Wenn wir gezwungen sind, unsere Kosten zu senken, um auch in Zukunft wettbewerbsfähig zu bleiben, dann dürfen wir bei den Kosten für die Belegschaft keine Ausnahme machen.

Was es bewirken kann, eine Gehaltsanpassung auf Marktniveau vorzunehmen, hat unser Konzern im vergangenen Jahr hautnah zu spüren bekommen. Mit der Gründung der drei Servicegesellschaften[13] gingen wochenlange Streiks der betroffenen Belegschaft einher und lähmten teilweise unser Geschäft. Nachdem eine Einigung mit dem Sozialpartner zustande gekommen war, standen in einigen Teams die Mitarbeiter vor einem regelrechten Scherbenhaufen. Es hat uns alle viel Mühe und Zeit gekostet, die Risse zwischen beiden Seiten zu kitten.

Aber das Vorgehen war alternativlos. Hätten wir eingelenkt und unsere Anpassungen zurückgenommen, hätte das am Ende viele Arbeitsplätze gekostet. Dies zu vermitteln, also eine Einsicht bei den Mitarbeitern herbeizuführen, das war eine der großen Herausforderungen jener Monate.

Gelungen ist uns das auch, weil wir Perspektiven geschaffen haben. Sicher, das wichtigste Argument war der Erhalt des Arbeitsplatzes. Aber wichtig war auch, dass wir unseren Mitarbeitern im Gegenzug Qualifizierungsmaßnahmen in Aussicht stellen konnten.

---

[12] Dt.: Soziale Kompetenz, eine Reihe von menschlichen Eigenschaften, Fähigkeiten und Persönlichkeitszügen, die für das Ausüben eines Berufs nötig oder förderlich sind.

[13] DT NP (Deutsche Telekom Netzproduktion GmbH), DT TS (Deutsche Telekom Technischer Service GmbH) und DT KS (Deutsche Telekom Kundenservice GmbH).

Das bei der Telekom unter dem Begriff Servicequalifizierung eingeführte Weiterbildungsangebot bietet heute jedem Mitarbeiter der Servicegesellschaften zusätzlich zur betrieblich-fachlichen Weiterbildung drei Qualifizierungstage in Servicethemen, die einen engen Bezug zum Kerngeschäft haben. Das Angebot umfasst Pflichtveranstaltungen, die alle durchlaufen sowie weitere Qualifizierungsmodule, aus denen der Mitarbeiter in Absprache mit der direkten Führungskraft auswählen kann.

Verdiene ich, was ich leiste – leiste ich, was ich verdiene?

Einen zusätzlichen Anreiz haben wir mit der Einführung der leistungsbezogenen Vergütung für alle Mitarbeiter der Servicegesellschaften geschaffen. Seit Jahresbeginn nehmen alle tariflichen Arbeitnehmerinnen und Arbeitnehmer am System „Führen mit Zielen" teil. Mit dieser Maßnahme haben wir einen wichtigen Schritt hin zu mehr Eigen- und Ergebnisverantwortung der Mitarbeiter vollzogen. Zum einen kann damit die Leistung des einzelnen Beschäftigten und zum anderen die Erreichung der übergeordneten Kollektivziele entsprechend honoriert werden.

Durch das nun durchgängige System der Kaskadierung[14] der Ziele von der Unternehmensspitze bis zum Mitarbeiter ist es möglich, den Erfolg des Einzelnen sichtbar zu machen. Dabei sollen Ziele dazu beitragen, die Wertschöpfung zu steigern. Zielvereinbarungen sollen realistisch und erreichbar, aber gleichzeitig anspruchsvoll sein. Denn nur dann kann es zu optimalen Ergebnissen kommen.

Nicht den roten Faden verlieren

Alle Maßnahmen, die wir ergriffen haben, alle Schritte im Umbau, die wir gegangen sind, haben letztendlich ein großes Ziel: Die Wandlung einer – ehemaligen – Behörde mit starren und stark hierarchischen Strukturen hin zu einem modernen, flexiblen Unternehmen.

Wir gehen diesen Weg nun seit vielen Jahren und wir sind noch lange nicht am Ziel. Vieles haben wir inzwischen erreicht, viele schwere Schritte liegen noch vor uns. Die Veränderung ist ein langer Prozess, das muss man sich stets vor Augen halten und sich immer wieder fragen, wo man herkommt, wo man aktuell steht und wo man hin will. Nur wenn man sich dies als roten Faden bewusst macht, wird man den Weg nicht verlieren – und die Nachhaltigkeit der Veränderung sicherstellen können.

---

[14] Verkettung von Ereignissen oder Prozessen, wobei alle Ereignisse auf die vorhergehenden aufbauen.

Die Energiepolitik der EU im Vertrag von Lissabon – DIE Zukunftsaufgabe in einer multipolaren Welt

Kurt Bodewig, Mitglied des Deutschen Bundestages und Stellvertretender Vorsitzender des Ausschusses für die Angelegenheiten der Europäischen Union

Die Zukunft unseres Kontinents

Werner Karl Heisenberg, einer der bedeutendsten Physiker des 20. Jahrhunderts, formulierte einst zwei wichtige Sätze:

„Die Energie kann als Ursache für alle Veränderungen in der Welt angesehen werden."

und

„Man kann […] die Energie als die Grundsubstanz, als den Grundstoff der Welt betrachten."

Im 21. Jahrhundert sind diese Aussagen nicht mehr ausschließlich physikalisch, sondern auch politisch interpretierbar. Sie treffen den Kern der brisantesten und dramatischsten Probleme, mit denen die Menschheit dieses Jahrhunderts konfrontiert ist: Den Klimawandel und die globale Energiekrise. Beides sind Herausforderungen an die Weltgemeinschaft, die nur gemeinsam bewältigt werden können. Mehr als je zuvor gilt es, neue Spielregeln im internationalen Miteinander zu definieren, Hand in Hand nach Lösungen zu suchen und diese gemeinsam umzusetzen. Es geht um nichts Geringeres als die Zukunft der Energieversorgung unseres Kontinents. Das sieht mittlerweile auch eine Mehrheit der Europäer so: 62 Prozent betrachten den Klimawandel und die globale Erderwärmung als das zweitgrößte globale Problem. Nur Armut (68 Prozent) wird als noch Besorgnis erregender empfunden (Europäische Kommission, 2008).

Die Aufmerksamkeit der europäischen Öffentlichkeit für das Thema Energieversorgungssicherheit erwachte, als das russische Erdgasunternehmen Gazprom im Januar 2006 mit der Begründung der illegalen Entnahme die Energiezufuhr an die Ukraine unterbrach und damit einen Leistungsausfall bei der Versorgung bewirkte. Dies wiederholte sich später gegenüber Georgien und Weißrussland. Den EU-Mitgliedstaaten führten diese Ereignisse die Abhängigkeit von Energieimporten und die Begrenztheit der nationalstaatlichen Energiekonzepte vor Augen.

Nur ein geringer Anteil des Gas- und Ölbedarfs der EU wird durch heimische Energiequellen gedeckt, zum Beispiel die Gas- und Ölfelder der Nordsee und die Kohlevorhaben. Da diese allmählich zur Neige gehen, ist die EU zunehmend auf den Energieimport angewiesen. Die bekannten Gas- und Ölreserven lagern überwiegend in Regionen, die politisch und/oder wirtschaftlich eher instabil sind, weshalb die EU nach einer Diversifizierung der Energieversorgung und einem einheitlichen energiepolitischen Auftreten nach außen strebt – ein Vorhaben, das durch eine kompetente Stärkung der EU im Bereich der Energiepolitik durch den Vertrag von Lissabon bekräftigt wird. Mittels einer gemeinsamen Energieaußenpolitik (EAP) will die Union sich gegen die zunehmende Konkurrenz auf dem Weltmarkt besser behaupten und Spannungen aus Verteilungs- und Zugangskonflikten um Energie entgegenwirken: Also in einer multipolaren Welt eine Lösung für die Energieversorgung einer Weltregion finden.

Doch die Bedeutung der Energiepolitik im Vertrag von Lissabon ist nur ein Teil dieses Reformprojektes, wenn auch ein exemplarisches Beispiel für die Notwendigkeiten der EU in der sich verändernden Welt. Es soll gleichzeitig aber auch ein ganzheitlicher Blick auf dieses bedeutende Reformwerk geworfen werden. Der Vertrag ist nicht nur im Hinblick auf die Energiepolitik eine wichtige Errungenschaft für die Zukunft der Europäischen Union.

Im 21. Jahrhundert stehen wir vor großen Herausforderungen und Aufgaben, die sich aus der Multipolarität – mit der sich dieses Buch befasst – und aus der Globalisierung ergeben. Das Phänomen der Globalisierung ist nicht neu: Im Norden Europas wurde mit der Schaffung der Hanse[1] schon im 12. Jahrhundert eine funktionierende globale Ökonomie geschaffen. Sie scheiterte aufgrund der zunehmenden Stärke absolutistischer Nationalstaaten. Das ist ein Teil unserer Geschichte, aus dem wir unsere Lehren gezogen haben sollten. So etwas darf sich nicht wiederholen.

Denn neben der Auseinandersetzung mit dem Klimawandel, einer gerechten Verteilung der Ressourcen, der Kontrolle der internationalen Finanzmärkte, der Aufrechterhaltung von Sozialstandards unter dem Druck der Weltmärkte sowie der Stärkung des Völkerrechts muss eine Union die asymmetrischen Bedrohungen durch internationalen Terrorismus und Kriminalität, Krisenherde in der Nachbarschaft der EU, eine neue verschärfte wirtschaftliche Konkurrenz neuer Zentren wie Brasilien, China oder Indien bewältigen können. Anforderungen wie den demografischen Wandel und die Alterung eines Gesamtkontinents in den Griff zu bekommen, wird gemeinsame Aufgabe dieser Union werden müssen, wenn dem explodierenden Bevölkerungswachstum von Ägypten (32,6 Prozent der Bevölke-

---

[1] Hanse ist die Bezeichnung für ein zwischen Mitte des 12. Jahrhunderts und Mitte des 17. Jahrhunderts aus den ursprünglichen Vereinigungen niederdeutscher Kaufleute entstandenen Städtebündnisses, dessen Ziel die Sicherheit auf See und die Vertretung gemeinsamer wirtschaftlicher Interessen war. Die Hanse war über lange Zeit eine politische Macht, der es gelang, ohne eigene Souveränität – ihre Mitglieder verblieben jeweils unter der Herrschaft unterschiedlicher, weltlicher und kirchlicher Gewalten – ihre gemeinsamen Interessen durchzusetzen.

rung unter 15 Jahren) (vgl. Central Intelligence Agency, 2008) bis Bangladesch und Indonesien eine Zukunftsoption entgegengestellt werden soll.

Oder, um es mit den Worten von Jean-Claude Juncker, dem luxemburgischen Premierminister, auszudrücken:

„Die Europäer sollten sich besser in der Zukunft umschauen, wenn sie sich zurechtfinden wollen. Im Jahr 1900 haben wir ein Fünftel der Weltbevölkerung gestellt, im Jahr 2000 waren es elf Prozent, 2100 werden es nur noch vier Prozent sein. Der Anteil der OECD-Staaten am Weltsozialprodukt wird stark sinken, der asiatische dramatisch steigen. In 30 Jahren wird China die zweitgrößte Handelsmacht der Welt sein, Indien die viertgrößte. Wir werden also demografisch und wirtschaftlich verlieren. Die einzige Antwort darauf ist, dass wir aus dem europäischen Kontinent eine Makro-Region machen, statt Europa in Mikro-Regionen aufzuteilen." (Juncker, 2008)

Um Europa weiter als einen ernst zu nehmenden Akteur in der Welt zu etablieren und seine Rolle in der Welt weiter zu stärken, muss 50 Jahre nach Gründung der EU anerkannt werden, dass seine Handlungsfähigkeit nicht nur durch diese neuen Herausforderungen der internationalen Politik, sondern auch durch seine zunehmende innere Komplexität behindert wird. Allein die beiden letzten Erweiterungsschritte von 2004 und 2007 haben nicht nur die Anzahl der Mitgliedstaaten der EU fast verdoppelt, sondern auch die Zahl der Sitze im Rat erhöht. Nach der heutigen Vertragssituation hat sich damit auch die Anzahl der Akteure, die in bestimmten Fällen ein Vetorecht ausüben können, spürbar erhöht. Das Beispiel Polens unter der Regierungsverantwortung der Kaczyński Brüder, die die Zustimmung zum Partnerschafts- und Kooperationsabkommen mit Russland verweigerten, spricht eine beredte Sprache.

Die aktuellste Herausforderung ist es deshalb, die europäischen Institutionen an diese Veränderungen anzupassen und eine neue Arbeitsgrundlage zu schaffen. Auf dem Weg zu einer europäischen Einheit ist deshalb der Vertrag von Lissabon eine wichtige Etappe. Er stärkt die EU nach innen und nach außen. Er enthält wichtige Neuerungen, mit denen die europäischen Institutionen demokratischer, effizienter und transparenter gemacht werden sollen. Im Zeitalter der Globalisierung wächst das Bedürfnis der Menschen nach sozialer Sicherheit, die EU muss auch im weltweit zunehmenden wirtschaftlichen Wettbewerb diesem Bedürfnis gerecht werden.

Die Ablehnung des EU-Reformvertrags von Lissabon durch die irische Bevölkerung am 12. Juni 2008 war zugegeben ein schwerer Rückschlag. Irland war das einzige Land, das verfassungsgemäß ein Referendum durchführen musste. Bei extrem niedriger Wahlbeteiligung von 53,1 Prozent stimmten davon 53,4 Prozent der irischen Wähler gegen den Lissabon-Vertrag. (Mit insgesamt 862 415 Gegenstimmen wurde der Lissabon-Vertrag, der die 495 Millionen Bürger der EU direkt betrifft, formal von nur 0,175 Prozent der Bevölkerung der Union abgelehnt.) Der Ratifizierungsprozess wurde dennoch fortgesetzt und wird nun in den 26 verbliebenen Mitgliedstaaten abgeschlossen. Dies ist ein Zeichen dafür, dass die überwältigende Mehrheit der Mitgliedstaaten nach wie vor eine starke EU will. Irland wird in diesem Herbst mit einem neuen Referendum reagieren.

Der Vertrag von Lissabon – Eine Stimme für Europa in einer multipolaren Welt

Der Vertrag von Lissabon ist nicht der erste Versuch, der Europäischen Union eine Verfassung zu geben. Den Druck, dem Projekt Europa eine zuverlässige Form zu geben, haben die politischen Entscheidungsträger zu allen Zeiten der Integration gespürt. Der aktuelle Verfassungsprozess war bereits der vierte Anlauf innerhalb eines halben Jahrhunderts. Bereits Anfang der 50er Jahre hatte man den Verfassungsentwurf einer europäischen politischen Gemeinschaft parlamentarisch ausgearbeitet. Im Jahr 1962 misslang ein Versuch, der unter dem Namen der Fouchet-Pläne eine Politische Union kreieren sollte. Unter der Federführung des Italieners Altiero Spinelli feilte das Europäische Parlament über Jahre an einem Verfassungsentwurf. Die Erfahrung dreifachen Scheiterns begleitete also den Versuch, Europa eine Verfassung zu geben. Und nach den ablehnenden Voten der Franzosen und Niederländer im Frühsommer 2005 sollte der Prozess der Verfassungsgebung beim vierten Versuch gelingen.

Robert Schumann leitete am 9. Mai 1950 in Paris die Geburtsstunde der Europäischen Union mit den Worten ein „Der Friede der Welt kann nicht gewahrt werden ohne schöpferische Anstrengungen, die der Größe der Bedrohung entsprechen" und stellte seine Vision einer Vereinigung der europäischen Nationen vor. Nach Jahrhunderten prekärer Machtgleichgewichte, verheerender Kriege und der Katastrophe der beiden Weltkriege begann damit vor 59 Jahren eine neue Ära in der europäischen Geschichte. Die Idee, durch die Integration der Staaten Frieden zwischen den Völkern zu schaffen, ist seitdem Realität geworden und ihr Erfolg ist beeindruckend: Aus den tiefen Wunden zweier Weltkriege ist das Friedensprojekt Europa erwachsen. Durch den Souveränitätsverzicht von Ländern zugunsten einer supranationalen Institution wurde ein sich immer weiter beschleunigender Integrationsprozess in Gang gesetzt. Der Schlüsselbegriff des neuen Systems der Koordination politischen und kulturellen Lebens war „Integration". Es waren vier Motive, welche die Europäer zu diesem großen Experiment angetrieben haben: Frieden und Sicherheit, wirtschaftlicher Wohlstand, globale Verantwortung und transnationaler Pluralismus. Ein Krieg zwischen Mitgliedstaaten der EU ist heute unvorstellbar.

Warum die Weiterentwicklung der Europäischen Union notwendig ist

Gerade die junge Generation empfindet den zwischenstaatlichen Frieden in der Europäischen Union als Selbstverständlichkeit. Sie wird sich die Frage nach dem Sinn der EU als Ausblick in die Zukunft stellen müssen.

Eine Antwort ist die Realität der zunehmenden Globalisierung. Auch wenn sie Ängste hervorruft und Sehnsucht nach dem protektionistischen Nationalstaat samt

Handelsbarrieren und dem Ausschluss alles Fremden wecken mag, so wäre die Rückkehr in die Vergangenheit eindeutig der falsche Weg. Mit den Ideologien des 19. Jahrhunderts und im Alleingang kann kein Land Herausforderungen dieser Größenordnung meistern. Die Welt um uns herum wandelt sich immer schneller und die Globalisierung eröffnet Chancen, die Europa allerdings nur für sich nutzen kann, wenn es mit einer Stimme spricht.

Robert Schumann hat erkannt, was noch heute richtig ist: Zur Wahl stand einst ein ohnmächtiges, in protektionistische Nationalstaaten zersplittertes Europa oder aber der Mut, die „schöpferische Anstrengung" aufzubringen und die Macht eines Weltakteurs zu entwickeln. Denn aus dem staatlichen Souveränitätsverzicht entsteht ein politischer Gewinn auf europäischer Ebene. Themen wie die wachsende Kluft zwischen Arm und Reich, der expandierende Niedriglohnsektor und die prekären Arbeitsverhältnisse lassen sich im europäischen Binnenmarkt effektiver bekämpfen als auf nationaler Ebene. Europas politische Entscheidungsstrukturen, seine Wirtschaftskraft und sein Wertesystem bieten schon heute eine beachtliche Handlungsbasis für die Zukunft. Die Europäische Union erwirtschaftet derzeit ein Bruttoinlandsprodukt vergleichbar mit den USA, und ihr Anteil am Welthandel liegt bei über 20 Prozent. Zudem zählt die heutige Union fast eine halbe Milliarde Einwohner. Wären auch die Türkei, Kroatien und Mazedonien schon beigetreten, würden rund 626 Millionen Menschen auf den Gebiet der EU leben. Die Bevölkerung der Union würde damit etwa doppelt so groß sein wie die der USA. In einem solchen Europa würde das Bruttoinlandsprodukt rund 15 Prozent über dem der USA liegen. Die Europäische Union würde einen Anteil von etwa 35 Prozent an der Weltproduktion haben, die USA im Vergleich 27 Prozent. Auch bei fast allen anderen traditionellen Kennziffern lägen die europäischen Daten in der Weltspitze und vor denen der USA. Die Europäische Union verfügt daher über ein Potential von weltpolitischem Rang (vgl. Weidenfeld, 2007). Was ihr aber noch fehlt, ist eben die Fähigkeit, mit einer Stimme zu sprechen. Um aber politisch und institutionell mit einer Stimme sprechen zu können und dann auch mit den USA mithalten zu können, bedarf es nicht nur einer europäischen Vision, sondern einer Vertragsgrundlage. Nach langen Verhandlungen wäre dies der Vertrag von Lissabon gewesen.

Die Rolle des Vertrages von Lissabon

Der Vertrag von Lissabon bringt die europäische Einigung einen großen Schritt voran und könnte Europa in die Lage versetzen, sich zu einem reifen Akteur nach innen und nach außen zu entwickeln: Mit ihm wird die Union demokratischer, effizienter und nach außen hin handlungsfähiger.

Zur weiteren Festigung der grundlegenden Motive der Europäischen Integration, die ja vor allem das Ziel haben, Frieden und Wohlstand in Europa langfristig zu sichern, hat der Vertrag von Lissabon im Vergleich zum derzeit geltenden Vertrag von Nizza vor allem die Stärkung der Demokratie und den Schutz der Grundrechte vorangetrieben und ihnen eine höhere Verbindlichkeit gegeben. Dies geschieht durch die Ausdehnung der Befugnisse des Europäischen Parlaments, die Stärkung der Rolle der nationalen Parlamente, neue direkte Mitwirkungsrechte der Unionsbürgerinnen und -bürger im Rahmen von Volksentscheiden und die Rechtsverbindlichkeit der Grundrechtscharta.

Der Vertrag von Lissabon schafft zudem mehr Transparenz durch eine einheitliche Rechtspersönlichkeit der Union, die Überwindung der schwer verständlichen Pfeilerstruktur und die Vereinfachung der Verfahren. Die Handlungsfähigkeit der erweiterten Union wird durch tief greifende Reformen im institutionellen Bereich – die Einführung der doppelten Mehrheit, die Schaffung der Ämter des Präsidenten des Europäischen Rates und des Hohen Vertreters der Union für Außen- und Sicherheitspolitik (der dem „Außenminister der Union" aus dem Verfassungsvertrag entspricht) – und durch die deutliche Ausdehnung des Anwendungsbereichs der qualifizierten Mehrheit gesichert. Der Ausbau der Flexibilitätsinstrumente ermöglicht die Weiterentwicklung der Union innerhalb des Rahmens der Verträge, ohne dass es auf absehbare Zeit weiterer Vertragsänderungen bedarf (vgl. Auswärtiges Amt, 2007). Diese werden mit gestiegener Mitgliederzahl immer schwerer zu erreichen sein, weil jede weitere Vertragsänderung ein neues Ratifizierungsverfahren in allen Mitgliedstaaten der Europäischen Union erforderlich machen würde.

Auch in den Sachpolitiken wurden zahlreiche Integrationsfortschritte erreicht, insbesondere die Bestimmungen zur Gemeinsamen Außen- und Sicherheitspolitik sowie zur Justiz- und Innenpolitik. Angesichts der schon erwähnten asymmetrischen Bedrohungsstrukturen wird nun europäisch definierte Bekämpfung von Terrorismus und Kriminalität wichtiger denn je. Die Verwirklichung einer Gemeinsamen Außen- und Sicherheitspolitik sowie die Vollendung der Europäischen Union als Raum der Freiheit, der Sicherheit und des Rechts werden zentrale Bereiche für die weitere Vertiefung der Union in den kommenden Jahren sein. Daneben verdienen weitere Punkte, vor allem der Bereich Energie, besondere Erwähnung.

Die Bedeutung der europäischen Energiepolitik in den bisherigen europäischen Verträgen

Robert Schumanns Satz vom Mai 1950 scheint auf die bedrohlichsten Probleme des 21. Jahrhunderts zugeschnitten zu sein: die Sicherung der Energieversorgung und den Klimawandel. Beides hat großen Einfluss auf den Frieden in der Welt und es bedarf globaler Anstrengungen, um der mit ihnen einhergehenden Bedrohung Herr zu werden.

Doch in den vier Motiven der Europäischen Integration findet weder „Klima" noch „Energie" Erwähnung, anscheinend blieben diese Herausforderungen in der Vergangenheit relativ unbeachtet. In den Europäischen Verträgen ist Energiepolitik stets nur fragmentartig erwähnt worden. Sie ist zwar der zentrale Regelungsgegenstand zweier Gründungsverträge der Europäischen Gemeinschaften aus den 50er Jahren, dem Vertrag zur Gründung der Europäischen Gemeinschaft für Kohle und Stahl (EGKS)[2] und dem Vertrag zur Gründung der Europäischen Atomgemeinschaft (EURATOM).[3] Doch eine gemeinschaftliche Energiepolitik mit einer eigenen umfassenden Rechtsgrundlage ist in den europäischen Verträgen der EU nicht verankert. Energiepolitische Maßnahmen der Gemeinschaft müssen sich mangels expliziter primärrechtlicher Kompetenz quasi hilfsweise auf die Vorschriften des europäischen Binnenmarkt- und Umweltrechts stützen oder finden in geringerem Maße im Rahmen der Außen- und Sicherheitspolitik statt (vgl. Göhler & Kurze, 2007).[4]

In der komplizierten Rechtsstruktur der EU wird hier ein Umweg beschritten. Energiepolitik im Sinne einer Energieaußenpolitik als Teil der Gemeinsamen Außen- und Sicherheitspolitik (GASP) wird, wie eben ausgeführt wurde, nicht im Regelungsraum des EG-Vertrags (Erste Säule der EU) – also dem Konzert der europäischen Institutionen – betrieben, sondern ist vielmehr der intergouvernemental geprägten Zweiten Säule – faktisch den Ministerräten allein – vorbehalten. Von Bedeutung sind hier die Bestimmungen des EU-Vertrags[5], nach denen sich die Europäische Union mit den Mitteln ausstattet, die zum Erreichen ihrer Ziele und zur Durchführung ihrer Politiken erforderlich sind. Es ist zunehmender politischer Wille der Mitgliedstaaten, dass dieser (Um)Weg beschritten wird. Der Energie- und Klimagipfel in der deutschen Ratspräsidentschaft zeigt dies auf eloquente Weise.

Die Europäische Energiepolitik im Verfassungsvertrag und im Vertrag von Lissabon

Im Zuge der Arbeiten zur Vorbereitung des Verfassungsvertrages, wie auch später beim Vertrag von Lissabon, wurde nicht zuletzt durch globale Entwicklungen wie Klimawandel und Energiekrise das Bewusstsein für die Notwendigkeit einer Gemeinschaftspolitik im Energiesektor geschärft. Der in den Referenden in Frankreich und in den Niederlanden gescheiterte Verfassungsvertrag sollte eine grundlegende Veränderung des europarechtlichen Rahmens der Energiepolitik herbeiführen. Statt einer Vielzahl von Einzelbestimmungen zum Thema Energiepolitik sollte es nun ein übergeordnetes Kapitel geben, in dem die Europäische Energiepolitik klar dargestellt würde. Der Verfassungsvertrag sah die Einführung eines eigenständigen energiepolitischen Abschnitts vor, in dem die Ziele der Energiepolitik der Union festgelegt und ihre energiepolitische Kompetenz kodifiziert werden sollten. Die Energiepolitik

---

[2] Dieser gab allen Mitgliedern Zugang zu Kohle und Stahl, ohne das diese Zoll zahlen mussten.
[3] Hier ging es um die gemeinsame Nutzung der Atomenergie. Nach dem Zusammenschluss mit der Europäischen Wirtschaftsgemeinschaft (EWG) 1967 bildeten die EGKS und die EURATOM Teilorganisation der Europäischen Gemeinschaften (EG).
[4] Siehe auch Art. 3, Art. 94–95, Art. 154–155 und Art. 174–175 EG-Vertrag.
[5] Art. 6 Abs. 4 EU-Vertrages.

sollte danach auf die Sicherstellung eines funktionierenden Energiebinnenmarkts, die Gewährleistung der Energieversorgungssicherheit sowie die Förderung der Energieeffizienz und der Entwicklung neuer Energiequellen gerichtet sein.[6]

Der Reformvertrag von Lissabon hat den im Verfassungsentwurf vorgesehenen energiepolitischen Titel nicht nur übernommen, sondern sogar deutlich aufgewertet. Dass es im Bereich der Energie- und Klimapolitik zu primärrechtlichen Anpassungen kommen würde, war seit den weit reichenden Beschlüssen des Frühjahrsgipfels im März 2007 weitgehend unstrittig. Das liegt auch daran, dass ein gemeinschaftliches Vorgehen in der Energie- und Klimapolitik bei Bürgern und Medien auf große Zustimmung stößt.

So erhält die Energiepolitik einen eigenen Titel. Er geht über die Ergebnisse des Verfassungsvertrages in zweierlei Hinsicht hinaus:

Erstens werden die Zielbestimmungen der Energiepolitik auf die Förderung der Interkonnektion der Energienetze[7] erweitert. Dies bedeutet, dass die Energienetze der Mitgliedstaaten grenzüberschreitend miteinander verknüpft werden. Damit kann die europäische Energieversorgungssicherheit gewährleistet werden.

Zweitens wird in der gleichen Vorschrift explizit auf den Geist der Solidarität zwischen den Mitgliedstaaten in Energiefragen verwiesen – eine Ergänzung, die insbesondere auf polnische Initiative hin im Rahmen der Regierungskonferenz 2007 in den EG-Vertrag aufgenommen wurde und die die Gültigkeit des Solidaritätsprinzips der Union auch auf Fragen der Energieversorgung ausdehnt.[8] Ein Land, das – aus welchen Gründen auch immer – von der Energieversorgung abgeschnitten wird, wird dann von den anderen europäischen Mitgliedstaaten mitversorgt.

Gerade diese beiden energiepolitischen Vertragsergänzungen sind Handlungsfelder mit Impulspotential, da sie in Zukunft vor allem für die Verwirklichung eines solidarischen Energiebinnenmarkts herangezogen werden können, der insbesondere der Gewährleistung einer europäischen Energieversorgungssicherheit dienen kann.

Beim Thema Klimaschutz und Energiesicherheit hat Europa bisher eine Vorreiterrolle eingenommen. Der Bereich Klimapolitik wurde hauptsächlich symbolisch aufgewertet, denn die EU verfügt schon jetzt über umfassende klimapolitische Befugnisse. Sie verfolgt in diesem Bereich eine sehr ambitionierte Politik. Dass das Ziel einer „Bekämpfung des Klimawandels" hier explizit primärrechtlich erwähnt wird, vollzieht in erster Linie nach, was in der praktischen Politik seit Jahren geleistet wird. International wurde die EU in Bereichen Energieversorgungssicherheit, Erneuerbare Energien, Klimapolitik sowohl Benchmark wie auch Trendsetter, dem sich die internationale Debatte nicht entziehen kann (vgl. Geden, 2008).

Die mehrdimensional ausgerichtete Energiepolitik der Gemeinschaft muss nun umgesetzt werden. Nur so können Spannungen aus Verteilungs- und Zugangskonflikten um Energie entgegen gewirkt, und gleichzeitig innovative Impulse eingesetzt werden. Es ist Aufgabe der Politik, dass die Energiepolitik der EU nach dem

---

[6] Vertrag über eine Verfassung für Europa, ABl. 2004/C 310/112 vom 16. Dezember 2004.
[7] Art. 194 Abs. 1 lit d AEUV.
[8] Art. 122 Abs. 1 AEUV.

Inkrafttreten des Vertrags von Lissabon in Zukunft international eine noch aktivere Rolle bei der Gestaltung der globalen Energiepolitik spielt. Als Treiber neuer technologischer Innovationen und nicht als Getriebene des weltweiten Energiebedarfs! Denn der Kampf um „den Grundstoff der Welt", wie Heisenberg Energie nannte, wird härter und er wird die Welt noch mehr verändern, als er es ohnehin schon getan hat. Mehr noch vielleicht, als Heisenberg sich je hätte vorstellen können.

Doch um diesen Kampf zu gewinnen, braucht Europa die eine Stimme, die es durch den Vertrag von Lissabon bekommen würde. Angesichts dieser hier dargelegten grundlegenden existenziellen Thematik, die nun jeden Menschen nicht nur Europas, sondern unserer Erde betrifft, sollte die Zustimmung zum Vertrag von Lissabon keine Frage mehr sein. Die Herausforderungen in der multipolaren Welt wachsen permanent und ein Europa der Kleinstaaterei hat nicht den Hauch einer Chance, ihr erfolgreich entgegen zu treten. Vor diesem Hintergrund sollte die Politik noch stärker für den Vertrag werben, der die Ausgangsbasis dafür ist, die existenzielle Sicherheit der Menschen Europas zu garantieren.

Die Semperoper Dresden auf dem Weg vom DDR-Repräsentationsinstitut zu einem international wettbewerbsfähigen Opernhaus

Prof. Gerd Uecker, Intendant der Sächsischen Staatsoper Dresden, Semperoper

Die Semperoper von 1838 bis heute

Bis in das 16. Jahrhundert reichen die Wurzeln des institutionalisierten Theaterspiels in Dresden. Urkundlich erwähnt wissen wir von dem ersten Opernhaus in Dresden aus dem Jahr 1664. Die heute weltbekannte Semperoper errichtete der Architekt Gottfried Semper von 1838 bis 1841 als königliches Hoftheater in Dresden. Bei einem Brand wurde es 1869 völlig zerstört, danach nach neuen Plänen des gleichen Baumeisters durch dessen Sohn Manfred wieder aufgebaut und 1878 wieder eröffnet. In der Schicksalsnacht der Bombardierung und Zerstörung Dresdens am 13. Februar 1945 wurde das Opernhaus erneut zerstört.

Schon in den frühen Jahren der DDR gab es Gedanken und erste Initiativen, das Bauwerk wieder zu errichten, und vor allem dem Bürgersinn der Dresdner Bevölkerung ist es zu verdanken, dass mit dem Wiederaufbau des Hauses begonnen werden konnte. Dabei sollte, ähnlich wie es später mit der Frauenkirche geschah, das Original des zweiten Semperbaus möglichst detailgetreu wieder hergestellt werden. Dies gelang: Das Opernhaus, die heutige Semperoper, wurde 1985 wiedereröffnet und zwar am 13. Februar, also am 40. Jahrestag seiner Zerstörung.

In den vergangenen Jahren strömten jährlich etwa 440 000 Theatergäste in die Semperoper, um die Veranstaltungen der Sächsischen Staatsoper Dresden – Opern- und Ballettvorstellungen, Sinfoniekonzerte der Sächsischen Staatskapelle Dresden sowie weitere Aufführungen – zu besuchen. Hinzu kommen jährlich noch bis zu 390 000 Besucher, die den Semperbau nur besichtigen und keiner Aufführung beiwohnen.

Wie kaum andere Gebäude haben die Hoftheater und die Semperoper in Dresden den teilweise verhängnisvollen Lauf der Geschichte sowie manchmal radikalen gesellschaftlichen Wandel der Stadt und des Landes als Identifikationszeichen für jeweilige kulturelle und zivilisatorische Epochen sowie Wandlungen begleitet. Zwar waren gerade die Theater als Kulturinstitutionen prädestiniert, immer wieder Motor für ästhetische Wandlungen zu sein und diese zu entwickeln. Gleichzeitig unterlagen sie aber auch dem Zwang, sich selbst strukturellen Anpassungen im Laufe ihrer eigenen Geschichte und jener der Gesellschaft, in der sie wirkten, zu unterziehen. Beides stand in enger Wechselwirksamkeit zueinander. Diese Anpassungen hatten stets den Charakter von Transformationsprozessen und zwar im Sinne der Rechts-, Sozial- und Wirtschaftslehre, bedingt durch strukturelle Umformung, Umwandlung oder Veränderung eines politischen, gesellschaftlichen und/oder wirtschaftlichen Systems.

Im Fall der Institution eines Opernhauses stehen diese Wandlungen in einem unauflöslichen Spannungsverhältnis zu ihrer immanenten Eigenverpflichtung, ihr Produkt, in diesem Fall das immaterielle Kunstwerk, innerhalb eines sich wandelnden gesellschaftlichen Kontexts sowohl wertreflexiv zu positionieren, als auch eine bewusst perspektivische Zuordnung eben dort, eingebettet in den Prozess einer Transformation, zu etablieren sowie neue Vernetzungen oder Verankerungen, nötigenfalls sogar neue Legitimationen, zu finden. An den Dresdner Theatern war dies beim Übergang des Feudalsystems in eine postfeudale, später dann bürgerliche Gesellschaft während des 19. Jahrhunderts zu beobachten sowie beim Übergang der Monarchie in die Republik zu erleben. Ferner erinnere man sich an die inneren Verwerfungen innerhalb der Semperoper in der Zeit des Nationalsozialismus (vgl. Busch, 1991). Später in der DDR galten für die Dresdner Oper erneut völlig andere politische, soziale und wirtschaftliche Rahmenbedingungen. In den Jahren der sog. Wende ab 1990 vollzog sich ein Wandel an der Semperoper, der bis heute fortdauert und den man als die derzeit letzte Transformationsleistung dieses Instituts bezeichnen kann. Ihr soll im Folgenden unsere Betrachtung gelten.

Die wirtschaftliche Struktur der Semperoper in der DDR

Die DDR war ein totalitärer Staat. Dies hatte er mit dem Nationalsozialismus gemeinsam, auch wenn sich die DDR als sozialistisch-kommunistische Gesellschaft zu ihm ideologisch antagonistisch positionierte. Im Arbeiter- und Bauernstaat DDR herrschte eine zentralistische Planwirtschaft. Alle Organe des Staates waren diesem Grundgedanken unterworfen. Auch die wirtschaftliche Struktur des Opernhauses in Dresden bildete dazu keine Ausnahme.

Die Grundfinanzierung der Semperoper erfolgte auf einen jeweils begründeten Antrag der Intendanz. Sie bemaß sich am beschäftigten Personal und an den allgemeinen Aufwendungen für den Spielbetrieb. Die Versorgung mit Materialien für Bühnenbild und sonstige Bühnenausstattung bzw. die Anschaffung von Gerät für die technischen Abteilungen sowie die Werkstätten erfolgte auf Zuteilung und dem jeweiligen Mangel an Verfügbarkeit gehorchend.[1] Phantasie und Improvisation sowie ein qualitativ hervorragender handwerklicher Leistungsstandard der

---

[1] So wurde z. B. die Benzinzuteilung für die Transportfahrzeuge jeweils auf Antrag über ein bestimmtes Kontingent vorgenommen.

Beschäftigten haben etliche der vorhandenen Einschränkungen kompensieren können.² Da es in der DDR keine Arbeitslosigkeit gab, sondern umfassende Vollbeschäftigung, liegt es auf der Hand, dass mehr Personal an der Oper arbeitete, als für den Spielbetrieb notwendig war. Dies hatte Auswirkungen auf die Strukturen der Arbeitsprozesse.

Hinsichtlich des Vertriebs von Karten herrschte Mangelverwaltung: Es war schwer für den Dresdner Bürger, Eintrittskarten für die neue Semperoper erwerben zu können. Es gab Kontingente für Gäste des nicht-sozialistischen Auslandes, die in erster Linie der Devisenbeschaffung dienten. Ferner gab es Kontingente für Schüler- und Besuchergruppen aus den staats- bzw. volkseigenen Betrieben zu niedrigsten Eintrittspreisen. Hinzu kam ein umfangreiches Anrechtsystem. Die Eintrittsgelder der einheimischen Bevölkerung spielten für den Gesamthaushalt des Hauses keine wesentliche Rolle. Die Zuschussbemessung orientierte sich nicht an dieser Größe. Vielmehr galt die Semperoper als ein Repräsentationsinstitut der DDR, das eben auch aus Gründen der politischen Repräsentation unter Gesichtspunkten finanziert wurde, die sich nicht allein an künstlerischen oder spieltechnischen Kriterien bemaßen. Der totalitäre Staat – und nicht nur er – braucht den ideologischen Schmuck, in den sich Machtpolitik kleiden kann. Ein nicht unwesentliches Juwel des Schmuckrepertoires der DDR-Kulturpolitik war zweifellos die Semperoper.

Die künstlerische Ausrichtung der Semperoper in der DDR

Man kann, selbst auf die Gefahr hin, damit einer Pauschalisierung zu verfallen, durchaus sagen, dass die Zeit in der DDR für die Künste eine Art „Eiszeit" darstellte: Kunst war bevormundet und eingefroren in mehr oder weniger unsichtbare ideologische Vorgaben und Rahmenbedingungen. Dabei gelang es den großen Künstlern des Staates meisterhaft, zwischen den Zeilen, zwischen den Chiffren und Zeichen oder durch hohe semantische Wälle geschützte, durchaus kritische, meist bildungsbezogene Assoziationen oder Parabeln in ihre Werke oder Interpretationen einzuarbeiten, die wiederum nur jene lesen konnten und verstanden, die sich in diese künstlerische Metasprache eingewohnt hatten. Ausgeprägten künstlerischen Individualismus und künstlerische Freiheit in einem grundlegenden Sinn gab es nicht. Viel kunstgewerbliches Mittelmaß gedieh, wirklich herausragende künstlerische Persönlichkeiten waren selten, manche verließen das Land, einige wurden ausgebürgert. Nur im Bereich der Musik, bezeichnenderweise dort, wo die sprachliche und bildliche Semantik nicht genuin zur Darstellung und Interpretation des Kunstwerks notwendig ist, gediehen Weltklasse-Ensembles weiter, wie das Gewandhausorchester, die Staatskapelle Dresden oder der Dresdner Kreuzchor. Auch an musikalischen Interpreten (Dirigenten, Instrumentalisten oder Sängern) konnte die DDR eine Reihe namhafter Spitzeninterpreten vorweisen.

---

[2] Dazu kommt eine hohe Motivation der Mitarbeiter, die stolz darauf waren, an der Semperoper, dem herausragenden Kunstinstitut der DDR, beschäftigt zu sein.

Das Hauptproblem bzw. -hindernis für eine organische und dynamische Entwicklung der Künste im Allgemeinen war die geographische und geistig-ideologische Abschottung des Landes, zumindest im Bezug auf die nicht-sozialistische Welt. Die ästhetischen Tendenzen und Stilentwicklungen des sog. Westens durften nicht bis in die DDR vordringen. Aber gerade Literatur, Bildende Kunst, Theater, Film und Musik erfuhren in der zweiten Hälfte des 20. Jahrhunderts aus ihrer internationalen gegenseitigen Befruchtung stärkste künstlerische Impulse. In Dresden kam erschwerend hinzu, dass es aus topographischen Gründen nicht möglich war, Westfernsehen zu empfangen.

Was den Bereich der Oper angeht, galt das eben Gesagte zwar auch, allerdings muss man hier die Situation etwas differenzierter betrachten. Es gab große Opern-Regisseure in der DDR, die auf Grund der Tatsache, dass sie den Status eines Reisekaders hatten, im Ausland hervorragende Arbeiten vorstellten.[3] Aber weder die Opernhäuser in Dresden, noch in Berlin oder Leipzig, um die drei größten des Landes zu nennen, erwarben sich künstlerisch einen Ruf, den man mit jenem von Wien, Mailand, Brüssel oder London, aber auch nicht mit deutschen Opernhäusern wie München, Westberlin, Hamburg oder Bayreuth vergleichen wollte. Hinzu kam, dass der regelmäßige Besuch dieser Städte und Opernhäuser für Gäste aus dem Westen reisetechnisch äußerst beschwerlich und höchst unattraktiv war. Trotz mancher Gastspiele von Opernhäusern des westlichen Auslands in der DDR, blieb die offizielle Abschottung des Staates das Haupthindernis, an dem eine wechselseitige, internationale ästhetische Befruchtung und eine innere künstlerische Entwicklung, eben auch der Opernhäuser, in der DDR letztlich scheiterte. Nicht nur die kreativ-interpretatorische Seite der Kunstgattung blieb damit ohne Impulse, auch das ästhetische Reflexionsdefizit eines dem internationalen, breiteren Vergleich entzogenen und in seiner Isoliertheit von den Erfahrungen neuer ästhetischer Entwicklungen abgenabelten Publikums verhinderte eine lebendige und fruchtbare Wechselbeziehung in der ästhetischen Auseinandersetzung und künstlerischen Diskussion, die ohnehin im Schatten einer reglementierend dogmatischen Ideologie verkrampfen musste. Dresden bezeichnete man nicht nur in Hinblick auf die Künste wegen der bereits erwähnten technischen Unmöglichkeit des Empfangs von West-Fernsehen als das „Tal der Ahnungslosen".

Das Ensemble der Semperoper und die Staatskapelle Dresden

Die künstlerische Hauptstütze der Semperoper war eine starke und ausgeprägte Ensemblestruktur[4], was sich als logische Konsequenz von Abschottung ergab. Gäste aus anderen, vor allem westlichen Opernhäusern, gab es sehr selten, aber

---

[3] Die bekanntesten unter ihnen waren Walter Felsenstein, Ruth Berghaus, Joachim Herz, Harry Kupfer.
[4] Ensemble: Darunter versteht man in der Oper die an einem Haus festangestellten Künstler, im engeren Sinn die Sänger – im Unterschied zu Gastkünstlern, die nur für bestimmte Aufführungen „gastweise" engagiert werden.

auch aus den sozialistischen Bruderstaaten war die Fluktuation diesbezüglich relativ gering. Man war in der glücklichen Lage, selbst wichtige Hauptpartien aus dem eigenen Ensemble besetzen zu können und dies künstlerisch durchaus auf respektablem Niveau, stellte doch die Semperoper sozusagen die Spitze der Opernelite in der DDR vor. Allerdings muss man bedenken, dass die Vergleichs- und Wettbewerbssituation unter den Opernsängern der DDR naturgemäß zahlenmäßig beschränkt blieb, so dass sich damit auch mancher Qualitätsbegriff zwangsläufig relativierte.

Aber noch ein zweiter, wesentlicher künstlerischer Faktor kam der Semperoper zugute: nämlich die Tatsache, dass das Orchester, das auch den regelmäßigen Opern- und Ballettdienst versah, die weltberühmte Dresdner Staatskapelle war, ein Orchester, das im Konzertbereich neben dem Gewandhausorchester Leipzig als einer der kulturellen Hauptexportartikel und als künstlerische Vorzeigeinstitution für die DDR anzusehen war.

Die Semperoper als gesellschaftlich-ideologisches „Biotop"

In einem Staat, der sich selbst als „Arbeiter- und Bauernstaat" definierte, bedeutete die Beschäftigung mit Kunst etwas Querständiges hinsichtlich der ideologischen Einordnung. Kunst hatte eher den Charakter des Nachrangigen, etwas, was nur im Zusammenhang mit Basisbildung Bedeutung haben konnte, wenn diese die Ideale des Staates stützend artikulierte. In der Realität des politischen Lebens in der DDR hat Kunst eine eher unwesentliche Rolle gespielt.

Dennoch beobachtete man die Arbeit der Künstler sehr genau, ließ auch im Bereich der Musik und im Musiktheater gewisse Freiräume zu.[5] Diese wurden weniger aus Toleranz gnadenhalber gewährt, sondern vielmehr deshalb, weil es dem Medium, in dem sich Musik und Musiktheater ereignen, immer wieder gelang, sich den geläufigen systemimmanenten Methoden der ideologischen Gleichschaltung zu entziehen.

Insbesondere im Fall der Konzertmusik durch die Staatskapelle Dresden konnte man schon der Gattung halber keine wesentlichen ideologischen Einwendungen machen oder Einschränkungen auferlegen, da sich das Repertoire des Orchesters zum größten Teil aus Musik des 19. Jahrhunderts und früher speiste. Diese rechnete man zwar zur bürgerlichen Hochkultur, beschwor aber semantisch keine vordergründigen und problematischen Konfrontationen mit herrschender Staatsideologie herauf. Außerdem war das Orchester, wie schon erwähnt, ein kulturelles Aushängeschild für den Staat und sollte durch seine sichtbare internationale Präsenz nebenbei auch etwas den Blick auf gewisse intellektuelle Defizite der Regierungsschicht des Arbeiter- und Bauernstaates vernebeln. Vor allem der Wiederaufbau des „historischen" Semperbaus und der repräsentative Spielbetrieb ab 1985

---

[5] Im Fall der Bildenden Künste, der Literatur oder des Films war die ideologische Reglementierung deutlich schärfer ausgerichtet.

gewährten dem Staat einen attraktiven kulturellen Ansehensbonus gegenüber dem westlichen Ausland. Für die Mitarbeiter der Semperoper war daher am Opernhaus die Situation angesichts der herrschenden staatlichen ideologischen Gleichschaltung vergleichsweise günstig.

An allen Kulturinstituten gab es allerdings auch eine Stasi-Überwachungsstruktur, die dafür zuständig war, die künstlerischen Projekte und Interpretationen auf ihre Ideologieverträglichkeit hin zu begleiten. Viele semantische Termini des Musiktheaters waren jedoch weder den Stasi-Beauftragten vertraut, noch für die führende Regierungsschicht mangels intellektueller Kompetenz erkennbar. Dieses damit de facto existierende ideologische „Biotop" Semperoper brachte eine außerordentlich hohe Identifikation aller Mitarbeiter mit dem Haus, mit „ihrer" Semperoper und mit ihrer Arbeit hervor. Hinzu kam, dass das soziale Ansehen stieg, wenn man an einem Spitzeninstitut wie der Semperoper tätig war. Die Quote der innerhalb der Oper familiär verbundenen Mitarbeiter war, verglichen mit den Verhältnissen in der BRD, überdurchschnittlich hoch. Das wurde sowohl aus ideologischen, als auch indirekt aus überwachungsrelevanten Gründen nicht ungern gesehen.[6]

In einem indirekten Zusammenhang steht damit auch die Herausbildung von besonders effizienten inoffiziellen internen Informations- und Kommunikationssystemen, was für den Einzelnen in einem Überwachungsstaat von besonderer Wichtigkeit war. Denn alle Kritik und Meinungsfreiheit war ja notgedrungen auf den privaten Bereich und auf mündliche Netze verbannt.[7]

Der Umbruch – die „Wende" – Protestbewegung

Als sich im Jahr 1989 die innere politische Stabilität der DDR dramatisch zu verschlechtern begann, war auch in den Kulturinstituten das innere gesellschaftliche Aufbegehren nicht mehr aufzuhalten. In der Semperoper wurde im Oktober 1989 nach einer Vorstellung eine Deklaration des Künstlerensembles verlesen, in der u. a. die „Befreiung aus ideologischen Zwängen und verderbten Strukturen"[8] gefordert wurde. Zwar ging von den Theatern in der DDR nicht die Erstinitiative zur sog. „Wende" aus, aber sie waren wesentlich daran beteiligt, als Institute des Staates dem Aufbegehren der Öffentlichkeit eine Plattform zu geben. Nicht zu Unrecht wurden diese Kundgebungen als Teil der „stillen Revolution" angesehen.

Ordnungspolitisches „Vakuum" – Übergangsintendanz

Als die ohnehin schon brüchigen Verwaltungs- und Ordnungsstrukturen des alten Staates nach der Wende in sich zusammenfielen, entstand eine Art ordnungspoliti-

---

[6] Erschwerung der Republikflucht.
[7] Dies war dennoch mit der Gefahr der Aushorchung durch die Stasi verbunden.
[8] Zitat aus der Deklaration vom 29.10.1989.

sches „Vakuum", das im Grunde alle Bereiche des öffentlichen Lebens durchdrang. Dies wirkte sich auch auf den einzelnen Bürger hinsichtlich seiner Biographie und seiner noch zu findenden neuen Position in einer Umbruchsgesellschaft verunsichernd aus, was obendrein durch das Gefühl, dass sich für ihn plötzlich im Alltag „rechtsfreie" Räume auftaten, verstärkt wurde.

An der Semperoper wurde nach Entlassung des amtierenden Intendanten eine Übergangsintendanz etabliert, die aus Mitarbeitern des Hauses bestand. Diese sah den Mittelpunkt ihrer Aufgabe erst einmal darin, den Spielbetrieb des Hauses aufrechtzuerhalten. Unklar war in diesen Monaten, wie die zukünftige Struktur des Opernhauses aussehen sollte, wie es finanziert würde, welche künstlerischen Planungen die Arbeit des Hauses leiten sollten und vieles mehr. Auch die Frage der Rechtsform der neuen Arbeitsverhältnisse für die Mitarbeiter stand im Mittelpunkt nicht nur der individuellen Besorgnis der Beschäftigten, sondern war auch ein wesentliches Element eines sich abzeichnenden allgemeinen Transformationsprozesses, der letztlich alle Bereiche der Semperoper erfasste.

Als Grundmuster war erkennbar:

- Äußere, von außen kommende Krise;
- Unsicherheit;
- Spontane Reaktion innerer Abwehr von Veränderung;
- Allmähliche innere Anpassung an neue Vorgaben unter teilweiser Beibehaltung alter und bewährter[9] Funktionsmuster;
- Herausbildung und Entwicklung einer neuen, sich in Übereinstimmung mit äußeren Koordinaten und Vorgaben befindlichen Produktions- und Leistungsstruktur.

Zwei Hauptlinien bildeten sich heraus, denen anstehende Transformationsprozesse folgen mussten:

- Eine ökonomische Wandlung von zentralistischer Planwirtschaft zu Marktwirtschaft und
- eine kulturelle Wandlung, d. h. die Entwicklung von einer monokulturellen Zivilisation mit totalitären Funktionsmustern in der DDR hin zu einer multikulturellen Zivilisation mit demokratisch offenen Ordnungsrahmen im vereinigten Deutschland.

Drei Kernfragen leiteten sich daraus in der Semperoper für den Transformationsprozess ab, der sich bis heute erstreckt und noch nicht abgeschlossen ist:

- Schaffung eines neuen Verwaltungsstatuts für die Semperoper, in dem die rechtlichen Grundlagen für das Institut festgelegt werden;

---

[9] Die Frage, was sich bisher bewährte, ließ sich natürlich nicht objektiv beantworten, da erst einmal vieles aus der Vergangenheit als „bewährt" angesehen wurde, zumal keine Erfahrung mit Alternativen vorlag und man ohnehin gegen jede Veränderung erst einmal skeptisch war. Die Redewendung „Das haben wir immer so gemacht" spielte auch bei diesen Transformationsprozessen eine nicht zu unterschätzende Rolle.

- Klarheit über die neuen wirtschaftlichen Strukturen, die Finanzierung und die Beschäftigungsverhältnisse;
- Ernennung eines neuen Intendanten, der, neben allen Fragen der zukünftigen Arbeitsstrukturierung, vor allem auch die künstlerischen Vorgaben für das Haus entwickeln und entsprechend in Gang setzen musste.

Vor allem die Übergangsintendanz wurde mit der operativen Seite der notwendigen Veränderungen auf das Heftigste konfrontiert. Dies betraf vor allem folgende Punkte:

- Neu-Eingruppierung der Arbeiter und Angestellten in Lohngruppen und tarifliche Zuordnungen;[10]
- Überprüfung der Mitarbeiter auf Mitgliedschaft bzw. Tätigkeit für das Ministerium für Staatssicherheit sowie auf systemnahe Tätigkeiten während der DDR-Zeit;
- Abschluss eines Haustarifvertrages für die Sächsische Staatskapelle Dresden;
- Erste Vertragskündigungen bzw. Nichtverlängerungen bestehender künstlerischer Verträge auf der neuen Grundlage des heutigen „Normalvertrags Bühne" (NV Bühne);[11]
- Bestimmte zu DDR-Zeiten bestehende Struktureinheiten waren nicht mehr notwendig und mussten aufgelöst werden. In der Semperoper betraf dies in erster Linie die sog. „Betriebsstätten", wie die umfangreiche Abteilung der eigenen Haus-Handwerker.
- Mit der Neubesetzung der Stelle des Ballettdirektors war ein erheblicher Personalwechsel im Ballett-Ensemble verbunden, was zu großen Belastungen des Arbeitsklimas führte.
- Zwischen Intendanz und Personalrat musste die Zusammenarbeit neu etabliert und neu strukturiert werden, was nicht einfach war, da das Eigenverständnis der früheren Personalräte[12] mit dem neuen geltenden Personalvertretungsgesetz aus der BRD erheblich kollidierte.[13]

Zu beobachten war darüber hinaus, dass ein aus der erwähnten *Rechtsunsicherheit* heraus gewachsener pedantischer, ja vorauseilender Erfüllungswunsch hinsichtlich der neuen rechtlichen Rahmenbedingungen einen regelrechten Entschei-

---

[10] Hier wurden mit unverhältnismäßig hohem bürokratischem Aufwand die Beschäftigungszeiten, die Zugehörigkeiten zum Öffentlichen Dienst im Allgemeinen, zu Einrichtungen des Freistaats und zur Oper ermittelt. In der Semperoper wurde nach dem Motto eingruppiert: „Keinem soll es schlechter gehen." Diese Vorgehensweise und deren Ergebnisse wurden 2006 (!) vom Sächsischen Rechnungshof gerügt. Die danach notwendige Neuüberprüfung löste innerhalb der Belegschaft der Semperoper heftige Turbulenzen aus.
[11] Hier kam es zu sehr schwierigen personellen Situationen, da zum ersten Mal nach künstlerischen Leistungskriterien über die Zugehörigkeit zum Ensemble der Semperoper entschieden wurde. Dabei fühlten sich naturgemäß etliche Künstler als Opfer des Systemwechsels.
[12] Es gab an der Semperoper in der DDR-Zeit sowohl einen allgemeinen als auch einen künstlerischen Personalrat.
[13] Auch 2008 (!) spürt man noch die letzten Ausläufer dieser divergierenden Auffassungen über die Funktionsstruktur des Personalrates in der täglichen Arbeit.

dungsstau hervorrief. Vor jede Frage türmte man erst einmal alle neuen Vorschriften auf, mit denen man aber letztlich noch nicht souverän und vor allem flexibel umgehen konnte. Entscheidungen kamen so entweder gar nicht oder mit einem unverhältnismäßigen bürokratischen Aufwand zustande, so dass von einer effizienten operativen Transformation nicht gesprochen werden konnte.

Infolgedessen gerieten auch die Planungen für die folgenden Spielzeiten in Verzug. Zudem gab es keine klare Konzeption für den Karten-Vertrieb, da man völlig neue gesellschaftliche und wirtschaftliche Rahmenbedingungen vor sich hatte.[14] Die mangelnde Erfahrung mit der neuen Währung und das sich noch nicht eingestellte Gefühl für den neuen Geldwert brachten Zögerlichkeiten und Fehleinschätzungen bei allen Entscheidungen mit sich, die mit finanziellen Auswirkungen verbunden waren. Und das waren ja fast alle.

Als für die Zukunft geradezu verhängnisvoll wirkte sich die damals festgelegte *Grundfinanzierung* des Hauses aus. Hat man doch seitens des Trägers[15] in den ersten Jahren nach der Wende letztlich nur jenen Ist-Bedarf des Spielbetriebs für die Neubemessung fortgeschrieben, wie er sich in der DDR seit der Eröffnung der Semperoper, also 1985, auch schon dargestellt hatte: Diesen errechnete man aus den anfallenden Personalkosten plus Sachaufwendungen entsprechend in neuer Währung (DM).

Dabei blieb unbedacht, dass die Infrastruktur der Semperoper vor allem hinsichtlich ihres künstlerischen Betriebs in einem jetzt offenen Land, im geeinten Deutschland, nicht einfach so beibehalten werden konnte wie bisher. Isolation und damit auch Vergleichsschutz mit anderen Opernhäusern gab es nicht mehr, was dazu führte, dass sich das in Dresden immer schon ausgeprägte Selbstbewusstsein bezüglich Kunst und Kultur schweren Belastungen in der Nachwendezeit ausgesetzt sehen musste. Die Ansicht vom Excellenzcharakter und der solitären Stellung der Semperoper, wie sie sich, künstlerisch gesehen, während der DDR-Zeit herangebildet hatte, wurde plötzlich relativiert und in Frage gestellt.

Die erste Intendanz nach der Wende

Als nach der Übergangszeit ein neuer Intendant[16] ernannt wurde und dieser die Geschicke der Semperoper bis 2003 leitete, wurde klar, dass es trotz aller Umbrüche, trotz Wandel der Strukturen und Neuausrichtungen in den personellen Bereichen außerordentlich wichtig war, die gewachsene und starke Identität der Mitarbeiter mit dem Hause zu bewahren und fortzuführen. Die Entscheidung des

---

[14] Der Kartenverkauf und die Anrechte gingen beim einheimischen Publikum in der Nachwendezeit erst deutlich zurück.
[15] Auf Beschluss des Präsidiums des Sächsischen Landtags wurde die „Staatsoper Dresden" am 31.7.1991 der Landesregierung des Freistaats Sachsen unterstellt und in „Sächsische Staatsoper Dresden" umbenannt. Das Orchester trug ab diesem Zeitpunkt wieder den Namen „Sächsische Staatskapelle Dresden".
[16] Prof. Christoph Albrecht

Intendanten war, unter diesem Gesichtspunkt, begründet, erst einmal die überwiegende Mehrzahl[17] aller Beschäftigten zu übernehmen.[18] Auch war es seine Auffassung, der Belegschaft zu raten, sich die in der DDR erworbenen Spielräume, vor allem hinsichtlich der Arbeitsstrukturen, so lange wie möglich zu erhalten. Als Intendant, der aus den alten Bundesländern kam, hatte er ohnehin eine schwere Aufbauleistung hinsichtlich des Vertrauens seiner Mitarbeiter zu leisten. Sein Bonus resultierte neben der beschriebenen Respektierung tradierter Produktionsmethoden auch daraus, dass er die Probleme, die sich aus der Zugehörigkeit früherer Stasi-Mitarbeiter zur Belegschaft ergaben, diskret, klar, zügig und wohl abgewogen lösen konnte.

Bruch oder Kontinuität?

Damit das Haus wieder Tritt fassen konnte, beließ man erst einmal die gewohnten und bestehenden Produktionsformate, wie sie sich in der Vergangenheit gebildet hatten.[19] Der Wille zu Kontinuität prägte in den künstlerischen Belangen ebenfalls alle operativen Entscheidungen erkennbar mit. So bewährte sich die Grundentscheidung, die bedeutenden DDR-Regisseure der Vorwendezeit weiter an das Haus zu binden, sowohl aus psychologischen, als auch aus künstlerischen Gründen. Darüber hinaus blieb der Kreis der Regisseure relativ klein. Auch hinsichtlich der Gesangs-Gäste und Dirigenten beschränkte man sich auf relativ wenig Fluktuation.[20]

Die Frage nach der künstlerischen Neu-Ausrichtung – also die Frage, ob Bruch oder Kontinuität angestrebt werden sollte – wurde eindeutig zu Gunsten der Kontinuität beantwortet. Dies trug dazu bei, dass auch die jährlichen Wirtschaftspläne mehr oder minder in den Dimensionen der Vorwendezeit verharrten. Diese hatten zur Folge, dass sich die weiteren Bemessungen der Bezuschussung immer auf einem zu niedrigen Niveau orientierten. Jene finanziellen Volumina reichten nicht aus, einen erkennbaren Wandel in den künstlerischen Produktionsprofilen herbeizuführen. Die Transformationsinitiative wurde gerade nicht ergriffen – vielleicht sah man auch die Notwendigkeit nicht, die Semperoper künstlerisch in den internationalen Wettbewerb zu stellen. Umgekehrt übernahm man aus der Tradition den

---

[17] Eine Ausnahme machte die Ballettcompany, in der im Zuge des Ballett-Direktorenwechsels zahlreiche Entlassungen vorgenommen wurden. Schon bald zeigte sich, dass dieser Schritt künstlerisch nicht die gewünschten Ergebnisse hervorrief.

[18] Anders verfuhr man übrigens an der Staatsoper Berlin, an der nach der Wende große Entlassungswellen stattfanden und die Identität der Mitarbeiter mit dem Haus aufs Schwerste belastet wurde.

[19] Das bezieht sich vor allem auf die Anzahl der Neuproduktionen und der Vorstellungen pro Jahr.

[20] So hatte z. B. ein bestimmter Gast-Dirigent in einer Spielzeit alleine über 50 Abende zu dirigieren, was zur Folge hatte, dass ein großer Teil des Repertoires nur auf einen Dirigenten bezogen war.

Die Semperoper Dresden 105

hohen Anspruch an das Haus und sein künstlerisches Selbstbewusstsein, das in einem erkennbaren Widerspruch dazu stand.

Insgesamt gesehen konnte in der Nachwendezeit weder vom deutlich erkennbaren Einsetzen eines ökonomischen, noch eines künstlerisch-strukturellen Transformationsvorganges gesprochen werden. Der beherzte und kühne Versuch, im Bereich des Balletts eine völlig neue ästhetische Ausrichtung durchzusetzen, scheiterte am Charakter des Bruchhaften, der ihm eignete.

Dies hatte zur Folge, dass das künstlerische Profil der Semperoper in der überregionalen Wahrnehmung zwangsläufig unbestimmt bzw. ambivalent blieb.

Mehrere Faktoren spielten hierbei eine Rolle:

- Anfänglicher Rückgang des einheimischen Publikums, des eigentlichen Stammpublikums der Semperoper;
- Über-Nachfrage bei Reiseunternehmen, die die Semperoper als touristische bauliche Attraktion und nicht als produzierendes Kunstinstitut sahen;
- Eine mit der Firma „Radeberger Exportbierbrauerei" geschlossene Medienpartnerschaft, die, wiewohl hinsichtlich des Bekanntheitsgrades der Semperoper sensationell erfolgreich, im Laufe der Zeit jedoch der Semperoper künstlerisch gesehen eine Imageschwächung bescherte;
- Die Attraktivität der Semperoper entwickelte sich in der Tat derart – unbestreitbar auch infolge der dichten TV-Präsenz –, dass der Name Semperoper zu einem „Marken-Begriff" wurde.
- In den Jahren nach der Wende war gerade in Dresden ein Boom an Massen- und Billigtourismus zu verzeichnen.[21]
- Unterstützt wurde der stabile Trend des hohen Anteils auswärtiger Besucher in der Semperoper durch die nach wie vor im Vergleich mit anderen deutschen Opernhäusern sehr niedrig gehaltenen Eintrittspreise.

Diese Gemengelage der Aspekte in der Außenwahrnehmung der Semperoper stand im Gegensatz zum künstlerischen Eigenanspruch und den künstlerischen Ressourcen, die das Haus selbst zu bieten hatte. Der Gegensatz wurde durch eine eher defensive Haltung der Leitung des Hauses gegenüber perspektivischen Strukturveränderungen hinsichtlich der künstlerischen externen Positionierung des Opernhauses nicht wirkungsvoll ausbalanciert. Es fehlte eine strategische Ausrichtung auf ein segmentiertes Kultur- und Kunstpublikum. Ein Begriff wie „Marketing" definierte sich in den Worten des damaligen Verwaltungsdirektors: „Das Marketing bin ich!" Marketing war folglich de facto nicht vorhanden – auch verstand man, wenn überhaupt, unter Marketing nur den engen Bereich des Verkaufsmarketings.

---

[21] Aus dieser Zeit stammt auch die abschätzige Bezeichnung von der Semperoper als „Touristenoper". Damit meinte man, dass die auswärtigen Gäste die Semperoper in erster Linie deshalb besuchten, weil das Haus eine bauliche Attraktion darstellte. Weniger wichtig war für viele Besucher, welche Aufführungen im Semperbau gespielt wurden. Diese Situation hatte sich nach 2000 deutlich abgeschwächt und war nach der Hochwasserkatastrophe 2002 kein nennenswertes Element der Besucherstruktur mehr.

Der labile Zustand zwischen Betrieb und künstlerischer Ausrichtung, zwischen Vertrieb und einer fehlenden strategischen Zielbestimmung, welchen Platz die Semperoper in der deutschen oder europäischen Opernlandschaft einnehmen solle[22] erstreckte sich noch weit über das Jahr 1997 hinaus, in dem die Semperoper in einen Staatsbetrieb umgewandelt wurde.

Die Semperoper als Staatsbetrieb

Durch die neue Form der Trägerschaft des Opernhauses sollte im Jahre 1997 eine Grundlage geschaffen werden, die eine Garantie für ein sicheres Wirken sowohl in künstlerischer als auch wirtschaftlicher Sicht darstellen sollte. Diese Garantie sollte darin bestehen, dass durch eine sichere Zuschussgewährung – gleichzeitig verbunden mit ihrer finanziellen Deckelung über eine Periode von 10 Jahren bis 2007 hinweg – die Planbarkeit aller künstlerischen Projekte, ja der ganze Spielbetrieb der Semperoper abgesichert und gewährleistet sein sollte.

Die Kehrseite dieser Regelung war, dass das Haus in den kommenden Jahren jede Tarifsteigerung – es handelte sich hierbei hauptsächlich um Anpassungen an den Öffentlichen Dienst, an den die Tarifentwicklung der Theater und Orchester angelehnt war – selbst erwirtschaften musste. Die Marktentwicklung im Bereich der freien Gastkünstler, die jene des Öffentlichen Dienstes bei weitem überholte, hatte man dabei jedoch nicht im Blick. Real bedeutete das bei einem Personalkostenanteil am Gesamthaushalt von mehr als 85 Prozent ein kontinuierliches Schrumpfen des Künstleretats. Hinzu kommt, dass die Semperoper durch die Transformation des DDR-Hauses in einen Staatsbetrieb, der ab 1990 nach betriebswirtschaftlichen Gesichtspunkten und deutschem Recht geführt werden musste, ohnehin noch mit strukturellen und personellen Problemen belastet war.

Preiserhöhungen bei Sachmitteln und teils dringend notwendige Sachmittelinvestitionen gingen ebenfalls indirekt zu Lasten des Künstleretats, da dieser als einziger Bereich des Hauses finanziell noch frei disponierbar war. Die negativen Auswirkungen der finanziellen Deckelung des Zuschusses durch den Träger sind des Weiteren auch vor dem Hintergrund zu sehen, dass eine Transformation des bisherigen fast ausschließlichen Ensembletheaters in eine den künstlerischen Ansprüchen des Hauses gerecht werdende Mischform von Gastkünstlern und Ensemble eingeleitet werden musste. Immer stärker war im Laufe der Jahre, unverkennbar nach 2000, der Vergleich zu spüren, den das auswärtige Publikum mit anderen großen europäischen Bühnen zog und jene bedeutenden Künstler, die der Opernwelt ihr Profil gaben, auch in Dresden erleben wollte. An diesbezüglichen

---

[22] Wenn der damalige Staatsminister für Wissenschaft und Kunst, Prof. Dr. Hans Joachim Meyer, in einem Gespräch noch im Jahr 2000 äußerte, man brauche keine internationale Oper, man brauche ein Opernhaus für Dresden und für den Freistaat, so wurde dabei nicht bedacht, dass die Semperoper schon durch ihre Geschichte und Tradition die unbestreitbaren Grundlagen und künstlerischen Potenzen für ein überregional wirkendes und ausstrahlendes Kunstinstitut besaß.

qualitativen Defiziten konnte nicht mehr vorbeigesehen werden.[23] Der daraus resultierende Druck verschärfte den Engpass in der künstlerischen finanziellen Planung enorm, was zur Folge hatte, dass einmal beispielsweise nur zwei Opern-Neuproduktionen in einer Spielzeit angeboten werden konnten.

Die finanzielle Krise 2004

Die Entwicklung gegenläufiger Prozesse spitzte sich schließlich als nachhaltige Störung im allgemeinen Transformationsprozess der Oper zu einer finanziellen Krise zu, die im Jahre 2004 eskalierte. Ein Defizit von mehreren Millionen Euro löste eine längst überfällige Analyse der finanziellen und strukturellen Zustände sowie deren Problematik und Ursachen aus.[24]

Dass es im Jahr 2004 zu dieser Krise kam, hing auch mit einem Intendantenwechsel im August 2003 zusammen.[25] Der neue Intendant bekam als Zielsetzung seiner Tätigkeit vorgeschrieben, die nationale und internationale künstlerische Konkurrenzfähigkeit des Hauses herbeizuführen und die Semperoper in der Riege der bedeutenden Häuser in Deutschland und Europa zu etablieren.[26] Diese Zielsetzung stand in eklatantem Widerspruch zu dem strukturellen Transformationsstau, in dem sich das Haus seit vielen Jahren[27] befand – was letztlich auch die Krise auslöste und die vorhandenen Probleme zutage förderte.

Die Konsolidierung

Die Konsequenz, die aus der Situation gezogen wurde, stellte ein sog. „Konsolidierungsprogramm" dar, das auf sorgfältigen Analysen und Benchmarkbetrachtungen mit vergleichbaren anderen großen Opernhäusern basierte. Es schuf sowohl eine neue finanzielle Perspektive für das Opernhaus als auch neue gesamtheitliche Grundlagen, die wieder ein geordnetes wirtschaftliches Handeln der Semperoper gewährleisten sollten. Obwohl der Zuschuss des Trägers basierend auf der Einsicht, dass die Semperoper strukturell unterfinanziert sei, schließlich erhöht wurde und damit die Defizite in den tarifgebundenen Personalberei-

---

[23] Auch die Berichterstattung in den Medien spiegelte diese Situation: In den überregionalen Feuilletons war die Semperoper in diesen Jahren deutlich unterrepräsentiert; der Vergleich mit anderen großen Bühnen wurde kaum gezogen.
[24] Die tatsächlichen und vorhersehbaren Defizite wurden als Folge einer strukturellen Unterfinanzierung erkannt und durch außerplanmäßige Zuschusserhöhungen ausgeglichen.
[25] Der neue Intendant, Prof. Gerd Uecker, ist der Verfasser dieser Betrachtung.
[26] Damals wurde gerne von der „Champions-League" gesprochen, in die die Semperoper hineingeführt werden solle.
[27] Der Beginn dieses Reformstaus ist spätestens seit der Zeit erkennbar, in der die Semperoper zu einem Staatsbetrieb umgewandelt wurde.

chen des Hauses finanziell ausgeglichen wurden, blieb jedoch der Künstler- und Gästeetat hinsichtlich der zur Verfügung stehenden Mittel unbedacht. In der Saison 2010/2011 wird dieser folglich wieder auf demselben Stand, den er bereits im Jahr 2004 erreicht hat, stehen.

Im Rückblick konnte die Ursache, die letztlich eine solche einschneidende Konsolidierung notwendig machte, ziemlich klar definiert werden. Ein systemischer Transformationsprozess, der sich spätestens Mitte der 90er Jahre langsam hätte abzeichnen müssen, unterblieb damals, wodurch sich ein Reformstau herausbildete. Dieser betraf fast alle betrieblichen Bereiche.

Nur ein Beispiel sei diesbezüglich vorgestellt: In den Jahren der DDR, als noch mehr als 1 240 (!)[28] Beschäftigte an der Semperoper arbeiteten, bildeten sich Arbeitsprozesse heraus, die aus heutiger Sicht schlichtweg ineffizient waren. Dabei entstanden sowohl arbeitsteilig-personelle als auch in der Planung zeitliche Pufferstrukturen, die das überschüssige Personal kaschierte. Viele dieser Arbeitsprozesse wurden ohne wesentliche Veränderungen bis zur Jahrtausendwende konserviert. Ihre Beibehaltung blendete internes kritisches Betrachten aus und zementierte die Überzeugung, dass es anders oder mit weniger Personal gar nicht ginge, die vorliegenden Aufgaben zu erfüllen. Zugleich wurde die Situation von der Angst um den bisher „sicheren" Arbeitsplatz begleitet, was hartnäckiges Abblocken gegen jegliche Art von Veränderung zur Folge hatte. Es darf nicht übersehen werden, dass eine wesentliche Ursache für den beschriebenen Transformationsstau auf arbeitspsychologischer Ebene angesiedelt war, in deren Hintergrund die reale Angst um den Arbeitsplatz stand. Statt diese gleitend aufzulösen und unnötige Stellen auf sozialverträgliche Weise langfristig abzubauen, konservierte man überholte und ineffiziente Zustände, die letztlich zu der wirtschaftlichen Krise im Jahre 2004 führten.

Ab 2005 setzte der Transformationsprozess schließlich mit Nachdruck ein,[29] und es wurden greifbare strukturelle Änderungen eingeleitet:

- Angemessene, sozialverträgliche Reduzierung der Beschäftigtenzahl;
- Entwicklung schlanker und transparenter Arbeitsprozesse, vornehmlich in den technischen Abteilungen;
- Steigerung der Effizienz der Planungs- und Arbeitsprozesse;
- Entwicklung neuer marktgerechter Vertriebsmodelle (Internetverkauf, Messebesuch, Großkunden etc.);
- Sukzessive Neugestaltung der Preisstruktur für Eintrittskarten und damit Steigerung der Eigeneinnahmen;
- Bemühen um Mehrung der Akquisition von Drittmitteln;
- Einführung eines Kostencontrollings;
- Einführung von theaterspezifischen Softwareprogrammen.

---

[28] Im Jahr 2008 sind an der Semperoper 843 Mitarbeiter beschäftigt.
[29] Die notwendigen strukturellen Änderungen stießen bei den Beschäftigten anfangs auf große Widerstände und waren von heftigen arbeitspsychologischen Belastungen begleitet.

Ferner wurde im Herbst 2005 der Verwaltungsrat der Sächsischen Staatsoper gegründet, der vielfache Befugnisse erhielt und als Aufsichtsgremium zwischen das Sächsische Staatsministerium für Wissenschaft und Kunst und die Semperoper gestellt wurde. Auch wurde ein neues Geschäftsführermodell eingeführt, nach dem der Intendant und ein Kaufmännischer Geschäftsführer das Haus zusammen leiten.

Anspruch und Wirklichkeit heute

Nach wie vor fehlt dem Opernhaus eine seiner überregionalen Geltung entsprechende Marketingabteilung. Die Semperoper ist seit der Wende zu einer „Marke" geworden. Diese zu pflegen, sie vom Image her gesehen dort zu etablieren, wo man seine Position im Kultur- und Opernumfeld sieht, dazu fehlen dem Haus sowohl die finanziellen als auch die personellen Ressourcen. Auf Grund des allgemeinen Personalabbaus bleibt die Ausstattung der Abteilung „Öffentlichkeits-/Pressearbeit und Marketing" deutlich unterentwickelt – sehr zum Nachteil der „Marke" Semperoper.

In diesem Zusammenhang ist auch die Kluft zu sehen, die sich mittlerweile zwischen dem künstlerischen Anspruch an das Haus und seinen finanziellen und wirtschaftlichen Möglichkeiten auftut. Noch im Jahr 2007 wurde das Statut der Semperoper neu formuliert und ausdrücklich ein erhöhter künstlerischer Anspruch an das Haus hinsichtlich seiner internationalen Stellung gestellt. Für diesen Anspruch hatte man bei den Konsolidierungsmaßnahmen jedoch keine entsprechenden Spielräume vorgesehen. Dass der künstlerische Etat in der Saison Jahr 2010/2011 nach einer Absenkung um etwa 20 Prozent wieder auf dem Stand von 2004 zurückkehren wird, zeigt, wo in der Zukunft für das Haus dringender Handlungsbedarf besteht.

So stellt sich der Politik die Frage, welche Bedeutung ein klar formuliertes Statut mit der entsprechenden künstlerischen Zielsetzung haben kann, wenn der Träger, der dieses Statut formuliert, nicht auch die Möglichkeiten dafür schafft, diese Ziele zu erreichen. Das ist jedoch eine politische Konstellation, die auch auf anderen Feldern zu beobachten ist – man denke nur an die Bildungs- oder Hochschulpolitik in Deutschland.

Zwei Fragen, die sich nun mit Dringlichkeit stellen, definieren folglich den vorläufig letzten Transformationsschritt für die Semperoper auf dem Weg vom Repräsentationsinstitut der DDR zu einem international wettbewerbsfähigen Opernhaus:

- Welche Stellung soll sie in der Zukunft innerhalb der nationalen und internationalen Opernszene einnehmen?
- Welche Mittel sind dafür notwendig?

Ausblick

Oper war schon immer eine internationale Kunstform mit nationalen Schwerpunkten. Sie ist eine komplexe Kunstform mit ausgeprägter gesellschaftlicher Relevanz, was nicht zuletzt durch ihre Institutionalisierung unterstrichen wird. Die Evaluierung großer Opernhäuser kann heutzutage nicht mehr nur unter einem regionalen Aspekt getroffen werden.

Im Laufe der letzten 200 Jahre hat sich außerhalb Europas vor allem in Nord- und Südamerika wie auch später in Japan eine am europäischen Vorbild orientierte Opernkultur entwickelt, die jeweils eigenständige Produktions- und Spielstrukturen hervorbrachte. An der Schwelle zum 21. Jahrhundert ist auch in China, Australien, aber auch in der Türkei ein wachsendes Interesse an dieser Kunstgattung festzustellen sowie als Folge davon eine sich vermehrende Vielfalt der Opernkultur. Die großen Opernhäuser in Südamerika mit Ausnahme Chiles befinden sich derzeit in schweren Krisen. Allerdings bleibt zu erwarten, dass dort in den nächsten Generationen, angeregt durch andere allgemeine kulturelle und künstlerische Impulse, auch die Kunstgattung Oper nach einer inneren Reform ihrer desaströsen institutionellen Strukturen und nach einer Transformation in vernünftige und stabile Finanzierungsmodelle wieder an Bedeutung gewinnen wird.

Innerhalb der internationalen Opernszene gibt es hierarchische Positionierungen in international tonangebende und eher national bedeutende Opernhäuser. Mit den großen europäischen Häusern wie Wiener Staatsoper, La Scala in Mailand, Royal Opera House Covent Garden London, Bayerische Staatsoper München etc. konkurrieren die großen Opernhäuser in den USA wie zum Beispiel die Metropolitan Opera in New York, die Opernhäuser in Chicago und San Francisco in Augenhöhe.

Auch innerhalb der Europäischen Union gibt es eine Wettbewerbssituation zwischen den einzelnen Opernhäusern, die sich sowohl auf das künstlerische Niveau, die jeweils ästhetische Profilierung als auch auf die Attraktivität des Opernhauses an sich bezieht und die großen Opernhäuser in einen gesamt-europäischen Zusammenhang stellt. So gilt zum Beispiel die Semperoper Dresden beim internationalen Publikum als eines der bekanntesten sowie beliebtesten Opernhäuser und steht potentiell in der Reihe und in künstlerischer Konkurrenz mit den großen europäischen Opernzentren, kann sich aber, was die permanente Präsenz berühmter Opernsänger und Dirigenten, wie man sie zum Beispiel an der Wiener Staatsoper vorfindet, nicht immer mit den oben genannten Bühnen messen.

Für die Semperoper hat die Multipolarität des Opernbetriebs eine große Bedeutung. Da die wichtigsten Opernsänger, Dirigenten und Regisseure in all den Opernzentren präsent sind und es somit einen vitalen Künstlermarkt gibt, auf dem gerade die großen Opernhäuser das Nachfragepotenzial darstellen, muss sich die Semperoper mit den europäischen und internationalen Opernzentren vernetzt sehen. Dies gilt vor allem für die Information über Künstler sowie deren Leistungen und den künstlerischen Nachwuchs, auch aber hinsichtlich des Austauschs ganzer Opernproduktionen. Was die Vernetzung mit Japan angeht, so steht hier vor allem die Gastspieltätigkeit großer internationaler Bühnen im Vordergrund der Beziehungen.

Für die Semperoper stellen Gastspiele nach Japan einen künstlerischen Imagefaktor dar, sie sind aber auch Teil einer betriebswirtschaftlichen Strategie[30].

Opernsänger, Regisseure und Dirigenten sind insgesamt als ein internationaler Markt zu betrachten. Auf ihm eine aktive und kreative Rolle zu spielen, ist für die Semperoper eine Notwendigkeit, um erfolgreich den Weg der künstlerischen Profilierung weiter zu beschreiten.

Die europäische Opernlandschaft stellt sich in einer erstaunlichen Fülle dar. Vielfältige Strukturen, differierende Produktionsmethoden, aber auch mannigfache und höchst unterschiedliche Rezeptionsformen haben sich im Laufe der 400-jährigen Geschichte der Kunstgattung Oper herausgebildet. Diese hohe Variabilität wird zunehmend eingebunden in neue politische und rechtliche Strukturen der Europäischen Union. Zuweilen mag sich allerdings die Sorge aufdrängen, dass die damit verbundenen Chancen und die Zukunftspotentiale für Kunst und Kultur noch nicht genügend erkannt werden.

Gesellschaftlich betrachtet, hat der europäische Entwicklungsprozess, aller Hemmnisse und Schwierigkeiten eingedenk, ähnliche Bedeutung für den Kontinent, wie die Jahrzehnte nach der Französischen Revolution sie hatten. Die Oper allgemein, und gerade auch ein Opernhaus wie die Semperoper, wird in diesem europäischen Prozess der neuen Vernetzungen ihre Positionen, Strukturen und strategischen Ziele finden müssen. Dazu braucht es ein Verständnis der Politik dafür, wie sie ihre eigenen kulturellen Ressourcen in eine internationale Konfiguration zu ihren Gunsten selbstbestimmend einbringen kann. Dies wiederum stellte einen neuen zukünftigen Transformationsabschnitt dar, der den Weg in ein solches multipolares Umfeld begleiten würde.

---

[30] Letztes erfolgreiches Gastspiel der Semperoper 2007 in Tokio.

Führung und Vision

Überzeugung durch Handeln

„Wenn Handlungen andere dazu inspirieren können mehr zu träumen, mehr zu lernen, mehr zu tun und mehr zu werden dann ist das Führung", ein Zitat des sechsten amerikanischen Präsidenten John Quincy Adams (1767–1848). Genau diese Führung benötigen Transformationen, um erfolgreich zu sein. Denn in einer Transformation müssen viele Menschen begeistert oder inspiriert werden, damit sie neu gelernte Handlungen umsetzten.

Transformation – also ein grundlegender Wandel, bei dem auch liebgewordene Gewohnheiten und eingefahrene Verhaltensweisen über Bord gehen – löst oft Angst und Verunsicherung aus. Immer wieder begegnen wir deshalb dem Phänomen, dass Organisationen an den Strategien festhalten, die sie einst zu dem gemacht haben, was sie heute sind. Doch was passiert, wenn der Erfolg ausbleibt oder gar die Existenz bedroht ist? Genau dann bedarf es eines Impulses, der dafür sorgt, dass sich eine Veränderung einstellt. Führung und Vision enthalten energetisierende und mobilisierende Komponenten, die einen solchen Impuls freisetzen.

Nur wenn es der Unternehmensführung gelingt, durch die entscheidenden Parameter „Leadership" und „Vision" eine überzeugende Richtung zu weisen, kann Transformation damit zum maximalen Erfolg führen.

Was ist Führung?

Wir leben in einer Welt, die sich immer schneller verändert, die zusammenwächst und durch diese globale Vernetzung immer komplexer wird – eine Welt, die uns künftig mit bisher nicht gekannten Herausforderungen konfrontieren wird. Das, was sich im Großen wandelt, verändert auch unser tägliches Leben – die Art wie wir arbeiten, wie wir mit unserer Freizeit umgehen und in welchen Gemeinschaften wir leben.

Transformation von einem vertrauten Zustand in eine ungewisse Zukunft wird zum alltäglichen Ereignis. Dies erfordert von jedem Einzelnen neue Wege zu beschreiten und Entscheidungen zu treffen, die auf andere Menschen Auswirkungen haben. Das heißt in der Konsequenz, dass wir mehr denn je Führungskräfte brauchen, die mit Veränderungen umgehen können – und dies auf allen Ebenen unserer Gesellschaft.

Was genau ist Führung? Führung kann in dreierlei Hinsicht verstanden werden als:

- Merkmal einer spezifischen Position,
- Charakterzug einer Person,
- Bestimmtes Verhalten.

Im Kontext von Transformationsmanagement wird darunter ein bewusst gesteuerter, sozialer Beeinflussungsprozess verstanden, bei dem eine Person versucht, andere Personen zur Erfüllung gemeinsamer Aufgaben und zum Erreichen gemeinsamer Ziele zu veranlassen. Führung ist immer auch Transformation, denn „ohne Veränderung bräuchte man keine Person, die Ziele vorgibt und versucht, diese mit Hilfe von anderen zu erreichen" (Kotter, 1999, S. 11). Deshalb ist alles, was wir hier über Führung schreiben, gleichzeitig eine Aussage über die Lenkung von Transformationen. Nadler und Tushman (1990) gehen sogar noch einen Schritt weiter und bezeichnen Führung als einen kritischen Faktor bei der Initiierung und Implementierung von Transformation.

Was den gezielten Beeinflussungsprozess anbelangt, sollte vor allem berücksichtigt werden, dass die Personen, die durch die Beeinflussung für ein gemeinsames Ziel gewonnen werden sollen, keineswegs immer nur abhängige „Geführte" sind. Die Komplexität großer Organisationen nimmt laufend zu und damit auch die Notwendigkeit, Einfluss auf Personen und Gruppen anderer Bereiche innerhalb oder außerhalb der Organisation zu nehmen. Beispielsweise werden für eine zeitlich begrenzte Aufgabe oft Teams gebildet, die aus Mitgliedern unterschiedlichster Organisationen bestehen und deren einziger Zusammenhalt auf der gemeinsamen Aufgabe beruht. Die Führung eines solchen Teams stellt eine völlig andere Aufgabe dar, als die Führung von disziplinarisch „Abhängigen". Weitere Zielgruppen für Einflussnahme sind Aktionäre, Lieferanten, Kunden, Geschäftspartner und Vertreter der Öffentlichkeit, insbesondere der Presse.

Wenn wir von gezielter Einflussnahme sprechen muss man auch das Thema Macht ansprechen. Wer andere Personen beeinflussen will, benötigt eine bestimmte Form von Macht, die auf verschiedenen Faktoren beruhen kann (Staehle, 1985): Abgeleitete strukturelle Macht, Macht durch Unterdrückung oder Belohnung, Macht durch die Anerkennung und Wertschätzung von anderen und Macht, die auf Expertentum oder Informationen beruht. Ein bewusster Umgang mit Macht gehört zu verantwortungsvoller Führung und das Aufbrechen von bestehenden Machtverhältnissen ist ein wesentliches Element von Veränderungen.

Gute Führung beginnt stets mit einer Selbstanalyse des Führenden: Selbstdisziplin, scharfe Eigenwahrnehmung und reflektierte Verhaltensweisen sind Voraussetzungen, um als Führungskraft erfolgreich zu sein. Sich selbst und sein eigenes Leben zu führen, ist wahrscheinlich die schwierigste Aufgabe, vor die jede Führungskraft gestellt wird. Wer sein eigenes Leben nicht zufrieden stellend gestalten kann, sollte sich intensiv Gedanken darüber machen, ob er die Verantwortung übernehmen möchte, gestaltend auf das Leben anderer einzuwirken.

Zur Klärung hier eine kurze Erörterung der Begriffe „Führung" und „Management": Im Deutschen werden die Begriffe zum Teil synonym verwendet. Andererseits gibt es zahlreiche Betrachtungen über den Unterschied zwischen Führung und Management. Der Begriff „Management" wird dabei häufig negativ besetzt und bekommt den Charakter von „effizienter Planerfüllung" und „Administration". „Führung" dagegen besitzt mehr den Charakter von „Gestaltung" und „Innovation" und wird damit als der interessantere Aufgabenbereich angesehen. Diese Trennung ist nicht hilfreich, da das eine ohne das andere nicht wirklich funktioniert. Ein Führender, der ausschließlich Visionär ist und keinen Fokus auf Umsetzung seiner Vorstellungen legt, wird ebenso scheitern wie eine Führungskraft, die sich ohne Vision und Anpassung an externe Veränderungen auf perfekte Ausführung konzentriert. Im Folgenden wird deshalb auf eine Unterscheidung der beiden Aufgabenbereiche bewusst verzichtet.

Anforderungen an Führung ergeben sich aus dem Kontext, der von der Umwelt vorgegeben wird und befinden sich daher laufend im Wandel. Mit „Umwelt" sind hier gesellschaftliche und ökonomische Umstände und ihre Auswirkungen auf Problemstellungen gemeint, die die Führungskräfte bewältigen müssen. Darin inbegriffen sind die veränderte Einstellung der Geführten und das der Ausgestaltung von Führungsaufgaben zugrunde liegende Menschenbild.

In einem Transformationsprozess stellen sich Grundfragen wie: Was macht eine gute Führungskraft aus? Welche Eigenschaften sind besonders relevant? Inwieweit ist Führung abhängig vom Umfeld? Kann Führung erlernt werden? Welcher Führungsstil ist in welcher Phase des Transformationsprozesses Erfolg versprechend?

Führung in der Theorie, eine historische Betrachtung

Theorien über Führung bauen immer auf einem bestimmten Menschenbild auf. Im Zeitalter der Aufklärung stellten Philosophen wie Voltaire (1694–1778) die These auf, dass der Mensch durch die Anwendung von Vernunft sein Schicksal bestimmen könne (Voltaire, 1986). Diese Annahme gab Anlass zur Hoffnung, der Mensch sei auf dem Weg, sich immer weiter zu verbessern und werde sich schließlich zu einem vernunftorientierten, perfekten Wesen entwickeln. In einem rein rationalen Umfeld, so die Überlegung, lässt sich ein System konstruieren, das durch mechanistische Regeln die Menschen zu einem definierten Handeln veranlassen kann. Führung bestünde in diesem Denkmodell ausschließlich aus dem Erstellen von Regeln, die auf dem Prinzip von Ursache und Wirkung beruhen und damit „eindeutig" – also unanfechtbar – sind.

Wissenschaftler späterer Jahrhunderte versetzten solchem Optimismus dann aber einen empfindlichen Dämpfer. Der österreichische Arzt und Tiefenpsychologe Sigmund Freud (1856-1939) erkannte, dass das von der Vernunft nicht kontrollierbare Unterbewusstsein ganz wesentlich auf Verhaltensweisen Einfluss nimmt (vergleiche Freud, 2001). Der deutsche Soziologe Max Weber (1864-1920) kritisierte die angeblich rein auf Vernunft basierende technische Rationalität als solche: Eine derartig starre Struktur könne in hohem Maße entmenschlichend wirken, argumentierte er (vergleiche Weber, 2002). Im weiteren Verlauf des 20. Jahrhunderts verabschiedeten sich auch die meisten anderen Wissenschaftler von der Illusion, der Mensch befinde sich auf einer vom Verstand geleiteten Reise zur Perfektion und begannen, sich intensiv mit der Bedeutung von „Führung" auseinander zu setzen.

Die ersten theoretischen Konzepte, die daraufhin publiziert wurden, können unter dem Begriff „Eigenschaftsansatz" zusammengefasst werden. Die Beobachtung erfolgreicher Führungskräfte legte nahe, dass Menschen mit bestimmten Persönlichkeitsmerkmalen automatisch erfolgreich seien, sobald sie Führungsaufgaben übernehmen. Dieser Ansatz gilt heute als zu simpel. Im weiteren Verlauf der Untersuchungen konzentrierten sich die Forscher vor allem auf die Verhaltensweisen von Führungspersonen. Zugrunde gelegt wurden dabei die Thesen des Behaviorismus. Ein bedeutender Vertreter des Behaviorismus, der US-amerikanische Verhaltensforscher Burrhus Frederic Skinner (1953) (1904-1990), sah zwischen der gezielten Einflussnahme auf einen Menschen und dessen daraus resultierenden Verhaltensweisen einen einfachen Ursache-Wirkungs-Zusammenhang. Wenn dieser Zusammenhang erfasst ist, so lehrte Skinner (1953), müsse nur noch eine geeignete Methode der Einflussnahme gewählt werden.

Heute ist man eher skeptisch, dass gezielte Verhaltensbeeinflussung möglich ist. Zum einen postuliert der Konstruktivismus, der Mensch sei nicht wirklich von Außen beeinflussbar. Vielmehr schaffe er sich seine Wirklichkeit selbst und suche lediglich nach Kongruenz mit seiner Umwelt (siehe auch Kapitel „Mensch im Mittelpunkt"). Zum anderen entdeckte die Wissenschaft zahlreiche situationsbezogene Faktoren, die bei der Beeinflussung von Verhalten eine Rolle spielen. Das Konzept der „Situativen Führung" beispielsweise befasst sich damit, „in welchen Situationen Geführte bereit sind" Anweisungen anzunehmen (Hersey et al., 2007).

Heute wird versucht, der Führungsforschung Erkenntnisse aus der systemischen Theorie zugrunde zu legen. Diese betrachtet den Menschen ganzheitlich und steht gezielten Führungsinterventionen skeptisch gegenüber. „Systemische Führung" geht davon aus, dass es in komplexen Zusammenhängen genauso oder sogar mehr Erfolg verspricht, wenn das gesamte soziale „Setting" berücksichtigt wird und die Selbstorganisation der Geführten gefördert oder zumindest zugelassen wird. Der Führende ist also nur einer der vielen Faktoren, die auf die Geführten einwirken. Der Ansatz der Systemischen Führung knüpft an die Erkenntnisse der neueren Systemtheorie an, insbesondere die des transdisziplinären Sozialwissenschaftlers Niklas Luhmann (1984) (1927-1998). Dabei werden vor allem die Prozesse der Selbstorganisation herausgestellt; diese treten neben die durch „substantielles Organisieren" bewusst geschaffene Ordnung (siehe auch Kapitel „Mensch im Mittelpunkt").

Führungspersönlichkeit und transformationale Führungskompetenz

Für die folgende Betrachtung ist es wichtig zwischen den Begriffen Führungspersönlichkeit und Führungskompetenz zu unterscheiden. Führungspersönlichkeit ist nur ein – wenn auch ein wichtiger – Aspekt von Führungskompetenz. Persönlichkeitsmerkmale sind zu 80 Prozent festgelegt und verändern sich kaum im Verlauf eines Erwachsenenlebens. Führungskompetenz dagegen ist die Kombination von Persönlichkeitsmerkmalen, Verhaltensweisen, Fähigkeiten und Erfahrung und ist sehr wohl veränderbar. Das heißt, die Persönlichkeitsmerkmale sind die Grundressourcen die einem Menschen mitgegeben sind. Wie er mit diesen Ressourcen umgeht, und wie er sie bei der Entwicklung seiner Kompetenzen nutzt, entscheidet letztlich über Erfolg und Misserfolg bei Führungsaufgaben. Dies gilt es zu berücksichtigen, wenn man sich die Frage stellt, ob Führung erlernt werden kann.

Mit der Frage, was eine Führungspersönlichkeit ausmacht, beschäftigt sich die Wissenschaft seit langem. Eines der bekanntesten Persönlichkeitsmodelle basiert auf der Typenlehre von C.G. Jung (1875–1961). Jung (2001) definierte vier gegensätzliche Eigenschaftspaare, die verwendet werden können, um menschliche Verhaltensweise in Kategorien einzuteilen: Extroversion versus Introversion, sinnliche Wahrnehmung versus Intuition, Denken versus Fühlen, Urteilen versus Wahrnehmen. Diese Polaritätspaare werden noch heute in einem der am weitesten verbreiteten Persönlichkeitstests, dem Myers-Briggs-Test, verwendet.

Es gibt eine ganze Reihe von Modellen, die unterschiedliche Persönlichkeitsattribute und ihre Relevanz für die Bewältigung von Führungsaufgaben untersuchen. Über zum Teil detaillierte Befragungen wird die Ausprägung der Attribute ermittelt. Diese besitzen in jeder Ausprägung Vor- und Nachteile. Optimismus kann beispielsweise als wichtige Eigenschaft für eine Führungskraft gelten; allzu zuversichtliches Vorgehen kann allerdings das Antizipieren von Problemen behindern. Ein weiteres Beispiel: Ordnung ist notwendige Voraussetzung für die Steuerung von Abläufen, kann aber dadurch starre Strukturen schaffen, die einen Wandel behindern. Um die Befragungen und die ermittelten Persönlichkeitsattribute auszuwerten, gilt es, nach den Mustern zu suchen, die sich aus der Kombination der Antworten zu mehreren Attributen ergeben. Diese werden mit den Persönlichkeitseigenschaften erfolgreicher Führungskräfte verglichen. Falls die Vergleichspopulation groß genug ist, lassen sich hier Korrelationen zwischen Persönlichkeitsmerkmalen und Führungspersonen ermitteln.

Wie beschrieben, ist die Persönlichkeitsstruktur einer Führungskraft nur einer von vielen Gesichtspunkten, die bei Führungskompetenz eine Rolle spielen. Andere Aspekte wie inhaltliche Fähigkeiten, Erfahrungen und Verhaltensweisen werden im Lauf des Lebens erworben und unterliegen laufender Veränderung.

Im Folgenden wollen wir Kompetenzen von erfolgreichen Führungskräften präsentieren. Die hier vorgestellten Kompetenzen basieren auf Untersuchungen und Befragungen von über 10 000 Führungskräften, gesammelt über einen Zeitraum von

Tabelle 2 Kompetenzen und ihre Definition

Kompetenz	Definition
Visionäres Denken	• Kommuniziert eine klare Vision von der zukünftigen Organisation • Kann andere dafür begeistern und das Gefühl von einem größeren Sinnzusammenhang vermitteln
Kreativität und Innovation	• Entwickelt selbst Ideen und Verbesserungsvorschläge, Produkte und Lösungen
Initiative	• Identifiziert proaktiv Probleme • Erkennt neue Möglichkeiten und ergreift die Initiative, Dinge umzusetzen
Prozessgestaltung	• Identifiziert ineffiziente Prozesse • Passt die Organisation entsprechend an
Overall Leadership	• Gibt einer Gruppe oder Gemeinschaft das Gefühl für den größeren Sinnzusammenhang • Gibt Ziele vor und motiviert die Gruppe, gemeinsam an der Zielerreichung zu arbeiten
Umgang mit Widerständen	• Erkennt Widerstände und adressiert sie, bevor sie eine Initiative unterminieren können
Definition eines ganzheitlichen Sinnzusammenhangs	• Versteht es, die tagtäglichen Aktivitäten von Individuen mit der Gesamtstrategie des Unternehmens zu verbinden und so in einen ganzheitlichen Bedeutungszusammenhang zu setzen
Durchsetzungskraft	• Stellt Forderungen, bringt seine Überzeugungen, Gefühle und Bedürfnisse offen zum Ausdruck • Respektiert die Bedürfnisse und Rechte der anderen
Inspirierende Führungskraft	• Gilt als inspirierende Führungskraft, die auch in schwierigen Zeiten andere durch Optimismus, Selbstvertrauen, Begeisterungsfähigkeit und Entschlossenheit motivieren kann
Fokus auf Strategie	• Ist in der Lage, strategisch zu denken und Strategien durch einen dynamischen Planungsprozess weiterzuentwickeln und die langfristige Richtung der Organisation vorzugeben
Entscheidungsfreude	• Fällt klare und zeitgerechte Entscheidungen auch in schwierigen Situationen
Anpassungsfähigkeit	• Kann sich an schnell ändernde Umstände anpassen und Prioritäten neu setzen • Kann mit Unsicherheit und Ambiguität umgehen und versteht es, seine Verhaltensweisen stets situationsgerecht zu verändern, um Widerstände zu überwinden und Ziele zu erreichen
Streben nach Exzellenz	• Setzt anspruchsvolle Ziele, etablierte hohe Standards und lehnt Mittelmass vehement ab
Agent of Change	• Gibt sich nie mit dem Erreichten zufrieden, sondern sucht immer nach neuen Perspektiven • Versucht neue Wege zu beschreiten und ist stets in der Lage, für Veränderung die nötige Unterstützung zu bekommen
Creating Buy-In	• Ist stets in der Lage, für neue Initiativen die nötige Unterstützung zu bekommen: durch persönliche Glaubwürdigkeit, Vertrauenswürdigkeit, überzeugende Kommunikation, Involvieren aller wichtiger Stakeholder sowie durch Berücksichtigung und Beeinflussung der verschiedenen Erwartungshaltungen
Coaching	• Fördert die Entwicklung und die Karriere seiner Mitarbeiter durch regelmäßiges Coaching • Unterstützt nötige Verhaltensänderungen, Leistungssteigerung und Leistungsbereitschaft durch persönlichen Zuspruch, Zielvereinbarungen, gemeinsame Lösungsfindung und regelmäßiges, offenes Feedback

20 Jahren (Accenture Daten). Durch präzise Befragungen lassen sich die Ausprägungen dieser Kompetenzen ermitteln und gezielte Empfehlungen für die Weiterentwicklung der Führungskraft ableiten.

Emotionale Intelligenz

Wenn von Führungskompetenzen gesprochen wird, sollten besonders die Eigenschaften hervorgehoben werden, die Daniel Goleman (1998) unter dem Begriff „emotionale Intelligenz" zusammengefasst hat. Der US-amerikanische Psychologe und Wissenschaftsjournalist unterscheidet zwischen kognitiven und emotionalen Kompetenzen. Goleman (1998) hat Führungskräfte von über 180 Firmen miteinander verglichen und dabei festgestellt, dass 90 Prozent der Fähigkeiten, durch die sich die besten Führungskräfte von ihren durchschnittlichen „Peers" unterscheiden, emotionalen Kompetenzen zuzurechnen sind. Goleman (1998) berichtet von Untersuchungen, dass Unternehmen oder Abteilungen, die durch Personen mit hoher emotionaler Intelligenz geleitet wurden, ein um 20 Prozent besseres Betriebsergebnis erwirtschaften als andere.

Im Wesentlichen definierte Goleman (1998) vier Dimensionen, in denen emotionale Kompetenz zum Ausdruck kommt: Selbstwahrnehmung, Gefühls- und Selbstmanagement, soziales Bewusstsein und Beziehungsmanagement.

Selbstwahrnehmung bedeutet zum einen, seine eigenen Gefühle, Motive und Ziele wahrzunehmen, sie in ihrer Wirkungsweise auf andere zu verstehen und entsprechend zu steuern. Dazu gehören eine realistische Einschätzung der eigenen Stärken und Schwächen, Selbstvertrauen sowie die Fähigkeit zu Selbstkritik und Humor.

Gefühls- und Selbstmanagement erlauben, die eigenen Gefühle zu kontrollieren und auf Situationen angemessen zu reagieren, das heißt, die nötige Distanz zu wahren und damit Sachverhalte weder zu dramatisieren noch zu bagatellisieren. Damit verbunden ist die Bereitschaft, Situationen zu verändern, die Fähigkeit, Ambiguitäten auszuhalten, das Vermeiden vorschneller Schlüsse und die Beibehaltung strikter Integrität.

Soziales Bewusstsein erlaubt, Anteil zu nehmen an anderen. Sich in sie hineinzuversetzen und mit ihnen zu fühlen (Empathie), ihnen Vertrauen entgegenzubringen und auf sie einzugehen. So können Führungskräfte die Bedürfnisse der Mitarbeiter erkennen und in ihren Handlungen berücksichtigen. Soziales Bewusstsein erlaubt Führungspersonen auch in einem multikulturellen Umfeld, die richtigen Talente für anstehende Aufgaben einzusetzen.

Beziehungsmanagement ist bei allen Führungsaufgaben von elementarer Wichtigkeit. Beziehungen aktiv aufzubauen, ein Netzwerk zu unterhalten, überzeugend zu argumentieren, Teams zu bilden und zur erfolgreichen Zusammenarbeit zu führen sind Voraussetzungen, um Veränderungsprozesse zu initiieren und zu steuern.

Führen heißt Entscheiden

Die wohl wichtigste Funktion einer Führungskraft ist es, Entscheidungen zu fällen. Was unterscheidet eine gute von einer schlechten Entscheidung? Angeblich beeindrucken gute Führungskräfte durch schnelles und richtiges Entscheiden, sie schaffen Eindeutigkeit und Orientierung. Damit Entscheidungen schnell getroffen werden können, wird zudem auch gefordert, dass sich gute Führungskräfte auf ihre Intuition verlassen sollen. Von dieser landläufigen Meinung gilt es abzurücken.

Erstens ist es unmöglich ein eindeutiges Urteil darüber zu fällen, ob eine bestimmte Entscheidung richtig oder falsch war. Eine Entscheidung ist kein singuläres Ereignis das die Geschicke bestimmt, sondern ein Schritt in einem Prozess, der vorbereitet und vor allem auch nachbereitet werden muss (Tichy & Bennis, 2007). Von einer erfolgreichen Entscheidung kann nur gesprochen werden, wenn folgende Bedingungen erfüllt sind:

- wenn nach einer Entscheidung die Umsetzung sorgfältig nach gehalten wird,
- wenn während der Umsetzung eine laufende Überprüfung stattfindet, ob die Annahmen, die einmal zu der Entscheidung geführt haben, auch noch während der Umsetzung gültig sind,
- wenn es erlaubt ist, eine getroffene Entscheidung zu revidieren oder, falls dies nicht möglich ist, die Umsetzung der Entscheidung an die Umstände angepasst wird.

Letzteres ist heute wichtiger denn je, da sich die Rahmenbedingungen in unserem dynamischen Umfeld extrem schnell ändern können und deshalb ein Festhalten an einer einmal getroffenen Entscheidung zur Katastrophe werden kann.

Zweitens ist die Annahme, dass Entscheidungen möglichst schnell getroffen werden sollten, falsch. Entscheidungen vor dem Zeitpunkt zu treffen, vor dem sie nötig sind, ist leichtsinnig, möglicherweise sogar gefahrvoll. Es zeugt mehr von blindem Aktionismus denn von gutem Führungsstil. Zum einen ist es sinnvoll, die Fragestellung erst einmal genau zu überprüfen und die Daten- und Faktenlage zu analysieren. Zum anderen gibt es gerade in der heutigen komplexen Welt oft keine eindeutigen Situationen. Es kann sinnvoll sein, mehrere Optionen möglichst lange offen zu halten und gedanklich zu testen, bevor die Entscheidung fällt. In Studien wird verdeutlicht, dass Führungskräfte, die mit der Ambivalenz einer offenen Situation („Gestalt") gut umgehen können, deutlich bessere Entscheidungen treffen und insgesamt erfolgreicher sind als ihre kurz entschlossenen Kollegen.

Drittens ist die viel gepriesene Intuition ebenfalls mit Vorsicht zu betrachten. Intuition beruht auf Erfahrungen in der Vergangenheit. Diese können einer Führungskraft, die viele ähnliche Situationen bereits erlebt hat, außerordentlich dienlich sein; ebenso kann aber das Gegenteil zutreffen. Wir bilden Verhaltensmuster, die auf vergangenen Erlebnissen beruhen. Diese werden bei intuitiven Entscheidungen automatisch abgerufen („Autopilot"). Ist das Verhaltensmuster für die aktuelle Situation nicht passend, wird sich der Entscheider darüber keine Rechenschaft ablegen. Deshalb gilt es, intuitive Eingebungen stets kritisch zu reflektieren, bevor zur Umsetzung angesetzt wird. Nicht umsonst werden CEOs oft abgelöst, wenn ein Unternehmen sich vollkommen neu ausrichten möchte. Ein außerordentlich erfolgreicher CEO kann ein Unternehmen lange Zeit stabil und profitabel geführt haben, ist aber unter Umständen der Aufgabe nicht gewachsen, in eine neue Wachstumsphase einzutreten. Sein „Autopilot" behindert ihn möglicherweise, die erforderlichen Risiken einzugehen und Prioritäten neu zu setzen. Nur wenige ungewöhnliche Führungskräfte sind in der Lage, eine Organisation über einen langen Zeitraum und durch mehrere transformatorische Zyklen zu führen. Diesen Führungspersönlichkeiten sind zwei Eigenschaften gemeinsam: Bescheidenheit und Bereitschaft zur Selbstkritik. Eine entsprechende Studie von Jim Collins (2001) wird weiter unten noch ausführlich dargestellt.

Führungsstile und Führungsinstrumente

In der Diskussion um Führung geht es auch immer wieder um Führungsstile. Die Frage nach dem richtigen Stil lässt sich allerdings nicht beantworten, ohne den Kontext zu berücksichtigen. Die Entwicklung von Führungsstilen wird von der Entwicklung des Menschenbildes und dem Wandel der Führungsaufgaben beeinflusst und ist damit auch von der jeweiligen Situation abhängig.

Führungsstile unterscheiden sich hauptsächlich dadurch, wie sehr die Geführten an der Führung und damit auch an den eingesetzten Führungsinstrumenten partizipieren.

Unter einem autokratischen Führungsstil verstehen wir eine Führungsart, die den Geführten wenig Raum für Mitgestaltung gibt. Es gibt eindeutige Weisungsbefugnisse mit klarer und detaillierter Aufgabenzuweisung, eine durch das Amt festgelegte Autorität, klare Instanzen, geringen Koordinationsaufwand und schnelle Entscheidungen. Die Ausprägung dieses Führungsstils kann autoritär, bürokratisch oder charismatisch sein; auf jeden Fall besitzen die Geführten wenig Freiraum für Entscheidungen. Als Führungsinstrumente dienen standardisierte Regeln, Kontrollen von Einzelschritten und Belohnung bei „richtigem" bzw. Strafandrohung bei „falschem" Verhalten. Ein autokratischer Führungsstil gilt heute nur noch in Ausnahmefällen als gerechtfertigt, beispielsweise, wenn es darum geht, in Notsituationen schnell zu handeln.

Dem autokratischen steht der demokratische Führungsstil gegenüber. Unter dieser Kategorie lassen sich Führungsmethoden zusammenfassen, die eine mehr oder weniger starke Beteiligung der Mitarbeiter vorsehen. Diese kann unterschiedliche Ausprägungen haben. Beim partizipatorischen Führungsstil werden Mitarbeiter entsprechend ihrer Qualifikation an der Zielfindung und einzelnen Entscheidungen beteiligt. In anderen Fällen werden die Ziele vorgegeben, die Ausführung bleibt den Mitarbeitern überlassen.

Da die Einflussnahme beim demokratischen Führungsstil eher indirekt geschieht, sind die Führungsinstrumente hier sehr viel differenzierter. In der Regel vereinbart die Führungsperson mit dem Mitarbeiter Ziele, ein Vorgang, der früher „Management by Objectives" („MbO"), genannt wurde. Dabei ist es sinnvoll, den Mitarbeiter in die Festlegung der Ziele einzubeziehen, damit er sie bei der späteren Umsetzung als seine eigenen betrachtet. Es kann von Nachteil sein, nur ein Ziel zu vereinbaren, da der Weg dorthin ineffizient sein kann, zum Beispiel durch einen nicht optimalen Einsatz von Ressourcen oder durch unerwünschte Verhaltensweisen.

Deshalb wird es in der Regel neben der Zielvereinbarung eine Reihe weiterer Führungsinstrumente geben, die die Zielerreichung steuern sollen. Die Festlegung von „Key Performance Indicators" („KPIs") kann ein solches Instrument sein. An einem Beispiel soll es verdeutlicht werden: Ziel eines Vertriebs ist es, ein bestimmtes Umsatzziel mit einer vorgegebenen Zielmarge zu erreichen. Weitere KPIs neben dieser Zielvereinbarung können sein, dass

- die angestrebten Umsätze bevorzugt mit bestimmten Produkten erreicht werden,
- die Mitarbeiterzufriedenheit im Team hoch ist,
- Kündigungen unter einem bestimmten Prozentsatz bleiben,
- das vereinbarte Zahlungsziel von den Kunden eingehalten wird

und vieles mehr. Dem Mitarbeiter bleibt nach wie vor Gestaltungsfreiraum, doch durch die „Key Performance Indicators" hat er relativ genaue Vorgaben für die Art der Umsetzung.

Ein weiteres Führungsinstrument ist Delegation. Dabei werden die Handlungs-, und die Entscheidungsverantwortung ganz oder teilweise auf Mitarbeiter übertragen. Delegation entlastet die Führungskraft, ist allerdings mit Risiken behaftet. Der Führende muss sicherstellen, dass der Geführte die nötigen Kompetenzen und Informationen hat. Auch sollte immer klar vereinbart werden: Aufgaben gelten nur als vollständig delegiert, solange sich die Rahmenbedingungen nicht stark ändern. Andernfalls wird das Setzen eines neuen Ziels mit neuen Delegationsvereinbarungen notwendig.

Je mehr delegiert wird, umso wichtiger ist ein weiteres Führungsinstrument: die Kontrolle. Je nach Risiko beziehungsweise Vertrauen in die ausführende Person und in die Dynamik des Umfeldes müssen Durchführungs- oder Ergebniskontrollen stattfinden. Letztere können sich auch auf ein Zwischenergebnis beziehen. Mitarbeiter betrachten Kontrollen vor allem dann als Einmischung, wenn sie zu häufig durchgeführt oder zu viele Details abgefragt werden. Sie können aber auch motivierend wirken, wenn die Führungskraft sie dazu nutzt, Interesse an der Arbeit des Mitarbeiters zu zeigen und seine Leistung anzuerkennen. Nicht motivierend wirkt allerdings wenn eine delegierte Aufgabe gar nicht abgefragt wird.

Andere Führungsinstrumente, die kurz erwähnt werden sollen, sind Mitarbeitermotivation und Leistungsbeurteilung (siehe auch Kapitel „Mensch im Mittelpunkt"). Gerade in Zeiten des Umbruchs gehören Personaleinstellungen, die fortwährende Weiterentwicklung der „Human Resources" des Unternehmens sowie zeitnahes Feedback gegenüber Mitarbeitern zu den wichtigsten Aufgaben einer Führungskraft.

Situativer Führungsstil

Erst relativ spät, in den 80er Jahren, wurde der situative Führungsstil untersucht. Also die Fähigkeit einer Führungskraft, sich auf verschiedene Situationen einzustellen, anstatt ein Modell zu formieren, das angeblich für alle Situationen passt.

Es lohnt sich, kurz auf die unterschiedlichen Einflussfaktoren einzugehen, denen eine Führungskraft in einer gegebenen Situation ausgesetzt ist. Zunächst gilt es, verschiedene Mentalitäten zu berücksichtigen. Einige Mitarbeiter bevorzugen einen möglichst großen Handlungsspielraum und möchten weitgehend selbstständig Umsetzungsentscheidungen treffen. Andere benötigen mehr Struktur und Anweisungen zur Umsetzung einer Entscheidung. Heute ist viel von der unterschiedlichen Mentalität der Generationen die Rede. Die jungen Leute, die heute als Berufsanfänger auf den Arbeitsmarkt kommen, werden gern „Generation Y" oder „Net-Generation" genannt. Sie sind im Wohlstand aufgewachsen, anspruchsvoll, individualistisch sowie gut vertraut mit elektronischen Medien und virtuellen Arbeitswelten. Diese jungen Menschen wünschen sich Abwechslung und bringen dadurch weniger Loyalität für den Arbeitgeber mit. Sie haben hohe Erwartungen, was die Anerkennung ihrer Leistung betrifft und sie legen großen Wert auf ausreichend Freizeit. Diese Generation unterscheidet sich also erheblich von den ehrgeizigen „Workaholics" der „Babyboomer"-Generation und stellt damit Führungskräfte vor neue Herausforderungen – insbesondere dort, wo verschiedene Generationen unter einem Dach zusammenarbeiten.

Neben den Einwirkungen, die sich aus den unterschiedlichen Mentalitäten der Mitarbeiter ergeben, muss situationsgerechtes Führungsverhalten auch problemspezifische Einflüsse berücksichtigen. Ein Unternehmen in wirtschaftlicher Not erfordert einen anderen Führungsstil, als ein Unternehmen das sich in einer starken Wachstumsphase befindet. Generell kann davon ausgegangen werden, dass Unternehmen verschiedene Phasen durchlaufen, die jeweils einen eigenen Führungsstil erfordern (Lebenszyklusmodel von Greiner und Schein, 1988). Auch die Art der Unternehmensstrategie wird eine Rolle spielen, also ob zum Beispiel Innovation oder Effizienz im Vordergrund stehen. Ein autokratischer Führungsstil kann in einer Notsituation angebracht sein, ein partizipatorischer Stil bei einem innovativen Unternehmen und ein bürokratischer Stil, wenn es um Kosteneffizienz geht.

Die Anforderung an jeden dieser Führungsstile ist es, sich laufend neuen Situationen anzupassen. Flexibilität und die Fähigkeit, ständig dazu zu lernen, sind heute unumgängliche Bedingungen für Erfolg.

Bescheidenheit und Wille zum Erfolg

Was unterscheidet die besten Führungskräfte von ihren lediglich guten Peers? Dazu gibt es eine viel beachtete Untersuchung von Jim Collins (2001). Der US-amerikanische Managementexperte hat mit Fortune 500[1] Firmen untersucht und 11 Firmen identifiziert, die sich über einen Zeitraum von 15 Jahren – also über mehrere ökonomische Zyklen hinweg – signifikant und konsistent besser entwickelt haben als der Markt. Investoren konnten mit diesen Unternehmen einen mindestens drei Mal besseren Return erzielen als mit vergleichbaren Firmen. Collins (2001) fand eine Gemeinsamkeit bei diesen Firmen: Sie alle durchliefen einen Transformationsprozess, der über einen langen Zeitraum hinweg von einer einzigen Person geleitet wurde. Diese herausragenden Führungskräfte haben alle eine gemeinsame Eigenschaft, die Collins (2001) als „Level 5 Leadership" bezeichnet. Level 1 bis 4 sind Eigenschaften, die die meisten guten Führungskräfte vereinen: Fachkompetenz und gute Arbeitseinstellung, die Fähigkeit Teams zu leiten und erfolgreich zu machen, effizientes operatives Management und die Fähigkeit zum strategischen und visionären Denken. Doch nur die wirklich außergewöhnlichen Führungskräfte haben „Level 5"-Eigenschaften: sie vereinen einen unerschütterlichen Willen zum Erfolg mit einer tief empfundenen Bescheidenheit. Collins (2001) beschreibt diese Personen folgendermaßen: schüchtern und furchtlos; sie kümmern sich zuerst um die Menschen, dann um die Strategie. Sie fordern Konsistenz und lehnen Mittelmaß ab. Sie lassen sich niemals durch Rückschläge beirren, halten an dem absoluten Willen zum Erfolg fest und sind getrieben von dem Bestreben, dass sie nicht für sich selbst, sondern für ein größeres Ziel arbeiten. Wie wird jemand zu einer „Level 5"-Führungskraft?

Collins (2001) fand heraus, dass die meisten von ihnen eine Schlüsselerfahrung in ihrem Leben gemacht hatten, die sie veränderte: eine persönliche Krise, eine schwere Krankheit oder das bewusste Erleben eines Glücksmoments. Viele Menschen machen derartige Erfahrungen, doch diese Führungspersönlichkeiten nutzten diese Erlebnisse dazu, um daraus zu lernen und etwas Neues für ihr Leben abzuleiten. Aus Erfahrung zu lernen und die richtigen Schlüsse zu ziehen, ist wesentlich auf dem Weg zur Führungskraft. Robert Thomas (2008) hat diese Beobachtung von Collins (2001) in seinem Buch „Crucibles of Leadership" weiter verfolgt und genauer untersucht, auf welche Weise Führungskräfte aus ihren Erfahrungen lernen.

Das Erlernen von Führung

Immer wieder wird die Frage gestellt, ob Führung erlernbar ist. Erstens: Niemand wird als Führungskraft geboren. Wer glaubt, aufgrund von Begabung und Talent die geborene Führungskraft zu sein, hat sich damit bereits disqualifiziert. Zweitens: Die bereits erwähnte Selbstwahrnehmung und Selbsteinschätzung sind unverzichtbare Voraussetzungen für eine erfolgreiche Führungskraft. Es gibt unter-

---

[1] Fortune Global 500 ist eine jährlich erscheinende Liste der 500 umsatzstärksten, fast ausschließlich börsennotierten Unternehmen der Welt. Sie wird vom US-amerikanischen Wirtschaftsmagazin Fortune veröffentlicht.

schiedliche Begabungen und Persönlichkeitsprofile, die mehr oder weniger gute Voraussetzungen mitbringen, Führungsaufgaben wahrzunehmen. Von daher sollte eine Führungspersönlichkeit besonders stark darauf bedacht sein, ihre Stärken und Schwächen zu kennen. Wirklich gute Führungskräfte arbeiten laufend an ihren Schwächen und suchen sich Mitarbeiter, durch die die eigenen Defizite kompensiert werden. Drittens: Führung ist erlernbar. Besser gesagt: Führung muss gelernt werden. Dieser Lernprozess ist langwierig und nie zu Ende.

Wie sieht die Ausbildung zur Führungskraft aus? Führung kann nicht an der Hochschule studiert werden, und auch Besuche von Führungsseminaren genügen nicht.

Zunächst gilt es, sich Fachkenntnisse anzueignen. Menschen, die erfolgreiche Manager werden wollen, müssen Wissen über mögliche Ziele und Strategien von Organisationen erwerben und Verständnis für deren betriebliche Abläufe gewinnen. Eine angehende Führungskraft wird darüber hinaus lernen, Arbeitsvorgänge zu optimieren und Teams zu leiten. So wächst der künftige Manager schließlich in eine Führungsrolle hinein, in der er eine Organisation unter Nutzung aller zur Verfügung stehenden Ressourcen zu einem definierten Ziel führt.

Essentiell bei der Entwicklung zur Führungskraft ist Erfahrung. Nur durch Erfolg und Misserfolg und durch laufende Rückmeldung und Reflexion während des beruflichen Werdegangs können Führungspersonen die nötigen Fähigkeiten erwerben, die es ihnen erlauben, ihre Aufgaben erfolgreich wahrzunehmen. Dabei ist nicht die Erfahrung an sich entscheidend, sondern es geht vor allem darum, aus ihr zu lernen.

Damit ergeben sich zwei wesentliche Bedingungen für die Entwicklung von Führungskräften. Erstens: Führungspersonen müssen die Möglichkeit bekommen, Erfahrungen zu sammeln. Große Unternehmen haben meist ein spezielles Programm entwickelt, um ihre künftigen Führungskräfte zu trainieren. Sie bieten ihren potentiellen Kandidaten eine Ausbildung, die es diesen ermöglicht, in einem relativ sicheren Umfeld Erfahrungen zu sammeln. Dies geschieht in der Regel in Seminaren, die durch Simulation der Wirklichkeit eine reale Übungsumgebung schaffen, welche direkt in die Praxis übertragen werden kann. Noch wichtiger ist die Möglichkeit, innerhalb des Unternehmens Führung zu üben. Nicht selten wird Führungskandidaten die Möglichkeit geboten, mit Unterstützung erfahrener Manager eine Unternehmenseinheit zu führen, zum Beispiel eine Filiale im Ausland.

Zweitens: Führungskräfte müssen die Fähigkeit zu lernen entwickeln. Dies ist die Voraussetzung für jegliche Fortentwicklung. Robert Thomas (2008) hat dazu eine umfangreiche Untersuchung durchgeführt und in seinem Buch „Crucibles of Leadership" veröffentlicht. Demnach besitzt jeder Mensch eine individuelle Art zu lernen („Individual Learning Strategy"). Es gilt, diesen individuellen Lernstil zu erkennen und zu pflegen. Dieser ergibt sich aus den individuellen Wünschen und Zielen, den Persönlichkeitsanlagen und dem historischen Erfahrungshintergrund der jeweiligen Person. Ihre persönliche Lernstrategie wird dann am deutlichsten, wenn es gilt, Misserfolge zu verarbeiten. Statt sich entmutigen zu lassen werden diese genutzt, um daraus neue Erkenntnisse zu gewinnen, die dann für künftige Aufgaben zur Verfügung stehen. Dazu gehört auch eine geschärfte Wahrnehmung für das Wesentliche einer Situation. Dies kann dazu führen, Annahmen zu korrigieren und Verhalten zu verändern.

Galileo Galilei (1564–1642), der Begründer der modernen, auf Erfahrung und Experimenten beruhenden Naturwissenschaft, sagte einmal, es sei unmöglich, einem Menschen etwas beizubringen (vergleiche Galilei & Strauß, 2007). Man könne bestenfalls hoffen, einen Menschen dazu anzuregen, bestimmte Dinge in sich zu entdecken. Diese Fähigkeit zur Selbstwahrnehmung zu entwickeln, ist eine der vordringlichsten Herausforderungen für Führungskräfte von heute.

Vision

Jede Transformation beginnt mit einer Vision, der Beschreibung eines zukünftigen Zustands.

„Vision" kommt von lateinisch videre, sehen – also einen Blick in die Zukunft werfen. Das Wort hat etwas Besonderes, fast Magisches. Eine Vision versetzt den Visionär und die mit ihm Schauenden in eine andere Vorstellungswelt. Die solchermaßen Sehenden erfahren die Zukunft also bereits in der Gegenwart.

So unentbehrlich die Formulierung einer Vision als Ausgangspunkt einer Veränderung ist, ist es nicht einfach, präzise Antworten auf folgende Fragen zu finden. Wie wird Vision definiert? Was ist eine gute Vision? Was tun visionäre Führungskräfte?

Ein Konzept, welches das Verständnis für die Bedeutung der Vision im Veränderungsprozess gut darstellt, stammt von Collins und Porras (1991). Die Autoren gehen davon aus, dass eine Vision grundsätzlich aus einer leitenden Philosophie besteht, die unter Einbeziehung von Erwartungen über zukünftige Umweltveränderungen zu einem greifbaren Image, einer Art Unternehmensleitbild, führt. Entsprechend setzt sie sich aus den beiden Kernelementen Unternehmensphilosophie und Unternehmensleitbild zusammen. Erstere hat ihren Ursprung in den Einstellungen und Grundwerten des Unternehmens und bildet auch die Basis für den Unternehmenszweck und die davon abgeleiteten strategischen Ziele des Unternehmens. Die zweite Komponente der Vision ist das Unternehmensleitbild. Während die Unternehmensphilosophie als dauerhaftes Bild im Hintergrund weilt, steht das Leitbild als greifbares Image im Vordergrund, sichtbar für jedes Organisationsmitglied. Anders als die Unternehmensphilosophie ist es anregend und motivierend formuliert. Es enthält eine klar definierte zwingende Zielvorstellung auf die alle Aktivitäten der Organisation ausgerichtet werden. Unter Einbeziehung von Trends, Entwicklungen und anderen Faktoren der Unternehmensumwelt übersetzt sie die eher abstrakte Unternehmensphilosophie in ein greifbares, anregendes und fokussiertes Zukunftsbild. Dabei ist in einer Zeit von laufender Veränderung die Unternehmensphilosophie als der eher konstante Kontext zu sehen, während das Unternehmensleitbild die Komponente ist, die sich den Gegebenheiten laufend anpassen muss.

Eine gute Vision hat folgende Eigenschaften:

- klar, genau und leicht verständlich formuliert,
- leicht zu merken,
- inspirierend und begeisternd,
- herausfordernd,
- nach Exzellenz strebend,
- stabil und flexibel,
- realistisch und erreichbar.

Eine Vision ist Ausgangspunkt jeder Veränderung, sie kreiert eine strukturelle Spannung zwischen dem Heute und dem angestrebten Morgen, die eine Auflösung anstrebt und dadurch motivierend wirkt.

Eine Studie von Tichy und Bennis (2007) mit 90 Führungskräften ergab folgende Erfolgsfaktoren bei erfolgreichen visionären Führungskräften:

- Sucht nach Ideen, Konzepten und neuen Denkweisen bis eine klare Vision sich herauskristallisiert.
- Artikuliert die Vision in einer leicht verständlichen Philosophie, die die strategische Richtung und die Unternehmenswerte mit berücksichtigt.
- Motiviert die Mitarbeiter, die Vision zu adaptieren durch konsistente Kommunikation, Überzeigungskraft und Vorbild.
- Kontaktiert alle Level der Organisation mit dem Bestreben für alle Gruppen deren persönliche Belange zu verstehen und die damit verbundene Bedeutung, die die Vision für sie hat.
- Agiert emphatisch und unterstützend und generiert ein Zusammenhörigkeitsgefühl.
- Achtet darauf, dass die Vision Sinn gebend ist im größeren Kontext, dass sie aber auch übersetzt wird auf die Belange des Einzelnen, um zu vermitteln, wie das individuelle Anliegen in den Gesamtkontext passt.
- Fokussiert sich auf die Stärken der Organisation, die Voraussetzung sind für den Erfolg der Vision.
- Bleibt immer im Zentrum aller Aktivitäten und positioniert sich als Hauptvertreter der Vision.
- Sucht stets nach Wegen die Vision zu ergänzen, zu verbessern und an Veränderungen innerhalb und außerhalb der Organisation anzupassen.
- Misst den Erfolg der Organisation anhand der Fähigkeit die Vision zu erfüllen.

So ist es selbstverständlich, dass jedes große Projekt, jedes Unternehmen, jede Organisation eine Vision hat. Sie gibt das Ziel vor, jedoch keinen Weg. Diesen gilt es zu definieren. Das ist ein intensiver Prozess, dessen Schlüsselfaktor Konsistenz heißt. Dabei ist es wichtig, immer wieder auf die Vision zu blicken: auf den Leitstern, der auch im dunklen Wald immer wieder durchschimmert, auch oder gerade, wenn man sich wieder einmal im Gestrüpp der Einzelmaßnahmen und der Veränderungsresistenz verloren hat. Die Vision wirkt mobilisierend und energetisierend. Die Fähigkeit, eine Vision hervorzubringen und zu kommunizieren, ist entscheidend für die Qualität einer Führungskraft. Die Leitfigur muss ihre Vision mit Enthusiasmus und Energie vortragen. Die Schau in die Zukunft muss einfach und anregend zugleich und jedermann nachvollziehbar sein. Das gilt auch oder gerade für globale Unternehmen, die eine Vision formulieren müssen, die für unterschiedlichste Kulturkreise verständlich ist.

Führung und Vision in den Phasen der Transformation

Große Veränderungen (Transformationen) verlaufen in definierten Phasen, wobei jede Phase ihre eigenen Charakteristika hat, mit spezifischen Anforderungen an die verantwortlichen Führungskräfte. Wie bereits in Kapitel zwei ausgeführt, beschreibt Kotter (1996) acht Phasen der Transformation.

Die erste Phase bezieht sich auf die Dringlichkeit für eine Veränderung. Nur wenn es einen entsprechenden Grund gibt, der Anlass zur Veränderung ist, können auch die nötigen Energien freigesetzt werden, die für die Durchführung erforderlich sind. In dieser Phase sind strategische Fähigkeiten der Führungskräfte gefragt. Sie müssen den Markt und relevante Trends analysieren und einschätzen können, Möglichkeiten und Risiken abwägen und daraus Schlussfolgerung ableiten, die die Grundlage für die weiteren Handlungen sind. Einmal definiert müssen andere Führungskräfte von der Notwendigkeit der Veränderung überzeugt werden. In der zweiten Phase wird dieser Prozess fortgesetzt, wobei es jetzt darum geht über verschiedenen Hierarchieebenen hinweg eine Koalition von Änderungsbereiten zu bilden, die sich auf ein gemeinsames Vorgehen verständigen. Hier geht es vor allen um Teamfähigkeit und Commitment. In Phase drei wird eine Vision definiert, die in Phase vier kommuniziert wird. Dabei kommt es nicht nur darauf an, eine inspirierende Vision zu definieren und konsistent über möglichst viele Kommunikationskanäle zu vermitteln. Wichtig ist auch, durch die eigenen Verhaltensweisen die angestrebten Veränderungen vorzuleben und damit die Kommunikation ins Unternehmen zu verstärken. In den Phasen fünf bis sieben geht es dann um die Umsetzung. Das fängt damit an, dass Mitarbeitern Freiraum gegeben wird neue Dinge zu tun und umzusetzen, also ein Umfeld geschaffen wird, in dem Risikobereitschaft bis zu einem gewissen Grad gefördert wird und Fehler erlaubt sind.

Führungskräfte müssen jetzt aber auch bereit sein, Hindernisse aus dem Weg zu räumen, sei es durch personelle Veränderungen oder durch Bereitstellung von zusätzlichen Ressourcen. Das Zelebrieren von kurzfristigen Erfolgen ist hier ebenso wichtig, wie die Konsistenz in der langfristigen Implementierung. Konsistenz heißt hier, dass Organisation, Prozesse, Systeme und Verhaltensweisen zusammenpassen. Hier sind vor allen die operativen Fähigkeiten der Führungskräfte gefragt, mit einem starken Fokus auf Kontrolle und Zielerreichung. In der letzten, der achten Phase geht es deshalb um die Nachhaltigkeit der Veränderung. Hier ist es entscheidend, dass die Vision von allen geteilt wird und sich damit in einer neuen Unternehmenskultur manifestiert. Nur wenn der Einzelne erkennen kann, wie sein individueller Beitrag zum Unternehmenserfolg beiträgt und welcher Vorteil ihm persönlich dabei erwächst, wird er durch sein Verhalten die Veränderung nachhaltig unterstützen.

Steter unternehmerischer Wandel ist die Antwort auf den steigenden Veränderungsdruck, deshalb ist das erfolgreiche Führen von Transformationen („Transformational Leadership", ein Begriff der bereits 1978 von Burns geprägt wurde) eine der wichtigsten Funktionen einer Führungskraft. Es sind eine Vielzahl von unterschiedlichsten Fähigkeiten und Aktivitäten erforderlich. Burns fasst das so zusammen: „Transformational leadership" erzeugt signifikante Veränderungen im Leben der geführten Menschen oder Organisationen. Er verändert Wahrnehmung, Werte, Erwartungen und Ziele der Mitarbeiter. Er basiert nicht auf einem einfachen Verhältnis von Geben und Nehmen sondern auf der Persönlichkeit der Führungskraft und ihren Fähigkeiten Veränderungen durch die Vorgabe von Vision und Zielen herbeizuführen.

Die betroffenen Menschen sind dabei oft großer Verunsicherung und Belastung ausgesetzt. Eine „transformationale Führungskraft" muss deshalb in der Lage sein, durch ihre Integrität und Authentizität das Vertrauen der „Geführten" zu gewinnen, die Menschen für eine tragfähige Vision zu begeistern und sie zu eigenständigem Handeln anzuregen.

Überblick über die Praxisbeispiele

Eine globale Welt im Wandel erfordert neue Führungskompetenzen

Ursula Hess, Partner im Bereich Talent & Organization Performance bei Accenture

Fast jedes Unternehmen sieht sich in der heutigen Zeit enormen Herausforderungen gegenüber. Globalisierung, Volatilität der Finanzmärkte, die Notwendigkeit zu nachhaltigem Wirtschaften und neue Anforderungen an die Verantwortung und die Kontrolle in Unternehmen stellen Führungskräfte vor neue Aufgaben, zu deren Bewältigung sie neue Kompetenzen benötigen. Accenture Research hat gezeigt, dass vor allem drei Bereiche besonders relevant sind: (1) Anpassungsfähigkeit bei sich selbst und in der Führung anderer; (2) die Fähigkeit eine gemeinsame Vision sowie einen größeren Deutungszusammenhang für die geführten Mitarbeiter zu schaffen; (3) absolute Integrität basierend auf einem internen Wertekompass und kritischer Selbstwahrnehmung.

Für diese Kompetenzen sind neben den bekannten Managementtechniken vor allem veränderte Verhaltensweisen und persönliche und interpersonelle Fähigkeiten erforderlich, die wir als perspektivische Fähigkeiten zusammenfassen und die nur praktisch erworben werden können. Um diese zu erlernen, werden daher neue Methoden benötigt, die das Lernen durch Erfahrung gezielt fördern. Diese Methoden beruhen auf der Erkenntnis, dass vor allem stark emotionale und schwierige Erfahrungen die Gelegenheit bieten Neues zu erlernen. Unternehmen, die dies erkannt haben, nutzen neue Entwicklungsprogramme für ihre Führungskräfte. Sie schaffen ein Umfeld, in dem ihre Führungskräfte diese Erfahrungen machen können, um dabei bewusst die technischen und perspektivischen Fähigkeiten gemeinsam zu entwickeln.

Das Siemens Leadership Excellence Programm

Marion Horstmann, Chief Learning Officer und Head of Global HR Strategy, Learning & Leadership Development, Siemens AG

Unter dem Namen Siemens Leadership Excellence (SLE) wurde 2005 der Aufbau eines neuen Weiterbildungsprogramms für Siemens Führungskräfte begonnen. Ziel dieses Programms ist es, Siemens Führungskräfte weltweit mit den Fähigkeiten auszustatten, die sie für die Erfüllung ihrer Aufgaben brauchen. Zudem werden im Rahmen des Programms funktionierende Netzwerke auf den verschiedenen Siemens-Führungsebenen geschaffen, die einen engeren Erfahrungsaustausch der Führungskräfte ermöglichen. Durch das unternehmensweite Talentscouting im Rahmen des Leadership Frameworks verfügt Siemens über eine globale Leadership- und Talent-Pipeline, über die diejenigen Führungskräfte identifiziert werden, die an den SLE Programmen teilnehmen. Die durch das Talentscouting identifizierten Führungstalente erhalten die Chance, sich durch die Kurse des SLE Programms zu Top-Führungskräften weiterzuentwickeln. Die Kurse des Siemens Leadership Excellence Programms bauen pyramidenförmig aufeinander auf und sind in ihren Inhalten genau auf die Bedürfnisse der jeweiligen Zielgruppe zugeschnitten. Das Curriculum aller SLE Kurse basiert auf den vier Modulen „Wer sind wir?", „Wie sind wir organisiert?", „Wie arbeiten wir?" und „Wie führen und kommunizieren wir?" Der wichtigste Grundsatz des SLE Programms lautet dabei: „Leaders develop Leaders". Dies bedeutet, dass erfahrene Siemens Führungskräfte den Siemens Führungsnachwuchs ausbilden. Durch dieses Prinzip wird sichergestellt, dass die Führungskräfte exakt das Rüstzeug und die Fähigkeiten erwerben, die sie für eine erfolgreiche Führungsarbeit bei Siemens benötigen.

Das Klinsmann-Projekt

Prof. Dr. Wolfgang Jenewein, Studienleiter des Executive MBA und Professor für Betriebswirtschaftslehre, Universität St. Gallen

Jürgen Klinsmann und Joachim Löw schafften es innerhalb von zwei Jahren, die Deutsche Fußballnationalmannschaft von einer 2:1-Niederlage gegen die tschechische B-Mannschaft im Rahmen der Europameisterschaftqualifikation 2004 zum 3:1 Sieg gegen Portugal im Spiel um den 3. Platz bei der WM 2006 zu führen. Die „Altherren-Mannschaft", in der Vorrunde der EM ausgeschieden, wandelte sich zu einem Sympathieträger, der mit eindrucksvollem Fußball Dritter der Weltmeisterschaft wurde.

Dieses erfolgreiche Beispiel für Change Management wurde Gegenstand einer Fallstudie zur Analyse und Auswertung der Strategie, Organisation und Führungsprinzipien der Nationalmannschaft, deren Ergebnisse mit aktuellen Erkenntnissen aus Strategie-, Change- und Führungsliteratur verglichen wurden. Das Resultat der Forschungsarbeit zeigte, dass es sich beim Change Prozess der Nationalmannschaft um einen „Wandel zweiter Ordnung" (transformationellen Wandel) handelte, der im Gegensatz zu einem „Wandel erster Ordnung", der auf das Optimieren etablierter Strukturen, Rollen und Verhaltensweisen fokussiert, einen tief greifenden Wandel auf der Makroebene der Organisation und der Mikroebene der Spieler, Betreuer und Helfer darstellt.

Die dabei gewonnenen Erkenntnisse sind nach Meinung der Wissenschaftler ein Lehrbeispiel für Führungskräfte, die vor der Aufgabe stehen, Veränderungsprozesse in Unternehmen durchzuführen. Die Definition von Vision, Strategie und Struktur auf der organisatorischen Ebene (Makroebene) diente „Klinsmann & Co" dabei als Grundstein für die Reform der Mannschaft.

Dabei stand im Vordergrund, die am Wandel beteiligten Spieler, Betreuer und Helfer für die aktive Unterstützung des Wandlungsprozesses zu motivieren und zu mobilisieren. Dies erreichte Klinsmann durch seinen „integrativen Führungsstil", der in der Management-Forschung auch als „4i - Führungsstil" bekannt ist. Die „4i" stehen dabei für identifizierend, inspirierend, intellektuell und individuell.

Eine globale Welt im Wandel erfordert neue Führungskompetenzen

Ursula Hess, Partner im Bereich Talent & Organization Performance bei Accenture

Organisationen sehen sich durch die Entwicklungen in den globalen Märkten mehr denn je einem starken Veränderungsdruck ausgesetzt. Dies erfordert neue Führungskompetenzen und neue Methoden des Lernens.

Wir leben in einer Welt, die sich schneller wandelt denn je. Unternehmen sehen sich dabei einem laufenden Transformationsprozess ausgesetzt, der ihre Führungskräfte vor gänzlich neue Aufgaben stellt, auf die sie oft nur unvollständig vorbereitet sind. Sie benötigen neue Kompetenzen, die sich nicht durch einfache Schulungsprogramme erlernen lassen. Vielmehr müssen sie sich zusätzlich zu fachlichem Wissen und Managementfertigkeiten vor allem interpersonelle Fähigkeiten aneignen, die sich nur durch praktische Erfahrungen erlernen lassen. Ist man sich dessen bewusst, lässt sich dieser Lernprozess aber gezielt planen und umsetzen.

Veränderungen erfordern neue Führungskompetenzen.

Die Liste von externen Faktoren, die eine Neuorientierung von Unternehmen erforderlich machen, ist lang: globale Vernetzung und Abhängigkeiten, ökonomische Unsicherheit, ökologische Anforderungen an Nachhaltigkeit und demographische Entwicklung sind nur einige der Faktoren, die bei der Planung, Zielsetzung und Zielerreichung von Unternehmen berücksichtigt werden müssen. Dabei handelt es sich nicht um die Anpassung an ein einmaliges Ereignis, sondern um einen anhaltenden Prozess des Wandels. Um diesen Wandel angemessen begegnen zu können benötigen Führungskräfte neue Kompetenzen. Im Folgenden seien einige Beispiele dafür genannt, welchen Herausforderungen sich Führungskräfte gegenübersehen.

Beispiel 1: Expansion von Unternehmen der Industrienationen in die Schwellenländer
Die weltweite Vernetzung und das Zusammenwachsen der internationalen Märkte bewirkt, dass alle großen Unternehmen global agieren müssen. Sie gründen Niederlassungen in allen Teilen der Welt, um an neuen Wachstumsmärkten zu partizipieren und um lokale Ressourcen zu nutzen. Firmen können nur dann erfolgreich sein, wenn sie lokales Management rekrutieren und in gemischten Führungsteams Entscheidungen über die lokalen Aktivitäten treffen. Dabei ergibt sich eine kulturelle Vielfalt, die durch gemeinsame Unternehmenswerte verbunden ist. Führungskräfte müssen diesen Balanceakt zwischen Vielfalt und Verbundenheit verstehen und in der Lage sein, multikulturelle Teams zu leiten.

Beispiel 2: Expansion in neue Märkte
Ein deutscher Automobilzulieferer expandiert massiv nach China. Es werden Niederlassungen in verschiedenen Teilen des Landes gegründet, um durch die Nähe zu neuen Kunden Absatzmärkte besser zu sichern. Von den Niederlassungsleitern wird erwartet, dass sie sich weitgehend wie selbstständige Unternehmer verhalten, um sich flexibel auf die lokalen Gegebenheiten einstellen zu können, sich dabei aber immer in den von der Muttergesellschaft vorgegebenen Richtlinien bewegen.

Beispiel 3: Umkehrung der Wertflüsse
Neu ist eine zunehmende Umkehrung der Wertflüsse. Immer häufiger finden wir Firmen, deren Hauptsitz in einem der Schwellenländer liegt. Beispiele dafür sind die brasilianische Firma Vale, der weltgrößte Erzeuger von Eisenerz und die indische Stahlfirma Mittal. Beide Firmen haben ihren Sitz in Schwellenländern und wachsen durch den Zukauf von Firmen in den alten Industrienationen. Das schafft eine neue Situation für Manager in den „alten Ländern", da Zielvorgaben und Firmenwerte aus einem anderen Kulturkreis vorgegeben werden.

Beispiel 4: Globale Verteilung der Wertschöpfungskette
Aus der globalen Vernetzung ergibt sich die globale Verteilung der Wertschöpfungskette für internationale Unternehmen. So richtet sich die Lage von Innovationszentren danach, wo die Unternehmen Zugang zu den erforderlichen Talenten haben, z. B. in Indien und China. Die Verlagerung der Produktion ist vom Zugang zu preiswerten Arbeitskräften und durch die Nähe zu den Absatzmärkten bestimmt. Ein weiteres Beispiel ist eine globale Einkaufsfunktion. Eine deutsche, global agierende Chemiefirma hat ihre Einkaufsfunktion weltweit vereinheitlicht und für jede Warengruppe einen verantwortlichen Manager bestimmt. Bestimmte Warengruppen werden dabei am günstigsten in so genannten „Billigländern" eingekauft, was es erforderlich macht, dass die verantwortlichen Manager dann auch in diesen Ländern sitzen und die anderen Länder für ihre Warengruppe mit bedienen. Es ergibt sich ein global verteiltes Management. Die geografische Lage der Konzernzentrale bestimmt dann nicht mehr, wo die Vorgesetzten sitzen, sondern die Nähe zum relevanten Markt. Führungskräfte müssen virtuelle Teams leiten,

wobei ein direkter, personalverantwortlicher Durchgriff auf die Teammitglieder nicht immer gegeben ist. Überzeugungskraft und Verhandlungsgeschick sind erforderlich, um solche Teams zu managen.

Beispiel 5: Verantwortung und Kontrolle
Vorstände und Aufsichtsräte müssen ihrer Verantwortung gegenüber vielen Stakeholdern gerecht werden. Die Investoren erwarten zur Beurteilung der möglichen Kapitalrendite ein akkurates Berichtswesen und realistische Vorhersagen. Die Öffentlichkeit erwartet nachhaltiges Wirtschaften und verantwortungsvolles Handeln des Unternehmens als Beitrag zum Allgemeinwohl. Die Mitarbeiter erwarten gelebte Unternehmenswerte und Respekt für den Einzelnen, gleichgültig in welcher Rolle sie zum Unternehmensziel beitragen. Dieser steigenden Erwartung steht zunehmende Komplexität gegenüber, die eine direkte Kontrolle durch rein autokratische Führungsinstrumente unmöglich macht. Deshalb funktioniert die Erfüllung dieser Erwartungen nur dann, wenn die Verantwortung auf allen Ebenen eines Unternehmens gelebt wird. Das bedeutet Führung auf allen Ebenen und damit einhergehend eine Verhaltensänderung der Mitarbeiter, die durch die Führungskräfte unterstützt werden muss.

Beispiel 6: Wirtschaftlicher Druck durch veränderte ökonomische Bedingungen
Restrukturierung als Antwort auf die wirtschaftliche Herausforderung. Die gegenwärtige wirtschaftliche Lage ist ebenfalls ein externer Faktor, der viele Unternehmen zu erheblichen Anpassungen veranlasst. Für einige Unternehmen kann das bedeuten, dass sie unter erheblichen finanziellen Druck geraten und mit kurzfristigen Kosteneinsparungsmaßnahmen reagieren müssen. Sie verkaufen Unternehmensteile, legen Produktionsanlagen still, verschlanken interne Funktionen und reduzieren neue Investments. Andere Firmen nutzen die Situation aber auch als eine Möglichkeit sich durch eine Neuausrichtung, beispielsweise durch ein verändertes Geschäftsmodell oder durch anorganisches Wachstum, neu aufzustellen, um gestärkt aus der Krise hervorzugehen. Ein Beispiel für ein verändertes Geschäftsmodell ist die Auslagerung von transaktionalen Aktivitäten in ein Shared Service Center und eine Refokussierung auf die strategischen Unternehmensfunktionen.

In jedem Fall ergeben sich damit erhebliche strukturelle Änderungen in den Unternehmen, die von den Führungskräften initiiert und begleitet werden. Der Veränderungsdruck und der drohende Arbeitsplatzverlust führen zu erheblichen Belastungen der Mitarbeiter. Die Folge ist Demotivation durch die wertvolle Energien verloren gehen. Führungskräfte müssen in diesen Zeiten ihre Ziele klar kommunizieren, schwierige Entscheidungen zügig treffen, mit Mitarbeitern respektvoll umgehen und deren Ängste verstehen. Sie müssen zuhören können, direkte und indirekte Signale erkennen und ihren Mitarbeitern als Coach zur Verfügung stehen.

Beispiel 7: Nachhaltigkeit und soziale Verpflichtung
Schließlich kommt der Verantwortung von Führungskräften in einer global vernetzten Welt eine neue Bedeutung zu. Die globale Wirtschaft unterliegt in vielerlei

Hinsicht nicht mehr der direkten Kontrolle einer einzelnen Regierung, da sie in den verschiedensten Weltregionen aktiv ist und ganze Unternehmensteile kurzfristig in andere Regionen verlagern kann. Gleichzeitig hat die Wirtschaft einen erheblichen Anteil daran, wie sich die Zukunft der Menschheit entwickelt. Sie trägt erheblich dazu bei, ob Menschen in Wohlstand oder in Armut leben. Einzelne Unternehmen oder Unternehmenszweige können das ganze System aus dem Gleichgewicht bringen, wie die derzeitige Finanzkrise zeigt. Die Führungskräfte vieler globaler Unternehmen sind sich dieser Verantwortung bewusst. Nachhaltigkeit („Corporate Social Responsibility") ist Teil der Unternehmensstrategie. Da reicht es aber nicht, nur ein Lippenbekenntnis abzugeben. Das erfordert neue Wertesysteme und durch das Management authentisch vorgelebte Verhaltensweisen.

Zusammenfassend lässt sich feststellen, dass diese Veränderungstrends zu großen Herausforderungen für die Führungskräfte führen. Sie müssen im Wesentlichen drei Eigenschaften mitbringen um diesen Anforderungen gerecht zu werden:

- Anpassungsfähigkeit, also die Fähigkeit, flexibel auf Veränderungen zu reagieren und sich selbst und den geführten Verantwortungsbereich laufend anzupassen und andere durch Veränderungsprozesse zu führen.
- Führen durch eine gemeinsame Vision, das ist die Fähigkeit, Ziele und Richtung zu definieren und erfolgreich zu kommunizieren und damit einen Sinnzusammenhang für die Mitarbeiter zu geben. Dazu gehört hohe soziale Kompetenz, die richtige Balance zu finden zwischen Richtung geben und teilnehmen lassen. Das bedeutet ein Umfeld schaffen, in dem Menschen intrinsische Motivation entwickeln können und dadurch ihre Energien für das gemeinsame Ziel einsetzen wollen.
- Absolute Integrität, damit ist die Ausrichtung an einem unerschütterlichen internen Wertekompass gemeint. Das beinhaltet ein klares Selbstbild zu haben, die eigenen Stärken und Schwächen zu verstehen und in jeder Situation zu seinen Grundsätzen zu stehen.

Diese Eigenschaften setzen spezielle Kompetenzen voraus. Um welche Kompetenzen es sich handelt, wie diese Kompetenzen entwickelt werden können und welche Programme Unternehmen verwenden, um diese Kompetenzen zu entwickeln wird im Folgenden näher ausgeführt.

Führungskompetenzen

Zunächst ist es wichtig sich bewusst zu machen, dass es zwei grundsätzliche Qualitäten von Führungskompetenzen gibt. Robert Thomas (Thomas, 2008) beschreibt das in seinem Buch „Cruicibles of Leadership"[1]. Die erste Qualität kann man unter der Überschrift technische Führungskompetenzen zusammenfassen. Sie beziehen sich auf die für Führungskräfte typischen Aufgaben und Aktivitäten. Die zweite

---

[1] Robert J. Thomas leitet auch das *Accenture Institute for High Performance*.

Qualität bezieht sich auf Fähigkeiten, die das Ergebnis der persönlichen Entwicklung einer Führungskraft sind. Man könnte auch sagen, sie beschreiben die persönliche Perspektive auf sich selbst und andere sowie die Fähigkeit neue Perspektiven zu vermitteln. Diese zweite Qualität nennen wir perspektivische Führungskompetenzen. Robert Thomas gibt folgende Beispiele für jede der beiden Gruppen:

- Technische Führungskompetenzen:
  - Strategien definieren und in Ziele übersetzen,
  - Präzise und zielgruppengerecht kommunizieren,
  - Methode der Entscheidungsfindung kennen,
  - Betriebswirtschaftliche Analysen durchführen,
  - Messen, kontrollieren und Rückmeldung geben,
  - Mitarbeiter führen und entwickeln,
  - Methoden der Leistungsmessung und Kontrolle einsetzen,
  - Verhandlungstechnik und Konfliktmanagement beherrschen,
  - Stakeholder managen;

- Perspektivische Führungskompetenzen:
  - Die Motive anderer beobachten, verstehen und ein Umfeld für intrinsische Motivation schaffen,
  - Empathie, Verständnis haben durch Mitfühlen,
  - Den eigenen Lernstil und den der Mitarbeiter kennen,
  - Selbstwahrnehmung und das eigene Verhalten kritisch reflektieren und kontrollieren,
  - Mit Widerständen umgehen können,
  - Scheinbar Offensichtliches immer wieder in Frage stellen,
  - Selbsterneuerung, also die Fähigkeit sich selbst laufend weiter zu entwickeln,
  - Loslassen können.

Beide Qualitäten von Führungskompetenzen sind gleichermaßen wichtig. Leider liegt der Fokus aber meist auf den technischen Kompetenzen, da diese durch ein erprobtes Kurrikulum vermittelt werden können. Die Entwicklung der perspektivischen Führungskompetenzen ist sehr viel schwieriger, da sich dafür nicht einfach ein Kurs belegen lässt. Vielmehr geht es hier darum, diese Fähigkeiten zeitgleich mit der Anwendung der technischen Fertigkeiten zu entwickeln beziehungsweise anzuwenden. Beispielsweise wird eine gute Führungskraft bei der Kommunikation einer neuen Unternehmensstrategie an wichtige Stakeholdergruppen nicht nur auf die präzise Darstellung der Information achten. Vielmehr wird sie genau beobachten wie die Zuhörer reagieren und versuchen, die Motive für die Reaktionen zu verstehen. Im Fall von Widerstand wird sie emphatisch regieren und den Betroffenen vermitteln können, dass deren Anliegen gehört und ernst genommen werden. Im Konfliktfall sollte die Eigenwahrnehmung geschärft sein. Die Selbstkontrolle der Führungskraft sollte verhindern, dass eigene Verhaltensmuster kontraproduktive Auswirkungen auf die angespannte Situation haben.

Es ist keineswegs neu, dass diese Fähigkeiten zum Erfolg von Managern beitragen. Neu ist, dass es ohne diese Fähigkeiten kaum noch eine Überlebenschance für Führungskräfte gibt und dass es deshalb nicht mehr dem Zufall überlassen werden kann, ob diese Fähigkeiten erlernt werden. Sie müssen gezielt geschult werden und das kann nur durch bewusste Eigenwahrnehmung in der aktuellen Erfahrung erfolgen.

Lernen durch Erfahrung

Die geschilderten Anforderungen und die damit verbundene Notwendigkeit, Führungskräfte auf andere Art als bisher zu schulen, stellt Unternehmen vor neue Herausforderungen. Wie können sie ein Entwicklungsumfeld bereitstellen, das das gezielte Erlernen von technischen und perspektivischen Führungskompetenzen ermöglicht? Die Antwort ist, es müssen zwei Dinge als Voraussetzung bereitgestellt werden: Erstens muss es die Möglichkeit geben, relevante Erfahrungen zu machen und zwar in einem Lernumfeld, das eine echte Herausforderung darstellt und damit eine entsprechende emotionale Beteiligung mit sich bringt. Es muss ein Umfeld sein, in dem es möglich ist, technische als auch perspektivische Fähigkeiten in einer neuen ungewohnten Situation anzuwenden, zu reflektieren und gegebenenfalls zu korrigieren.

Zweitens, es muss dafür Sorge getragen werden, dass das Erlernen sowohl der technischen als auch der perspektivischen Fähigkeiten bewusst erfolgt. Das heißt, die zu erlernenden Fähigkeiten müssen klar benannt, beschrieben und in Selbst- und Fremdwahrnehmung beobachtet werden.

Um ein Lernumfeld bereitzustellen, in dem Erfahrungen gesammelt werden können gibt es verschiedene Ansätze. Im Folgenden nur einige Beispiele:

- **Web-basierte Simulation.** Verschiedene Modelle von Simulation erlauben es, eine möglichst realitätsnahe Lernsituation zu schaffen. Die Formen der Simulation sind vielfältig. Web-basierte Simulationen ermöglichen Interaktionen in nachgestellten, realitätsnahen Situationen, in denen immer eine Reihe von möglichen Antworten oder Verhaltensweisen angeboten werden, die jeweils zu unterschiedlichen erwünschten oder unerwünschten Reaktionen führen. Diese Art von Simulation eignet sich vor allen dann, wenn eine große Zielgruppe erreicht werden soll. Dieses elektronische Medium ermöglicht eine einheitliche, konsistente Ansprache der Schulungsteilnehmer.
- **Simulation im Klassenzimmer.** Ein sehr mächtiges Schulungsinstrument ist die Simulation von echten Situationen im Klassenzimmer. Beispielsweise kann ein wichtiges Gespräch mit einem Kunden simuliert werden. Der Kunde kann ein echter Kunde sein oder eine externe Person, die diese Rolle übernimmt. Verhandlungs- oder Konfliktsituationen können gestellt und durchgespielt werden, Schwierigkeiten und Herausforderungen lassen sich beliebig variieren. Die Realitätsnähe ermöglicht es den Schulungsteilnehmern, neue Techniken und Verhaltensweisen in schwierigen Situationen zu erproben.
- **Action Learning.** Unabhängig von der Realitätsnähe eines Schulungsprogramms gilt, nur wenn der Transfer in die aktuelle Arbeitswelt gelingt, ist eine Schulung auch erfolgreich. Deshalb empfiehlt es sich, nach der Schulung spe-

zielle Projekte aufzusetzen, die von den Schulungsteilnehmern in ihrer aktuellen Arbeitswelt unter Anwendung ihrer erlernten technischen und perspektivischen Fähigkeiten durchgeführt werden. Diese Projekte haben Themen zum Inhalt, die sich aus dem jeweiligen Tätigkeitsfeld der Führungskräfte ergeben. Sie werden am besten durch einen Coach begleitet, der auf den Transfer des Erlernten in die Projekte achtet und entsprechende Unterstützung geben kann. Nach einiger Zeit treffen sich die Teilnehmer wieder zu einer weiteren Schulungseinheit, in die sie dann ihre in der Zwischenzeit erworbenen Erfahrungen und Ergebnisse mitbringen.

- **Learning on the Job.** Schließlich gilt es ein Umfeld zu schaffen, in dem jede Tätigkeit als eine Gelegenheit betrachtet wird, während der Ausführung bewusst dazu zu lernen. Das gilt insbesondere für Situationen, in denen neue und ungewohnte oder besonders schwierige Aufgaben übernommen werden. Diese Fähigkeit des bewussten Lernens sollte ein Unternehmen bei seinen potentiellen künftigen Führungskräften aktiv fördern. Dazu werden diese Potentialkandidaten mit Rollen betraut, die sie bewusst an die Grenzen ihrer bisherigen Fähigkeiten führen, um ihnen in dieser kritischen, oft als existenziell empfundenen Situation (da Scheitern eine sehr reale Option ist) die Möglichkeit zu geben, neue Fähigkeiten durch Ausprobieren zu entwickeln. Ein Beispiel ist die Aufgabestellung eine Filiale in einem anderen Land aufzubauen und zu leiten.

Diese Programme sind aber nur dann erfolgreich, wenn auch die zweite Voraussetzung erfüllt ist, nämlich, dass es in jedem dieser Szenarien einen bewussten Lernprozess gibt, der das Aneignen der technischen und der perspektivischen Kompetenzen formal sicherstellt. Dazu gehören nach der klaren Definition der Lernziele für die technischen und die perspektivischen Kompetenzen, vor allem ein bewusster Lernprozess und die laufende Messung des Lernerfolges.

Ein bewusster Lernprozess erfordert ein hohes Maß an Aufmerksamkeit, die sich auf das Wissen um die eigene Wahrnehmungs- und Lernfähigkeit richtet. Wesentliche Elemente dabei sind:

- Das Verstehen der eigenen Zielsetzung. Was will ich, warum will ich führen. Was ist mein Ziel und inwieweit stimmt das überein mit den Zielen derer, die ich führe. Was ist der tiefere Sinn meines Tuns. Wie trägt es zu einem größeren Gesamtkontext bei.
- Eine Bewusstheit, dass die eigene Wahrnehmung niemals objektiv sein kann. Jeder hat seine eigenen Filter durch die die Wahrnehmung selektiert wird. Diese Filter werden bestimmt durch die eigene Historie, durch prägende Erfahrungen, durch persönliche Werte und durch die Sozialisierung, die wir durch unser Umfeld erhalten. Die Sozialisierung wird beeinflusst von der jeweiligen Landeskultur, von der Unternehmenskultur, durch die Generation der wir angehören und durch viele andere Umweltfaktoren, die zu der Bildung unserer Wahrnehmungsschemata beitragen. Diese Filter lassen sich nicht ausschalten, aber es ist wichtig ihr Vorhandensein zu akzeptieren und damit die Bereitschaft zu haben die eigene Wahrnehmung zu überprüfen.

- Verstehen wie wir lernen. Jeder Mensch hat seinen eigenen Lernstil. Es ist essentiell, dass wir wissen wie wir am besten lernen. Eine gute Grundlage den Lernstil zu analysieren ist das Modell nach Kolb (Kolb, 1984). Er unterscheidet 4 Typen:
  – Divergierer (Kreativer). Die Stärken liegen in der Vorstellungskraft, er neigt dazu konkrete Situationen aus vielen Perspektiven zu betrachten.
  – Assimilierer (Denker). Er bevorzugt reflektierendes Beobachten und zeichnet sich durch seine Analysefähigkeit aus.
  – Konvergierer (Entdecker). Seine Stärken liegen in der Ausführung, also der Umsetzung von Ideen.
  – Akkommodierer (Praktiker). Er neigt zu intuitiven Problemlösungen durch Versuch und Irrtum.

Selbstverständlich gibt es keine Reinformen, aber jede Führungskraft sollte den eigenen Lernstil kennen, um zu wissen, wie sie die Erfahrungen in der tagtäglichen Arbeit zur Weiterentwicklung nutzen können.

Die geschärfte Wahrnehmung erlaubt es dann nicht nur den besten Lerneffekt aus jeder Situation zu ziehen, sondern auch das erlernte Wissen jederzeit im aktuellen Kontext neu zu überprüfen und gegebenenfalls zu korrigieren. Aus dem einmaligen Klassenzimmer-Lernen wird ein laufendes bewusstes Dazulernen in jeder Situation des Lebens.

Schließlich sollte auch eine formale Überprüfung erfolgen inwieweit die Lernziele erreicht werden. Dabei werden Selbst- und Fremdwahrnehmung dokumentiert und interpretiert. Für die Fremdwahrnehmung kann eine 360-Grad-Befragung durchgeführt werden, durch die Vorgesetzte, Peers und Mitarbeiter einer Führungskraft Feedback geben. Wichtig ist es, in diesem Feedback Prozess sowohl die technischen als auch die perspektivischen Kompetenzen direkt oder indirekt abzufragen. Diese laufende Überprüfung und Neuausrichtung der eigenen Verhaltensweisen ist nämlich der entscheidende Erfolgsfaktor für Führungskräfte in einem sich ständig wandelnden Umfeld.

Das Führungskräfteentwicklungsprogramm von Accenture ist ein Beispiel für die Umsetzung der beschriebenen Konzepte.

Beispiel: Führungskräfte Entwicklung bei Accenture
Accenture ist ein weltweit agierender Managementberatungs-, Technologie- und Outsourcingdienstleister mit über 180 000 Mitarbeitern. Accenture hat das Knowhow und die Erfahrung, einen umfassenden und sehr komplexen Wandlungsprozess eines Unternehmens ganzheitlich zu begleiten und damit für seine Kunden nachhaltigen Markterfolg zu schaffen.

Um dieses Wertversprechen konsistent anbieten zu können, ist es eine der wichtigsten Aufgaben von Accenture, seine angehenden Führungskräfte auf diese verantwortungsvollen Aufgaben vorzubereiten. Sie müssen in der Lage sein, die künftige Entwicklung von Accenture zu leiten, aber noch wichtiger – und Voraussetzung dafür – sie müssen in der Lage sein, ihre Kunden erfolgreich bei ihren Transformationsprozessen zu begleiten.

Um diesem Anspruch gerecht zu werden, hat Accenture drei Bereiche definiert in denen Führungskräfte ihre Fähigkeiten entwickeln müssen:

- Value Creator (die Fähigkeit, neue Ideen zu entwickeln und zusammen mit unseren Kunden erfolgreich umzusetzen),
- People Developer (die Fähigkeit Mitarbeiter auszubilden, zu begeistern und zu der nächsten Generation von Führungskräften heranzubilden),
- Business Operator (Fähigkeiten ein Geschäft profitabel zu leiten).

Die Fortentwicklung dieses Programms stützt sich auf mehrere Faktoren:

- auf die Erkenntnisse, die Accenture gewinnen konnte durch seine jahrelange Erforschung der Erfolgsfaktoren, die Führungskräfte der besten globalen Unternehmen auszeichnet (*Accenture Institute for High Performance*[2]),
- auf das Feedback von Accenture-Mitarbeiterbefragungen,
- auf die Erkenntnissen von führenden Experten im Bereich Führungskräfteentwicklung (Noel Tichy, Warren Bennis, Steve Kerr, Robert Thomas und andere).

Dabei ist entscheidend, dass sich das Programm durch eine hohe Dynamik and Anpassungsfähigkeit auszeichnet, die den Herausforderungen der laufenden Veränderungen unserer heutigen Zeit gerecht wird. Es besteht aus mehrere ineinander greifenden Elementen: Schulungen, Umsetzung in Action Learning Projekten, Kontakt zu den Top Führungskräften von Accenture, die Mitgliedschaft in globalen Teams und laufende Messung der Fortentwicklung.

Jedes Jahr werden angehende Führungskräfte eingeladen an einem neun Monate dauernden Entwicklungsprogramm teilzunehmen. Jeder Teilnehmer ist Teil eines globalen Teams, das mit einer speziellen Herausforderung betraut wird, die sich aufgrund des aktuellen Geschäftsumfeldes von Accenture ergibt und aktuell einer Lösung bedarf. Das kann die Entwicklung eines neuen Marktangebotes sein, die Überarbeitung und Neugestaltung eines internen Prozesses oder die Entwicklung der Wachstumsstrategie in einer bestimmten Region, um nur einige Beispiele zu nennen. Die Teams treffen sich mehrmals während dieser Zeit für eine einwöchige Schulung. Dort können sie dann auch physisch zusammen an ihrer Aufgabenstellung arbeiten, ansonsten arbeiten sie in virtuellen globalen Teams. Die Projekte werden durch Accenture-Führungskräfte begleitet und die Ergebnisse dann einem Top-Management-Gremium vorgestellt. Die besten Vorschläge werden anschließend umgesetzt.

Damit ergibt sich für die Teilnehmer eine echte Herausforderung, denn der Anspruch ist hoch. Es wird darauf geachtet, dass sowohl technische als auch perspektivische Fähigkeiten entwickelt werden. Die Teams sind immer zusammengesetzt aus Vertretern unterschiedlichster Kulturen und sie müssen sich selbst organisieren. Das Umfeld ist also geeignet die Realitätsnahe und eine anspruchsvolle Situation bereitzustellen, in der ein bewusster Lernprozess stattfinden kann.

---

[2] *Accenture Institute for High Performance* in Boston. Das Institut entwickelt und publiziert Erkenntnisse zu wichtigen Management Themen und zu globalen Wirtschaftstrends beruhend auf den Ergebnisses eines globalen Forschungsteams.

Schließlich wird die Leistung von Führungskräften regelmäßig durch einen Reviewprozess gemessen, um laufende Weiterentwicklung faktenbasiert zu unterstützen. Der Beurteilungsprozess beruht auf einem 360-Grad-Feedback. Das heißt, eine Führungskraft erhält Input von Vorgesetzten, Mitarbeitern und Kollegen, und hat damit ein möglichst vollständiges Bild über ihre Leistung und ihre Entwicklungsbereiche. Denn das Erlernen von Führungskompetenzen ist ein laufender Prozess, der niemals abgeschlossen ist.

Zusammenfassend lässt sich sagen, dass Dynamik und Komplexität unserer Zeit höchste Ansprüche an alle stellen, die Führungsverantwortung übernehmen. Nur wer bereit ist, sich bewusst und selbstkritisch mit den eigenen Fähigkeiten auseinander zu setzen und laufend dazu zu lernen, kann diesen Ansprüchen gerecht werden. Deshalb ist die Entwicklung der Menschen, die sich als Führungskräfte in Zukunft diesen Herausforderungen stellen werden eine der wichtigsten Aufgaben aller Organisationen und ein bedeutender Beitrag zur Gestaltung der Welt von morgen.

Das Siemens Leadership Excellence Programm

Marion Horstmann, Chief Learning Officer und Head of Global HR Strategy, Learning & Leadership Development, Siemens AG

Siemens zählt zu den weltweit größten und traditionsreichsten Firmen der Elektrotechnik und Elektronik mit führenden Marktpositionen auf all seinen Arbeitsgebieten. In über 190 Ländern unterstützt das vor 160 Jahren gegründete Unternehmen seine Kunden mit innovativen Techniken und umfassendem Know-how bei der Lösung ihrer geschäftlichen und technischen Aufgaben. Rund 400 000 Mitarbeiter entwickeln und fertigen Produkte, erstellen Systeme sowie Anlagen und erbringen maßgeschneiderte Dienstleistungen.

Für ein derart internationales, komplexes und in den verschiedensten Bereichen aktives Unternehmen sind eine zukunftsweisende Unternehmensstrategie, eine gemeinsame strategische Ausrichtung aller Führungskräfte und die kontinuierliche Weiterentwicklung als auch Weiterbildung dieser Führungskräfte von grundlegender Bedeutung.

Um diese gemeinsame Ausrichtung und individuelle Weiterentwicklung erfolgreich sicher zu stellen, begann Siemens im Jahr 2005 mit dem Aufbau eines neuen Weiterbildungsprogramms für Siemens-Führungskräfte: Siemens Leadership Excellence (SLE).

Ziel des SLE-Programms ist zum einen die Wissensvermittlung und Weiterentwicklung persönlicher Fähigkeiten, zum zweiten der Aufbau eines funktionierenden Netzwerks zwischen Führungskräften und zum dritten die Unterstützung von grundlegenden Veränderungsprozessen im Konzern. Die Kurse des SLE-Programms sind derart auf die einzelnen Führungsebenen zugeschnitten, dass sie die Führungskräfte dabei unterstützen, die für ihre Aufgaben nötigen individuellen Fähigkeiten bestmöglich zu entwickeln. Im Rahmen der Kurse werden – über Organisationsgrenzen hinweg – Netzwerke zwischen den teilnehmenden Führungskräften geschaffen, die einen engen Erfahrungsaustausch und die spätere gemeinsame Lösung von geschäftlichen Herausforderungen ermöglichen. Der dritten Aufgabe – der Unterstützung von Veränderung im Unternehmen – kommt vor allem in der jüngeren Siemens-Vergangenheit Bedeutung zu: Grundlegende organisatorische Veränderung der Siemens-Struktur seit dem Jahr 2007, eine stärkere Betonung der Siemens-Werte „innovativ, exzellent, verantwortungsvoll" sowie die Einführung des sogenannten

"CEO Prinzips", der eigenverantwortlichen Führung von Geschäftseinheiten, werden besonders über die SLE-Kurse im Unternehmen verankert.

Förderung von Führungstalenten

Für den Erfolg eines Unternehmens ist die Anzahl und Qualität der weltweit verfügbaren Führungstalente von ausschlaggebender Bedeutung.

Kaum ein Mitarbeiter wird als perfekte Führungskraft geboren. Ein großer Teil der erforderlichen Fähigkeiten ist erlernbar, entweder durch Training oder durch „Learning by Doing" und durch Orientierung an einem Vorbild. Siemens konzentriert sich deshalb darauf, die Führungstalente im eigenen Unternehmen zu erkennen, zu fördern und zu ausgezeichneten Führungskräften weiterzuentwickeln. Durch die Ausbildung innerhalb der eigenen Organisation wird sichergestellt, dass Siemens weltweit stets über die erforderliche Anzahl von geeigneten Führungskräften verfügt.

Siemens Leadership Framework

Den Orientierungsrahmen für die Identifikation von möglichen Führungskräften bildet das Siemens Leadership Framework, das umreißt, über welche Fähigkeiten Siemens-Führungskräfte verfügen müssen.

Dieses Framework besteht aus fünf Kategorien, „Energy", „Energize", „Execute", „Edge" und „Passion" und zieht sich als roter Faden auch durch die Führungskräfte-Trainings des Siemens Leadership Excellence Programms (Abb. 4).

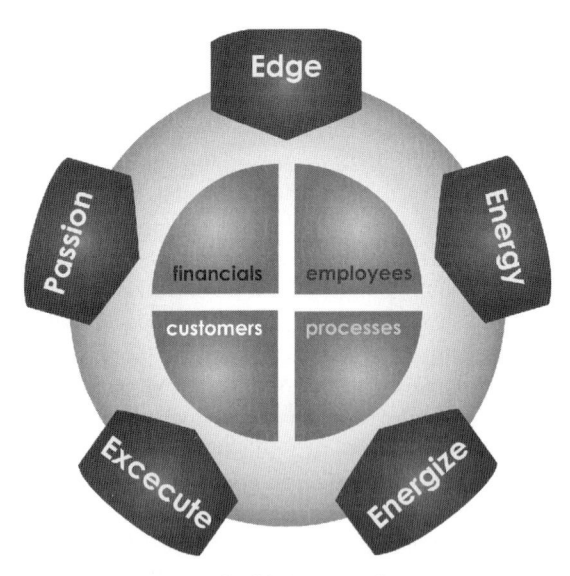

Abb. 4 Siemens Leadership Framework

Siemens Führungskräfte müssen als eine Basiseigenschaft eigene „Energy" mitbringen, das heißt, sie müssen sich selbst motivieren können und dürfen nicht auf Motivation von außen angewiesen sein. Wer sich innerhalb des Unternehmens weiterentwickeln möchte, muss von sich aus den Wunsch haben, etwas voranzutreiben, etwas zu bewegen und zu verändern.

„Energize" ist dagegen die Fähigkeit, andere mitzureißen und zu motivieren. Jede Siemens-Führungskraft muss in der Lage sein, die eigenen Mitarbeiter zu motivieren und zu begeistern, für ein Thema, für ein Projekt, für ein Geschäft.

Begeisterung allein reicht jedoch nicht aus. Jede Führungskraft muss ihre Pläne auch umsetzen können. Dafür steht im Siemens Leadership Framework der Begriff „Execute": Siemens-Führungskräfte müssen die Fähigkeit besitzen, Dinge voranzutreiben und erfolgreich umzusetzen.

„Edge" bezieht sich auf einen Aspekt, der für ein Unternehmen wie Siemens sehr wichtig ist: Innovation. Ohne beständige Innovation kann ein Unternehmen nicht über Jahrzehnte bestehen. Innovation ist der Treibstoff, der Unternehmen immer wieder nach vorne bringt. Innovation bedeutet immer wieder, „Leading Edge" zu sein, das heißt, sich an die Spitze der Entwicklung zu stellen. Ein Unternehmen, das vor dem Wettbewerb liegen will, muss seine Kunden perfekt verstehen. Oberstes Ziel muss es sein, Wert für die Kunden zu schaffen, durch Lösungen, Prozesse und Geschäftsmodelle, die jeden Kunden wirklich voran bringen. „Edge" bedeutet für Siemens, ganz neue Wege, innovative Wege zu gehen und sich dadurch einen Wettbewerbsvorteil am Markt zu erarbeiten. Durch „Edge" hebt sich eine exzellente Führungskraft vom Durchschnitt ab, durch „Edge" zeichnen sich die Führungspersonen aus, die eine Vision davon haben, welche Ziele ihr Geschäft erreichen soll.

Fünfte Kategorie im Siemens Leadership Framework ist „Passion" – Leidenschaft und Begeisterung für das, was der Einzelne als Siemens-Führungskraft verantwortet und leistet. Eine Siemens Führungskraft mit „Passion" für das Unternehmen Siemens bringt ihre persönlichen Werte in Einklang mit den Werten des Unternehmens, für die Siemens seit der Unternehmensgründung durch Werner von Siemens steht: exzellent, innovativ und verantwortungsvoll.

Performance Management Process

Das Identifizieren von Talenten ist bei Siemens eine Führungsaufgabe, die jeder Führungskraft obliegt. Die Grundlage dafür ist der jährliche „Performance Management Process" (PMP), den jeder Siemens-Mitarbeiter durchläuft. Dabei werden zum einen die Leistung des Mitarbeiters im vergangenen Jahr gegen die vereinbarten Ziele gemessen und zum anderen die Ziele für das kommende Geschäftsjahr festgelegt. Teil des PMP ist außerdem eine Würdigung der Fähigkeiten des Mitarbeiters. Mitarbeiter, die eine überdurchschnittliche Zielerreichung und herausragende Fähigkeiten zeigen, werden in Folge besonders gefördert. Diese Förderung von Talenten ist der Kern des Performance-Management-Prozesses. Es geht in erster Linie um die Entwicklung der Mitarbeiter, nicht nur um das Messen der Leistung und eventuell daraus resultierende Änderungen im Einkommen.

Teil des PMP ist regelmäßiges Feedback zwischen Führungskraft und Mitarbeiter über die Stärken und Schwächen. Darauf aufbauend werden in Abstimmung mit den Mitarbeitern die nächsten Entwicklungsschritte in Angriff genommen. Die Weiterentwicklung muss dabei nicht unbedingt in die Führungs-Pipeline münden. Es kann sich im Einzelfall auch um eine rein fachliche Weiterentwicklung handeln.

Durch das unternehmensweite Talentscouting verfügt Siemens über eine globale Leadership- und Talent-Pipeline, die in das Siemens Leadership Excellence Programm hineinmündet. Im Rahmen des Talentscoutings werden die Führungskräfte identifiziert, die Potential für eine Weiterentwicklung aufweisen, und die bei ihrer im Laufe der Siemens-Karriere wachsenden Verantwortung durch die einzelnen Stufen des Siemens Leadership Excellence Programms begleitet werden.

Die Kurse des SLE-Programms

Die Kurse des Siemens Leadership Excellence Programms bauen pyramidenförmig aufeinander auf und sind an der Führungsstruktur bei Siemens ausgerichtet (Abb. 5).

For each leadership level there is a Siemens Leadership **SIEMENS** Excellence course with defined key learning

Corporate Management — Corporate Management Course (CMC)
- Take responsibility for Siemens as a whole
- Holding a long-term strategic perspective
- Master change
- Work as a team at the top

Top Management — Top Management Course (TMC)
- Focus on the customer
- Leverage your network
- Deliver innovation an quality
- Lead with edge

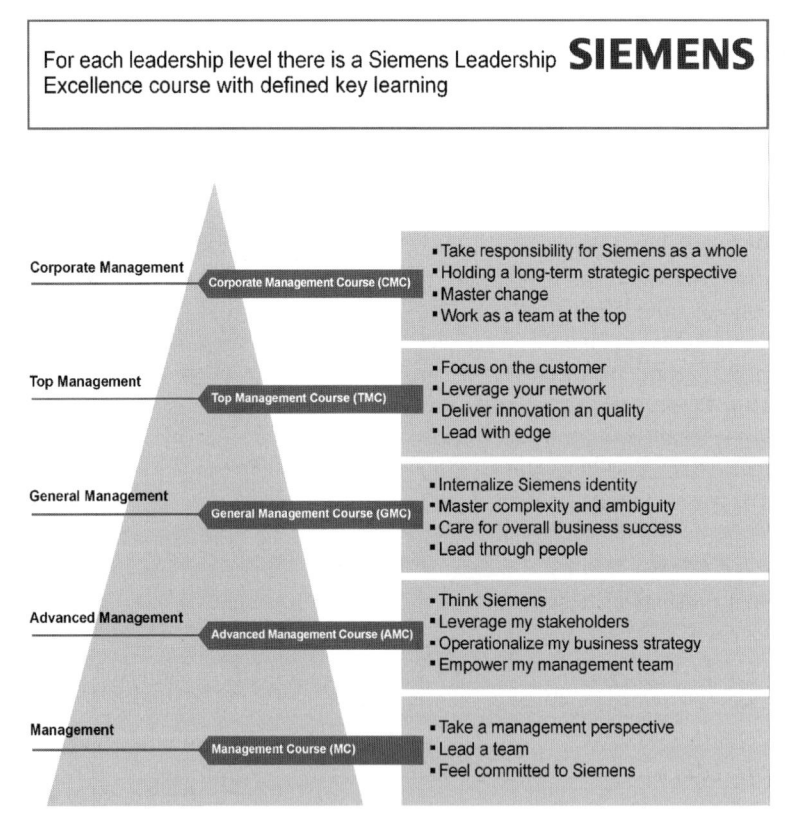

General Management — General Management Course (GMC)
- Internalize Siemens identity
- Master complexity and ambiguity
- Care for overall business success
- Lead through people

Advanced Management — Advanced Management Course (AMC)
- Think Siemens
- Leverage my stakeholders
- Operationalize my business strategy
- Empower my management team

Management — Management Course (MC)
- Take a management perspective
- Lead a team
- Feel committed to Siemens

Abb. 5 Die Siemens Leadership Excellence Pyramide

An der Spitze der Pyramide stehen die Kurse für das Corporate Management von Siemens („Corporate Management Course", CMC). Teilnehmende an den Kursen sind die CEOs der 15 Divisions und der beiden Cross-Sector-Businesses, „Siemens Financial Services" und „Siemens IT Solutions and Services". Die nächste Ebene bildet der „Top Management Course" (TMC). An diesen Kursen nehmen die CEOs der Business Units teil, von denen es unternehmensweit zirka 300 gibt. Darunter sind die Kurse für das General Management angesiedelt, die sich an die mittlere Management-Ebene wenden. Die Ebenen an der Basis der Pyramide (AMC und MC) umfassen Kurse, die sich an Management-Talente und an Führungskräfte wenden, die zum ersten Mal Führungsverantwortung übernehmen. Auf diesen Ebenen durchlaufen mehrere tausend Führungskräfte die Kurse des SLE-Programms.

Sowohl die Corporate-Management-Kurse als auch die Top-Management-Kurse sind Präsenztrainings (sogenannte „On-site Trainings") mit einem kleinen Kreis von Teilnehmern. Der Corporate-Management-Kurs hat beispielsweise rund zwölf Teilnehmer, für die drei externe Coaches über die gesamte Dauer des Kurses zur Verfügung stehen. Das gewährleistet eine intensive Betreuung und eine gezielte Auseinandersetzung mit den persönlichen Führungsfähigkeiten der einzelnen Teilnehmer.

Alle Kurse für die oberen Führungsebenen finden im Siemens-Führungskräfte-Zentrum in Feldafing am Starnberger See statt. Feldafing wurde aufgrund seiner Nähe zu München als Veranstaltungsort gewählt, um den vielfach dort stationierten Mitgliedern des Siemens-Vorstands eine schnelle Anreise und damit eine häufige Teilnahme an den Kursen zu ermöglichen. Die Mitglieder des Vorstands agieren dann als so genannte „interne Faculties", sprich als Vortragende in den Kursen und als Diskussionspartner bei den dazugehörigen Abendveranstaltungen.

Die Advanced-Management-Kurse und die Management-Kurse finden in den Siemens-Regionen statt, um die Bildung von regionalen Netzwerken zu fördern: Die Kurse für die Region „Americas" werden entweder in den USA oder in Mexiko veranstaltet, die Kurse für Europa in Feldafing und die Kurse für die Region „Asia" in Bangkok oder Singapur.

Den Advanced-Management-Kursen und den Management-Kursen ist zusätzlich eine vorbereitende sogenannte „Distance Learning Phase" von neun beziehungsweise zwölf Wochen vorangestellt. In dieser Phase werden den Teilnehmern des Kurses zum einen vorbereitende E-Learning-Module angeboten, zum anderen treffen sich die Teams in Kleingruppen virtuell, um inhaltliche Vorbereitungen für die eigentliche Kurswoche zu treffen.

Nominierung der Teilnehmer

Die Kurse des SLE-Programms können von den Siemens-Führungskräften nicht selbst gebucht werden, sondern sind nach der Beförderung auf eine neue Führungsebene verpflichtend. Vierteljährlich werden im Konzern die neu ernannten Führungskräfte erhoben und zu den entsprechenden Kursen eingeladen.

Alle Teilnehmer an SLE-Kursen werden in der Folge zu optionalen weiterführenden Kursen und Veranstaltungen eingeladen, wie beispielsweise zu Kursen zum Thema „Change Management". Über die Teilnahme an diesen so genannten „Follow-up"-Veranstaltungen kann jede Führungskraft selbst entscheiden.

Aufbau und Methodik der SLE-Kurse

So, wie der hierarchische Aufbau des Siemens Leadership Excellence Programms die Führungsstruktur von Siemens in der SLE-Pyramide abbildet, sind die Kurse in ihrem Aufbau und in ihren Methoden auf die jeweilige Zielgruppe zugeschnitten.

Für jede Zielgruppe gibt es genau definierte Lernziele: Kernthema im Top-Management-Kurs ist beispielsweise die Interaktion mit dem Kunden und damit unter anderem die zentralen Fragen, „Wie fokussiere ich mein Geschäft auf den Kunden?" und „Wie werden Innovationen erfolgreich umgesetzt?". Im Corporate-Management-Kurs steht wiederum die gemeinsame Diskussion der langfristigen strategischen Ausrichtung von Siemens im Vordergrund.

Das Curriculum für alle SLE Kurse basiert auf den vier Modulen „Wer sind wir?", „Wie sind wir organisiert?", „Wie arbeiten wir?" und „Wie führen und kommunizieren wir?" (Abb. 6).

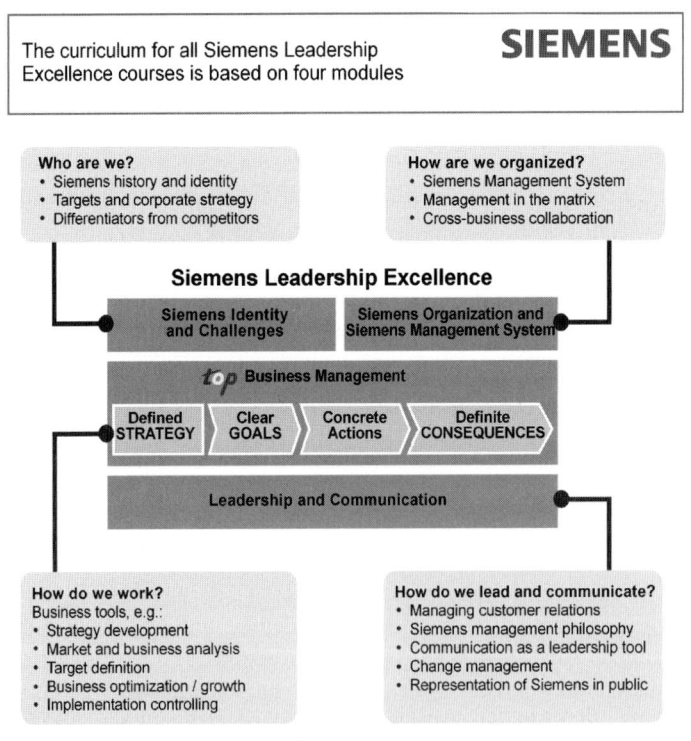

Abb. 6 Das Curriculum der SLE-Kurse

Im Modul „Wer sind wir?" beschäftigen sich die Teilnehmer mit der Geschichte und Identität von Siemens sowie mit den Zielen und der Strategie des Unternehmens. Das Modul „Wie sind wir organisiert?" vermittelt Wissen über die Organisation von Siemens und die Strukturen der unternehmensweiten Zusammenarbeit. Im Modul „Wie arbeiten wir?" lernen die Teilnehmer den Einsatz der verfügbaren Business Werkzeuge, wie zum Beispiel Strategie-Entwicklung und Marktanalyse. Und im Modul „Wie führen und kommunizieren wir?" trainieren die Kursteilnehmer ihre Führungs- und Kommunikationsfähigkeiten.

Bestandteil der SLE-Kurse sind unter anderem Rollenspiele mit Feedback durch die anderen Teilnehmer und den Coach, Vorträge, Diskussionen und Erfahrungsberichte sowie individuelles Coaching. Die Führungskräfte lernen, wie sie innerhalb der Szenarios, die zu ihrem Geschäft gehören, erfolgreich agieren. Die Kurse zeigen auf, mit welchen Tools unterschiedliche Geschäfts- und Führungssituationen, mit denen sie als Führungskraft konfrontiert sind, am besten gehandelt werden.

Ausgangspunkt für das Training von Handlungsstrategien und persönlichen Führungsfähigkeiten ist dabei in der Regel eine konkrete Geschäftssituation. Die Kursteilnehmer lernen, in welcher Phase von Projekten Entscheidungen getätigt werden müssen, wie sie mit Widerständen umgehen und wie sie die notwendigen Budgets für Vorhaben generieren und Innovationen durchsetzen. Parallel dazu trainieren die Kursteilnehmer ihre persönlichen Führungsfähigkeiten, lernen, wie sie Konflikte lösen, Mitarbeiter motivieren und Kunden überzeugen.

Die SLE-Kurse beschränken sich nicht auf das Training der für die Führung des Geschäfts unmittelbar notwendigen Fähigkeiten. Die Kurse vermitteln darüber hinaus auch die Führungskultur bei Siemens, die Art der Zusammenarbeit im Unternehmen und die Siemens-Werte. Teil dieser Siemens-Wertvorstellung ist das Übernehmen von sozialer Verantwortung. Daher legen die Kurse des SLE-Programms ein besonderes Augenmerk auf soziales Engagement: In der Regel arbeiten die Teilnehmer im Rahmen eines Kurses einen Tag lang für eine soziale Einrichtung, wie zum Beispiel Kindergärten und Heime, oder sie beraten karitative Einrichtungen und Organisationen bei deren Projekten.

Im Laufe eines SLE-Kurses führt jeder Kursteilnehmer ein Kurstagebuch, in dem jeden Abend die wichtigsten Fakten und Erkenntnisse des Tages sowie damit verbundene, persönliche Einsichten und Ziele notiert werden. Diese schriftliche, persönliche „Learning Roadmap" dient zur Visualisierung des persönlichen Erfahrungs- und Kenntnisstands und formuliert die Richtung der zukünftigen Entwicklung. Sie erleichtert es jedem Teilnehmer, auch nach dem Kurs weiter an seinen persönlichen Zielen zu arbeiten und die individuellen Fähigkeiten weiterzuentwickeln.

„Leaders develop Leaders"

Die wichtigste Maxime des Siemens Leadership Excellence Programms lautet „Leaders develop Leaders".

Im Rahmen des SLE-Programms werden, außer ausgewählten Coaches und wenigen fachlichen Experten, keine externen Trainer eingesetzt. Die erfahrenen Siemens Führungskräfte bilden den Nachwuchs aus. Dies geschieht durch alle Führungsebenen: Die oberste Führungsebene trainiert im Rahmen des SLE-Programms die Führungskräfte des Top-Managements, die Führungskräfte des Top-Managements, die bereits ein Training absolviert haben, stehen für die nächste Kursebene als Trainer zur Verfügung und so fort. Diese Vorgehensweise stellt sicher, dass in den SLE-Kursen immer die Themen diskutiert werden, die für das Unternehmen im Augenblick am wichtigsten sind und gibt der Vorbildfunktion einen zentralen Stellenwert in der Weiterbildung.

Der entscheidende Vorteil dabei ist, dass die Kurse stets den Bezug zur alltäglichen geschäftlichen Praxis halten. Die Führungskraft, die in einem Kurs über einen Fall berichtet, zum Beispiel über die Einführung eines innovativen Produkts oder über ein organisatorisches Veränderungsprojekt, gibt unmittelbares Erfahrungswissen weiter und nicht nur theoretisches Wissen und Methodik. Die Führungskraft kann dabei von richtigen Entscheidungen und Erfolgen, aber auch von Fehlern berichten, durch die die Kursteilnehmer erfahren, welche Dinge sie bei einem Projekt vermeiden sollten oder welche Phasen eines Projekts sie vor besondere Herausforderungen stellen könnten. Von der anschließenden Diskussion profitieren durch Fragen und neue Perspektiven beide, Kursteilnehmer und vortragende Führungskraft.

Die konsequente Ausrichtung auf die Vermittlung von Erfahrungswissen stellt eine entscheidende Weiterentwicklung gegenüber früheren Trainings für Siemens-Führungskräfte dar, die überwiegend von externen Trainern gehalten wurden. Die Teilnehmer an diesen Kursen mussten bei der Rückkehr in ihre Arbeitsbereiche oft feststellen, dass sich das Gelernte in ihrer geschäftlichen Realität nicht umsetzen ließ: Die im Kurs vermittelten Strategien und Methoden waren auf die wirklichen Herausforderungen im Unternehmen nicht übertragbar. Aufgrund dieser Erfahrungen werden heute in den SLE-Kursen keine theoretischen Fälle mehr behandelt, sondern nur noch reale Fälle aus dem Unternehmen.

Die Siemens-Führungskräfte trainieren in den SLE-Kursen selbst die Führungstalente, die später an ihre Seite treten oder ihnen nachfolgen. Nicht nur in diesem Zusammenhang legt Siemens großen Wert darauf, dass für alle Führungsebenen ausreichend qualifizierte Nachwuchsführungskräfte bereit stehen. Aus diesem Grund ist es Teil der Verantwortung jeder Führungskraft, sich in den SLE-Kursen zu engagieren und so Nachfolger nicht nur im Hinblick auf die eigene Position im Unternehmen auszumachen und zu fördern.

Ausblick

Die Kurse des Siemens Leadership Excellence Programms genießen einen ausgezeichneten Ruf innerhalb der Organisation. Dies wird unter anderem durch die Ergebnisse der Feedbacks bestätigt, welche unmittelbar im Anschluss an die Kurse und nach weiteren sechs Monaten erhoben werden. Hierbei liegt der Schwerpunkt auf der Frage, inwieweit die im Kurs vermittelten Inhalte in den täglichen Herausforderungen umgesetzt werden können. Beide Feedbackrunden zeichnen ein äußerst positives Bild – sowohl bezüglich der Teilnehmerzufriedenheit, als auch bezüglich der Anwendbarkeit und Umsetzbarkeit der vermittelten Inhalte.

Aus diesem Grund wird Siemens Leadership Excellence auch in Zukunft auf die bewährten Ansätze bauen: Durch die kontinuierliche Weiterentwicklung der individuellen Führungsfähigkeiten, durch unmittelbaren Erfahrungsaustausch in den durch die SLE-Kurse geschaffenen Netzwerken und durch die Unterstützung einer erfolgreichen Siemens-Führungskultur leistet das Siemens Leadership Excellence Programm einen entscheidenden Beitrag auf dem Weg in eine erfolgreiche Zukunft des Unternehmens.

Das Klinsmann-Projekt[1]

Prof. Dr. Wolfgang Jenewein, Studienleiter des Executive MBA und Professor für Betriebswirtschaftslehre, Universität St. Gallen

Nichts ist schwieriger, als eine ehemals erfolgreiche, nun aber von der Krise gezeichnete Organisation zu verändern. Jürgen Klinsmann und sein Team haben bei der Fußball-WM 2006 eindrucksvoll bewiesen, dass es geht. Was Manager in Unternehmen von Klinsmanns Methoden lernen können, zeigt eine gründliche Analyse seines Führungsstils.

Der 23. Juni 2004 sollte kein guter Tag für den deutschen Fußball werden: Die Nationalmannschaft musste an diesem Mittwoch das Spiel gegen Tschechien unbedingt gewinnen, um noch ins Viertelfinale der Europameisterschaft einzuziehen. Das Team war in den Vorrundenspielen gegen die Niederlande und gegen Lettland jeweils nicht über ein Unentschieden hinausgekommen. Eigentlich standen die Chancen für die Deutschen gut. Denn die Tschechen waren bereits qualifiziert und traten nur mit ihrer B-Mannschaft an.

Doch auch gegen die tschechischen Ersatzspieler wollte den Deutschen kein Sieg gelingen. Im Gegenteil, nach desolater Leistung unterlag das Team mit 1:2 einer in allen Belangen überlegenen tschechischen Mannschaft. Die internationale Presse fällte nach dieser Niederlage ein vernichtendes Urteil: Mit Altherren-Fußball ohne Charme und Tempo sei die deutsche Elf zu Recht schon in der Vorrunde ausgeschieden. Mehr noch: Experten wie Fachpresse stellten den gesamten Deutschen Fußball Bund (DFB) infrage. Über die Jahre hatte sich der mit über einer Million Mitgliedern größte Sportverband der Welt zu einem trägen, verkrusteten Koloss mit veralteten Strukturen entwickelt.

Fast exakt zwei Jahre später, am 8. Juli 2006, wird die deutsche Nationalmannschaft mit einem furiosen 3:1-Sieg über Portugal bei der Weltmeisterschaft Dritter. Durch die Art, wie die Mannschaft während der gesamten WM auftrat, waren auch die letzten Zweifler davon überzeugt, dass Deutschland wieder zur Weltspitze des Fußballs zählte. Dieselbe Mannschaft, die der europäische Fußballverband UEFA zwei Jahre zuvor noch in einer Studie als „zu langsam und nicht abwechslungsreich" abqualifiziert hatte, begeisterte während der gesamten

---

[1] Prof. Dr. W. Jenewein, Manager Magazin 6/2008, S. 16–28.

WM mit offensivem, risikoreichem Tempofußball und präsentierte sich dabei durchwegs sympathisch. Die Euphorie um die Mannschaft wuchs von Spiel zu Spiel, und am Ende kam über eine halbe Million Menschen nach Berlin, um auf der Fanmeile am Brandenburger Tor zu feiern. Welch ein Sieg gegen die unzähligen Kritiker und Traditionalisten im Lande. Binnen zwei Jahren hatten Jürgen Klinsmann als Bundestrainer, Joachim Löw als Co-Trainer und Oliver Bierhoff als Teammanager der Mannschaft aus der Defensive geholfen und den DFB zu großen Teilen reformiert. Dabei hatte am Anfang, im Sommer 2004, noch so vieles gegen das neue Führungstrio gesprochen: die Skepsis vieler DFB-Funktionäre, die Medien, die Bundesligavereine und die Mehrzahl der Deutschen – und nicht zuletzt die Qualität der vorhandenen Spieler.

Uns als Wissenschaftler interessierte, wie innerhalb von zwei Jahren dieser enorme Wandel möglich wurde und wie sich ein uninspiriertes, defensives und verängstigtes Team mit einem verstaubten und bürokratischen DFB im Hintergrund zu solch modernen, flexiblen und offenen Strukturen entwickelte. Was waren die Stellhebel für dieses erfolgreiche Change-Management? Um das zu verstehen, haben wir Strategie, Organisation und Führungsprinzipien der Nationalmannschaft und des DFB untersucht. Wir haben eine umfassende Dokumenten- und Videoanalyse durchgeführt und auf dieser Grundlage mehrmals die Schlüsselpersonen aus den verschiedenen Bereichen (Spieler, Trainer, Management, Betreuer und Presse) interviewt. Die so gewonnenen Daten fassten wir in einer Fallstudie zusammen, analysierten diese theoriegeleitet und glichen sie mit den neueren Erkenntnissen aus Strategie-, Change- und Führungsliteratur ab. Die Ergebnisse stellten wir anschließend den Entscheidungsträgern vor; in Workshops mit Experten haben wir sie weiter vertieft und vervollständigt. Nach Abschluss unserer über zweijährigen Forschungsarbeit sind wir überzeugt, dass von dem exzellenten und nachhaltigen Change-Management der Verantwortlichen um Klinsmann auch Führungskräfte in der Wirtschaft lernen können.

Der Trainer und sein Führungsteam haben einen Change-Prozess umgesetzt, der in der Managementforschung als Wandel zweiter Ordnung oder transformationaler Change bezeichnet wird. Er unterscheidet sich deutlich vom Wandel erster Ordnung, der kompatibel mit der bestehenden Denkhaltung ist und bei dem es nur um ein Optimieren etablierter Strukturen, Rollen und Verhaltensweisen geht. Beim Wandel zweiter Ordnung fragen die Verantwortlichen: „Wie würden wir vorgehen, könnten wir von vorn anfangen?" Klinsmann machte von Beginn an klar, dass es ihm um einen tief greifenden Wandel ging. Schon am 15. Juli 2004, im ersten Interview nach seinem Amtsantritt, sagte er: „Mithilfe externer Berater muss man eine Stärken-Schwächen-Analyse durchführen, man muss objektiv feststellen, was gut und was schlecht ist, und was schlecht ist, muss weg. Im Grunde muss man den ganzen DFB auseinander nehmen."

Wie unsere Studie ergab, bereiteten die Verantwortlichen den Change auf der Makroebene sorgfältig vor. Anschließend überzeugten sie die Spieler über eine eigene, transformationale Führung auf der Mikroebene von den Reformen und machten sie so zu Unterstützern des Wandels. Nachfolgend werden wir diese Maßnahmen auf Makro- wie auf Mikroebene einzeln vorstellen und interpretieren.

Rahmenbedingungen schaffen – Wandel auf der Makroebene

Zu Beginn des Reformprojektes war es entscheidend, auf organisatorischer Ebene, der Makroebene, das Fundament für den Wandel zu legen. Klinsmann und Co. definierten Vision, Strategie und Struktur der Nationalmannschaft, bevor sie intensiv mit den Spielern arbeiteten. Wir haben dabei auf der Makroebene sechs Schritte des erfolgreichen Change-Managements identifiziert.

1. Gefühl der Dringlichkeit schaffen

Von Beginn an stellte Klinsmann klar, dass er sowohl den DFB als auch die deutsche Nationalmannschaft als reformbedürftig einschätzte. Diese Aussage traf er nach einer ausführlichen Analyse des deutschen Fußballs. Er hatte gemeinsam mit seinen Beratern Warren Mersereau und Mick Hoban die Geschichte des deutschen Fußballs untersucht. Sie hatten sich vom ersten WM-Gewinn 1954 bis in die Gegenwart vorgearbeitet, die Entwicklungen im deutschen Fußball mit der Entwicklung in anderen Ländern verglichen und Defizite identifiziert. Mit einer überraschenden Offenheit nannte Klinsmann anschließend unverhohlen die Probleme beim Namen und kommunizierte diese unablässig innerhalb des DFB und in den Medien, bis auch dem Letzten die Notwendigkeit des Wandels bewusst wurde.

Als ehemaliger Profi, der nicht nur in Deutschland, sondern auch in Italien, England und Frankreich gespielt hatte, konnte er glaubhaft aufzeigen, dass der deutsche Fußball zurückgefallen war. Während die meisten Topleute der führenden Fußballnationen für Clubs in Italien, Spanien oder England spielten, waren zu Klinsmanns Amtsübernahme lediglich Jens Lehmann und Robert Huth im Ausland tätig. Ganz anders die Situation bei der Weltmeistermannschaft 1990: Damals verdienten noch neun deutsche Nationalspieler ihr Geld im Ausland. Ferner zeigte Klinsmann auch Rückstände bei der Jugend- und Erwachsenenarbeit sowie Defizite in Trainingslehre und Sportwissenschaften auf. Nach seiner Amtsübernahme sagte er dazu: „Während sich unsere ausländischen Konkurrenten weiterentwickelten, haben wir uns in vielen Bereichen nicht bewegt. So gab es bei der deutschen Nationalmannschaft immer nur einen Trainer und einen Co-Trainer, die für alles zuständig waren. Man hat die Dinge nicht hinterfragt. Man hat immer mit den gleichen Strukturen gearbeitet. Dabei ist so viel Geld im Spiel, da muss es doch auch eine professionelle Betreuung des Kaders in allen Bereichen geben."

2. Starke Führungskoalition etablieren

Schon bei seinem ersten Treffen mit dem damaligen DFB-Generalsekretär Horst R. Schmidt und dem DFB-Präsidenten Gerhard Mayer-Vorfelder hatte Klinsmann klare Vorstellungen von seinem künftigen Führungsteam. In jedem Teilbereich wollte er nur mit den Besten der Besten zusammenarbeiten und die Verantwortung für die Mannschaft mit diesen Experten gemeinsam tragen. Gleichzeitig forderte er die alleinige Entscheidungskompetenz in allen sportlichen Belangen. Keiner der Funktionäre des DFB sollte sich, wie in der Vergangenheit üblich, einmischen dürfen. Klinsmann erinnert sich: „Mein Führungsteam sollte neben Co-Trainer, Manager, Sportpsychologen, Fitnesscoach, Chefscout und Medienbeauftragten auch ein Nationalmannschaftsbüro für die Abwicklung sämtlicher organisatorischer Belange umfassen. Ich wollte ein hochprofessionelles Umfeld mit Teammitgliedern schaffen, denen ich blind vertrauen konnte. Bei diesen Forderungen war ich kompromisslos und ich sagte dem DFB: Wenn ihr mich haben wollt, dann machen wir das so oder gar nicht."

Klinsmann hielt sich an seine Worte: Als ihm der DFB und Franz Beckenbauer den ehemaligen DFB-Coach Holger Osieck als Assistenztrainer empfahlen, lehnte er ab und wählte seinen Wunschkandidaten Joachim Löw für dieses so wichtige Amt. Auch für den Job des Teammanagers, den es vor der Ära Klinsmann beim DFB nicht gegeben hatte, kam für ihn nur Oliver Bierhoff, sein Freund und ehemaliger Nationalmannschaftskollege, infrage. Bei der weiteren Rekrutierung des Führungsteams achteten Klinsmann, Löw und Bierhoff penibel darauf, dass neben den fachlichen auch die menschlichen Qualitäten stimmten. Um dies sicherzustellen, legten sie fest, dass zumindest einer der drei schon einmal intensiv mit dem nominierten Experten zusammengearbeitet und durchweg positive Erfahrungen gemacht haben musste. Dabei sah Klinsmann in den Mitgliedern des Führungsteams weniger Mitarbeiter als vielmehr Partner mit jeweils komplementären Fähigkeiten, was auch Joachim Löw bestätigte: „Jürgen sagte mir damals bei unserem ersten Treffen, dass er nicht mein Chef sei, sondern dass wir gemeinsam in einem Boot säßen und er nur in Pattsituationen entscheiden würde."

Das Führungsteam teilte dieselben Werte und arbeitete in dezentralen Strukturen mit klaren, abschließenden Verantwortlichkeiten. Dies verhinderte zwischenmenschliche Konflikte und ermöglichte eine hohe Effektivität. Schon nach kurzer Zeit konnte sich das Trio damit von den langsamen Strukturen des Verbandes lösen und die nötige Unabhängigkeit schaffen.

3. Vision und Strategie entwickeln und kontinuierlich kommunizieren

Aufbauend auf ihrer umfassenden Analyse des Weltfußballs im Allgemeinen und der deutschen Situation im Speziellen, formulierte das Führungstrio relativ schnell die Vision für die Weltmeisterschaft 2006. Gemeinsam mit dem Teammanager Oliver Bierhoff verkündete Klinsmann am 29. Juli 2004, dass sie den deutschen Fußball wieder groß machen und 2006 im eigenen Land Weltmeister werden wollten. Da die Nationalmannschaft erst wenige Wochen zuvor nach einer desolaten Leistung schon in der Vorrunde der Europameisterschaft ausgeschieden war, empfanden Fans wie Experten diese Vision als zumindest mutig.

Dabei war es dem Führungstrio wichtig, dass die Vision nicht nur eine Zielkomponente (Gewinn der WM 2006), sondern auch eine Verhaltenskomponente (Begeisterung und Stolz) aufwies. Jürgen Klinsmann beschreibt sie so: „Der Gewinn der Weltmeisterschaft ist der eine Teil unseres Zieles. Gleichzeitig wollen wir aber auch wieder die Menschen in Deutschland für die Mannschaft begeistern. Wir wollen zeigen, dass wir eine Identität aufbauen können, in der sich jeder wieder findet – Fans, Spieler und alle, die für die Mannschaft arbeiten." In den Worten von Oliver Bierhoff: „Jedes Kind in Deutschland soll wieder den Wunsch haben, Nationalspieler zu werden."

Eng verbunden mit der Vision ist die Frage nach der Strategie und Spielphilosophie, um das gesteckte Ziel zu erreichen. Die Antwort auf diese Frage fand Klinsmann in England, wo er selbst als Profi mehrere Jahre gespielt hatte. In den englischen Fußballstadien schwärmen die Spieler von der Energie und den Emotionen, die von den Fans auf die Mannschaft übergreifen; dies zwingt sie zu einem Spiel, in dem abwartendes Taktieren eine schlimmere Sünde ist als individuelle Fehler im Eifer des Gefechts. Jeder gewonnene Einwurf, jede Ecke wird fast so bejubelt wie ein Tor. Denn nicht – wie in deutschen Stadien – der Ballbesitz, sondern der Raumgewinn hat oberste Priorität.

Das Führungstrio erkannte: Mit dieser offensiven und aggressiven Spielstrategie könnte es einerseits die Fans begeistern und eine Euphorie auslösen; andererseits wäre auf der Basis einer guten Fitness damit auch der Gewinn der Weltmeisterschaft möglich. Zentral dabei war, dass die Spieler in die Strategiefindung integriert wurden. Klinsmann dazu: „Noch vor unserem ersten Spiel gegen Österreich im August 2004 war es uns wichtig, gemeinsam zu klären: Wofür wollen wir stehen? Welchen Stil wollen wir entwickeln? Wer sind wir eigentlich? Wir haben gesagt, wir wollen nach vorn spielen, Druck machen, agieren statt reagieren. Wir haben die Jungs gefragt: Passt das zu uns? Sind wir das? Die haben gesagt: ‚Ja, genauso sind wir.' Da war klar: Das ist unsere Marschroute. Jeder steht dahinter. Wir greifen an, auch außerhalb des Feldes, das ist unser Stil."

Klinsmann, Bierhoff und Löw kommunizierten die Vision vom Gewinn der Weltmeisterschaft und die gemeinsam definierte Spielphilosophie bei jedem Treffen, bis die Beteiligten sie verinnerlicht hatten. Poster und Terminplaner der Spieler, die Vision sowie Spielphilosophie enthielten, sollten das Ziel zusätzlich visuell unterstützen.

4. Eigendynamik ermöglichen und umfassende Handlungsfreiheit einräumen

Nachdem Vision und Strategie definiert waren, ging das Führungstrio gemeinsam mit dem Expertenteam an die Umsetzung. Dabei konzentrierte sich jeder der Experten auf seinen Kompetenzbereich. Klinsmann beschränkte sich bewusst auf Koordination und Moderation der Ergebnisse und achtete darauf, dass die Fachleute ihren Job tun konnten. Neue Ideen und Initiativen waren jederzeit willkommen und wurden oft auch trotz öffentlicher Kritik und Häme in die tägliche Arbeit mit dem Team integriert. So zum Beispiel, als der amerikanische Fitnesscoach Marc Verstegen gleich beim ersten Training die Nationalspieler mit speziellen Gummitwistbändern arbeiten ließ. Parallel dazu kümmerten sich der Sportpsychologe Hans-Dieter Hermann um den mentalen und der Schweizer Urs Siegenthaler um den taktischen Bereich.

Zugleich übernahm Oliver Bierhoff gemeinsam mit Georg Behlau, dem Leiter des Büros der Nationalmannschaft, die Pflege der Beziehungen zu den Sponsoren und zu den Bundesligavereinen sowie sämtliche organisatorischen Angelegenheiten. Diese strikte Trennung zwischen sportlichen und administrativen Belangen ermöglichte ein fokussiertes und effizientes Arbeiten.

Schon nach den ersten sieben Spielen konnte die neue Führung eine positive Bilanz ziehen: Fünf Siege, ein Unentschieden gegen den amtierenden Weltmeister Brasilien und nur eine Niederlage waren ein Beleg für die positive Entwicklung. Die Mannschaft entwickelte sich von Spiel zu Spiel weiter, ein Zahnrad griff ins andere, und langsam nahm Klinsmanns Reformprojekt Fahrt auf.

Trotz der Erfolge taten sich, wie im Rahmen jedes Change-Projektes, immer wieder personelle und strukturelle Schwierigkeiten auf. Jedes Mal handelte das Führungstrio geschlossen, konsequent und kompromisslos. Beispielsweise, als Klinsmann den konstruktiven Wettbewerb auf jeder Position, auch auf der des Torwarts, verkündete. Der Torwarttrainer und bekennende Kahn-Sympathisant Sepp Maier kritisierte mehrmals öffentlich dieses Vorgehen und forderte für Kahn einen Stammplatz. Klinsmann und Co. blieben unbeeindruckt und ersetzten die Torwartlegende Sepp Maier kurzerhand durch Andreas Köpke. Ähnlich erging es auch anderen langjährigen Mitarbeitern des DFB, die Klinsmanns neue Philosophie nicht unterstützten. Schon bald machte in der Verbandszentrale das Wort von der Schreckensherrschaft die Runde.

Der Bundestrainer blieb aber auf Kurs, ihm ging es darum, die alten Strukturen und Seilschaften aufzubrechen, um Raum für Neues zu schaffen. So schreckte er auch nicht davor zurück, selbst den DFB-Präsidenten Gerhard Mayer-Vorfelder und andere wichtige Funktionäre vom Team fernzuhalten. In der Vergangenheit hatte es regelmäßig Essen mit den Spielern gegeben, die die Verbandsbosse sehr schätzten. Als Klinsmann bemerkte, dass sich die Spieler in dieser Atmosphäre nicht frei und ungezwungen miteinander austauschen konnten, schaffte er diese Tradition ab. Klinsmann dazu: „Es gibt nichts, was mich unter Druck setzen könnte. Beim DFB bin ich niemandem etwas schuldig. Es geht mir rein um die Sache. Und die Sache ist: Qualitativ Dinge voranzutreiben, die die Mannschaft stabil und stark machen, um Weltmeister zu werden. Da kann ich auf Kumpaneien keine Rücksicht nehmen."

5. Sichtbare Erfolge erzielen und sichern

Ein Problem vieler Wandelinitiativen besteht darin, dass sich keine kurzfristigen Erfolge einstellen, obwohl Vision, Strategie und neue Strukturen eingeführt, umfassende Handlungsmöglichkeiten gewährt und Widerstände ausgeräumt wurden. Die Folge ist häufig eine verunsicherte Belegschaft. Traditionalisten, Gegner und Verlierer der Reformen sehen dann ihre Chance und fordern ein Verlangsamen oder gar Einstellen des Wandels. Daher ist es wichtig, im Zuge des Wandelprojektes verbesserte Leistung und Erfolge sichtbar zu machen und dies auch zu feiern.

Am 15. Juni 2005, ein Jahr nach der Übernahme der Nationalmannschaft durch Klinsmann und fast genau ein Jahr vor der Weltmeisterschaft, fand in Deutschland der Confederations-Cup statt, bei dem die besten Nationalmannschaften aus sechs Kontinenten, der amtierende Weltmeister und der Gastgeber gegeneinander antraten. Schon nach den vorangegangenen Freundschaftsspielen, in denen die Deutschen mit Ausnahme einer Niederlage immerhin drei Unentschieden und sieben Siege erzielt hatten, hatte der Trainerstab sehr bewusst immer die erzielten Erfolge herausgestrichen. Von Beginn an stellte Klinsmann klar, dass er seine Reformen am Abschneiden beim Confederations-Cup erstmals messen wollte. Die Führungscrew inszenierte mit diesem Wettbewerb ganz bewusst eine Generalprobe für die Weltmeisterschaft.

Die deutsche Mannschaft bestand den Test mit Bravour. Am Ende des Turniers hatte die deutsche Elf in nur fünf Spielen 15 Tore erzielt und wurde durch einen leidenschaftlichen Sieg über Mexiko Dritter. In ganz Deutschland waren die Fans von der neuen offensiven Spielkultur des deutschen Teams begeistert, das mit den ganz Großen des Fußballs wie Argentinien und Brasilien wieder mithalten konnte. Auch wenn einige Kritiker noch die Abwehrleistung bemängelten, hatten Klinsmann und Co. mit diesen Erfolgen und dem erfrischenden Auftreten der gesamten Mannschaft eindrucksvoll bewiesen, dass die eingeleiteten Veränderungen erfolgreich waren.

Der Sportpsychologe des Teams, Hans-Dieter Hermann, erinnert sich: „Nach dem Sieg gegen Mexiko am Ende des Confederations-Cup sind alle Spieler – auch die Ersatzspieler – aufs Feld gegangen, haben sämtliche Betreuer geholt und gemeinsam mit einem Transparent den Fans gedankt. Ich glaube, das war der Moment, als es Klick gemacht hat. Die Spieler haben gemerkt: Was Jürgen Klinsmann uns erzählt, das stimmt wirklich. Die Taktik, die Fitness, die Psyche, das Umfeld – alles läuft gut, und plötzlich hat man begonnen, an die Vision, den Gewinn der Weltmeisterschaft, zu glauben. Der Cup war gewissermaßen der Proof of Concept".

6. Neue Ansätze im Alltag verankern

Ein Phänomen, das wir in der Praxis immer wieder beobachten, ist, dass Change-Programme stark auf eine Person fixiert bleiben. Alles läuft nach Plan, solange dieser Manager die Geschicke lenkt und dem Projekt vorsteht. Der Wandel gerät aber schnell ins Stocken, wenn die Führungskraft den Bereich verlässt. Reflexartig fällt die Organisation dann häufig in alte Verhaltensweisen zurück, und ein Großteil der Bemühungen war vergebens. Jürgen Klinsmann erkannte diese Gefahr.

Von Beginn an war er darauf bedacht, eine Struktur zu schaffen, die weitgehend unabhängig von den Akteuren funktionieren würde. Aus dem gleichen Grund erklärte er die Erneuerung nicht zur Chefsache, sondern zu einem Projekt der gesamten Führungsgruppe der Nationalmannschaft, ja des gesamten DFB. Das war nicht nur wichtig, um den Wandel voranzutreiben, sondern erlaubte auch, Personen so zu positionieren, dass sie den Change weitertragen konnten. Nur so war es möglich, dass Joachim Löw und Oliver Bierhoff nach dem Rücktritt von Jürgen Klinsmann das Projekt nahtlos übernehmen und es im selben Geist weiterführen konnten. Klinsmann hierzu: „Die Lösung der Probleme kam nicht aus einer Einzelperson, sondern aus der Gemeinschaft heraus – Führen heißt, einer Sache zu dienen."

Mitspieler mobilisieren – Wandel auf der Mikroebene

Auch auf der Mikroebene haben sich Klinsmann und Co. vorbildlich verhalten. Mit den Maßnahmen auf Makroebene schufen sie die richtigen Rahmenbedingungen und überzeugten die Beteiligten rational von der Notwendigkeit des Wandels. Aber nur durch ihren emotionalen und integrativen Führungsstil gelang es ihnen, die Spieler, die Betreuer und die Helfer von den strukturellen Veränderungen zu überzeugen und sie zu aktiven Unterstützern des Wandels zu machen. Sie erreichten so die für einen erfolgreichen und nachhaltigen Wandel so wichtige emotionale Mobilisierung. Den bei Klinsmann in diesem Zusammenhang beobachteten Führungsstil bezeichnen wir auch als „4i-Führung", weil er sich durch die vier zentralen Elemente identifizierend, inspirierend, intellektuell und individuell auszeichnet. Nachfolgend werden wir diesen Führungsstil mit Beispielen aus der Ära Klinsmann genauer beschreiben.

1. Identifizierend

Unsere Analyse der Nationalmannschaft verdeutlichte immer wieder aufs Neue, dass Jürgen Klinsmann eine starke Identifikationsfigur war. Nicht so sehr für die Medien und anfangs auch nicht für die breite Öffentlichkeit. Umso mehr aber nach innen, für die Mannschaft und den Betreuerstab. Ein Grund waren seine Erfolge als ehemaliger Welt- und Europameister, wichtiger aber war noch sein Verhalten während der zwei Jahre dauernden Zusammenarbeit. Alle Beteiligten spürten von Beginn an, dass der Bundestrainer immer wusste, was er wollte, und diesen Weg konsequent und kompromisslos ging. Nationalspieler Thomas Hitzlsperger erinnert sich: „Man spürte einfach in jeder Phase des Projektes, dass Klinsmann ein Vollprofi ist, der genau weiß, was er tut. Das gab uns Sicherheit und Zuversicht."

Auch gegenüber den DFB-Spitzen, bei unpopulären Entscheidungen innerhalb der Mannschaft und in Krisenzeiten blieb das Führungsteam unbeirrt und zeigte

Standhaftigkeit. Als die Mannschaft beispielsweise drei Monate vor Beginn der Weltmeisterschaft desaströs 1:4 gegen Italien verlor und eine explosive Gefühlslage im Land entstand, blieb das Führungstrio ruhig und stellte sich schützend vor die Spieler. Es hagelte Kritik, und ein Boulevardblatt lancierte gar eine regelrechte Kampagne gegen „Grinsi-Klinsi". Zusammen mit Oliver Bierhoff verteidigte der Bundestrainer hartnäckig sein Reformprojekt, gab trotz des wachsenden Drucks keine seiner Positionen preis, und mit Blick auf die Boulevardzeitung sagte er: „Wir lassen uns das Lächeln nicht nehmen."

Häufig beobachten wir in der Praxis Vorgesetzte, die es im Rahmen des Change-Projektes allen Parteien recht machen wollen und dadurch ständig in eine neue Rolle schlüpfen müssen. Sie richten sich wie eine Fahne nach dem Wind aus und weichen vor jedem Druck zurück. Solche Beliebigkeit im Führungsstil durchschauen die eigenen Mitarbeiter relativ schnell, sie sehen den Chef dann als nicht authentisch an. Klinsmann dagegen zeigte Rückgrat auch in schwierigen Phasen des Projektes. Das imponierte den Spielern, wie etwa Michael Ballack: „Jürgen Klinsmann zog sein Ding durch, auch wenn es einmal nicht so gut gelaufen ist. Ich fand es beeindruckend, dass er sich und seiner Linie immer treu geblieben ist."

2. Inspirierend

Ebenso wichtig wie das Schaffen von Strukturen auf der Makroebene war die empathische, emotionale und inspirierende Vermittlung des angestrebten Ziels auf der individuellen (Mikro-)Ebene. Der Bundestrainer wurde nicht müde, den Spielern in Sitzungen und Einzelgesprächen immer wieder das große Ziel, den Gewinn der Weltmeisterschaft 2006, und den Weg dorthin aufzuzeigen. Er machte ihnen deutlich, dass sie die einzigartige Chance hätten, Geschichte zu schreiben und im eigenen Land die wichtigste Trophäe im Fußball überhaupt zu gewinnen.

So traf sich das Führungsteam beispielsweise mit 40 Nationalspielern im März 2005 in Berlin, dort wo 16 Monate später das Endspiel um die Weltmeisterschaft stattfinden sollte. Für diesen Anlass hatten Klinsmann und Co. eigens ein Video mit dem Titel „Herausforderung 2006" produzieren lassen. Es zeigte, unterlegt mit emotionaler Musik, die großen Momente des deutschen Fußballs: das Wunder von Bern mit dem 3:2-Sieg über Ungarn, den 2:1-Sieg gegen Holland im WM-Finale von 1974 sowie den Sieg gegen Argentinien 1990, damals noch mit Jürgen Klinsmann als Spieler.

Oliver Bierhoff sagt dazu heute: „Die Botschaft des Films war klar: Das ist unser Ziel. Wollt ihr bei diesem einmaligen Ereignis dabei sein, wollt ihr die Herausforderung 2006 annehmen? Auch das Lied von Eminem, das die Bilder untermalte mit dem Text ‚One shot, one opportunity, once in a lifetime' sollte die Aussage noch einmal verstärken." Michael Ballack erinnert sich: „Schon damals in Berlin konnte man spüren, wie der Funke auf die Mannschaft übergesprungen ist."

Auch in der weiteren Folge arbeitete Klinsmann immer wieder mit Bild und Ton. So ließ er vor jedem wichtigen Spiel ein Motivationsvideo zeigen, das die großen Momente der deutschen Mannschaft während der laufenden Weltmeisterschaft zeigte und dadurch nicht nur positive Emotionen weckte, sondern auch das Selbstbewusstsein der Spieler stärkte. Traditionell begleitete Musik auch die Vorbereitungen in der Kabine vor dem Spiel. Klinsmann selbst war es, der unmittelbar vor dem Gang ins Stadion die Lieder von Xavier Naidoo „Dieser Weg" („… wird kein leichter sein") und „Was wir alleine nicht schaffen" („… das schaffen wir dann zusammen") einspielen ließ. Der Sportpsychologe des Teams, Hans-Dieter Hermann: „Die Musik von Naidoo und die Motivationsvideos waren nicht von Anfang an geplant. Es hat sich im Laufe des Projektes entwickelt, aber Klinsmann und Bierhoff waren flexibel und offen genug, diese Elemente situativ in die Kampagne einzubauen. Damit wirkten sie authentisch und nicht künstlich. Nur so konnten sie ihre inspirierende Wirkung bei der Mannschaft entfalten."

Zwar ist es im Sport sehr viel leichter als in Unternehmen, eindeutige und inspirierende Ziele vorzugeben. Das entbindet Führungskräfte aber nicht davon, sich Gedanken darüber zu machen, wie sie Ziele gerade in Change-Projekten emotional und nachvollziehbar an ihre Mitarbeiter kommunizieren. Häufig belassen sie es dabei, beim jährlichen obligatorischen Zielvereinbarungsgespräch mit ihren Mitarbeitern über deren individuelle Leistungsvorgaben zu sprechen. Zur Motivation loben sie dann noch einen Bonus oder eine Gratifikation aus. Die Mitarbeiterführung wird so auf eine Austauschbeziehung Belohnung gegen Leistung reduziert, was aber gerade in konfliktreichen Change-Phasen nicht ausreicht. Die Vorgesetzten sollten stattdessen immer wieder vermitteln, warum es sich lohnt, jeden Tag aufs Neue zu kämpfen. Sie sollten die Mitarbeiter emotional von den Zielen begeistern und ihnen aufzeigen, was sie konkret zu deren Erreichen beitragen können. Nur so werden sie auch in Wandelphasen Höchstleistung bringen.

3. Intellektuell

Ein weiteres wichtiges Element der Führung auf der Mikroebene war das Bemühen der Verantwortlichen, den Spielern neue Einsichten zu vermitteln und sie wann immer möglich einzubinden. Oliver Bierhoff: „Während meiner aktiven Zeit habe ich die Erfahrung gemacht, dass die meisten Trainer immer alles allein entschieden hatten und uns kaum integriert haben. Jürgen, Jogi und ich wollten das anders machen. Wir wollten die Spieler vermehrt einbeziehen. Der Spruch von Konfuzius: ‚Erkläre es mir, und ich werde es vergessen. Zeige es mir, und ich werde mich erinnern. Lass es mich selbst tun, und ich werde es verstehen' drückt diese Philosophie sehr gut aus."

Die Einbeziehung der Spieler ging sogar so weit, dass auf Wunsch Klinsmanns vor jedem WM-Spiel ein Mannschaftsmitglied eine kurze Kabinenansprache hielt. Dabei achtete er darauf, dass vorwiegend die Ersatzspieler zu Wort kamen. Im Laufe des Turniers war dies neben Thomas Hitzlsperger, Jens Nowotny, Mike Hanke, Tim Borowski, Torsten Frings und Per Mertesacker auch Oliver Kahn. Die Berufenen nahmen diese Aufgabe sehr ernst, Thomas Hitzlsperger erinnert sich:

„Obwohl ich wusste, dass ich in dem Spiel gegen die Schweden nur Ersatzspieler sein würde, war ich aufgrund meiner bevorstehenden Kabinenansprache ziemlich nervös, ich wollte die Jungs motivieren."

Oliver Bierhoff sagt in diesem Zusammenhang, dass das Leitbild immer der selbstverantwortliche, offene und interessierte Spieler war. Zur Bildung dieses Spielertypus wollte das Führungsteam auch durch die Vermittlung neuer Einsichten aktiv beitragen. So hat Bierhoff unter anderem eine Vortragsreihe mit namhaften Persönlichkeiten aus allen Bereichen der Gesellschaft organisiert. Neben Herbert Henzler, dem ehemaligen McKinsey-Chef Deutschland, trat unter anderen der Extrembergsteiger Stefan Glowacz auf.

Schließlich wagten Klinsmann und Co. es auch immer wieder, neue Spieler zu nominieren und neue Spielvariationen zu testen. In der zweijährigen Vorbereitungszeit auf die WM hatten sie in 27 Begegnungen 39 unterschiedliche Spieler eingesetzt und damit so viel experimentiert wie kein Trainerteam vor ihnen. Besonders bemerkenswert ist, dass Klinsmann im Halbfinale des Confederations-Cup gegen Argentinien seine Topspieler Ballack, Frings und Lehmann auf der Bank ließ, obwohl sie einsatzfähig waren. Am Ende stand nach einem hochklassigen Spiel gegen den zweimaligen Weltmeister ein respektables 2:2. Dadurch war im Team die Gewissheit gereift, dass es auch ohne wichtige Leistungsträger bestehen konnte. Das war gerade für die jungen und weniger erfahrenen Spieler eine bedeutsame Erkenntnis im Hinblick auf die WM.

Im Management beobachten wir dagegen häufig Chefs, die teils bewusst, teils unbewusst Neuen kaum Raum lassen. Ideen ihrer Mitarbeiter sind ihnen im Grunde ein Gräuel. Es ist ihr Verständnis von Führung, dass sie persönlich und nur sie die wegweisenden Gedanken in den Prozess des Wandels einbringen. Dafür sind sie ja schließlich Chef. Ein solches Verhalten würgt Ideen und Innovationen ab; mittelfristig führt es dazu, dass Mitarbeiter jegliche Initiativen einstellen. Das Change-Projekt hängt damit allein vom Vorgesetzten ab und erfährt wenig Unterstützung durch die Basis.

4. Individuell

Das vierte „I" steht für die individuelle Anerkennung und Förderung jedes Teammitglieds. Das Führungsteam der Nationalmannschaft kannte bis ins letzte Detail die individuellen Stärken, Schwächen und Neigungen der Spieler und arbeitete konsequent an und mit diesen. In Unternehmen beobachten wir häufig, dass Mitarbeiter kaum individuell behandelt werden, die Chefs in Change-Projekten selten Einzelgespräche mit ihren Mitarbeitern führen, gezielt deren Stärken analysieren oder ihnen helfen, diese weiter zu entwickeln. Stattdessen scheren sie alle Teammitglieder über einen Kamm oder arbeiten nur an deren Defiziten. Solche schwächenorientierten, allgemeinen Entwicklungsmaßnahmen führen aber bestenfalls zur Mittelmäßigkeit, während eine individualisierte, stärkenorientierte Behandlung Mitarbeiter zu herausragenden Leistungen befähigen kann.

Jürgen Klinsmann hat jeden seiner Spieler als Individuum betrachtet und geschätzt. Er hat in der zweijährigen Vorbereitungszeit und während der WM Dutzende von Gesprächen mit jedem Einzelnen geführt und versucht, ihre Stärken, Schwächen, Einstellungen und Ängste zu verstehen. Daraus leitete er Entwicklungsmaßnahmen ab und coachte etliche Spieler individuell. So hat er den von der Presse nach dem Eröffnungsspiel gegen Costa Rica so gescholtenen Abwehrspieler Arne Friedrich in vielen Einzelgesprächen und Individualtrainings wieder aufgebaut. Michael Ballack erklärt: „Wenn der eine oder andere Spieler wegen öffentlicher Kritik mit sich zu kämpfen hatte, machte ihn der Trainer einfach wieder stark. Die hatten danach keine Schwierigkeiten mehr, mit diesen Dingen umzugehen."

Auch das Training mit der Mannschaft wurde weitgehend individualisiert. Klinsmann dazu: „Von den herkömmlichen Trainingseinheiten, bei denen alle 23 Spieler gleichzeitig auf dem Platz stehen und dasselbe Training absolvieren, haben wir Abstand genommen. So kümmerte ich mich häufig allein um die Stürmer, während Jogi mit der Abwehr arbeitete und sich Mark Verstegen parallel mit den verbleibenden Spielern im Fitnessbereich beschäftigte." Darüber hinaus veränderte das neue Führungsteam die Spielanalyse und -vorbereitung.

Videoanalysen fanden nicht mehr vor der gesamten Mannschaft statt, sondern sie wurden konsequent separat für Abwehr, Mittelfeld und Angriff aufbereitet und diskutiert. Schließlich bekam jeder einzelne Spieler einen eigenen Trainingsplan und sogar einen individuellen Tagesplan mit sämtlichen Terminen. Durch die konsequente Individualisierung von Coaching, Training, Spielanalyse und -vorbereitung konnten Klinsmann und Co. eine optimale Wirksamkeit der Maßnahmen erreichen. Die Spieler bemerkten, dass es für jeden Einzelnen von ihnen einen spezifischen Plan gab, dass sie in ihrer Individualität ernst genommen und so von Woche zu Woche besser wurden.

Fazit

Die in diesem Beitrag vorgestellten Maßnahmen auf der Makro- und Mikroebene beschreiben praxisnah die wichtigsten Stellhebel für den erfolgreichen Wandel, wie sie Klinsmann und Co. angewandt haben. Das Führungstrio verstand es in dem zweijährigen Projekt nicht nur, moderne Strukturen und Prozesse im DFB zu schaffen, sondern darüber hinaus auch, die Betroffenen aktiv in den Wandel miteinzubeziehen. Neben einer rationalen Weichenstellung, die dem Wandel Richtung gab, war die Fähigkeit des Bundestrainers erfolgsentscheidend, das Team auch emotional mobilisieren und von den neuen Strukturen überzeugen zu können.

Möglich wurde dies, weil Klinsmann als Vorbild für seine Spieler diente, sie konsequent individuell behandelte, intellektuell herausforderte sowie sie immer wieder aufs Neue für die gemeinsamen Ziele begeisterte. Die Basis trug so die Reformen von Beginn an mit, die Spieler spürten, wie sie mit den neuen Methoden Schritt für Schritt besser wurden und das Change-Projekt eine Eigendynamik gewann. Während der WM schwappte das Momentum dann auf die ganze Nation über. Plötzlich waren nicht mehr nur Klinsmann und sein Team vom Wandel überzeugt, sondern 82 Millionen Deutsche.

Bis heute gibt der Erfolg Klinsmann, Löw und Bierhoff recht und beweist, dass der Wandel nachhaltig ist. So siegt die Nationalmannschaft auch nach der WM und dem Rücktritt Jürgen Klinsmanns unter der neuen Führung von Joachim Löw. Die Mannschaft überzeugt weiterhin durch offensiven Tempofußball und hat bis heute mit 15 Siegen, zwei Unentschieden und nur zwei Niederlagen eine fast makellose Bilanz vorzuweisen.

Mensch im Mittelpunkt

Im Spannungsfeld von Individuum und Gemeinschaft

Es war ein Morgen wie jeder andere. Hans Hauser, Abteilungsleiter Spezialkunststoffe bei GlobalChem, ging gut gelaunt zur Arbeit. Er hatte einige interessante Termine in seinem Kalender und der Tag versprach sehr angenehm zu werden. Zunächst wollte er sich mit seinem vorgesetzten Bereichsleiter treffen, der ihn um ein Gespräch zur Planung der neuen Produktlinie gebeten hatte, an der seine Abteilung schon seit einiger Zeit erfolgreich arbeitete. Anschließend war ein Mitarbeitergespräch mit Berthold Bach geplant. Bach war einer seiner besten Ingenieure und das Gespräch würde sicher ebenfalls sehr positiv verlaufen, da er Bach unter anderem neue Entwicklungsperspektiven eröffnen wollte. Nachmittags wollte ihm der Vertriebsleiter seiner Abteilung die letzten Zahlen vorlegen, von denen er wusste, dass sie aufgrund der starken Absatzentwicklung in Asien wieder sehr gut aussehen würden. Schließlich war dann am Abend noch ein gemeinsames Essen mit den anderen Abteilungsleitern geplant. Hans freute sich hier auf einen anregenden fachlichen Austausch.

Dann kam alles anders. Im Büro angekommen bemerkte er, dass die Stimmung angespannt war. Die Mitarbeiter begrüßten ihn wortkarg, standen in Gruppen zusammen und redeten leiser als sonst miteinander. Seine Sekretärin teilte ihm mit, dass Berthold Bach das Mitarbeitergespräch abgesagt hatte, da er zu einem Termin mit dem Bereichsleiter eingeladen war. Noch bevor er seine Mitarbeiter fragen konnte, ob etwas passiert sei, kam Maria Müller, die Abteilungsleiterin für Feinchemie, zu ihm ins Büro und erzählte ihm, dass das Gerücht umginge, dass die Produktabteilungen aufgelöst werden sollten. Angeblich sollte das Unternehmen künftig nach Marktsegmenten ausgerichtet werden. Der Vertrieb und Teile der Entwicklung würden zentralisiert werden. Man sei schon dabei, die neuen Teams zu formen. Es sei unklar, welche Rolle die bisherigen Abteilungsleiter künftig einnehmen würden. Man habe aber bereits begonnen eine zentrale Forschungs- und Entwicklungsgruppe zu formieren, zu der unter anderem auch sein Mitarbeiter Berthold Bach gehören sollte. Hans war wie vor den Kopf gestoßen. Kurz nachdem Maria Müller sein Büro wieder verlassen hatte, fand er in seiner Inbox eine E-Mail vom CEO an alle Mitarbeiter. GlobalChem müsse sich aufgrund der veränderten Märkte neu aufstellen. Dies gehe einher mit höheren Anforderungen an Innovation, verbessertem Kundenverständnis und stärker serviceorientierten Produkten. Hans war fassungslos und enttäuscht, dass man ihn bei den Planungen scheinbar völlig übergangen hatte. Würde dies am Ende bedeuten, dass er bei GlobalChem überflüssig geworden war? Er beschloss noch am gleichen Tag, den Kontakt zu dem Headhunter wieder aufzunehmen, der ihn vor ein paar Monaten angerufen hatte.

Menschen in Veränderungsprozessen

Im Mittelpunkt jeder Veränderung steht der Mensch als Individuum. Die Veränderung ergibt sich für ihn als Folge seiner Zugehörigkeit zu einer Gemeinschaft die sich wandelt, d. h. die Veränderung geht zumeist nicht von ihm aus, sie wird als ein von außen vorgegebener Prozess empfunden. Für das Individuum ergibt sich daraus eine Quelle von Verunsicherungen. Es entsteht das Gefühl, die Veränderung und damit die Ausgestaltung der eigenen Zukunft nicht mehr selbst kontrollieren zu können. Die Entscheidung einer Gemeinschaft beizutreten, zum Beispiel einem Unternehmen als einer speziellen Form von Gemeinschaft, wurde einmal aufgrund bestimmter Annahmen getroffen. Einhergehend mit Veränderungen besteht die Ungewissheit, ob die Annahmen in Zukunft noch zutreffend sind. Liebgewordene Gewohnheiten und Sicherheiten sind in Gefahr. Werde ich aus der Gemeinschaft ausgeschlossen? Habe ich die Fähigkeiten, um künftige Aufgaben zu erfüllen? Werden sich meine Aufgaben ändern und werden sie interessant sein? Werde ich an Einfluss und an formaler bzw. informaler Macht verlieren? Werde ich die gleiche Anerkennung bekommen? Und damit die schwerwiegendste Frage „Muss ich mich ändern?"

Nicht zuletzt deshalb begegnen wir immer wieder dem Phänomen, dass Menschen in Organisationen an dem festhalten, was sie kennen und beherrschen. Diese jeder Veränderung widerstrebenden Kräfte führen dazu, dass die reale Transformation nicht so verläuft, wie ideal geplant – dass es zu Widerständen im Veränderungsprozess kommt, die nicht selten so stark sind, dass der gesamte Prozess scheitert. Veränderungsprozesse sind deshalb nur dann tatsächlich erfolgreich, wenn sie den Menschen ganzheitlich betrachten, von der Notwendigkeit der Veränderung überzeugen und ihn mobilisieren, sich in eine bestimmte Richtung zu wandeln. Die Menschen mitzunehmen, Veränderungsziele rechtzeitig zu kommunizieren, neue Fähigkeiten zu schulen, neue Arbeitsweisen zu definieren sind wichtige Maßnahmen und schaffen die Voraussetzungen für den Erfolg. Bedingung für eine erfolgreiche Umsetzung der Veränderung ist die innere Bereitschaft des von der Veränderung betroffenen Individuums, diese aktiv zu unterstützen.

Damit ergeben sich eine Reihe von Fragestellungen: Welche Mechanismen stehen einer Organisation zur Verfügung, um ein Individuum für die Transformation zu begeistern? Welche sind die formalen Mechanismen (Regeln, Strukturen), welche die informalen (Werte und Kultur)? Warum widerstreben Menschen Veränderungen? Was beeinflusst Motivation und Engagement? Und schlussendlich die Frage: Lassen sie sich messen?

In dem Spannungsfeld zwischen Individuum und Gemeinschaft, zwischen Antagonismus und Synergie ergibt sich eine Reihe von Fragestellungen. Welche Mechanismen stehen einer Gemeinschaft zur Verfügung, um ein Individuum für neue Ziele zu begeistern? Welches Menschenbild legt man zugrunde? Welche sind die formalen Mechanismen (Regeln und Strukturen), welche die informalen (Werte und Kultur)? Warum widerstreben Menschen Veränderungen? Was beeinflusst Motivation und Engagement? Lassen sie sich messen? Und schlussendlich die Frage: Können Menschen ihr Verhalten ändern?

Individuum und Gemeinschaft

Wenn wir über die Transformation von Organisationen sprechen, müssen wir uns mit der Beziehung zwischen Individuum und Gemeinschaft beschäftigen. Denn letztendlich ist es die Gemeinschaft von Individuen, die eine Organisation ausmachen. Polare Gegensätze wie das Individuum und die Gemeinschaft, Konflikt und Synergie, Individualismus und Identifikation, Selbstverantwortung und Hierarchie, Kreativität und Konformität stellen die Voraussetzung für Entwicklung und Wandel dar. Das Spannungsfeld definiert sich in jeder Gruppe unserer Gesellschaft ständig neu. Menschen, die in einer Gemeinschaft zusammenkommen, bestimmen gemeinsam deren Charakter, unabhängig davon, ob die Gemeinschaft kurz- oder langfristig zusammenkommt, ob sie klein oder groß ist, ob sie ein gemeinsames festes Ziel hat oder sich in einem Zielfindungsprozess befindet. Eine Gemeinschaft definiert sich durch Abgrenzung nach außen und Gemeinsamkeit nach innen. Das Individuum wird in einem gewissen Maße „entindividualisiert". Gemeinschaften schaffen Strukturen, Regeln und Abläufe, an die sich die Mitglieder halten müssen, wenn sie Mitglieder der Gemeinschaft sein wollen. Einmal geschaffen, werden diese Regeln oft nicht mehr in Frage gestellt. Sie können sich verselbstständigen und sind häufig ohne weiteres nicht mehr veränderbar.

Regeln alleine halten aber eine Gemeinschaft nur bedingt zusammen. Für einen starken Zusammenhalt ist ein gemeinsamer Wertekatalog als das eigentlich verbindende Element entscheidend. Die Werte unterstützen die Gemeinschaft und bilden die Basis für das Gefühl der Zugehörigkeit. Zudem dienen sie der Entscheidungsfindung und Handlungen jenseits der vorgegebenen Regeln. Stimmen die Werte der Gemeinschaft mit den Werten des individuellen Menschen überein, ist ein Gefühl von Sinn gegeben, das Voraussetzung für Engagement, Freude und Motivation ist. Der Antrieb für das Tun ist intrinsisch und wird durch die Gemeinschaft verstärkt. Ist die Übereinstimmung nicht gegeben, ergibt sich eine für beide Seiten gefährliche Situation. Der Mensch handelt mechanistisch und gibt die Verantwortung für sein Handeln an die Gemeinschaft ab. Er wird zu keinem Zeitpunkt sein volles Potential in den Dienst der Gemeinschaft stellen wollen. Denn er benötigt einen Teil seiner Energie, um den inneren Konflikt zu überbrücken.

In jeder Gemeinschaft – sei es eine globale Finanzgemeinschaft, ein Staat, ein einzelnes Unternehmen oder ein temporäres Team mit einem dedizierten Ziel – ergeben sich daher Fragen zur Verantwortung des Einzelnen, seiner persönlichen Motivation sowie seiner Möglichkeiten zur Ausgestaltung individueller Entfaltung und Einflussnahme.

In unserer globalen Welt ist diese Fragestellung in der Tat höchst relevant geworden. Die Gemeinschaft des freien Marktes ist heute global vernetzt und folgt den Mechanismen der freien Marktwirtschaft, die durch ihren Fokus auf effizienter Ressourcennutzung wesentlich zu unserem heutigen Wohlstand beigetragen hat. Der Motor des Systems ist das individuelle Streben nach persönlicher Nutzenmaximierung. Reguliert wird dieses Streben nur durch Konkurrenz und durch die Notwendigkeit, dass man mit anderen interagieren möchte und deren Bereitschaft dazu benötigt. Es handelt sich um ein selbst reguliertes System. Reicht die Selbstregulation nicht aus, um eventuelle Fehlentwicklungen zu verhindern, fehlt ein allgemeingültiger Wertekatalog, der Richtlinien vorgeben könnte. Die Auswirkungen werden in der gegenwärtigen Finanzkrise mehr als deutlich.

Deshalb sind hier die Staaten gefragt, um mit auf Werten basierenden Regeln einzugreifen. Es gibt hier aber eine vielschichtige Problematik, die heute mehr denn je diskutiert wird. Erstens, wie viel Einfluss soll und kann ein einzelner Staat auf ein globales System und die darin lebenden Individuen nehmen, beziehungsweise wie kann sich die globale Staatengemeinschaft auf weltweit geltende Regeln einigen? Zweitens, kann ein komplexes System – wie unsere Weltwirtschaft – überhaupt von außen gesteuert werden? Kann man die Auswirkungen von bestimmten Maßnahmen überhaupt abschätzen? Drittens, inwieweit werden selbst bei den staatlichen Regeln die dahinter liegenden Werte noch als Grundlage für den Einzelnen gesehen? Damit ist zu klären, ob sich das Individuum noch von Werten leiten lässt oder es sich einfach nur an die Regeln hält getreu dem Motto, alles ist erlaubt was nicht verboten ist.

Ein interessantes Beispiel für einen vom Staat initiierten Wertewandel ist die Entwicklung in Südafrika. Nach Beendigung der Apartheid wurden dort neue Regeln geschaffen, die eine Grundlage für das Handeln von Unternehmen bilden. Der Beitrag von First Rand in diesem Kapitel schildert eindrucksvoll, wie der staatliche Wertewandel sich in der Kultur eines Unternehmens abbildet und als Grundlage für das Handeln des Einzelnen dient.

Mitglieder einer Organisation bilden ebenfalls eine Gemeinschaft. Organisationen entwickeln Strukturen und Regeln für ihre Mitarbeiter. Fast jedes Unternehmen hat darüber hinaus einen definierten Wertekatalog, der sich in der Unternehmenskultur niederschlägt. Beides unterliegt einer laufenden Veränderung, die unter anderem auf dem zugrunde gelegten Menschenbild beruht.

Auch bei kleinen Teams, die sich zusammenfinden, um gemeinsame Ziele zu verfolgen, lassen sich die Mechanismen des Wechselspiels von Individuum und Gemeinschaft verfolgen. Es findet ein Abstimmungsprozess statt, in dem die Beiträge des Einzelnen und damit seine Rolle im Sinne der gemeinsamen Aufgabenstellung festgelegt werden. Ein Beispiel in diesem Kapitel ist das Kajak Team, mit dem Birgit Fischer im Jahr 2004 noch mal eine Goldmedaille erringen konnte.

Menschenbild und Organisation

Unternehmen schaffen eine Organisation die das Regelsystem vorgibt, welches wiederum als zielorientiertes Führungssystem eingesetzt wird. Dabei spielt das Menschenbild eine wesentliche Rolle und bildet die Basis für die Ausgestaltung der Organisation (Bea & Göbel, 2006). Es müssen Antworten auf folgende Fragen gefunden werden: Wie groß sind die Handlungsspielräume? Wie viel Verantwortung trägt der Einzelne für sein Handeln? Wie werden die Unternehmensziele in das Unternehmen transportiert? Welche Ansätze werden verwendet, um die Zielerreichung durch den Beitrag der Einzelnen zu gewährleisten.

Dabei ist ein klarer Trend dazu erkennbar, das Individuum stärker in seiner Ganzheit zu integrieren und Wert zu schätzen. Es zeigt sich, dass eine direkte Korrelation zwischen der Wertschätzung des Mitarbeiters durch das Unternehmen und der betrieblichen Leistung besteht. Dies wird später noch genauer erläutert. Diese Korrelation ist durch den so genannten „People Engagement Index" messbar.

Max Weber, der als einer der Begründer der Soziologie gilt, hat in seinem 1922 posthum erschienenen Werk „Wirtschaft und Gesellschaft" die Grundzüge der Organisationstheorie dargestellt. Sein damals zugrunde gelegtes Menschenbild hat bis heute nichts an seiner Aktualität verloren. Das menschliche Handeln ist interessengeleitet, die Menschen orientieren sich im Rahmen ihrer Handlungen an der Deckung eigener ideeller und materieller Interessen. Dabei sieht Weber den Menschen zum einen als zweckrational (vergleiche Weber, 2002). Menschen stellen vor dem Handeln Ziel-Mittel Überlegungen an. Das Ziel kann dabei das materielle Einkommen oder die soziale Schätzung sein. Das Mittel ist die regelgerechte Amtsführung. Der Mensch ist aber ebenso wertrational, d. h. er sucht in seinem Handeln nach Übereinstimmung mit den inneren Werten. Zudem ist menschliches Handeln affektiv, also beeinflusst von Gefühlen. Darüber hinaus ist der Mensch traditions- und gewohnheitsbestimmt, eine Überlegung, die bei der Betrachtung der Unternehmenskultur eine wichtige Rolle spielt (siehe unten). Das Webersche Menschenbild leistet auch heute noch einen Beitrag zur Definition von Führungsinstrumenten. Führung, verstanden als zielbezogene Verhaltensbeeinflussung, Handlungssteuerung, Motivation oder auch „Fremd-Willensdurchsetzung". Statt herrschaftlicher Regeln versucht man dem Mitarbeiter heute Anreize zu geben, sich im Sinne der Organisation einzusetzen. Webers Ausführungen zu der Frage, warum eine Ordnung akzeptiert wird, können diese moderne Anreizdiskussion durchaus bereichern. Die aktuelle Wiederbelebung des Konzeptes der „charismatischen Führung" und der „Führung durch gemeinsame Werte" (Unternehmenskultur) zeigt die unverminderte Brauchbarkeit von Webers Ausführungen (vergleiche Weber, 2002).

Abhängig davon, welche Aspekte des Menschenbildes zugrunde gelegt werden, wird ein Unternehmen seine Organisation unterschiedlich gestalten. Geht man davon aus, dass der Mensch faul und einfältig ist, wie im Taylorschen Ansatz[1] angenommen, dann wird man die Arbeit in kleine Schritte zerlegen, standardisieren und die Ergebnisse kontrollieren. Heute wird so ein Ansatz nur noch für REFA[2] Analysen und Serienfertigung verwendet.

Unterstellt man den Menschen ein stark eigennütziges Verhalten und eine Veranlagung zur Nutzenmaximierung kombiniert mit nur begrenzter Rationalität, wird es unrealistisch sein, eine reibungslose Interaktion der Akteure ohne Gegenleistung zu erwarten. Der ökonomische Ansatz der Organisationstheorie versucht diese als realistisch angesehene Betrachtung der menschlichen Verhaltensweisen durch die Gestaltung der Anreizsysteme zu adressieren. Dieser Ansatz untergliedert die Gemeinschaft in Gruppen und Individuen, die durch ein Netzwerk von Verträgen die Interaktion und Handlungsmotivation steuern (Vertreter: Alchian & Demsetz, 1972; Williamson, 1990; Jensen & Meckling, 1967). Dieser Ansatz ist heute noch relevant für die Gestaltung von Unternehmensverfassungen, Mitbestimmungsrechten, bei strukturellen Entscheidungen (Zentralisierung versus Dezentralisierung) und bei der Definition von Anreizsystemen.

Ein ganz anderes Menschenbild wird im Human-Relations-Ansatz (Hawthorne Studien, Roethlisberger & Dickson, 1966) zugrunde gelegt. Dieser Ansatz stellt die Komplexität des Individuums mit seiner Sozialisierung und damit einhergehend die Komplexität der Verhaltensbeeinflussung in den Vordergrund. Er befasst sich intensiv mit informellen Organisationen und mit dem Zusammenhang zwischen Arbeitszufriedenheit und Effizienz. Seine Konzepte finden heute bei der Gestaltung von Organisationen immer noch Berücksichtigung (Schreyögg, 2003).

Schließlich sei noch der interpretative Ansatz erwähnt, der den Konstruktivismus zur Grundlage des Menschenbildes nimmt. Hierbei handelt es sich um eine wissenstheoretische Grundsatzposition. Sie stellt die subjektive Wahrnehmung und Interpretation des Individuums in den Vordergrund und betrachtet damit die Möglichkeiten einer einheitlichen Ausrichtung der Unternehmensmitglieder als entsprechend limitiert (Berger & Luckmann, 1966).

Heute versucht man die verschiedenen Facetten in der Gestaltung von Unternehmen zusammenzubringen und die unterschiedlichen Aspekte zu berücksichtigen. Dabei wird ein ganzheitliches Menschenbild zu Grunde gelegt. Der Mensch bringt sich mit seinen Kenntnissen, Fertigkeiten, Erfahrungen, Werten und Gefühlen ein. Seine Individualität ist essentiell für Kreativität und Innovation, und ein gutes Maß an Eigenverantwortung ist Voraussetzung für den Unternehmenserfolg. Das gilt es bei der Definition von Steuerungsinstrumenten zu berücksichtigen.

---

[1] Der Taylorismus oder das Scientific Management (dt. wissenschaftliche Betriebsführung oder w. Geschäftsführung) geht zurück auf den US-Amerikaner Frederick Winslow Taylor (1856–1915). Taylor glaubte daran, Management, Arbeit und Unternehmen mit einer rein wissenschaftlichen Herangehensweise (Scientific Management) optimieren zu können, um damit soziale Probleme lösen und „Wohlstand für Alle" erreichen zu können.

[2] Der REFA-Verband für Arbeitsgestaltung, Betriebsorganisation und Unternehmensentwicklung e. V. (1924 gegründet als Reichsausschuß für Arbeitszeitermittlung) gilt als Deutschlands älteste und bedeutendste Organisation für Arbeitsgestaltung, Betriebsorganisation und Unternehmensentwicklung sowie betriebliche Weiterbildung.

Koordination und Steuerung von Einzelleistungen

Soll eine Veränderung umgesetzt und ein neues gemeinsames Ziel angestrebt werden, gilt es viele Individuen mit ihren Einzelleistungen zu koordinieren und zu steuern. Es muss Einfluss auf die Menschen genommen werden.

Offen bleibt die Frage, inwieweit ein Mensch überhaupt von Außen beeinflusst werden kann. Gibt es einen kausalen Ursache-Wirkungs-Zusammenhang zwischen der Organisation, ihren Strukturen, Regeln und Anreizsystemen und der Leistung eines Mitarbeiters? Die meisten Organisationen legen diese Annahme bei Ihrer Unternehmensgestaltung zugrunde und gehen davon aus, dass es einen direkten Zusammenhang zwischen externen Einflussfaktoren und den daraus resultierenden Verhaltensweisen gibt. Ein Beispiel wäre die Höhe der Bezahlung oder der erfolgten sozialen Anerkennung im Unternehmen einerseits und der erbrachten Leistung andererseits.

Wie weiter oben bereits erwähnt, postulieren Berger und Luckmann (1966), dass Menschen ihre Wirklichkeit konstruieren. Sie reagieren demnach nicht einfach passiv auf objektive Außenreize, sondern schaffen selbst die Wirklichkeit in der sie leben. Sie werden von der Gesellschaft, in der sie leben und arbeiten, sozialisiert. Somit verinnerlichen sie das „Sammelsurium" von Maximen, Regeln, Werten, Traditionen, Mythen, Glaubenssätzen und Rezeptwissen im Laufe der Zeit. Handlungen und Wahrnehmungen werden dadurch geprägt. Damit Interaktionen mit anderen Menschen gelingen, orientiert sich der Mensch an Werten und Symbolen, die zum Beispiel in einer Unternehmenskultur zum Ausdruck kommen.

Basierend auf diesen Konzepten lassen sich grundsätzlich zwei Formen von Koordination unterscheiden: Fremdkoordination und Selbstkoordination. Fremdkoordination erfolgt entweder durch persönliche Weisung, durch standardisierte Prozessdefinitionen mit definierten Handlungsanweisungen (Verhaltensstandardisierung) oder durch Ergebnisvorgaben (Ergebnisstandardisierung). Bei persönlicher Weisung ist die Führungsperson in ihrer Kompetenz und Persönlichkeit sehr entscheidend. Verhaltensstandarisierung birgt die Gefahr von Bürokratisierung, Entpersönlichung und Entfremdung und schränkt den Handlungsspielraum sehr stark ein. Anders bei Ergebniskoordination, welche die Ziele von Außen vorgibt, dem Individuum aber erheblichen Freiraum erlaubt bei der Ausgestaltung der Handlungen, die zur Zielerreichung führen. Allerdings können gewisse Ineffizienzen auf dem Weg zur Zielerreichung nicht ausgeschlossen werden. Deshalb sind zusätzliche steuernde Führungsinstrumente erforderlich (zum Beispiel zusätzliche Messinstrumente, KPIs), wie bereits im Kapitel Leadership und Vision dargestellt.

Zu den Instrumenten der Selbstkoordination gehören Abstimmungen im Team, Koordination durch eine Professionalisierung, die bestimmte Qualitätsstandards definiert und Koordination durch externe Faktoren. Beispiele für externe Faktoren werden durch die Marktanforderungen geliefert, etwa Steuerung durch Kundenanforderungen oder durch die Gesetze der Finanzmärkte. Schließlich gehört auch die Koordination durch eine Unternehmenskultur in diesen Kontext.

Unternehmenskultur

Edgar Schein (2004) liefert eine Definition zur Unternehmenskultur. Er beschreibt Unternehmenskultur als ein über die Zeit gewachsenen Bestand von gemeinsamen Grundannahmen und Überzeugungen, die das Verhalten der Organisationsmitglieder unsichtbar und zumeist unbewusst und unreflektiert steuern. Sie wird in Werten und Normen sowie Zeichen, Symbolen und Ritualen sichtbar und durch sie vermittelt. Verinnerlichen die Organisationsmitglieder die Kultur, gelingt die Verständigung leichter. Die Unternehmenskultur dient hierbei als Richtweiser für Denk- und Verhaltensmuster. Die Mitglieder entwickeln außerdem ein Gefühl der Solidarität und Selbstverpflichtung, was zu Reduzierung von Zieldivergenzen führt und die Abstimmung erleichtert. Es bildet sich ein Zugehörigkeitsgefühl zu einer sozialen Gruppe, was die Bindung an das Unternehmen erhöht.

Bei Transformationsprozessen sollte ein Schwerpunkt auf der Unternehmenskultur liegen. Sie sollte mit den gewünschten Zielen, Werten und Normen übereinstimmen. Wenn ein Unternehmen beispielsweise seine Innovationskraft ausbauen möchte, muss dies auch eine Änderung der Unternehmenskultur nach sich ziehen. Statt Bewahrung von etablierten Produkten und Prozessen können Risikobereitschaft und Marktoffenheit erforderlich sein. Ein Verhalten, das früher für einen Mitarbeiter Erfolg versprechend war, kann jetzt unter Umständen den Fortschritt behindern. Eine Änderung der Unternehmenskultur ist ein langer Prozess, da eine Kultur nicht einfach implementiert werden kann. Sie kann nur indirekt beeinflusst werden. Im Kapitel „Implementierung und Nachhaltigkeit" wird darauf nochmals im Detail eingegangen.

In diesem Kontext ist es entscheidend, drei Einflussfaktoren zu verstehen, die darüber entscheiden, ob und wie sich eine Unternehmenskultur nachhaltig so verändern lässt, dass die transformierte Organisation schließlich ein höheres Effizienzniveau erreicht habe, als vorher und damit nachhaltig erfolgreicher ist:

- Widerstand der Mitarbeiter,
- Motivation und Engagement,
- Mitarbeiterzufriedenheit.

Widerstand

Es gibt keine Veränderung ohne Widerstand. Transformationen erzeugen Angst, da sie eine Veränderung des Status Quo sind. Dies kann eine mögliche Bedrohung der eigenen Interessen mit sich bringen, gewohnte soziale Beziehungen verändern und die Möglichkeit beinhalten, dass man den neuen Aufgaben nicht gewachsen ist.

Die widerstrebenden Kräfte in Transformationsprozessen führen oft dazu, dass eine Transformation in der Realität nicht so reibungslos verläuft wie geplant. Dies kann zu erheblichen zusätzlichen Kosten, zu Verzögerungen bei gewünschten Ergebnissen oder zum vollkommenen Scheitern einer Veränderungsmaßnahme führen.

Widerstand kann auch ein Signal sein, dass etwas nicht so läuft und angenommen wird, wie auf dem Papier geplant. Ein offener und konstruktiver Umgang mit diesem Signal ist notwendig, um Veränderungen erfolgreich zu steuern. Widerstand zeigt sich dabei meist nicht offen und direkt, sondern eher indirekt. Es sind oft vorgeschobene Gründe (zum Beispiel Intrigen, Abwesenheit, Krankheit), die die wahren Ursachen von Widerständen (zum Beispiel Angst, Unsicherheit, Wissenslücken) gegen Veränderungen verschleiern. Ausprägungen von Widerstand sind sehr vielfältig und unterschiedlich intensiv. Die einzelnen Formen unterscheiden sich stark in ihrer Operationalisierbarkeit. Doppler und Lauterburg (1994) unterschieden dabei in verbale/nonverbale und aktive/passive Symptome.

Tabelle 3 Widerstand in verbalen/nonverbalen und aktiven/passiven Symptomen nach Doppler und Lauterburg (1994)

	Verbal (Reden)	**Nonverbal** (Verhalten)
Aktiv (Angriff)	**Widerspruch** • Gegenargumentation • Vorwürfe • Drohungen • Polemik • Sturer Formalismus	**Aufregung** • Unruhe • Streit • Intrigen • Gerüchte • Cliquenbildung
Passiv (Flucht)	**Ausweichen** • Schweigen • Bagatellisieren • Blödeln • Ins Lächerliche ziehen • Unwichtiges debattieren	**Lustlosigkeit** • Unaufmerksamkeit • Müdigkeit • Fernbleiben • Innere Emigration • Krankheit

Da die Ausprägungen von Widerstand vielfältig sein können, ist im ersten Schritt eine Eingrenzung bzw. Identifikation der Ursachen notwendig. Mohr et al. (1998) beschreiben drei wesentliche Bereiche als Gründe für den Widerstand: den Wahrnehmungs-, den Entscheidungs- und den Aktivierungsbereich. Quellen im Wahrnehmungsbereich liegen direkt begründend in einer schlechten Informationsbasis zur Veränderung und Verständnisproblemen. Fehlendes Vertrauen in die Notwendigkeit und den Erfolg der Veränderung als auch vermutete, persönliche Nachteile sind Quellen des Entscheidungsbereiches. Im Aktivierungsbereich, der die Verhaltensausführung auslöst, sind es die fehlende Orientierung, der fehlende Wille oder die Überaktivität. Der Widerstand kann durch einen, zwei oder auch alle drei Bereiche ausgelöst werden.

Um Widerstand erfolgreich zu begegnen, werden in der Literatur Maßnahmen wie Kommunikation, Partizipation der Mitarbeiter und Unterstützung der Mitarbeiter durch Coaching genannt, die dann durch strukturelle Maßnahmen (Anreizsysteme, formale Regelungen) unterstützt werden (vergleiche Lewin, 1966; Lawrence, 1973; Kotter, 1996). Es wird auch darauf hingewiesen, dass meist nur eine Kombination miteinander verbundener Maßnahmen erfolgreich sein kann. Diese

Instrumente müssen je nach Zeitpunkt im Veränderungsprozess unterschiedlich kombiniert werden, da sie unterschiedlich wirken können. Maßnahmen, die sich auf reine Information fokussieren, zeigen beispielsweise besonders am Anfang eines Veränderungsprozesses Wirkung, werden dann jedoch durch partizipative und strukturelle Maßnahmen ergänzt.

Heute wird allerdings zunehmend Kritik geübt an einer Lehre, die von einer gezielten Machbarkeit des organisatorischen Wandels ausgeht und das Umgehen mit Widerstand in erster Linie als ein planerisches Problem sieht, welches man systematisch lösen könnte (Schreyögg, 2003). Im Einzelnen wird postuliert, dass Wandel nicht als Sonderfall mit Anfang und Ende gesehen wird, sondern als kontinuierlicher Prozess. Veränderungen können von außen nicht direkt gesteuert werden, sondern vollziehen sich endogen im System selbst und sind daher nur indirekt beeinflussbar. Mit dem anderen Verständnis von Wandel wird nicht der Anspruch aufgegeben, zielgerichtet auf Wandel und Widerstand einwirken zu können. Es wird aber nicht ein mechanistisches, sondern ein systemisches Verständnis zugrunde gelegt, wo die Unternehmen die Rahmenbedingungen schaffen und den Wandel durch gezielte Impulse anregen sich selbst zu entwickeln (Königwieser & Lutz, 1992).

In jedem Fall spielt bei dem Umgang mit Veränderungen das Thema Motivation und Engagement der Mitarbeiter eine wesentliche Rolle.

Motivation und Engagement

Was motiviert Menschen zur Erbringung von Leistungen? Zu dem Thema gibt es die verschiedensten Untersuchungen. Diese basieren auf erkenntnistheoretischen und psychologischen Grundlagen. Weitgehend ist man sich heute einig, dass ein rein behavioristischer[3] und linear-kausaler Ansatz nicht als gute Erklärungsgrundlage dient. Dies ist zum Beispiel die Annahme, dass es einen gesetzmäßigen Zusammenhang zwischen einer bestimmten Maßnahme und deren Wirkung auf das Verhalten der Organisationsmitglieder (zum Beispiel auf deren Kooperationsbereitschaft) gibt. Vielmehr bedienen wir uns heute einer systemischen Betrachtungsweise bei der wir eine wechselseitige Beeinflussung verschiedener Faktoren zugrunde legen, um die leistungsorientierte Verhaltensweise eines Menschen zu verstehen. Die relevanten Faktoren sind: (1) positive Rückmeldung für die Leistung, (2) richtige Balance zwischen den Alternativen Neues zu lernen und

---

[3] Der Behaviorismus (abgeleitet vom amerikanisch-englischen Wort behavior = Verhalten) ist ein wissenschaftstheoretischer Standpunkt, der zugrunde legt, dass das Verhalten von Menschen und Tieren mit den Methoden der Naturwissenschaft untersucht werden kann. Er versteht sich somit als eine Theorie der Wissenschaft vom Verhalten, der Verhaltenswissenschaft oder Verhaltensanalyse. Er wurde nach wichtigen Vorarbeiten durch Edward Thorndike von John B. Watson zu Beginn des 20. Jahrhunderts begründet und in den 1950er Jahren vor allem von Burrhus Frederic Skinner gleichermaßen popularisiert wie radikalisiert.

Vertrautes einzusetzen, (3) ein subjektiv wahrgenommener Sinn der Tätigkeit im Hinblick auf ein größeres Ganzes, (4) intrinsische Motivation.

Der erste wichtige Faktor ist die Rückmeldung für unsere Leistung. Diese kann sich vielfältig ausdrücken – in der Anerkennung in Form eines sozialen Status, Berühmtheit, Freundlichkeit und des Gefühls, eine akzeptierte Rolle in einer Gemeinschaft einzunehmen. Dazu zählt selbstverständlich auch die monetäre Entlohnung. Allerdings kommt es immer auch auf die individuelle Ausganglage des Menschen an. Falls ein Mensch intrinsisch motiviert ist eine bestimmte Leistung zu erbringen, kann eine monetäre Belohnung auch deplaziert oder demotivierend wirken. Es ist wichtig dies zu beachten, denn viel zu häufig liegt unserem Handeln immer noch das folgende lineare Denken zugrunde: „Je höher die monetäre Belohnung, desto höher die Motivation". Insbesondere Gehalt ist nicht per se ein Motivator. Es muss angemessen sein und kann allenfalls demotivierend wirken, wenn es zu niedrig ist. Anerkennung und Lob für die erbrachte Leistung stellen positive Rückmeldungen dar. Sie beeinflussen das Gefühl der Zugehörigkeit zu einer Gruppe, geben Orientierung und fördern den Austausch mit anderen.

Der zweite Faktor, der Menschen zu besonderen Leistungen anregt, ist ein Umfeld, das die Möglichkeit gibt, immer wieder Neues dazu zu lernen. Lernen ist hier ein sehr allgemeiner Begriff und steht für Entwicklung, Neugier etwas auszuprobieren, die eigenen Leistungsgrenzen zu testen und zu erweitern, neues Terrain zu betreten usw. Das Eröffnen klarer Karriereperspektiven gehört ebenso dazu. Für ein Unternehmen bedeutet das, seinen Mitarbeitern Möglichkeiten und Freiraum zu geben, sich immer wieder an neuen Aufgaben zu versuchen. Die Möglichkeit zur Gestaltung der Arbeit trägt zur Identifikation mit der Aufgabe bei. Die richtige Balance zwischen Neuem und Bekanntem ist von großer Wichtigkeit.

Der dritte Faktor ist das Gefühl der Wahrnehmung der beruflichen Tätigkeit als sinnvoll und Wert schöpfend. Sinn kann dabei enger und weiter gefasst werden. Im engeren Sinne muss dem Menschen erkennbar sein, wie der individuelle Beitrag zu einem größeren Ganzen aussieht. Das heißt, dass Unternehmensziele klar definiert sind und im individuellen Arbeitsumfeld (zum Beispiel durch entsprechend angepasste Prozesse) erkennbar sein müssen. Die bereits beschriebene Unternehmenskultur, mit der sich der Mitarbeiter identifizieren kann und das aktive „Leben" der Unternehmenswerte spielen dabei eine sehr große Rolle (siehe auch Kapitel Implementierung und Nachhaltigkeit). Im Hinblick auf Sinn gibt es aber auch einen weiteren über das Unternehmen hinausgehenden Aspekt. Menschen möchten verstehen, welchen Beitrag sie zur Gesellschaft leisten. Es gibt eindrucksvolle Analysen, die besagen, dass die „Employer Value Proposition"[4] umso höher ist, je mehr ein Unternehmen sich auch in gesellschaftlichen Belangen engagiert. Das müssen nicht immer nur Wohlfahrtsveranstaltungen, sondern können durchaus auch die Geschäftsfelder eines Unternehmens sein, die als Wert schöpfend für ein gesellschaftliches oder kulturelles Umfeld betrachtet werden. Die Transformation des Finanzunternehmens von FirstRand beispielsweise beruht auf fünf Säulen, die im Rahmen

---

[4] Die "Employee Value Proposition" ist eine Größe für die Ausgeglichenheit dessen was ein Arbeitnehmer vom Arbeitgeber an Vergütung bekommt und was er dafür im Gegenzug leistet.

von „Black Ecomomic Empowerment" eine wichtige Rolle spielen. 1. Beitrag zu einem besseren Makroumfeld; 2. Beseitigung des Ungleichgewichts bei Investitionen; 3. Gleichberechtigung am Arbeitsmarkt; 4. Förderung der Entstehung von schwarzen Unternehmen; 5. Förderung von gleichberechtigtem Eigentum und gleichberechtigter Kontrolle. FirstRand konnte durch seine Unternehmensstrategie, die Unternehmenskultur und seine Aktivitäten für die Gemeinschaft einen bedeutenden Beitrag zu den Gleichstellungsbemühungen in Südafrika leisten.

Als vierten Faktor verstehen wir die intrinsische Motivation. Intrinsische Motivation ist der Antrieb, etwas um seines Selbst willen zu tun. Wir lernen, weil wir Spaß am Lernen haben und nicht, um eine Prüfung zu bestehen. Wir trainieren unseren Körper, weil wir Freude empfinden, uns zu bewegen und den Körper zu spüren und nicht, weil wir eine Goldmedaille gewinnen wollen. Wir schreiben ein Buch, weil wir Freude empfinden, Gedanken zu strukturieren und nicht, weil wir berühmt werden wollen. Das ist ein hoher Anspruch, und es wird nicht möglich sein, alle Tätigkeiten unseres Tagesablaufes mit dieser Art von Motivation durchzuführen. Aber nur wenn wir das können, empfinden wir Freude an der Tätigkeit an sich. Ansonsten werden wir den gegenwärtigen Augenblick nur als Hindernis auf dem Weg in die Zukunft sehen.

Messung von Mitarbeiterzufriedenheit

Entscheidend ist schließlich, dass die involvierten Mitarbeiter wieder einen bestimmten Zufriedenheitsgrad erreichen. Häufig werden Maßnahmen zur Mitarbeiterzufriedenheit noch als schwierig messbare „Modeerscheinungen" betrachtet, die nur in Zeiten guter Konjunktur sinnvoll sind. Dieses Argument ist heute so nicht mehr haltbar. Unternehmenserfolg wird an den historischen Betriebsergebnissen gemessen, der Aktienkurs eines Unternehmens wird aber bestimmt von den Erwartungen der Investoren in den zukünftigen Erfolg. Investoren bewerten die materiellen und immateriellen Güter eines Unternehmens, die die Voraussetzung für die künftigen Geschäftstätigkeiten sind.

Die Bedeutung immaterieller Güter eines Unternehmens (beispielsweise Methoden, Innovationskraft, Kundenbeziehungen) nimmt dabei stetig zu. Die Mitarbeiter als hauptsächlicher Träger dieser Güter, spielen hier eine besondere Rolle. Die Unternehmen sind darauf angewiesen, dass die Mitarbeiter dem Unternehmen nicht nur Kenntnisse und Fähigkeiten, sondern auch implizites Wissen und Innovationsbereitschaft zur Verfügung stellen. Das Engagement der Mitarbeiter ist somit ein entscheidender Faktor für die Erreichung angestrebter Betriebsergebnisse geworden und wird zunehmend relevant für die Bewertung eines Unternehmens. Ein Blick in die Bilanzen der Unternehmen veranschaulicht das sehr deutlich. In den 80er Jahren standen dem Marktwert eines Unternehmens noch zu 80 Prozent materielle Vermögenswerten (Land, Maschinen etc.) gegenüber, heute sind es oft nur noch 20 Prozent, das heißt die Marktbewertung des Unternehmens beruht zu 80 Prozent auf nicht materiellen Werten (vergleiche Cheese et al., 2008).

Extensive Studien von Gallup[5] und dem „Accenture Institute of High Performance"[6] bestätigen, dass die positive Bewertung von bestimmten Faktoren durch die Mitarbeiter in direktem Verhältnis zum Unternehmenserfolg stehen. Diese Bewertungen können, durch standardisierte Befragungen erfasst, auch über Unternehmensgrenzen hinweg, verglichen werden.

Im Wesentlichen werden folgende Faktoren untersucht:

- Die Wahrnehmung, wie wichtig die individuelle Tätigkeit ist und welchen Beitrag die eigene Tätigkeit zum Unternehmenserfolg insgesamt leistet. Idealerweise hat der Mitarbeiter das Gefühl, einen Sinn schaffenden Beitrag zu einem größeren Ganzen zu leisten, das für ihn positiv besetzt ist.
- Die Erwartungen an die Arbeit müssen klar definiert sein und es muss die notwendige Unterstützung bereitgestellt werden in Hinblick auf Materialien, Informationen oder andere nötige Ressourcen.
- Mitarbeiter wollen wissen, wie sie sich im Unternehmen entwickeln können. Sie möchten auch individuelle Gestaltungsfreiräume bekommen, um Verbesserungen vorzuschlagen und umzusetzen. Es gibt ausführliche Untersuchungen, dass Verbesserungsvorschläge dann am effektivsten sind, wenn sie nicht durch einen formalen Prozess ermittelt, sondern frei generiert werden. Voraussetzung ist eine Kultur, in der dieser Freiraum auch existiert.
- Regelmäßiger Austausch und Rückmeldung von Vorgesetzten ist entscheidend für die Mitarbeiterzufriedenheit. Oft reicht es, einen Mitarbeiter wahrzunehmen und anzuerkennen, auch oder gerade ohne formalen Prozess.
- Wichtig ist das Gefühl, einer Gemeinschaft von Kollegen und Vorgesetzten anzugehören, mit denen eine gute Beziehung möglich ist, Freunde in der Arbeit und ein gutes Verhältnis zum Vorgesetzten. Die meisten Mitarbeiter, die von sich aus kündigen, verlassen nicht das Unternehmen, sie verlassen ihren Chef.
- Schließlich sind Unternehmenswerte und das wahrgenommene gesellschaftliche Verhalten eines Unternehmens ein wesentlicher Faktor. Employer Branding ist das entsprechende Schlagwort. Ein Mitarbeiter möchte stolz auf sein Unternehmen sein und sucht nach einer Übereinstimmung seiner Werte mit den Unternehmenswerten.

Die Einschätzung zu diesen Faktoren lässt sich über Mitarbeiterbefragungen ermitteln und auswerten. Der sich daraus ergebende Employee Engagement Index (EEI) kann als Gradmesser für Mitarbeiterzufriedenheit und Engagement benutzt werden. Durch seine externe Vergleichbarkeit dient er zusätzlich als gute Standortbestimmung. In der Tat interessieren sich auch Financial Analysten zunehmen für den EEI eines Unternehmens – und zwar zu Recht. Denn wenn man die Forschungsergebnisse von Gallup und dem Accenture Institute of High Performance vergleicht, lässt sich feststellen, dass ein klarer Zusammenhang zwischen einem

---

[5] The Gallup Organization ist eines der führenden Markt- und Meinungsforschungsinstitute mit Sitz in Washington, D.C.

[6] Das "Accenture Institute for High Performance" forscht unter Einbezug von Accenture's umfassender Praxiserfahrung nach neuen bedeutenden Managementthemen und globalen wirtschaftliche Trends, um zu zeigen, wie Unternehmen in Zukunft noch leitungsfähiger werden können.

hohen EEI und der Innovationskraft, Kundenzufriedenheit und Effizienz der Unternehmensprozesse und dem zu erwartenden Erfolg des Unternehmens besteht.

Der Mensch als Mittelpunkt einer Veränderung

Aus den Erkenntnissen über Motivation, Widerstand und über das Verhältnis des Individuums zu der Gemeinschaft lassen sich entscheidende Erfolgsfaktoren für eine Veränderung ableiten.

Wenn ein Unternehmen oder eine Organisation eine Transformation plant, wird zunächst die zukünftige Strategie festgelegt. Diese beinhaltet zum Beispiel, welche Kunden in welchen Märkten mit welchen Produkten bedient werden sollen, wie das dazugehörige Geschäftsmodell aussieht und, welche ökonomisch messbaren Ziele künftig angestrebt werden.

Danach gilt es zu ermitteln, welche Individuen oder Gruppen von Individuen von der Veränderung betroffen sind (Stakeholder Analyse[7]). Wo stehen diese Individuen heute und was wird von ihnen nach der Transformation erwartet? Werden neue Fähigkeiten erwartet? Was für Erfahrungen sind wichtig? Sind neue Verhaltensweisen erforderlich? Wer würde diese Transformation unterstützen? Wo ist mit Widerstand zu rechnen? Wo stehen die Führungskräfte des Unternehmens? Und stehen sie hinter der zukünftigen Strategie? Sind Wertekatalog und Unternehmenskultur noch mit der neuen Strategie konsistent?

Nach dieser Analyse werden dann die übergeordneten Ziele auf die einzelnen Mitarbeitergruppen, beziehungsweise an Schlüsselstellen auch auf einzelne Individuen herunter gebrochen. An dieser Stelle kann man den künftigen Tätigkeiten dieser Mitarbeiter die erforderlichen Fähigkeiten und Verhaltensweisen zuordnen, die verändert und (oder) erlernt werden sollen. Durch diese stringente Vorgehensweise lassen sich die auf den Mitarbeiter bezogenen Maßnahmen zur Vorbereitung auf die Veränderung direkt dem finanziellen Erfolg der Veränderung zuordnen. Dieser Link zu den harten Erfolgsfaktoren verhindert die leidige Diskussion über die Notwendigkeit der oft als „weich" bezeichneten Maßnahmen im Kontext von Veränderungsprozessen.

Dieser Prozess fördert darüber hinaus die Konsistenz. Auf allen Ebenen des Unternehmens wird von den gleichen Zielen gesprochen. Dies dient der Koordination aller Beteiligten und der einheitlichen Ausrichtung auf den zukünftigen Zustand.

Nach der Analyse der aktuellen Situation und der Definition des Zielzustandes kann man die erforderlichen Maßnahmen oder Interventionen definieren, welche die Veränderung begleiten sollen. Maßnahmen zur Förderung der Motivation haben die Veränderung zu tragen als auch Maßnahmen, um Widerstand zu bekämpfen sind über alle Veränderungsphasen zu planen.

---

[7] Eine Stakeholder Analyse identifiziert zum einen von einer Veränderung betroffene Interessengruppen und zum anderen Kernbotschaften, welche für diese einzelnen Gruppen relevant sind und somit die Einstellung in Bezug auf die Veränderung beeinflussen können.

Voraussetzung für den Erfolg ist zunächst die konsistente und konsequente Unterstützung der Führungskräfte in allen betroffenen Bereichen der Organisation und auf allen Ebenen. Dies erreicht man durch den Aufbau einer Sponsorenkaskade. Die Sponsoren befürworten und fördern die erforderlichen Interventionen und dienen durch ihr eigenes Verhalten als Rollenmodelle.

Interventionen im weiteren Sinne können vielfältige Facetten haben. Es kann sich um Kommunikationsmaßnahmen handeln, beispielsweise durch spezielle Meetings, durch Newsletter, E-Mails, Broschüren, Videos, Einzelgespräche etc. Es können Schulungsmaßnahmen geplant werden, zum Beispiel Präsenztrainings im Klassenzimmer, virtuelle oder Computer basierte Trainings, Unterstützung von Lernzielen im täglichen Arbeitsumfeld oder individuelle Coaching Gespräche. Aber auch neue Formen der Zusammenarbeit (etwa Teams zwischen mehreren Abteilungen) können geeignete Interventionen sein, wie zum Beispiel Einbindung von wichtigen Mitarbeitern in die Entscheidungsfindung während der Veränderung, virtuelle Netzwerke zum Austausch von Gruppen, gemeinsame Unternehmungen sowie Veränderungen im Arbeitsumfeld (Teamräume) und beim Arbeitsort und den Arbeitszeiten.

Wichtig ist, dass die Planung der Interventionen immer die zu Beginn erfolgte Analyse und die daraus abgeleiteten Erfordernisse berücksichtigt. Außerdem sollte Beachtung finden, wie Mitarbeiter motiviert werden. Wie also eine bedürfnisgerechte Anreizsituation geschaffen werden kann, um das neue Umfeld zu akzeptieren. Leider lassen die meisten Interventionen diese Sorgfalt vermissen. Generelle Ankündigungen und unspezifische Kommunikationsmaßnahmen richten oft nur Schaden an anstatt zu nutzen. Gute Interventionen berücksichtigen die persönliche Situation des Individuums oder der Zielgruppe und haben eine klar definierte Zielsetzung, die mit den Gesamtzielen der Transformation in Einklang gebracht ist.

Zusammenfassend lässt sich feststellen, dass jede Veränderung unabhängig vom Kontext und der Größenordnung, beim einzelnen Menschen beginnt. Dies gilt es zu berücksichtigen. Darüber hinaus sollte ein differenziertes und ganzheitliches Menschenbild zugrunde gelegt werden.

Wenn bei einer Unternehmenstransformation die wichtigsten hier angestellten Überlegungen Berücksichtigung fänden, würde sich die eingangs vorgestellte Szene völlig anders darstellen:

Es war ein Morgen wie jeder andere doch dann kam alles anders. Als Hans das Büro betrat, fand er auf seinem Schreibtisch (in seiner Inbox) eine persönliche Einladung des neuen CEOs. Zusammen mit den anderen Abteilungsleitern und dem Bereichsleiter sollte er als Experte an einem Strategiemeeting zur Neuausrichtung des Unternehmens teilnehmen. Er wurde gebeten alle Termine für heute abzusagen, da aufgrund der Wichtigkeit und Dringlichkeit des Themas das Meeting bereits heute stattfinden würde.

Schon kurz darauf versammelten sich alle im Besprechungsraum der Chefetage. Die Nachrichten waren überwältigend. Das Unternehmen sollte neu aufgestellt werden. Man sehe enorme Wachstumschancen, wenn mit neuen Angeboten gearbeitet und in neuen Märkten operiert werden würde. Hans und die anderen Abteilungsleiter wurden gebeten verschiedene Rollen zu übernehmen, um die erforderlichen Prozesse schnell in Gang setzen zu können. Nach dem Meeting war Hans sehr aufgeregt. Es war nicht klar, was mit der Neuausrichtung alles auf ihn zukommen würde aber er hatte nicht lange Zeit darüber nachzudenken. Er musste mit Berthold Bach sprechen, den er für eine Schlüsselrolle in der neuen Forschungs- und Entwicklungsabteilung empfohlen hatte. Noch am Nachmittag sollte er ein Team zusammenstellen, um die neuen Pläne anzugehen. Aufgrund seiner Erfahrungen im asiatischen Markt, wo sich seine Produkte besonders gut verkauft hatten, wurde er gebeten, dort eine Marktstrategie zu entwerfen. Er war etwas nervös, da diese Aufgabe Neuland für ihn bedeutete. Aber er freute sich, dass man ihm diese Herausforderung zutraute und er damit einen wesentlichen Beitrag zur Umsetzung der Pläne seiner Firma leisten konnte.

Überblick über die Praxisbeispiele

Vision der FirstRand-Gruppe von der Black Economic Empowerment (BEE) Transformation innerhalb der Organisation

Paul Kenneth Harris, Vorstand FirstRand Limited

FirstRand hat die Black Economic Empowerment (BEE) Transformation fest mit jedem Bestandteil des Unternehmens verbunden. Damit hat sich das Unternehmen zum Ziel gesetzt, beim Aufbau eines besseren Südafrikas mitzuwirken und die Einstellung der Südafrikaner gegenüber ihrem Land und ihren Landsleuten zu ändern.

Zu diesem Zweck beteiligt sich FirstRand an einer Reihe von Initiativen und Organisationen und gehört zu den Sponsoren der Fußball-Weltmeisterschaft 2010.

Alle Firmen innerhalb der, im April 1998 durch den Zusammenschluss der Finanzdienstleistungsaktivitäten der Anglo American Corporation of South Africa Limited (AAC) und der RMB Holdings Limited (RMBH) gegründeten, FirstRand-Gruppe spenden ein Prozent ihres Gewinns nach Steuern der FirstRand Stiftung, die Geldmittel für verschiedene Anlässe zur Wiederherstellung des Landes beisteuert.

Die fünf Säulen der BEE Transformation sind:

- Beitrag zu einem besseren Makroumfeld,
- Beseitigung des Ungleichgewichts bei Investitionen,
- Gleichberechtigung am Arbeitsmarkt,
- Förderung der Entstehung von „Black Businesses",
- Förderung von gleichberechtigtem Eigentum und gleichberechtigter Kontrolle.

Zu den Zielen von FirstRand gehört es auch, das Eigentümerprofil der Unternehmen in Südafrika zu ändern und den schwarzen Südafrikanern endlich einen gerechten Anteil am wirtschaftlichen Vermögen des Landes zu geben. In diesem

Zusammenhang hat das Unternehmen eine eigene BEE-Transaktion durchgeführt, bei der fast 19 Prozent des Firmenkapitals an direkte schwarze Aktionäre übertragen wurde, ein Teil davon an schwarze Angestellte.

Im Zentrum der Transformation von FirstRand stand die Bildung einer neuen Unternehmenskultur, die auf Vertrauen basiert und gemeinsame Werte entwickelt, welche die Grundlage für alle internen und externen Aktivitäten bilden.

Konstanz im Erfolg basiert auf stetem Wandel

Birgit Fischer, 8-fache Olympiasiegerin, Unternehmerin, Dipl.-Sportlehrerin

Birgit Fischer ist die erfolgreichste deutsche Olympia-Teilnehmerin aller Zeiten. Bei sechs Spielen von 1980 in Moskau bis 2004 in Athen gewann sie im Kajak acht Goldmedaillen, dazu viermal Silber. 1984 war sie vom Olympia-Boykott betroffen. Sie wurde 27-mal Weltmeisterin und zweimal Europameisterin. Damit ist sie die erfolgreichste Kanurennsportlerin aller Zeiten.

Nach mehrjährigem Rückzug vom Leistungssport gelang es ihr im Alter von 41 Jahren, das junge deutsche Vierer-Kajak Team nach mehreren Jahren ohne großen Erfolg zurück an die Weltspitze zu führen und eine weitere Goldmedaille zu gewinnen.

Für ihre zahlreichen Erfolge waren Selbstmotivation und ein unbedingter Siegeswille entscheidend. Niederlagen hat Birgit Fischer dabei immer als Ereignisse betrachtet, die sie einen Schritt weiterbringen würden, wenn es ihr gelingen würde, die richtigen Schlussfolgerungen daraus zu ziehen und etwas zu verändern. Und zu Veränderungen war Birgit Fischer im Verlauf ihrer Karriere als Sportlerin immer bereit. Das galt nicht nur für Trainingspläne, sondern auch für die Anpassung ihrer Technik und der Sportgeräte.

Auch für den Erfolg 2004 im Vierer-Kajak, war ihre Flexibilität beim Annehmen von neuen Herausforderungen entscheidend. Als Vorbild und Teamspielerin gelang es ihr, das Boot zur Goldmedaille zu führen.

Wie viel Change verträgt der Mensch?

Veit M. Hirche, Geschäftsführer Hirche GmbH

Veit Hirche ist mit seinem Beratungsunternehmen als Spezialist in den Bereichen Executive Coaching und Newplacement tätig. Dabei konzentriert er sich auf Manager der ersten und zweiten Führungsebene internationaler Konzerne. Die Coaches und Berater der Hirche GmbH betreuen Manager bei deren persönlichen Changeprozessen im Rahmen von Neupositionierungen. Entscheidend für den Erfolg sind dabei die Zeit und die Intensität, mit der sich Berater und Kandidat mit dem Veränderungsprozess auseinander setzen.

Am Beginn der persönlichen Veränderung steht grundsätzlich eine saubere Standortbestimmung. Hier geht es vor allen Dingen um Charakter, Erziehung, Erfahrung und Risikobereitschaft des Einzelnen, um genau definieren zu können, ob die Vorstellungen mit der Wirklichkeit in einer neuen Wunschaufgabe übereinstimmen und ob die erforderlichen Fähigkeiten und Eigenschaften für die neue Aufgabe vorhanden sind. Hinzu kommt eine detaillierte Zielformulierung für die gewünschte zukünftige Position als Voraussetzung für einen erfolgreichen und professionellen Weg dorthin.

Im Umgang mit dem eigenen Changeprozess wird hinter der Fassade meist schnell erkennbar, dass die ungewohnte Situation vor allem Angst zu Versagen mit sich bringt. Wenn es in dieser Phase dem Berater gelingt, diese Angst gemeinsam mit dem Kandidaten ad acta zu legen, ist der Changeprozess zur Neupositionierung bereits auf dem besten Weg.

In Zeiten der Veränderung ist ein gut gepflegtes persönliches Netzwerk extrem wertvoll. Deshalb ist es wichtig, bereits in jungen Jahren mit dem Aufbau eines solchen Netzwerks zu beginnen. Dabei sind Authentizität und die Liebe zu Menschen wichtig. Denn beim Ausbau von persönlichen Netzen helfen keine Strategie, kein Harvard-Studium und auch keine noch so clevere Politik. Dabei zählt nur eins: Der Mensch!

Vision der FirstRand-Gruppe von der Black Economic Empowerment (BEE) Transformation innerhalb der Organisation

Paul Kenneth Harris, Vorstand FirstRand Limited

Geschichte von FirstRand

FirstRand wurde im April 1998 durch den Zusammenschluss der Finanzdienstleistungsaktivitäten der Anglo American Corporation of South Africa Limited (AAC) und der RMB Holdings Limited (RMBH) gegründet.

Seit der Gründung von FirstRand im Jahre 1998 hat die breit gefächerte Ertragsbasis der Gruppe ein starkes Wachstum der Erträge, des Vermögens und der Dividenden verzeichnet. Die Erfolgsgeschichte der Gruppe wurde durch eine Kombination von organischem Wachstum, Anschaffungen, Innovation und der Schaffung von zusätzlichen Einnahmequellen durch die Existenzgründung und Entwicklung völlig neuer Unternehmen erreicht.

FirstRand Limited ist eine umfassende Finanzdienstleitungsgruppe, notiert an den Börsen Johannesburg und Namibia, die eine umfangreiche Auswahl an Produkten und Dienstleistungen auf dem südafrikanischen Markt und Nischenprodukte auf bestimmten internationalen Märkten anbietet.

Die Gruppe unterscheidet sich durch ihre dezentralisierte Struktur und die inhabergeführte Kultur. Die Gruppe hat eine Markenportfolio-Strategie und es gibt zahlreiche führende Franchiseunternehmen im Finanzdienstleistungsbereich innerhalb der Gruppe wie die Rand Merchant Bank, die First National Bank (FNB), die WesBank, Momentum und OUTsurance.

FirstRand ist zu einer der bedeutendsten und breit gefächertsten Finanzdienstleistungsgruppen Südafrikas mit einem Ruf für Innovationen und Konzepte geworden. Ein großer Teil des Erfolgs der Gruppe kann ihrer Unternehmens- und Empowerment-Kultur zugeschrieben werden, die sie in der südafrikanischen Bankenlandschaft einzigartig macht. Die überall in der Gruppe vorherrschende Kultur hat ihren Ursprung in der Rand Merchant Bank (RMB). Diese innovative Kultur wird das beeindruckendste Vermächtnis sein, das die Gründer GT Ferreira, Laurie Dippenaar und Paul Harris hinterlassen.

Was ist die BEE-Transformation?

Paul Harris, CEO der FirstRand Limited, erkennt das Vermächtnis der Apartheid an und überwacht mit Leidenschaft die Transformation der Organisation in ein facettenreiches und wahrlich südafrikanisches Unternehmen. Er sagt „Wir haben die BEE-Transformation fest mit jedem Bestandteil unseres Unternehmens verbunden. Transformation ist ein Prozess. Sie ist nicht das Ende vom Weg. Sie ist der Vorgang des Transformierens. Sie ist der Prozess, einen Wandel zu durchleben."

Transformation beinhaltet zwei Bestandteile: der erste und wichtigste Bestandteil ist der „Geist" oder das „Herz" der Transformation, die über das Benötigte hinaus gehen und sich mit den Gefühlen, Sinnen, Geschichten und Wahrnehmungen der Menschen befassen. Der zweite folgt dem Wortlaut des Gesetzes und hält die Satzung des Finanzsektors, die Codes des Handels- und Wirtschaftsministeriums und die Anforderungen des Arbeitsministeriums bezüglich der Gleichberechtigung am Arbeitsmarkt ein. Der Geist der Umsetzung und der Wortlaut des Gesetzes gehen Hand in Hand. Denn eine Organisation ist ein lebendiger, dynamischer Organismus, der aus gemeinsamen Herzen, Gedanken und Seelen besteht.

„In der ganzen Gruppe setzen sich sowohl die Angestellten als auch das Management für Diversity-Management, ein Konzept zum Umgang mit Vielfalt, ein und investieren Zeit, Leistung und Ressourcen, um die Komplexität und Sensibilität der Transformation zu untersuchen", so Harris.

FirstRand glaubt, dass die Transformation ganzheitlich durch die fünf Säulen abgedeckt wird, die in der Organisation eingeführt wurden und angewendet werden:

- Beitrag zu einem besseren Makroumfeld;
- Beseitigung des Ungleichgewichts bei Investitionen;
- Gleichberechtigung am Arbeitsmarkt;
- Förderung der Entstehung von „black businesses";
- Förderung von gleichberechtigtem Eigentum und gleichberechtigter Kontrolle.

Paul Harris glaubt, dass wir alle dazu beitragen können, ein besseres Land aufzubauen, indem wir sowohl intern als auch extern eine positive Einstellung gegenüber der Zukunft schaffen.

Initiativen zum Aufbau eines besseren Landes

FirstRand ist an zahlreichen Initiativen beteiligt, um ein besseres Land aufzubauen und die Einstellung der Südafrikaner gegenüber ihrem Land und ihren südafrikanischen Landsleuten zu ändern. Dazu gehören zum Beispiel:

- *HEARTLINES*: eine TV-Sendereihe, die konzipiert wurde, um das Niveau der Diskussion über Werte zu erhöhen und die Südafrikaner an einer nationalen Konversation zu beteiligen,
- *South Africa, The Good News*: ein Buch über die positiven Gründe, in Südafrika zu leben,

- *The Homecoming Revolution*: eine Organisation, die Südafrikaner im Ausland dazu bringen möchte, wieder nach Hause zurückzukehren,
- *Sponsorenschaft der Fußball-Weltmeisterschaft 2010*: von der erwartet wird, dass sie die Südafrikaner als eine Nation vereint und der Infrastruktur des Landes einen Impuls zum Auftrieb gibt,
- *Unterstützung südafrikanische Talente und Kultur:* durch RMB Starlight Classics (Open-Air-Konzerte einheimischer Künstler, gesponsert von RMB), FNB Dance Umbrella (jährliches Festival für südafrikanischen zeitgenössischen Tanz, gesponsert von FNB), Kunst- und Sportfestivals.

Südafrika aushelfen

Willem Roos, CEO von OUTsurance sagt „Firmen, die solch eine Leidenschaft für Südafrika haben wie wir, sehen es nicht als ihre Pflicht, Geld für soziale Initiativen auszugeben, sondern eher als inhärenten Teil ihrer Markenbotschaft und wissen, dass die meisten Südafrikaner diese Beiträge schätzen und ihnen im Gegenzug Markenloyalität gewähren."

- *Arrive Alive Patrol Car Projekt:* Streifenwagenprojekt, um die Straßen sicherer zu machen,
- *OUTsurance Traffic Points-men Projekt:* Einsetzung von Verkehrspolizisten, um Staus abzubauen.

Änderung der internen Ansichten

So, wie wir uns extern in der Vorreiterrolle befinden, beabsichtigen wir innerhalb der Gruppe ein Exempel zu statuieren und engagieren uns in zahlreichen Initiativen um die Ansichten und Denkweisen der Angestellten zu ändern. Um das zu erreichen ist Vielfalt Teil unserer Philosophie, wie zum Beispiel das Vuka-Programm der FNB.

Paul Harris nimmt am Vuka-Programm teil. Er fuhr in einem inoffiziellen Taxi (s. Abb. 7), einem Dritte Klasse-Abteil in einem Zug und lief durch ein Township (Wohnsiedlung der Schwarzen). In dieser Nacht schlief er in einer Shabeen, einer einheimischen Bar. Nachdem er früh aufgestanden war, rasierte er sich mit eiskaltem Wasser und erlebte eine weitere Zugfahrt zurück ins Zentrum von Johannesburg.

Abb. 7 Paul Harris mit Einheimischen in einem inoffiziellen Taxi

Corporate Social Investment (CSI – Soziale Investitionen der Unternehmen)

Alle Firmen innerhalb der FirstRand-Gruppe spenden ein Prozent ihres Gewinns nach Steuern der FirstRand Stiftung, die Geldmittel für verschiedene Anlässe zur Wiederherstellung des Landes beisteuert. Die FirstRand Stiftung wird durch Tshikululu Social Investments verwaltet, einer gemeinnützigen CSI-Unternehmensberatung.

„Das FirstRand-Ehrenamtsprogramm gibt Angestellten die Möglichkeit, mit innovativen und kreativen Ideen der Gemeinde etwas zurückzugeben. während sich gleichzeitig die Initiativen mit dem strategischen Schwerpunkt des CSI-Programms der Gruppe und den individuellen Unternehmensbereichen und Abteilungen innerhalb der Gruppe zusammenschließen." sagt Sizwe Nxasana, CEO, FirstRand Bank.

Das Programm ermutigt die Angestellten, auf Initiativen hinzuarbeiten, die auf Nachhaltigkeit, Empowerment und Auftrieb abzielen, Partnerschaften mit Wohltätigkeitsorganisationen einschließen oder begründen und nicht nur auf dem Papier bestehen. FirstRand arbeitet hier nach dem Prinzip der Kofinanzierung.

Abb. 8 Paul Harris verteilt Winterdecken an Einheimische

In Abb. 8 sieht man wie Paul Harris am FirstRand-Ehrenamtsprogramm teilnimmt und Winterdecken aushändigt.

Beim echten Management des Geistes unterschreibt man nicht nur die Schecks, sondern engagiert sich persönlich (Abb. 9).

Sizwe Nxasana (hinten links), CEO der FirstRand Banking-Gruppe, und Paul Harris (vorne) zusammen mit anderen leitenden Angestellten beim Business Trust – Wohltätigkeitslauf.

Abb. 9 Paul Harris und Sizwe Nxasana mit leitenden Angestellten bei einem Wohltätigkeitslauf

FirstRand ist außerdem stolz, mit einer Schule verbunden zu sein, in der Paul Harris Vorsitzender ist, nämlich Penryn Trust. Die Shalamuka Stiftung, der ebenfalls Harris vorsitzt, ist eine 2006 gegründete Treuhandgesellschaft, um einen langfristigen, nachhaltigen Fond für das hoch angesehene Penreach-Programm zu schaffen.

Der Penryn Trust ist der Finanzverwalter des Penreach Whole Schools Development Programme (Penreach) und des Penryn College, einer führenden unabhängigen Schule in Südafrika und Ressource für Penreach.

Penryn College, eine unabhängige Schule und Ressourcenzentrum der Gemeinschaft, wurde 1991 auf Initiative einer Partnerschaft zwischen privaten Unternehmen und einigen Kompetenzträgern der Lowveld-Gemeinschaft hin gegründet. Es nahm den Unterricht mit neun Erstklässlern in einer kleinen Kirche in Plaston auf.

Zwei Jahre später zogen die Kinder in ihr erstes Schulgebäude auf dem jetzigen Penryn College Campus auf der Boschrand Farm in Nelspruit. 1998 machte die erste Klasse ihren mit dem deutschen Abitur vergleichbaren Abschluss mit einer Erfolgsquote von 100 Prozent. Seitdem hat jeder Abschlussjahrgang eine Erfolgsquote von 100 Prozent erreicht.

Als großer Verfechter ehrenamtlicher Tätigkeiten verwendet Paul Harris regelmäßig seine Freizeit und Mittel darauf, Besucher ins Penryn College in Nelspruit mitzunehmen, damit sie das Penreach-Programm in Aktion erleben können. Unter seiner visionären und dynamischen Führung als Vorsitzender des Penryn Trusts ist das Penryn College heute eine unabhängige Schule und Ressourcenzentrum der Ausbildung in Südafrika. Penreach wurde zum größten schulischen Ausbildungs- und Trainingsprogramm seiner Art in Afrika.

„Ich habe mich bei Penreach engagiert, weil es Menschen und eine Gemeinschaft gab, die nicht nur über die Probleme in der Gemeinschaft hinsichtlich der Ausbildung gesprochen, sondern auch etwas dagegen getan haben. Dem folgte eine Erfolgsgeschichte. Penreach ist freiwilliges Engagement der Gemeinschaft, Lehrer, Eltern und der Unternehmensgemeinschaft", sagt Harris.

Beseitigung des Ungleichgewichts bei Investitionen

Als Teil unseres Engagements, das Ungleichgewicht bei Investitionen der Vergangenheit zu beseitigen, konzentrieren wir uns darauf, die Entwicklung der Infrastruktur, des Wohnbaus, der Landwirtschaft und „black businesses" zu finanzieren.

Finanzierung der Infrastruktur

Viele der FirstRand-Firmen finanzieren infrastrukturelle Entwicklungsprojekte. Das Ziel ist Infrastruktur zu schaffen, um wirtschaftliches Wachstum im Land zu fördern und das speziell in Wirtschaftssektoren, die vorher vernachlässigt oder benachteiligt wurden.

Entstehung von Landwirtschaft und Wohnungsbau für Einkommensschwache

Wir setzen uns auch für die Finanzierung landwirtschaftlicher Projekte Schwarzer ein, um so die nachhaltige Schaffung von Vermögen im Land sicherzustellen. Wir stellen außerdem Finanzierungen für den sozialen Wohnungsbau direkt an den Hauseigentümer und auch mittels Großkrediten an Dritte zur Verfügung.

Zugang zu Finanzdienstleistungen

„Unsere innovativen islamischen Finanzprodukte für die muslimische Gemeinschaft und unsere Unterstützung der South African National Taxi Association (SANTACO – Nationale Vereinigung der Taxifahrer in Südafrika) bei der Neufinanzierung von Taxis sind nur zwei Beispiele dafür, wie sich Unternehmen und soziale Verantwortung passend zusammenschließen um eine bessere Gesellschaft zu fördern" so Brian Riley, CEO, WesBank.

Wir setzen uns dafür ein, dass vormals benachteiligte Menschen und geographische Gebiete, die in der Vergangenheit mit Finanzinstitutionen unterversorgt waren, Finanzdienstleistungen erhalten, die es den Menschen ermöglichen, Geld anzulegen, Kredite aufzunehmen und Geschäfte zu tätigen. Beispiele dafür sind unsere transportablen FNB-Filialen und die in den ländlichen Gegenden eingesetzten kleinen Geldautomaten.

Gleichberechtigung am Arbeitsmarkt

„Momentum setzt sich dafür ein, eine facettenreiche Belegschaft aufzubauen und indem wir die Individualität respektieren, tragen wir zum Transformationsprogramm unseres Landes bei." so EB Nieuwoudt, CEO, Momentum Group.

Die Beschäftigungsphilosophie von FirstRand zielt darauf ab, die Besten aus der facettenreichen Bevölkerung Südafrikas einzustellen, zu entwickeln und zu behalten. Wir beschäftigen Menschen jeder Rasse und ethnischen Gruppe und befördern nach Leistung, nicht Rasse. Unser ganzheitlicher Ansatz zur Gleichberechtigung am Arbeitsmarkt bedeutet, dass Personalentwicklung dazu da ist, die Ansichten zu ändern, den internen Kompetenzenpool zu verbessern und unsere Einstellungspolitik zu gestalten.

Einstellungspolitik

Das Belegschaftsprofil von FirstRand zeigt, dass ungefähr 65 Prozent der Belegschaft Schwarze sind, was nicht die Demografie des Landes widerspiegelt. Deswegen haben wir die so genannte Transformation Band eingeführt, die schwarze Angestellte repräsentiert, die zusätzlich zum Prozentsatz im Bestandspool eingestellt wurden. Diese sind für die Position noch nicht völlig kompetent, werden jedoch ausgebildet sowie betreut und sind für eine Blitzkarriere vorgesehen sind.

Management und Kompetenzentwicklung

„Der zukünftige Schwerpunkt liegt darauf der Verpflichtung zur Gleichberechtigung am Arbeitsmarkt mehr Stimme zu geben und aktiver die Anwendung von Lösungen zu kontrollieren, die vom Unternehmen bezüglich der Barrieren bei der Gleichberechtigung aufgezeigt wurden." so Michael Jordaan, CEO, FNB.

Wir glauben, dass eine Möglichkeit, die Anzahl schwarzer Angestellter zu erhöhen darin liegt, die Kompetenzgrundlagen in die breitere Gesellschaft auszudehnen. Folglich arbeiten wir daran, den Mangel an Kompetenzen besonders in der Mathematik und den Naturwissenschaften sowie in den Buchhaltungs- und Versicherungsberufen anzusprechen.

Intern haben wir einige Akademien, Lernzentren und Schulungseinrichtungen, und die FirstRand-Kultur ermutigt Angestellte sich ständig fortzubilden.

1993 haben Paul Harris und Laurie Dippenaar ein Schulungsmodell mit dem Namen „Class Of"-Programm gestartet das zum Ziel hat, neue Begabungen in die Organisation zu bringen. Heute haben sowohl die Rand Merchant Bank (RMB) als auch die First National Bank (FNB) das Programm eingeführt, das weit über die größten Erwartungen der Gruppe hinaus erfolgreich ist. Es wird weiterhin jeder Aufwand getätigt, um schwarze Kandidaten für dieses Programm zu finden.

„Die effizienteste Möglichkeit unseren Kompetenzenpool zu transformieren und wachsen zu lassen, ist in unsere eigenen Leute zu investieren, das. heißt unser eigenen Ressourcen sicherstellen" sagt Johan Burger, CFO, FirstRand.

Die praxisnahe University of Banking der FNB hat den internationalen Gold Quill Award der IABC (International Association of Business Communication) für hervorragende Leistungen für Bürokommunikation gewonnen – „banking on knowledge" 2006.

Entwicklung der „Black Businesses"

Beschaffung

Dies ist eine großartige Strategie die Transformations- und Unternehmensentwicklung in die südafrikanische Wirtschaft einfließen zu lassen. Bei FirstRand bevorzugen wir Warenlieferanten und Erbringer von Dienstleistungen, die überzeugende Empowerment-Nachweise vorlegen können. 2007 wurden vier Milliarden Rand mit „black businesses" beschafft.

Kleine und mittelständische Unternehmen

Eine Beschaffungspolitik ist nur erfolgreich, wenn sie Hand in Hand mit der Unternehmensentwicklung geht. Wir können zahlreiche Erfolgsgeschichten erzählen, wie wir „black businesses" geholfen haben, größere und profitablere Lieferanten zu werden. Viele unserer Unternehmensbereiche haben innovative Möglichkeiten entwickelt, „black businesses" zu unterstützen, ihnen zu helfen und sie zu betreuen.

Gleichberechtigtes Eigentum und gleichberechtigte Kontrolle

Das Ziel, das Eigentümerprofil der Unternehmen in Südafrika zu ändern, bedeutet, das Aktienregister repräsentativer zu machen, so dass die schwarzen Südafrikaner endlich ihren gerechten Anteil am wirtschaftlichen Kuchen besitzen. Bei First-Rand glauben wir, dass die Eigentumsverhältnisse der Unternehmen stärker die Demografie des Landes repräsentieren müssen.

FirstRands BEE-Transaktion

FirstRands eigene BEE-Transaktion führte dazu, dass fast 19 Prozent des Firmenkapitals an direkte schwarze Aktionäre übertragen wurden. Ein Teil davon wurde an schwarze Angestellte vergeben. Dieser Deal sollte eine möglichst breite Basis haben und hat auf der Ebene der Holdinggesellschaft stattgefunden.

Die drei BEE-Partner auf breiter Basis wurden ausgewählt, weil wir schon eine lange und starke Partnerschaft mit ihnen führen. Die Partner sind der Mineworkers Investment Trust, der sich auf Programme für Bergwerks- und Bauarbeiter und ihre Angehörigen konzentriert, der WDB Trust, der Entwicklungsprogramme für Frauen unterstützt und sich besonders auf arme Frauen aus ländlichen Gegenden konzentriert, und der Kagiso Trust mit einer Auswahl an Entwicklungsprogrammen.

Eine zusätzliche indirekte schwarze Aktienbeteiligung wird durch Pensionsfonds, medizinische Hilfe und Investmentgesellschaften gehalten.

Kontrolle

Im Jahr 2003 setzte sich der Vorstand von FirstRand noch aus 14 Mitgliedern zusammen, von denen drei Schwarze waren. Dies machte einen Anteil von 21 Prozent aus. Der Vorstand kann sich nun eines Anteils Schwarzer von 44 Prozent rühmen, von denen 17 Prozent schwarze Frauen sind. Jeder unserer BEE-Partner wird von einem Vorstandsmitglied repräsentiert, was eine echte Partnerschaft und echtes Engagement bestätigt.

Finanzierung der BEE-Transaktion

Alan Pullinger, CEO, RMB sagt „Unser kundenorientiertes, umfassendes Investmentbanking-Modell erlaubt RMB marktführende BEE-Lösungen anzubieten, die einzigartig innovativ, nachhaltig und transformativ sind."

FirstRand ist seit den frühen 1990er Jahren an der Finanzierung von BEE-Transaktionen beteiligt. Die verschiedenen Zweigunternehmen und Unternehmensbereiche spielen dabei eine aktive Rolle, von der Bereitstellung von Lösungen für Schulden und Firmenkapital für kleine und mittelständische Unternehmen genauso wie für große Gesellschaftstransaktionen. In den letzten vier Jahren war die Rand Merchant Bank an 50 Prozent der BEE-Transaktionen beteiligt, die für JSE-gelistete Firmen abgeschlossen wurden.

Anerkennung für die Transformation

> Drivers of Change Business Awards 2008
> Mail & Guardian and Southern AfricaTrust
> Finalist – FirstRand: for BEE Transformation
>
> Top 10 BEE Empowered ‚Listed Company' 2008
> Financial Mail/EmpowerDex
> Top Empowerment Companies Awards
>
> Certificate of Recognition
> Impumelelo BBBE Empowerment & Transformation
> FirstRand 2007/8
>
> Business Map Foundation BEE Awards
> „Most Progressive Established Company" 2006

Abb. 10 FirstRand – Anerkennung für die Transformation

Konstanz im Erfolg basiert auf stetem Wandel

Birgit Fischer, 8-fache Olympiasiegerin, Unternehmerin, Dipl.-Sportlehrerin

Birgit Fischer ist die erfolgreichste deutsche Olympia-Teilnehmerin aller Zeiten. Bei sechs Spielen von 1980 in Moskau bis 2004 in Athen gewann sie im Kajak acht Goldmedaillen, dazu viermal Silber. 1984 war sie vom Olympia-Boykott betroffen. Sie wurde 27-mal Weltmeisterin und zweimal Europameisterin. Damit ist sie die erfolgreichste Kanurennsportlerin aller Zeiten. Ihr erstes olympisches Gold gewann Birgit Fischer 1980 in Moskau im Einer-Kajak über 500 Meter, das letzte 2004 in Athen im Vierer-Kajak, ebenfalls über die 500-Meter-Strecke. Damit siegte sie bei allen Olympiateilnahmen mindestens einmal. Keine Sportlerin war über einen so langen Zeitraum so erfolgreich in einer olympischen Sportart. Ihre Karriere beendete sie im Februar 2008. Im Jahr 2004 wurde sie in Deutschland zur Sportlerin des Jahres gewählt und im Juni 2008 wurde Birgit Fischer in die Hall of Fame des deutschen Sports aufgenommen. Diese Ehre wird Sportlern zuteil, die durch Leistung und Haltung Vorbild geworden sind und ihren Erfolgswillen mit den Prinzipien des Sports in Einklang gebracht haben.

Am 25.02.1962 wurde Birgit Fischer in Brandenburg an der Havel in der damaligen DDR geboren. Ein sportwissenschaftliches Studium schloss sie 1991 an der Universität Leipzig als Diplomsportlehrerin ab. Später erwarb sie auch noch eine Ausbildung zur Sport und Touristik Managerin und gründete im Jahr 2004 ihr eigenes Unternehmen – KanuFisch. Im Jahr 1986 kam Sohn Ole zur Welt und im Jahr 1989 Tochter Ulla. Nach ihrer Scheidung ist die Aufgabe als allein erziehende Mutter für ihre beiden Kinder verantwortlich zu sein, prägend für ihre Lebensgestaltung. Sie engagiert sich als Botschafterin des Fördervereins „Keine Macht den Drogen e.V.", im Naturschutz als Schirmherrin des Netzwerks „Lebendige Spree", sowie als Kuratorin der Stiftung Liberales Netzwerk. Als Naturfotografin zeigt sie Bilder Ihrer Heimat regelmäßig in Ausstellungen.

Das Comeback 2004

Im Jahr 2000, nach den Olympischen Spielen in Sydney, wo Birgit Fischer noch mal in beiden Disziplinen in denen sie am Start war Gold holte (im Kajak Zweier und im Kajak-Vierer jeweils über 500 Meter), verkündete sie ihren Rücktritt vom Leistungssport und nahm in den nächsten drei Jahren nicht mehr an Wettkämpfen teil.

Abb. 11 Foto von Birgit Fischer

Danach kam die Zeit ohne Birgit Fischer im Kajak. Weltmeisterschaften in Posnan (2001), Sevilla (2002) und Gainsville/Atlanta (2003). In keinem dieser Wettkämpfe konnte für Deutschland eine Goldmedaille gewonnen werden. In Gainsville gab es dann in den drei 500 Meter Disziplinen Einer-Kajak, Zweier-Kajak und Vierer-Kajak gar nur noch fünfte. und siebte Plätze.

Das war die Ausgangssituation im deutschen Frauen Kajak vor den Olympischen Spielen 2004 in Athen. Im Oktober 2003, nur 303 Tage vor den Wettkämpfen, entschied sich Birgit Fischer doch noch mal an den Olympischen Spielen teilzunehmen. Nach drei Jahren Pause und im Alter von 41 Jahren begann sie wieder mit dem Training. Der Rest ist Geschichte. Im Vierer-Kajak holte Birgit Fischer zusammen mit ihren Teamkollegen Katrin Wagner, Maike Nollen und Carolin Leonhardt Gold und im Zweier-Kajak mit Carolin Leonhardt Silber. Damit war mit ihrer Beteiligung der deutsche Kajak nach mehreren wenig erfolgreichen Jahren im internationalen Vergleich wieder an der Spitze angekommen.

Schon mit 14 Jahren hat Birgit Fischer das erste Mal 1976 in der Jugend EM aktiv an offiziellen Wettkämpfen teilgenommen, 2005 das letzte Mal. Dazwischen liegt eine außergewöhnliche Lebensgeschichte geprägt von Konstanz im Erfolg und basierend auf stetem Wandel.

Leistungsgrenzen

Als ich mich im Oktober 2003 entschieden habe, noch einmal an den olympischen Spielen teilzunehmen, hat das kaum jemand in meinem persönlichen Umfeld verstanden. Ich hatte mich, wie so viele andere, auf dem Höhepunkt meines Erfolges in Sydney nach dem Gewinn von zwei Goldmedaillen offiziell vom Leistungssport verabschiedet. Danach hatte ich drei Jahre lang nicht mehr trainiert. In diesen Jahren habe ich aber oft darüber nachgedacht, dass ich eigentlich meine persönliche Leistungsgrenze nie wirklich erfahren hatte. Das bewog mich dann, es noch einmal zu versuchen. Ich wollte es einfach noch mal wissen. Macht mein Körper noch mit? Kann ich das auch in meinem Alter noch mal schaffen? Ich war im Schnitt 15 Jahre älter, als die anderen deutschen Kajak Sportlerinnen.

Auch nach dem Erfolg in Athen hatte ich meine Grenzen noch nicht wirklich erreicht. Deshalb hatte ich lange erwogen, noch mal 2008 in China anzutreten. Tatsächlich habe ich mich erst im Februar 2008 endgültig dagegen entschieden. Dieser Entschluss erfolgte dann aber nicht aufgrund von sportlichen Grenzen, sondern aufgrund meines Umfeldes. Es gab starke Signale seitens des Kanuverbandes, dass man sich schwer täte, mir gegenüber sehr guten jungen Sportlerinnen den Vorzug zu geben, zumal ich ja schon alles erreicht hatte, was man erreichen kann. Dieser Umstand, gepaart mit meinem inzwischen gut laufenden Unternehmen, hat dann schließlich dazu geführt, dass ich die Idee „Olympische Spiele in China" nicht mehr weiter verfolgt habe.

Meine Motivation

Viele fragen mich, wie ich mich zu meinen Leistungen motivieren konnte. Die Antwort ist eigentlich einfach. Ich mache es, weil es mir Spaß macht zu trainieren, weil ich Lust auf Leistung habe, und weil ich immer wieder neugierig bin, wie ich es schaffe. Sonst würde es nicht funktionieren. Bei dem was man tut, sollte man glücklich sein. Denn nur dann kann man auch richtig gut sein. Ich glaube nicht, dass man sonst 24 Jahre lang körperliche Höchstleistungen erbringen kann.

1992 hatte ich nach einer dreijährigen Babypause mein zweites Comeback. Das war ein ganz neuer Start nach der Wiedervereinigung. Es kam mir sehr entgegen, dass ich ab jetzt mein eigenes Training gestalten konnte. Ich musste nicht mehr den strikten Regeln folgen, wie noch zu Zeiten der DDR. Seither trainiere ich mich selber. Natürlich folge ich bestimmten Regeln und steigere das Training zum Wettkampf hin. Aber der einzelne Tag wird so gestaltet, wie es mir an dem Tag gut tut. Einen starren Trainingsplan habe ich mir nie gemacht. Den hätte ich sowieso nie befolgt. Ich habe morgens aus dem Fenster gesehen und in mich hinein gehorcht, ob ich Lust hatte zu trainieren und dann erst entschieden, was ich machen will. Wenn ich mich nicht gut gefühlt habe, dann ist auch kein Nährboden vorhanden gewesen, auf dem das Training aufbauend hätte wirken können. Ich höre da sehr genau auf meinen Körper. Das ist wichtig, vor allem wenn man älter wird.

Bei meinem letzten Comeback gab es kaum jemanden, der mir zugeredet hatte. Die meisten haben mich gewarnt und mich auf das Risiko hingewiesen, zu scheitern oder meinen guten Ruf zu verlieren. Kaum einer hat es mir zugetraut, und viele haben mich gar nicht erst ernst genommen. „Die schafft das nie nach drei Jahren Pause, in dem Alter". Gerade das hat mich auch motiviert. Ich dachte mir, dass ich es noch mal allen zeigen wollte.

Ziele und Flexibilität

Ziele zu haben ist wichtig. Dennoch ist es für mich auch wichtig, Ziele ohne Dogma zu setzen, dass heißt, sie gelten nur so lange ich Spaß daran habe und solange ich ihnen innerlich zustimmen kann. Man muss natürlich an seinen Zielen dranbleiben aber auch bereit sein sie anzupassen, wenn das erforderlich sein sollte.

Und ich möchte zu keinem Zeitpunkt unflexibel werden. Oft habe ich in meiner sportlichen Entwicklung Anpassungen vorgenommen. Das galt nicht nur für meine Trainingspläne, sondern auch für laufende Anpassung meiner Technik und meiner Sportgeräte. Heute mache ich mir auch keinen starren Business Plan für mein Unternehmen, sondern versuche meine Arbeit so flexibel wie möglich zu gestalten. Das erlaubt mir immer wieder, neue interessante Dinge anzugehen, die sich spontan ergeben und die ich verpassen würde, wenn ich starren Plänen folgen würde. Das ist natürlich auch riskant. Ich lebe in der Regel ohne doppelten Boden und mein Sicherheitsnetz hat ziemlich große Maschen. Aber wenn es dann mal schwierig wird, habe ich dafür ja auch wieder die Flexibilität etwas zu verändern.

Flexibilität und Spontaneität ist das Leben das mir Spaß macht. Schließlich beginnt das Leben jeden Augenblick neu.

Phasen meiner Entwicklung

Es gab mehrere Phasen in meiner Entwicklung, die immer wieder neue Anforderungen an meine Lebensorganisation gestellt haben. Im meiner Jugend standen Sport und Studium im Mittelpunkt. Dann Sport und Kinder und schließlich Sport, Kinder und noch mal ein zweites Studium. Da ich auch für mein Training und für mein Management selbst verantwortlich war, musste ich mich auch selbst um die Organisation von Trainingslagern kümmern, mir Sponsoren suchen, Verträge abschließen und natürlich auch alle administrative Tätigkeiten erledigen. Ab 2004 kam dann noch das Management meines Unternehmens dazu.

Dadurch ergaben sich immer wieder neue Herausforderungen und neue Wege, an meine Aufgaben heranzugehen.

Das Wichtigste waren meine Kinder. Sie waren auch ein Schlüssel für den Erfolg in meinen späteren Jahren. Ihre Entwicklung stand für mich immer im Mittelpunkt und ich habe meinen Tag immer so strukturiert, dass ich ihren Bedürfnissen gerecht werden konnte. Beispielsweise bin ich jeden Morgen um fünf Uhr aufgestanden, um meinem Sohn das Frühstück zu machen bevor er seine längere Überlandfahrt zu seiner Schule angetreten hat. Das erforderte eine Disziplin, die mir dann auch bei meinem Sport und meinen Trainingsaktivitäten zugute kam. Ich bin mir gar nicht sicher, ob ich ohne diese Struktur, die ich meinen Kindern zu verdanken habe, sportlich so weit gekommen wäre. Und sie standen immer hinter mir: „Mama, wenn es Dir Spaß macht, dann finden wir es gut."

Lebensbalance und die Suche nach der Essenz

Mit dem Fortschreiten meiner sportlichen Karriere kamen auch sich ändernde Rahmenbedingungen. Meine Kinder, mein Beruf, mein Unternehmen, alles wichtige Elemente meines Lebens, die ich mit dem Sport vereinbaren wollte. Zusätzlich kommt natürlich auch das Alter. Je älter ich werde, umso länger brauche ich, um mich zu erholen. Diese Bedingungen machten es erforderlich, dass ich so effizient wie möglich handelte. Ich habe mir immer die Frage gestellt: Was ist wesentlich im Haushalt, im Beruf und natürlich insbesondere bei meinem Training. Die Qualität nicht die Quantität ist im Training der wesentliche Faktor. Also immer genau zu planen was und wie lange ich trainiere und dabei zu berücksichtigen, dass ich genügend Pausen mache.

Zunächst war es wichtig, eine möglichst gute Technik zu entwickeln. Das hat mir erlaubt, Kraft und Energie zu sparen. Dann ist es entscheidend, effizient und konzentriert zu arbeiten und Unnützes weg zu lassen. Bei jeder Aktivität habe ich mich gefragt, ob sie der Zielerreichung dient. Damit konnte ich mein Training jedes Jahr etwas weiter reduzieren und dennoch mein Ziel immer erreichen. Das ist ein Prozess den ich verinnerlicht habe. Man kann damit unglaublich viel Zeit einsparen, die dann für Erholung und andere Dinge zur Verfügung steht. Ich habe während der Vorbereitung auf meine letzte Olympiade meine Trainingseinheiten protokolliert: 55 Stunden im Kraftraum, 23 Stunden Lauftraining, 54 Stunden allgemeinathletische Übungen und etwa 180 Stunden im Kajak, in denen ich 2 414 Kilometer gepaddelt bin. Das heißt, ich habe im Schnitt nur noch eine Stunde pro Trag trainiert. Das ist aber nur möglich, wenn man über Jahre das Wesentliche herauskristallisiert hat. Das war meinen jüngeren Teamkolleginnen oft nur schwer vermittelbar, da sie noch sehr viel mehr trainieren mussten.

Die laufende Suche nach dem Wesentlichen, also danach was wirklich nötig ist für eine bestimmte Aufgabe oder für ein bestimmtes Ziel, ist auch auf andere Lebensbereiche übertragbar. Wichtig ist dabei, auf sich selbst zu achten, sich selbst Gutes tun zu wollen und zu erkennen, dass das nicht im Widerspruch zu einer z. B.

beruflichen Tätigkeit steht. Denn die richtige Balance zwischen Be- und Entlastung steigert Effizienz und Qualität in der Arbeit.

Auch die Konzentration auf die Menschen, die mir wirklich wichtig sind und die Trennung von Menschen, die mir nicht gut tun, gehört dazu. Das habe ich über die Zeit gelernt und konsequent umgesetzt.

Das Erkennen der Essenz und das daraus abgeleitete Handeln sind für mich synonym für Lebensqualität.

Die innere Einstellung

Wichtig ist für mich gutes Selbstmanagement, Lust auf Leistung und eine stets positive Einstellung.

Zum Selbstmanagement gehören neben der bereits genannten Priorisierung auch laufende Selbstreflexion, das Erkennen der eigenen Stärken und Schwächen verbunden mit der Bereitschaft an sich zu arbeiten, um Dinge zu verändern. Zur Veränderung gehört unter anderem, stets selbst die Verantwortung für ein positives Umfeld zu übernehmen, zum Beispiel sich mit positiven Menschen zu umgeben. Es lag mir nie, äußere Umstände für etwas verantwortlich zu machen. Ich bin für mich selbst verantwortlich. Wenn ich es nicht ändere, wer dann?

Lust auf Leistung ergibt sich, wenn man eine Vision und Träume hat und den Willen, an die Spitze zu gelangen. Dazu gehören Mut, Risikobereitschaft und Durchhaltevermögen, die sich nähren aus dem Wissen, dass Leistung sich lohnt, dass das was ich tue mein Leben bereichert und mich glücklich macht.

Ich bin ein sehr positiver Mensch. Ich hänge nicht an Dingen, die in der Vergangenheit geschehen sind. Negativerlebnisse versuche ich schnell zu verarbeiten indem ich mir überlege, was es mir leichter macht. So habe ich beispielsweise vor kurzem meinen Geldbeutel mit viel Geld in einem Lokal verloren und nicht wieder bekommen. Ich habe mir dann gedacht, dass derjenige, der mein Geld gefunden hat, es wahrscheinlich dringend brauchte. So wenig ich mich mit negativen Ereignissen und Gedanken der Vergangenheit beschäftige, so wenig mache ich mir Sorgen über die Zukunft.

Es hilft mir auch, dass ich mich schon von Jugend an mit Philosophen beschäftigt habe. Mein Lieblingsphilosoph ist Ernst Bloch: „Man muss in das Gelingen verliebt sein, nicht in das Scheitern". Das Leben findet im Hier und Jetzt statt. Mit dieser Einstellung ist immer alles möglich.

Aus Fehlern lernen

Es gab in meiner Karriere einige Lehrjahre. Das sind die Jahre, in denen ich meine Ziele nicht erreicht habe. Sportlich gesehen hatte ich fünf Lehrjahre in denen ich nicht alles gewonnen habe, was ich mir vorgenommen hatte.

Wenn man ein Ziel nicht erreicht, kann man das auf verschiedene Weisen verarbeiten. Man kann von einem Misserfolg sprechen und sich selbst dafür abwerten, man kann das Ereignis als Erfolg umdeuten und zum Beispiel auch eine Silbermedaille feiern, man kann externe Faktoren verantwortlich machen oder man kann es einfach als eine Möglichkeit verstehen, etwas dazu zu lernen. Ich habe stets versucht, das Letztere zu tun. Wenn ich nicht gewonnen hatte, habe ich das niemals als einen Erfolg betrachtet, auch wenn es ein zweiter Platz war. Es entsprach nicht meinem Ziel. Wenn man sich mit weniger zufrieden gibt, ist das aus meiner Sicht der erste Schritt, um die eigenen Leistungsansprüche zu relativieren. Vielmehr habe ich eine solche Situation immer als ein Ereignis aufgefasst, das mich einen Schritt weiterbringt, da ich danach etwas verändern musste. So hatte ich im Jahr 1988 in Seoul im Einer-Kajak über 500 m nur Silber gewonnen. Das Rennen hatte ich begonnen mit dem Gedanken: „ich glaube heute wird das nichts". Am Ende haben mir drei zehntel auf die Goldmedaille gefehlt. Ich habe daraus gelernt, dass man immer den absoluten Siegeswillen braucht. Jedes Rennen wird im Kopf gewonnen.

Gewinnen im Team

Es wurde sehr viel berichtet über meinen Erfolg mit dem Team, als wir 2004 im Vierer-Kajak die Goldmedaille in Athen errungen haben. Tatsache ist, dass in der Zeit nach den großen Erfolgen in Sydney die deutschen Frauen im Kajak Sport bei den Weltmeisterschaften keine Goldmedaillen mehr gewonnen haben. Ich kann nur spekulieren woran es lag. Sie waren fit und hatten sich auch dort gut vorbereitet. Ich glaube es gab viele Faktoren aber ein wesentlicher war aus meiner Sicht der mangelnde absolute Wille zum Sieg. Als ich 2004 für die Vorbereitung zur Olympiade zum Team kam, hatte ich mich als Beste qualifiziert. Das gab mir entscheidende Vorteile. Ich konnte Vorbild sein, sowohl in Hinblick auf die fachliche Leistung, als auch in Hinblick auf meine Einstellung. Das Ziel war für mich absolut klar: Wir werden gewinnen.

Führung eines Teams muss sinn- und wertebasiert sein. Dann kann sich auch ein guter Teamgeist bilden. Hat man ein gemeinsames Grundverständnis, redet miteinander, nicht übereinander und bereitet sich gemeinsam vor. Letzteres ist ein entscheidendes Erfolgskriterium, da dann auch eine gegenseitige Leistungsmessung möglich ist. Wir haben uns dann Zwischenziele gesetzt und wollten nichts dem Zufall überlassen. Wir haben genau besprochen, wer welche Rolle im Team, hat. Denn jeder hat individuelle Stärken und Schwächen. Ich kann vorne im Boot meine optimale Leistung einbringen. Dort gebe ich die Schlagzahl vor und ich paddle auch raumgreifender als viele andere. Dadurch gewinnt man bei jedem Schlag ein paar Zentimeter.

Wir hatten zwei Monate Zeit aus vier individuellen Sportlerinnen die zu Beginn des Jahres noch für die Olympiaqualifikation im Wettbewerb standen, ein gemeinsames Team zu bilden. Wichtig ist, dass alle im Team gleichermaßen motiviert sind und den festen Willen haben, ihr volles Leistungsvermögen einzubringen.

Für das Rennen war das Team eingespielt und optimal vorbereitet. Wir wollten alle das gleiche: die Goldmedaille.

Die Zukunft

Ich fokussiere meine Energie jetzt auf meine Familie, meine Firma KanuFisch und meine Naturfotographie. Meine Firma ruht auf mehreren Säulen. Ich arbeite viel mit Unternehmen, wo ich Vorträge halte und an Podiumsdiskussionen, Workshops und Teambildungsmaßnahmen teilnehme. Das bringt mich immer wieder mit neuen Menschen zusammen und erfordert, dass ich mich jedes Mal auch auf neue Situationen einstellen muss. Das empfinde ich als sehr bereichernd. Ich organisiere Kanu-Events, gebe Kanukurse für Kinder und Jugendliche, die an den Kanuleistungssport herangeführt werden möchten und für alle die paddeln lernen wollen. Ich engagiere mich für den Naturschutz und habe regelmäßig Ausstellungen meiner Naturfotos.

Ich genieße es heute sehr, dass ich mir meine Zeit selbst einteilen kann. Ich lese viel, insbesondere interessiere ich mich für Psychologie und Philosophie. In den Büchern finde ich immer wieder Gedanken, die für mein Leben eine wichtige Rolle spielen. Ich freue mich über den Austausch mit anderen Menschen. Denn ich denke, man verwirklicht sich nur in der Begegnung mit anderen. Ich finde das Leben einfach spannend und bin offen und flexibel für interessante neue Dinge, die sich für mich ergeben werden.

Und bei den nächsten Olympischen Spielen bin ich 50 Jahre alt. Mal sehen, man soll ja nie „nie" sagen.

Wie viel Change verträgt der Mensch?

Veit M. Hirche, Geschäftsführer Hirche GmbH

„Der Mensch bleibt in kritischen Situationen selten auf seinem gewohnten Niveau. Er hebt sich darüber oder sinkt darunter." (Alexis de Tocqueville). Nach vielen Jahren eigener Erfahrung als Manager in der internationalen IT-Branche habe ich mich 1992 entschlossen ein eigenes Beratungsunternehmen, die Hirche GmbH, zu gründen, die als Spezialist in den Bereichen Executive Coaching und Newplacement mit Managern internationaler Konzerne der Führungsebenen eins und zwei arbeitet. Branchenschwerpunkte bilden hierbei IT- und Finanzdienstleister. Mit mehr als 40 Coaches und Beratern ist die Hirche GmbH über die Grenzen der Bundesrepublik hinaus positioniert und national wie international tätig.

Der Unternehmensleitsatz „Mit Menschen zum Erfolg" verrät die Positionierung und die Arbeitsweise, mit der wir Führungskräfte individuell als professioneller Begleiter betreuen und noch erfolgreicher machen. Diese Arbeit erfolgt häufig still und im Hintergrund internationaler Beratungsprojekte, wie zum Beispiel großer Outsourcingdeals oder während der Integrationsphase beim Zusammenschluss von Unternehmen.

Wirkliche Handarbeit mit hoher persönlicher Identifikation der Berater und entsprechende persönliche Übernahme von Verantwortung sind Basis einer selbstverständlichen Professionalität.

Im Hinblick auf die ständig steigenden Anforderungen an Methodik, Inhalt und Umsetzungsgeschwindigkeit im Zuge der internationalen Globalisierung und ständig neuer Change- und Transformationsprozesse wird unser Wissen zwar durch Beratungsleistung auf höchstem Niveau in immer kürzeren Abständen optimiert, der Blick auf den wesentlichsten Faktor in diesem Prozess wird jedoch zusehends verdeckt und somit übersehen. Wir alle überspringen häufig den individuellsten, wichtigsten und emotionalsten Erfolgsfaktor in dieser Arbeit: den Menschen!

Keine noch so durchdachte Strategie wird zum Erfolg führen, wenn es uns nicht gelingt, die handelnden Personen so einzubinden, dass sie in der Lage sind, all die Gedanken, Strategien und Prozesse auch authentisch und motiviert zu tragen.

Auf den nächsten Seiten nun ein kleiner Einblick in unsere Arbeit mit Top-Führungskräften innerhalb von Veränderungsprozessen, in denen es um das persönlichste dieser Manager überhaupt geht, nämlich um sie selbst.

„Nur wer mich versteht, darf mit mir streiten"

Bei allen Veränderungsprozessen ist eine professionelle Begleitung der Schlüssel zum Erfolg. Dies gilt in größeren Changeprozessen ebenso wie in der ganz individuellen Veränderung des einzelnen Managers. Grundsätzlich ist hier professionelle Augenhöhe in der Begleitung der Führungskräfte ebenso wichtig, wie die notwendige Distanz zwischen den handelnden Personen.

„Jedenfalls ist es besser, ein eckiges Etwas zu sein als ein rundes Nichts"
(Friedrich Hebbel)

Persönliche Veränderung beginnt grundsätzlich mit einer sauberen Standortbestimmung. Hier gilt es zunächst die bisherigen Ereignisse sauber aufzuarbeiten und getreu der Überschrift „no peace, no job" in professioneller Flughöhe gemeinsam zu betrachten, was in der Vergangenheit eigentlich genau passiert ist. Dies erfordert bei Managern nicht selten eine gehörige Portion Selbstdisziplin und Selbstkritik, die allerdings notwendig ist, um nach vorne sauber arbeiten zu können. Zusammenfassen lässt sich dies mit den Worten „Anhalten, aushalten, nachdenken, neu starten". Gerade bei Topmanagern aus Großkonzernen werden hier sehr schnell Berufsziele angegeben, die eindeutig auf Nachbars Garten zielen. „Ich wollte schon immer einmal Geschäftsführer in einem mittelständischen Unternehmen werden" oder „Im Fokus meiner Neuausrichtung steht der Private Equity Markt", sind häufig geäußerte Ziele, die jedoch wohldurchdacht und reflektiert werden wollen. Hier geht es um Charakter, Fähigkeiten, Erfahrung und Risikobereitschaft des Einzelnen, um genau zu definieren, ob die Vorstellung des Einzelnen mit der Wirklichkeit in dieser neuen Wunschaufgabe übereinstimmen, und, ob Fähigkeiten und Eigenschaften für diese neue Aufgabe auch vorhanden sind. Viele Konzernmanager haben nur eine sehr vage Vorstellung von der täglichen Realität im Mittelstand und wären hier mit einer Art Unternehmerpraktikum sicherlich zunächst gut versorgt. Hier gilt es, dem Kandidaten klarzumachen, in welch differenziertem Umfeld in den unterschiedlichen Bereichen des Mittelstandes gearbeitet wird.

Warum also nicht ein direkter Austausch in individuellen Unternehmergesprächen mit Menschen, die diesen Schritt bereits vor mehr oder weniger langer Zeit gegangen sind. Hier wird am deutlichsten, was einen ehemaligen Manager zukünftig erwartet, wenn er sich für ein 50, 500 oder 5 000 Mann-Unternehmen entscheidet. So ist allein die Bandbreite innerhalb des deutschen Mittelstandes für viele Menschen aus Großunternehmen nur schwer nachvollziehbar. Zu bedenken bleibt, dass sich dies in der bisherigen Sicht oft ganz anders darstellt, als bei der unmittelbaren Mitarbeit im direkten Arbeitsumfeld. Auf der anderen Seite erleben wir immer wieder Führungskräfte, die in mittelständischen Unternehmen sprichwörtlich aufblühen. Kurze Entscheidungswege, klare Verantwortungen und weniger Politik sind Rahmenbedingungen, die viele Konzernführungskräfte im Mittelstand zu Leistungsträgern aufsteigen lassen.

Besonders wichtig ist die Zeit und Intensität, mit der ein Kandidat sich mit sich selbst und mit Hilfe des Beraters in einem Veränderungsprozess auseinandersetzt. Wenn man bedenkt, wie viel Zeit Menschen für ihre jährliche Urlaubsplanung aufbringen, und wie wenig Zeit Führungskräfte in ihre professionelle Karriereplanung investieren, wird deutlich, wo häufig der Schuh drückt. Hier geht es im Allgemeinen nicht um eine schnelle Neupositionierung, sondern um den professionellen Umgang mit dem eigenen Changeprozess. Dies ist für viele Topmanager zunächst ein Tabu. Hier wird verlegen darauf hingewiesen, dass man sich ja schließlich in den letzten Jahrzehnten noch nie persönlich beworben habe und dies eigentlich nun nicht notwendig wäre, wenn nicht die augenblickliche Situation dies fordern würde.

Doch hinter all dieser Fassade wird schnell erkennbar, dass die ungewohnte Situation vor allem eins mit sich bringt: Angst zu Versagen. Wenn es dem Berater gelingt, diese Angst gemeinsam ad acta zu legen, ist der Changeprozess zur Neupositionierung bereits auf dem besten Weg. Bei einem dauert dies ein paar Tage, bei einem anderen einige Monate. Umso wichtiger, hier professionelle Beratung anzufragen und sich nicht einfach nur in den nächsten vergleichbaren Job vermittelt zu lassen. Grundsätzliche Überlegung ist hier natürlich das geplante Karriereziel für den nächsten Schritt.

„Pflege Dein Netzwerk, wenn Du es nicht brauchst"

In keiner Situation des Lebens ist das persönliche Netzwerk so wertvoll wie in der Zeit der Veränderung.

„Man sieht sich immer zweimal!" – Ein Spruch, der gerne mal so hingeworfen wird, doch wenn Sie meinen, es sei damit getan, einfach mal vorsichtshalber zu allen nett zu sein und bei den Kontakten zu Menschen mitzuzählen, so werden Sie mit zunehmender Lebenserfahrung feststellen, dass zum einen „zweimal" häufig untertrieben ist, und zum anderen hier Authentizität und Aufrichtigkeit gefordert sind – und zwar immer!

Das heißt, gerade in Zeiten der Veränderung zahlt es sich aus, ein wirklich gepflegtes Netzwerk vorweisen zu können. Pflegen Sie es in Zeiten, in denen Sie es nicht brauchen. Vielen Managern ist heute gar nicht klar, was es heißt, ein persönliches Netzwerk zu pflegen und auszubauen.

Zunächst sollte man sich den Unterschied zwischen den Begrifflichkeiten Seilschaft und Netzwerk verdeutlichen. Die in vielen Bereichen entstandenen Seilschaften bringen vor allem einen Nachteil mit sich: Einer hängt am anderen, und wenn sich oben etwas bewegt oder abrutscht, sind die darunter liegenden Zeitgenossen automatisch Opfer jeder Bewegung und halt- und hilflos dem Geschick der darüber liegenden ausgeliefert. Dies führt in Zeiten der Veränderungen häufig zu erdrutschartigen Bewegungen auch innerhalb von Organisationen, wo letztendlich gar nicht mehr klar ist, wer wen mitreißt.

Ein gepflegtes Netzwerk dagegen zeichnet sich durch viele einzelne, werthaltige Kontakte in alle Richtungen aus. Das heißt, sollten sich hier Verbindungen lösen, wird der Einzelne durch all die anderen Kontakte in alle Richtungen der Hierarchie gehalten und kann auch in schwierigen Zeiten sein eigenes Netzwerk individuell ausbauen und nutzen. Doch ein solches Netzwerk will gut aufgebaut, sortiert und gepflegt sein. Den grundsätzlichen Radius eines solchen persönlichen Netzwerks kann man nicht beliebig vergrößern. Es wird im Allgemeinen durch Rahmenparameter der persönlichen Beziehung innerhalb der Branche, der Hierarchie, der Regionen etc. begrenzt. Die einzelnen Mitspieler und Kontaktpersonen in diesem so persönlichen Netzwerk kennen sich zum Teil untereinander, meistens jedoch ist der zentrale Mensch in der Mitte dieses Netzes (vergleiche Netz der Spinne) derjenige, der letztendlich das Netz pflegt.

Zu Beginn, also in jungen Jahren, ist der Aufbau eines solchen Netzwerks wirklich eine mühsame Arbeit. Die ersten Eckpfeiler wollen ausgesucht, angesprochen und positioniert werden. Dies erfordert ständige Kontakte und vor allen Dingen auch Liebe zum kommunikativen Detail. Sicherlich eignen sich hier nicht alle Menschen gleichermaßen, doch Manager unserer heutigen Zeit sollten im eigenen Interesse dieses Thema auf die erste Seite ihrer täglichen To-do-Liste schreiben. Nur in guten Zeiten gepflegte Netzwerke sind in der Lage, in Zeiten der Veränderung zu tragen. Häufig sind es die kleinen, aber stetigen Kontakte, die zur Intensivierung und Pflege der persönlichen Beziehung wichtig sind. Ein individueller Gruß zum Geburtstag oder ein persönliches Abendessen – meistens sind es derartige Aktivitäten, die signalisieren: Ich habe an Dich gedacht. In Zeiten des Erfolgs gibt es viele, die klatschen, daher ist oberste Prämisse für den Partner da zu sein, wenn es ihm mal nicht gut geht. Ein schlechtes Geschäftsergebnis, der drohende Verlust der Vorstandsposition oder ähnliche Rückschläge sind immer eine Chance, als einer der wenigen Hilfe anzubieten, und sei es auch nur in Form eines Gesprächs unter Freunden. Menschen in Zeiten zu helfen, in denen es ihnen nicht gut geht, ist die beste Chance, authentisch Interesse am Gegenüber zu vermitteln und wird Ihnen so schnell nicht vergessen! Ganz wichtig hierbei: Sie müssen als Manager Menschen lieben. Ohne wirkliche Authentizität geht so etwas nicht. Hier helfen keine Strategie, kein Harvard-Studium und auch keine noch so clevere Politik. Hier zählt nur eins: Der Mensch!

Wir beobachten häufig, dass verschiedene Managertypen die Qualität ihres eigenen Netzwerkes sehr unterschiedlich bewerten. Häufig sind Menschen aus dem Sales der Überzeugung, ohnehin ein großes, tragfähiges Netzwerk zu besitzen und zeigen sich maßlos enttäuscht, wenn in Zeiten der persönlichen Veränderung, zum Beispiel beim Jobwechsel, hier gar nicht so viele Partner übrig bleiben, die dann auch persönlich zur Verfügung stehen. Neben den persönlichen Kontakten aus den sozialen Netzwerken, Nachbarschaft, Verwandtschaft, Rotary oder Lions Club etc. bleiben in den meisten Fällen nur ein, maximal zwei Hände voll Geschäftspartner, auf die man wirklich zählen kann.

Doch bevor diese angesprochen werden, sollte man sich genau überlegen, mit welcher Botschaft man hier an diese wertvollen Kontakte geht. Menschen reagieren verunsichert, wenn hektisch, unüberlegt und unsortiert um Hilfe gebeten wird. Daher gilt es sich vorher genau zu überlegen, wen man zu welchem Thema und mit welcher Bitte kontaktiert. Meistens gibt es hierfür nur eine Chance!

Auf der anderen Seite erleben wir immer wieder Führungskräfte aus den Bereichen Finance oder Technik, die berichten, dass ihr größter Fehler in der Vergangenheit gewesen wäre, eben ein solches Netzwerk nicht aufgebaut zu haben. Beim genaueren Hinschauen stimmt dies allerdings häufig gar nicht. In den meisten Fällen ist man sich über das in Jahrzehnten entstandene Netzwerk nur persönlich gar nicht bewusst. Partner, Lieferanten, Kunden, Berater etc., die man in den letzten Jahren des beruflichen Wirkens kennen gelernt hat, sind durchaus eine Chance, ein Netzwerk entsprechend aufzubereiten und gezielt einzusetzen. Letztendlich bleibt alles ein wenig wie beim Halmaspiel: Wenn man die „Hütchen" richtig positioniert, lässt sich vom einen zum anderen springen und das vorhandene Netzwerk gut nutzen (Zitat eines Newplacement – Kandidaten). Und Netzwerke werden dann besonders spannend und hilfreich, wenn es gelingt, diese zu verknüpfen. Dies ist eine unserer Hauptaufgaben im Bereich des Top-Executive Newplacement mit Führungskräften der Vorstands- und Geschäftsführungsebenen.

Ein gut gepflegtes Netzwerk braucht Zeit! Das heißt, dass Netzwerke, die über Jahrzehnte authentisch und ehrlich gepflegt wurden, ihre eigentliche Wertigkeit erst nach vielen Jahren erhalten. Letztendlich kann man auch hier von dem bekannten Hockey-Stick-Effekt sprechen. Die Wertigkeit eines Netzwerkes vergrößert sich mit zunehmender Zeit dermaßen, dass der Nutzen einer solchen Arbeit es im letzten Teil des Berufslebens durchaus ermöglicht, mit weniger Leistung einen deutlich höheren „Ertrag" zu erzielen. Ein schöner Nebeneffekt: Wenn sie selber entdecken, wie wertvoll ein authentisch gepflegtes Netzwerk ist, dann haben sie den Kollegen gegenüber, die dann damit erst anfangen, einen nahezu uneinholbaren Vorsprung!

„Der sicherste Ort für ein Schiff ist der Hafen, aber dafür ist es nicht gebaut"

Eine saubere Zielformulierung für die gewünschte zukünftige Position ist Voraussetzung, für einen erfolgreichen und professionellen Weg dorthin. Alles dreht sich letztendlich um die beiden Fragen „Was kann ich und was will ich?" sowie um die daraus folgende professionelle Betrachtung und Bearbeitung des Marktes. Hier sind eindeutige Trends bei der Zielsetzung internationaler Konzernmanager erkennbar:

Die Zukunft liegt nicht zwangsläufig im nächsten Konzernumfeld. Häufig wird der Wunsch nach mehr Eigenverantwortung, mehr Gestaltungsmöglichkeit und weniger Politik im Unternehmensumfeld mit einer Aufgabe im Mittelstand oder mit einer möglichen Existenzgründung in Verbindung gebracht. Oft werden Selbständigkeit, auch Selbstverwirklichung höher bewertet als die vermeintliche Arbeitsplatzsicherheit im Konzern. Da ist auch ein Gehaltsverzicht von 10–20 Prozent keine Seltenheit und wird billigend in Kauf genommen.

Auffallend am Arbeitsmarkt ist, dass Manager bis zu einem gewissen Alter (bis zirka Ende 30) häufig die jüngsten, die ersten, die besten waren und aufgrund ihres Potentials von möglichen Interessenten angesprochen wurden. Mit etwa 40 Jahren verändert sich dann die Motivation der zukünftigen Arbeitgeber im Hinblick auf potentielle Kandidaten wie folgt: Bewertet wird nun primär die Erfahrung und weniger das Potential des Kandidaten. Das heißt, welchen wirklichen Wert bringt eine zukünftige Führungskraft für mich, mein Unternehmen und meine Aufgabe als Arbeitgeber. Sicherlich stehen hier mögliche Kundenbindungen und daraus resultierende Umsätze im Vordergrund, aber auch persönliche Erfahrungen, Loyalität, Charisma etc. sind Faktoren, die mit Sicherheit auch zukünftig wieder stärker in den Vordergrund rücken. Gerade die Altersgruppe der über 40-jährigen fragt sich nach erfolgreichen Berufsjahren immer stärker nach dem Sinn ihrer Arbeit. Unternehmen im Bereich alternativer Energien und Umwelttechniken sind hier sehr beliebte zukünftige Arbeitgeber.

„Ein Thron ist ein mit Samt garniertes Brett"
(Napoléon I. Bonaparte)

Ein schönes Bild hierzu: Jeder kennt den Weg auf der eigenen Karriereleiter, in der man Sprosse für Sprosse nach oben kommt. Jeder weiß, diese Karriereleiter wird im oberen Drittel nicht stabiler, ein entsprechendes Ende ist irgendwann absehbar, und letztendlich bleibt es der Risikobereitschaft des Kandidaten überlassen, ob und wie die letzten Sprossen der sprichwörtlichen Karriereleiter wirklich bestiegen werden. Fakt ist, je steiler der Weg nach oben, desto näher die Wand. Bei einer nun bevorstehenden Veränderung macht es durchaus Sinn, sich mit ein wenig Abstand diese Karriereleiter einmal anzuschauen. Dies geht natürlich nur, wenn man hier einmal für eine bestimmte Zeit herunter klettert. Hierbei wird vor allen Dingen die Frage deutlicher: Steht die Leiter eigentlich noch an der richtigen Wand? Ein Bild, das deutlich macht, dass veränderte Rahmenbedingungen andere neue vielleicht auch bessere Möglichkeiten bieten, als der Weg nach oben um jeden Preis.

Wir erleben, dass die Verhaltensweisen in der persönlichen Beratung mit Führungskräften unmittelbarer, persönlicher und emotionaler sind, als dies in großen Outsourcing, Integrations- oder Changeprojekten der Fall ist. Die Verhaltensweisen der Menschen sind jedoch sehr vergleichbar. Ein stärkerer Austausch von Erfahrungswerten dieser unterschiedlichen Beratungserfahrungen kann bei groß angelegten Transformationsprozessen sehr hilfreich sein. Doch wenn erst die großen Unternehmensstrategien Einzug halten, wird allzu schnell und gern das wichtigste und sensibelste Glied in dieser Kette übersehen: Der Mensch. Schade!

Implementierung und Nachhaltigkeit

Fortschritt und erfolgreicher Abschluss einer Transformation

„Ich habe das Unmögliche versucht. Aber ich hatte einfach zu viel Trainingsrückstand. Mit halben Sachen kann man im Marathon nichts reißen." sagte Paula Radcliffe nach ihrer Niederlage in Peking 2008. Paula Radcliffe ist eine außergewöhnliche Läuferin, die 2003 in London den Weltrekord über 42 195 Kilometer in 2:15:25 Stunden aufstellte. Weitere Siege in London, Boston, New York und Chicago zählen ebenfalls zu ihrer Erfolgsgeschichte. Trotz der olympischen Misserfolge in Athen und Peking spornte sie sich immer wieder zu Höchstleistungen an. Bei ihrem Sieg in New York 2007 bemerkte Paula Radcliffe „Diese Atmosphäre hier zu erleben, das ist es, was mich im Training immer motiviert." Diese Motivation ist auch notwendig, denn das Trainingsprogramm eines Marathonläufers hat es in sich. Eine Kombination aus Fitness, Kraft, Ausdauer in unterschiedlichen Laufgeschwindigkeiten und Etappen fordert den Marathonläufer heraus. Die Redensart „Übung macht den Meister" ist hier wahrer denn je, sonst kann ein Marathon nicht gewonnen werden.

Dies gilt auch für die nachhaltige Implementierung von Veränderungen. Eine grundlegende Veränderung oder Anpassung von Prozessen, Verhaltensweisen, Werten oder der Kultur, kann nicht in wenigen Monaten erreicht werden, denn die Implementierung einer Veränderung streckt sich meistens über mehrere Jahre hinweg. Widerstände, Probleme, erste Misserfolge – all dies kostet Zeit und erfordert, dass Verhaltensweisen adaptiert und geübt werden. Kein Veränderungsplan gelingt bis ins Detail. Hier ist äußerste Aufmerksamkeit gefragt, Fehler zu entdecken und diese rechtzeitig zu korrigieren. Wenn Fehler passieren, fühlen sich Kritiker in ihrem Misstrauen bestätigt. Es gilt diesem Misstrauen zu trotzen und durchzuhalten. Kleinere Misserfolge ebnen den Weg für die nächsten Meilensteine.

So hat es uns auch Paula Radcliffe gezeigt. Nach den olympischen Misserfolgen heimste sie gleich im Anschluss Weltrekorde ein. Mit ihrem Ziel vor Augen motivierte sie sich zum Training. Sie weiß aus Erfahrung, dass alles eine Frage der richtigen Vorbereitung und des Trainingsprogramms ist.

Beim Marathonlauf ist ein diszipliniertes Training die Voraussetzung für den Erfolg. Disziplin wird über den gesamten Zeitraum groß geschrieben und Testläufe mit kürzeren Distanzen und Halbmarathons helfen dabei, sich richtig einschätzen zu können und das Training zu intensivieren, um sein Trainingsziel zu erreichen. Die eigentliche Rennsituation wird ebenfalls studiert, wie zum Beispiel die Einteilung der Energie beim Rennen oder die richtige Getränkeaufnahme. Die Auswertung der Trainingsergebnisse gibt Aufschluss über die anzustrebende Marathonendzeit. Nach langem Training hat sich der Läufer an die Distanz gewöhnt und versteht, dass er keine Angst vor ihr zu haben braucht.

Transformationen ziehen sich ebenfalls über Jahre hin und erfordern ein diszipliniertes Umsetzen der Maßnahmen und eine genaue Überprüfung der erreichten Zwischenziele. Die Kontrolle der Zwischenziele hilft dabei, notwendige Korrekturen vorzunehmen und sich auf aktuelle Störfälle vorzubereiten. Den Betroffenen wird außerdem Zeit für die Veränderung gegeben. Sie haben die Möglichkeit, die neuen Verhaltensweisen zu üben und anzuwenden, denn Angst kann nur genommen werden, wenn die Betroffenen die neue Situation einschätzen können und wissen, wie sie sich am Besten mit der Veränderung verhalten. Ein Veränderungsplan berücksichtigt diese lange Vorlaufzeit und plant entsprechende Gewöhnungs- und Übungszeiten ein.

Nachhaltigkeit in der Implementierung von Veränderungen

Nachhaltigkeit ist ein großes Thema bei jeder Veränderung. Nachhaltigkeit geht einher mit der Etablierung beziehungsweise langfristigen Einführung von Standards. Der Ausdruck „nachhaltig" bezog sich ursprünglich in der Forstwirtschaft auf Ressourcen, deren optimale langfristige Nutzung nur dann gewährleistet ist, wenn ihr Bestand gegen kurzfristige Interessen normativ abgeschirmt wird (Seufert & Euler, 2003). Eine nachhaltige Transformation wird also in dauerhafte Strukturen gebracht, die einen anhaltenden und erfolgreichen Wandel in der Organisation nach sich ziehen (Kruppa et al., 2002), etablieren und stabilisieren. Das Ziel jedes Veränderungsprojektes ist es, Veränderungen langfristig zu implementieren, so dass die Veränderung als solche nicht mehr wahrgenommen wird, die Organisation aber auch gleichzeitig nicht wieder auf alte, vor dem Veränderungsvorhaben etablierte Verhaltensweisen zurückfällt. Eine nachhaltige Implementierung führt über die Weiterführung eines Projektes und die Einbindung der wichtigsten Projektbeteiligten zur Verankerung in der gesamten Organisation.

Es werden drei Hierarchien von Nachhaltigkeit unterschieden: 1) Projektorientiert, 2) Systemorientiert und 3) Potentialorientiert (Stockmann, 1996). Bei der ersten Hierarchiestufe geht es um die Weiterführung eines Projektes durch das Projektteam. Die Weiterführung wird durch das Interesse des Projektteams ausgelöst und hat keine weitere Bedeutung für zukünftige Bedingungen oder eine weiterführende Entwicklungsperspektive. In der systemorientierten Hierarchiestufe erfasst die Veränderung nicht nur die Projektbeteiligten sondern geht durch Diffusionsprozesse darüber hinaus. Sie zieht weite Kreise in der Organisation und führt so zu einer Leistungssteigerung in der gesamten Organisation. Die nachhaltige

Implementierung einer Veränderung zählt zur dritten, potentialorientierten Hierarchiestufe der Veränderung. Ein Veränderungspotential baut sich in der gesamten Organisation auf, damit die Organisation flexibel und angemessen auf zukünftige Bedingungen reagieren kann.

Eine nachhaltige Implementierung erfordert außerdem die Berücksichtigung interner und externer Perspektiven. Dabei werden weitere Interessengruppen – über die internen Gruppen hinaus – wahrgenommen, wie zum Beispiel Kunden, Partner, Wettbewerber oder das gesellschaftliche Umfeld (vgl. Ebinger & Schwarz, 2003; Wenzel, 2004). Die Erwartungen dieser Interessengruppen nehmen Einfluss auf die Veränderung. Ein nachhaltiger Transformationsplan integriert externe Perspektiven und stellt die Weichen für die richtige Begegnung mit ihnen. Der strategische Erfolg eines Unternehmens ist von der Berücksichtigung aller wesentlichen Perspektiven und deren Auswirkungen auf den zukünftigen Markt abhängig.

Implementierung und Nachhaltigkeit eines Veränderungsprojekts werden durch die langfristige und fortwährende Übertragung der zu Anfang formulierten Vision auf die gesamte Unternehmenskultur, die Unternehmenswerte und -strukturen, gewährleistet. Die Vision wird so im Laufe des Veränderungsprozesses zunehmend lebendiger. Nur durch die Akzeptanz der Vision, ihre Integration ins Unternehmen und durch transparentes Veränderungsmanagement kann ein langfristiger Wandel realisiert und eine neue Kultur nachhaltig eingeführt werden. Der Erfolg einer Transformation lässt sich deshalb daran messen, inwieweit die strategischen Ziele der Veränderung umgesetzt sind und in der Organisation „leben". Eine sichtbare Leistungssteigerung der Organisation, höhere Flexibilität und Effizienz in der Reaktion auf Umweltbedingungen und Herausforderungen sind die Ergebnisse einer erfolgreichen Veränderung. Im Mittelpunkt dieses Erfolges steht die Unterstützung durch zielgerichtete Instrumente und Maßnahmen. Unternehmenslenker wissen um die Relevanz von Transformationsmanagement und setzen es offensiv ein. Die Veränderungsmaßnahmen werden integriert und zum festen Bestandteil des Projektes, der Fusion oder der neuen Strategie. Um ihren Erfolg sicher zu stellen wird bereits frühzeitig in die Transformation investiert, denn wer will schon Entscheidungen zweimal treffen oder länger als nötig mit internen Prozessen kämpfen, während der Wettbewerber sich bereits über steigende Marktanteile freut.

Die Nachhaltigkeit von Veränderungen zielt auf eine dauerhafte Implementierung und Nutzbarmachung aller Potentiale dieser Veränderung in einer Organisation. Wesentliche Bedingung für die Erzielung von Nachhaltigkeit ist ein erfolgreicher Ansatz, wie das Veränderungsrad von Accenture. Es antizipiert kritische Faktoren und geht sie mit zugeschnittenen Instrumenten offensiv an.

Das Veränderungsrad und seine Instrumente

Accenture betrachtet vier wesentliche Teile im Veränderungsrad: Steuerung, Führung, Befähigung und Identifikation (Abb. 12).

- Technische Architektur/ Geschäftsarchitektur
- Journey Navigation
- Modelle/Methoden
- Koordination/Steuerung
- Maßnahmenplanung

- Gemeinsame Vision
- Sponsorship
- Team Building der Führungskräfte
- Top Level Business Case
- Realisierung der Wertschöpfung

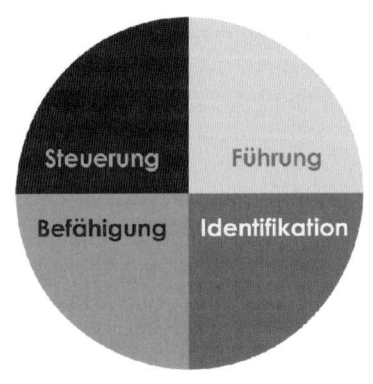

(Kreisdiagramm: Steuerung | Führung / Befähigung | Identifikation)

- Training
- HR Regularien
- Organisationsdesign
- Kommunikationsdesign

- Lokale Umsetzungsteams
- Umsetzung der Benefits vor Ort
- Fördern der Veränderungsbereitschaft
- Kommunikation

Abb. 12 Das Accenture Veränderungsrad

In den Bereich **Steuerung** fällt das gesamte Programmmanagement mit der Erstellung des Projektplanes, der Gesamtarchitektur und die Journey Navigation. In der Journey Navigation wird die gesamte Transformation geplant. Neben dem Endziel werden notwendige Zwischenziele definiert, um die Transformation zu steuern, Meilensteine werden geprüft, das Organisationsmodell und seine Führungsstruktur werden definiert.

Führung (siehe auch Kapitel „Führung und Vision") steht für die Involvierung des Führungsteams. Im Führungsteam werden eine gemeinsame Vision und Unterstützungsstrukturen aufgebaut. Die Führungskräfte erlernen Methoden im Veränderungsmanagement und werden zu Rollenvorbildern für wertkonformes Verhalten.

Unter **Befähigung** versteht Accenture die Mobilisierung der Mitarbeiter. Dies beginnt mit der Kommunikation der Vision und der Gründe für die Transformation. Dies wird fortgesetzt mit der Darstellung und Diskussion der Mitarbeiterrollen innerhalb des neuen Organisationsmodells. Das Training der neuen Verhaltensweisen rundet die Befähigung der Mitarbeiter ab.

Für die **Identifikation** der Organisationsmitglieder mit den neuen Unternehmenswerten und ihrer neuen Rolle sind lokale Umsetzungsteams oder auch Multiplikatoren im Einsatz. Sie setzen sich zusammen aus Multiplikatoren, welche die Veränderung in ihrem eigenen Bereich betreuen. Sie kümmern sich individuell um die Fragen und Ängste der Mitarbeiter, reagieren kompetent auf Widerstände und Probleme in der Umsetzung und sind auch vor Ort, wenn erste Erfolge zu feiern sind.

Für jeden Bereich dieses Veränderungsrades wurden spezifische Maßnahmen und Instrumente entwickelt. Diese kommen je nach Bedarf zu unterschiedlichen Zeitpunkten in der Transformation zum Einsatz. Die Erfahrung zeigt jedoch, dass es ein Idealmodell für ihre Aufteilung gibt, um den größtmöglichen Nutzen des Veränderungsmanagements in das Projekt zu tragen.

Die Abb. 13 zeigt diesen idealtypischen Verlauf in Anlehnung an Transformationsmodelle (siehe Kapitel „Initiierung von Veränderungen"). Die Zeitachse einer Veränderung kann sich über ein bis zwei oder sogar mehrere Jahre erstrecken. Nach der Initiierungsphase sinkt zumeist die Motivation und Produktivität und kann durch dezidierte Instrumente wieder angehoben werden, bis sie auf dem Weg zur nachhaltigen Implementierung in ihrer ursprünglichen Stärke übertroffen werden.

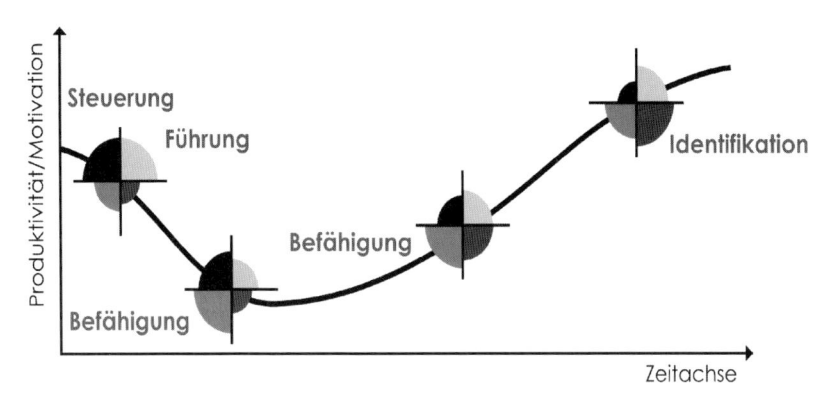

Abb. 13 Das Accenture Veränderungsrad in der Veränderungskurve

Zu Anfang einer Veränderung haben Steuerung und Führung den höchsten Anteil und sind deshalb in der Abbildung entsprechend größer dargestellt. Maßnahmen zur Befähigung und Identifikation laufen zu diesem Zeitpunkt erst an und sind auf das Führungsteam beschränkt.

Nach Start des Transformationsvorhabens erfolgt zunächst ein Produktivitätseinbruch. Instrumente zur Befähigung wie Rollenworkshops und Trainings werden nun eingeführt. Sie sorgen für eine Erholung der Produktivität und Motivation in der Organisation. Dabei werden Steuerung und Führung nicht vernachlässigt, sondern nehmen nur einen geringeren Anteil an den Gesamtmaßnahmen an. Nach und nach werden Maßnahmen zur Identifikation hinzugezogen. Die Veränderung wird damit in der Organisation fest verankert und nachhaltig implementiert.

Dieses Idealmodell des Transformationsmanagements zeigt große Erfolge in der Praxis. Der Werkzeugkasten an Instrumenten wird je nach Transformationsumfang, Anforderungen der Organisation und der Transformationsziele eingesetzt. Es hilft dabei, den Fokus nicht aus den Augen zu verlieren und sich immer wieder zu fragen, ob der jeweilige Anteil der vier Elemente hoch genug ist, um die Veränderung nachhaltig zu implementieren. Im Folgenden werden die vier Teile des Veränderungsrades detaillierter – vor dem Hintergrund ihrer Wirkung auf die nachhaltige Verankerung von Veränderungen in der Organisation – betrachtet; die theoretische Fundierung ist bereits in den vorigen Kapiteln im Buch erfolgt.

Steuerung im Veränderungsprozess

Die Steuerung einer Transformation erfordert durchdachte Kontrollinstrumente mit hoher Aussagekraft. Oftmals wird der Fehler begangen, dass der Erfolg einer Veränderung nicht genauso professionell geprüft wird, wie Kosten und Investitionen. Standardisierte Ansätze zur Festlegung der Ziele und Zwischenziele sind zwar vorhanden, die Kontrollinstrumente bedürfen jedoch einer Adaptation an das Unternehmen, um aussagefähig zu sein. Innerhalb des Transformationsprojektes gilt es sowohl die quantitativ messbaren Daten als auch die qualitativen Ergebnisse zu erheben. Gerade die Langfristigkeit der Evaluation macht es schwierig, Störfälle zu vermeiden. Eine lange Laufzeit eines Projektes bringt immer unvorhersehbare Probleme mit sich. Durch eine gut aufgestellte und mit dem Projektplan abgestimmte Evaluationsmethodik können solche Fälle aufgefangen und deren Optimierung umgesetzt werden.

Die Erstellung von Analysen und Berichten zum Fortschritt im Veränderungsprozess erhöht die Transparenz. Mit Hilfe dieser Instrumente wird der Erfolg einzelner Maßnahmen geprüft und die Nachhaltigkeit ihrer Implementierung gesichert. Die Prüfung geschieht gegen den Veränderungs- beziehungsweise Implementierungsplan, welcher die Transformationsziele festlegt. Dieser Plan ist somit das Instrument zur Verfolgung der festgelegten Teilziele. Um die Zielerreichung zu überprüfen und den Erfolg zu gewährleisten, sind mehrfache Analysen und Befragungen notwendig. Die Ergebnisse der Messungen helfen, den Status der Veränderung zu identifizieren und gegebenenfalls eine Nachsteuerung einzuleiten.

Messmethoden und deren Ergebnisse unterstützen außerdem dabei Entscheidungen gezielt vorzubereiten und damit ihre Grundlage zu verbessern (Nork, 1989). Fundierte Erkenntnisse erleichtern die Entscheidung und ermöglichen Transparenz im Vorgehen. Getroffene Entscheidungen und deren Richtigkeit können somit nachvollzogen werden und werden von allen Organisationsmitgliedern auch besser akzeptiert. Die Interpretation objektiver Berichte geht einher mit qualitativen Befragungen, welche die Richtung für das Vorgehen weisen. In dieser Kombination hat das Projektteam aufschlussreiches Hintergrundwissen, um die Veränderung effizient zu steuern.

Im Laufe des Veränderungsprojektes ist die Dokumentation von Fehlerquellen und Erfahrungen wesentlich, um getroffene Entscheidungen nach zu verfolgen und sicher zu stellen, dass die Veränderung erfolgreich umgesetzt wird. Nach Wottawa und Thierau (1998) ermöglicht Evaluation „die ständige Kontrolle des Verhaltens und seiner Ergebnisse mit der Möglichkeit die Problemlösung sofort zu verbessern" oder auch die „nachträgliche Bewertung des Vorgehens als Grundlage eines günstigeren Verhaltens in einer später auftretenden, vergleichbaren Situation" (S. 18). Damit ist zum einen die formative Evaluation gemeint, die auf Optimierung während der Projektlaufzeit abzielt, zum anderen die summative Evaluation, die den Erfolg nach Abschluss eines Projektes beurteilt. Beide Formen der Evaluation sind Teil eines Veränderungsprojektes. Im Falle der formativen Evaluation werden fiktive Zwischenziele gesetzt, um zum Zeitpunkt dieses Zwischenziels an der Optimierung des Verhaltens zu arbeiten, denn „kein Evaluationsprojekt kann die endgültigen Folgen einer Maßnahme bewerten" (Wottawa & Thierau, 1998, S. 19). Diese werden erst im späteren Verlauf des Veränderungsprojektes wirklich sichtbar. Die summative Evaluation wird in Veränderungsprojekten nach Abschluss einer Veränderungsphase aber auch nach Abnahme einer bestimmten Maßnahme durchgeführt und beurteilt ihren Erfolg. Eine solche Maßnahme kann zum Beispiel eine Podiumsdiskussion mit dem Führungsteam sein, die für das mittlere Management organisiert wird. Nach Abschluss dieser Maßnahme wird der Erfolg dieser Paneldiskussion mittels einer Befragung überprüft. Sind die Ergebnisse dazu positiv, wird eine Wiederholung dieser Maßnahme zu einem späteren Zeitpunkt empfohlen. Bei neutralen beziehungsweise sogar negativen Erfolgsaussichten ist es erforderlich, eine andere Maßnahme zu einem späteren Zeitpunkt zu ergreifen.

Häufig ergeben sich bei großen Veränderungen in der Organisation mehrere Transformationsprojekte gleichzeitig. Hierbei ist darauf zu achten, der Organisation nicht zu viele Veränderungen auf einmal zuzumuten. Es ist entscheidend herauszuarbeiten, wie viele Veränderungsprojekte eine Organisation gleichzeitig verträgt. Zu viel Transformationsarbeit kann die Organisation lahm legen und ihre Effizienz stören. Vielfach ergibt es sich dann, dass entscheidende Personen in einer Vielzahl von Projekten gleichzeitig eingeplant werden. Diese wichtigen Führungspersönlichkeiten oder Multiplikatoren können jedoch nicht überall gleichzeitig sein und die gleiche Leistung bringen, wenn sie mehrere Projekte begleiten. Die Gefahr einer Überhitzung der Organisation droht. Der eigentliche Unternehmenszweck wird vernachlässigt. Eine mit sich selbst beschäftigte Organisation hat für die Kunden eine negative Außenwirkung. Um dies zu verhindern ist eine frühzeitige Multiprojektplanung empfehlenswert. Diese berücksichtigt gemeinsame Wirkungskreise der Veränderungen und trennt konsequent unabhängige Stränge. Sie berücksichtigt außerdem den Einsatz und die Verfügbarkeit tragender Ressourcen und garantiert so eine fortwährende Funktionsfähigkeit der Organisation. Wichtige Projektphasen werden in ihr koordiniert und Überschneidungen kritischer Meilensteine vermieden.

Führung: Engagement der Verantwortlichen

Eine Organisationskultur entwickelt sich über Jahre hinweg und besteht aus „bewährten Verhaltensweisen dominanter Organisationsmitglieder" (Staehle, 1985, S. 532). Diese prägen die Organisation maßgeblich und entscheiden somit über den

Erfolg oder Misserfolg einer angestrebten Veränderung. Ihre langfristige Verpflichtungserklärung gegenüber dem Veränderungsprojekt ist der Wegbereiter für die Transformation. Hat man diese für die Veränderung erst begeistert, sind sie die besten Verantwortungsträger für das Projekt. Verantwortliche, die bereitwillig beitragen und sich selbst in dieser aktiven Rolle sehen, sind authentisch und damit überzeugend. Zusätzliche Kriterien wie fachliche und soziale Kompetenz führen zu einer reflektierten und gelungenen Auswahl der Verantwortlichen.

Organisationsmitglieder, die zwar den fachlichen Anforderungen entsprechen, die Veränderung jedoch nicht unterstützen, sind nur begrenzt einsetzbar. Unter spezifischer Anleitung und Kontrolle der Wertkonformität können sie Aufgaben innerhalb der Veränderungsorganisation übernehmen, wenn ihr fachliches Profil für die Zielerreichung erforderlich ist.

Idealerweise finden sich engagierte Organisationsmitglieder, die sowohl dem fachlichen Anforderungsprofil entsprechen als auch begeisterte Anhänger der Veränderung sind. Um diese zu identifizieren wird ein Zielprofil erstellt und mit dem vorliegenden Profil verglichen. Ergänzende Gespräche prüfen das Engagement.

Organisationsmitglieder, die dem neuen fachlichen Profil nicht entsprechen und die Veränderung nicht mittragen, bedürfen intensiver Betreuung. Zeigen sie andere Interessen in der neuen Organisation kann eine Versetzung oder ein Transfer in einen anderen Bereich in Betrachtung gezogen werden. Von einem Einsatz als Multiplikator sollte jedoch abgesehen werden.

Die Entstehung von Multiplikatoren schildern Rosenstiel et al. (1989) in ihrer Multiplikatorenhypothese folgendermaßen: „Wenn Personen, die bevorzugt Träger des Wertewandels waren, in Positionen rücken, in denen sie ihre Auffassung mit überdurchschnittlicher Wahrscheinlichkeit weitergeben können, so werden sie zum Motor eines Wandels von Werteorientierungen. Träger des Wandels sind ideale Multiplikatoren, weil sie mit der Vision und den Zielen übereinstimmen und diese standardisiert weitergeben. Geeignete Führungspersönlichkeiten werden langfristig an das Veränderungsprojekt gebunden. Zunächst sind sie die Initiatoren, später die Bauherren und schließlich die Multiplikatoren im Projekt. Sie haben Vorbildfunktion und sind die Tragpfeiler des Gebäudes, das zusammenkracht, wenn keine Einigkeit vorherrscht."

Die Arbeit der Verantwortlichen im Veränderungsprozess kann und soll nachgesteuert werden. Es stellt sich die Frage, ob die Verantwortlichen die richtigen Nachrichten in die Organisation senden. Erzielen ihre Aktivitäten die gewünschte Wirkung? Verbreiten die Multiplikatoren und Veränderungsmanager stringent das erforderliche Verhalten, die erforderliche Richtung? Die Messung schafft erforderliche Transparenz, um ungeeignete Multiplikatoren aus dem Prozess zu nehmen, bevor Probleme entstehen. Konsequentes Handeln schafft hierbei Klarheit und ebnet den Weg für einen nachhaltigen Veränderungsprozess.

Nachhaltige Führung ist eingebunden in einen kontinuierlichen Lernprozess, der eine durchgehend starke Spitze sicherstellt. Eine kompetente Ausbildung in Veränderungsmanagement ist daher ein wichtiges Werkzeug für die zukünftigen Verantwortlichen im Veränderungsprozess. Viele Organisationen überschätzen das Wissen von Multiplikatoren und haben zu hohe Erwartungen an sie. Auch

Multiplikatoren sind Menschen, die erst noch lernen müssen, Veränderungen professionell anzugehen und die unterschiedlichen Perspektiven im Veränderungsgeschehen zu begreifen. Es lohnt sich daher in den Aufbau von Kompetenz im Transformationsmanagement zu investieren.

Die Erfahrung zeigt, dass eine Transformation häufig durch vernachlässigte Stakeholder wie zum Beispiel das mittlere Management aufgehalten wird (Jick & Peiperl, 2003). Geschulte Verantwortliche nehmen diese Stakeholder geschickt mit, beziehen sie aktiv in den Veränderungsplan ein oder übergeben ihnen Verantwortung im Veränderungsprozess. Klare Abstimmung und deutliche Kommunikation sind dabei die wahren Stützen im Prozess. Nur wenn sich alle Stakeholder über die Struktur der Organisation und deren Wertempfinden einig sind und somit eine Übereinstimmung entsteht, kann mit gemeinsamer Stimme gesprochen und eine Veränderung in der Unternehmenskultur erreicht werden.

Befähigung: Aktive Kommunikationspolitik

Eine aktive und grundlegend geplante Kommunikationspolitik ist ein wichtiger Einflussfaktor, um die Organisationsmitglieder zur Veränderung zu befähigen. Aktive Kommunikationspolitik reicht dabei von Informationen über das Veränderungsvorhaben über überzeugende Kommunikation bis hin zu motivierenden Maßnahmen (Mohr, 1997). In der Anfangsphase einer Veränderung geht es dabei darum, die Kommunikation zu aktivieren und alle Beteiligten in die Diskussion einzubeziehen. Dies kann am besten durch einen unreglementierten Informationsaustausch ausgelöst werden. Danach ist eine mehr strukturierte und zielorientierte Kommunikation erforderlich, wobei Kommunikation hier im Sinne von Verhalten verstanden wird und damit mehr als nur reine Information umfasst.

Das von Watzlawick aufgestellte metakognitive Axiom: „Man kann nicht nicht kommunizieren" zeigt hier seine immerwährende Gültigkeit (Watzlawick et al., 1996, S. 53). Pausen in der Kommunikation führen während eines Veränderungsprozesses nur zu unerwünschten Gerüchten und Widerständen. Die Mitarbeiter nehmen an, dass sich das Projekt verzögert, gar verschoben wird oder Probleme hat, sobald eine längere Kommunikationspause entsteht. Deshalb sollten selbst Verzögerungen offensiv kommuniziert werden, damit deren Grund von offizieller Stelle kommt und sich nicht als Gerücht unter den Mitarbeitern verbreitet.

Ein kombinierter Kommunikationsansatz aus top-down und bottom-up Kommunikationsstrategie ist Experten zufolge der richtige Weg, um Veränderungen nachhaltig einzuführen. Parallel werden hierbei verschiedene Kommunikationselemente entwickelt und verbreitet. Unterschiedliche Kommunikationsinstrumente werden zielgerichtet eingesetzt und ergänzen einander.

Kommunikation im Veränderungsprojekt erfordert ein professionelles Team und kann nicht allein von den Führungskräften „mit" übernommen werden. Führungskräfte werden zwar im Kommunikationsprozess als Multiplikatoren eingebunden, jedoch ist davon abzuraten, ihnen die Art und Menge an Kommunikation zu überlassen. Sie haben in der Regel weder die Ressourcen noch das professionelle Verständnis für die erforderliche Kommunikation.

Das Kommunikationsteam ist außerdem dafür verantwortlich, alle Stakeholder systematisch einzubeziehen. Die Kommunikationsinstrumente werden den Interessen der Zielgruppe entsprechend ausgerichtet. Es reicht nicht, Standardunterlagen auszusenden. Das rächt sich im Laufe des Veränderungsprojektes. Nur Kommunikationsmaterial, das auf die Bedürfnisse der Zielgruppen eingeht, sichert eine nachhaltige Implementierung von Veränderungen. Die Kommunikationsinhalte legen die Rationalität der Entscheidungsprozesse dar und machen diese nachvollziehbar (Ulich, 1998). Schritt für Schritt werden dabei im Kommunikationsprozess die neuen Verhaltensweisen an den Mitarbeiter herangetragen, damit er sie nach und nach verstehen und erlernen kann. Eine Kombination aus aktiven Kommunikationsmethoden wie Panels und Teamworkshops und ein darauf abgestimmtes Trainingscurriculum stimmen die Mitarbeiter auf die neuen Verhaltensweisen ein und beugen Verständnis- oder Lerndefiziten vor. Die Heranführung an die Veränderung ist ein wesentlicher Aspekt für eine erfolgreiche Transformation, denn die Angst vor der Veränderung verschwindet, wenn Mitarbeiter die neuen Verhaltensweisen in der Anwendung kennen und beherrschen.

Im Laufe des Projektes stellt sich dann die Frage, ob die Stakeholder Informationen zum Fortschritt des Projektes bekommen haben. Und noch viel wichtiger: Was war die Reaktion der Stakeholder auf diese Informationen? Stakeholder möchten an den Erfolgen aber auch Misserfolgen des Projektes teilhaben. Nur so können sie beginnen, sich mit dem Veränderungsprojekt zu identifizieren. Die Einbeziehung ihrer Meinung trägt zum Erfolg der Transformation bei. Wie ein Barometer zeigt ihre Meinung die Stellen im Veränderungsprozess auf, an denen noch nachjustiert werden muss. Potentielle Fehlerquellen können so frühzeitig identifiziert und behoben werden.

Des Weiteren ist eine Kursänderung umso nachhaltiger, je deutlicher die strategische Ausrichtung in all ihren Facetten und Ausprägungen das Gleiche aussagt. Die Veränderung bekommt eine klare Ausrichtung, wenn zum Beispiel eine Führungskraft ihren Mitarbeitern das vorlebt, was sie in ihren Teamzielen wieder finden. Jede Nachsteuerung sollte darauf bedacht sein, alle Aktivitäten in Einklang zu bringen. Die Sicherung klarer strategischer Aussagen erfordert eine zentrale Koordination, die Kommunikationsmaterialien erstellt, nach Stringenz und Relevanz prüft und an relevante Multiplikatoren weitergibt. Bei einer globalen Organisation ist eine zentrale Koordination anzustreben, die spezifisch auf die Ausrichtung in den einzelnen Ländern eingeht.

Identifikation: Anreize schaffen

In jeder Veränderung ist der Mensch im Mittelpunkt (siehe Kapitel „Mensch im Mittelpunkt") und entscheidet über den Erfolg und Misserfolg des Veränderungsprojektes. Wenn eine größere Gruppe von Beteiligten den Mehrwert einer Veränderung nicht erkennt, ist die Veränderung zum Scheitern verurteilt. Wenn sich jedoch einzelne Mitarbeiter mit der neuen Strategie des Unternehmens identifizieren, den Sinn für die Veränderung verstehen und sich sogar eigene Vorteile davon versprechen, ist ein Anreizsystem geschaffen. Ein zentrales Problem für die geringe Bereitschaft, Veränderungen umzusetzen sind fehlende Anreize. Formale Anreize, welche die extrinsische Motivation fördern, wie zum Beispiel in der Hierarchie aufzusteigen, sind dabei genauso wichtig wie intrinsische Motivatoren, wie zum Beispiel aus eigener Überzeugung zu agieren. Ansonsten sind Auswirkungen bei den Beteiligten, wie Widerstand und Frustration, an der Tagesordnung.

Eine Veränderung bringt immer Ungewissheit mit sich. Das Vertraute bleibt so nicht bestehen, die Zukunft ist nicht mehr klar skizziert oder vorgegeben. Es fällt schwer, sich den neuen Gegebenheiten anzupassen und dies wiederum erfordert Energie, welche erst noch aufgebaut werden muss. Daher sollte jeder Veränderung eine Phase vorangehen, in der die Transformationsnotwendigkeit bewusst wahrgenommen wird. Erst wenn diese Notwendigkeit akzeptiert ist, kann auch eine Identifikation mit der Veränderung stattfinden. Am Besten wird die entstandene Energie gleich kanalisiert und für den Veränderungsprozess genutzt. Es ergeben sich enorme Potentiale, wenn Fähigkeiten und Energien Betroffener ins Veränderungsgeschehen eingebunden werden.

Eines der größten Probleme von Veränderungsprojekten liegt in ihrer Dauer. Einige Veränderungsprojekte ziehen sich über mehrere Jahre hin. Dabei ist die Wahrscheinlichkeit hoch, dass die Dinge erst einmal schlechter werden, bevor eine Verbesserung eintritt. Wenn der Spannungsbogen erst mal verloren geht, ist die Gefahr groß, dass die neu erlernten Verhaltensweisen sich wieder umkehren. Damit wäre jahrelange Arbeit in Kürze zunichte gemacht. Hier gilt es, den Fokus rechtzeitig auf das Beibehalten der Dynamik und Energie zu verschieben (Kotter, 1996). Noch besser ist es, diesen Spannungsbogen bereits von Anfang an in die Projektplanung der Transformation zu integrieren. Wichtige Etappen in den Veränderungsphasen werden dazu als Meilensteine berücksichtigt und kontrolliert. Sie fungieren nach dem Gate-Prinzip[1] als Entscheidungspunkte für die Abänderung oder die Weiterführung des eingeschlagenen Veränderungsweges. Zu jedem dieser Entscheidungspunkte wird eine detaillierte Datenbasis aufbereitet, die Erfolge und Misserfolge in der zurückliegenden Transformationsphase darstellt.

Um den Spannungsbogen nach außen zu halten wird die Meilensteinprüfung geschickt mit deutlichen Signalen verbunden, dass die Veränderung weitergeht. Die Kommunikation positiver Meilensteine ist ein wichtiger Bestandteil des Veränderungsmanagements. Klare Leitlinien und sichtbares, direktes Feedback, um sich wertkonform zu verhalten, werden jetzt notwendig. Alte Werte werden zum Beispiel in gemeinsamen, öffentlichen Ritualen in Würde begraben, um die neuen, für die heutigen Zeiten erforderlichen, zu stärken. Erfolge im Veränderungsprozess werden in einer „Walk of Fame" gebührend gefeiert. Dieser Erfolg kann auf einer Mitarbeiterveranstaltung kundgetan, nach einem Punktesystem belohnt oder auf

---

[1] Gate-Prinzip = Meilenstein-Prinzip. Meilensteine sind Entscheidungspunkte für den Abbruch oder die Weiterführung des Projektes.

einem Poster und im Newsletter öffentlich bekannt gemacht werden. Die Anerkennung für den Verdienst spornt weiteres wertkonformes Verhalten an. Erfolge werden sichtbar gemacht und wirken motivierend auf die Organisationsmitglieder. Sanktionen wie eine öffentliche Kritik oder ein direktes Gespräch sind im Falle einer Nichteinhaltung oder Missachtung von Werten notwendig. Problemfelder werden dann sogleich identifiziert und angegangen. Durch klare Signale und konsequentes Handeln wird somit der Spannungsbogen von Meilenstein zu Meilenstein erfolgreich aufrechterhalten.

Multiplikatoren und Führungspersönlichkeiten im Veränderungsprozess sind in dieser Zeit besonders unter Beobachtung. Hinter einem „erfolgreichen" Meilenstein stehen ihr Einsatz und ihr tatkräftiges Vorbild für wertkonformes Verhalten. Als Vorbild ihrer Mitarbeiter schaffen sie ein weiteres Anreizsystem, sich mit der Veränderung zu identifizieren.

Im Laufe des Veränderungsprozesses werden unterschiedliche Anreize wirksam. Deshalb ist eine Evaluation dieser Anreizsysteme zu empfehlen. Fragen wie „Helfen die Aktivitäten?", „Steigert die Änderung die Leistung?", „Greifen die Anreize?" oder „Welche Auswirkungen können wir genau beobachten?", helfen zu verstehen, welche Erfolge durch das Anreizsystem geschaffen werden und wo weitere Anreize erforderlich sind.

Verankerung der Veränderung in der Unternehmenskultur

Viele Unternehmen scheitern daran, ihre bereits gelebte „Unternehmenskultur" im Detail zu erfassen. Für die Veränderung der Unternehmenskultur ist dies aber der erste wichtige Schritt. Erst dann wird reflektiert, was beibehalten, was verstärkt, was verändert wird. Das Verstehen der eigenen Unternehmenskultur ist somit ein elementarer Schritt für eine nachhaltige Implementierung von Veränderungen in der Organisation.

Nach Kotter (1996) hat die Kultur aus drei Gründen einen so großen Einfluss auf die Organisation: „1) Alle Individuen werden nach ihr ausgewählt und indoktriniert, 2) Die Handlungen jedes Einzelnen sind in ihr widergespiegelt, 3) die Intention dahinter ist unbewusst und daher schwierig in Frage zu stellen oder gar zu diskutieren" (S. 151). Daher hat jedes Transformationsprojekt die Herausforderung vor sich, die Veränderung in die Organisationskultur zu integrieren. Dabei müssen einerseits Inkonsistenzen aufgedeckt werden und erfordern ihre Auflösung, andererseits müssen alte kulturelle Werte mit neuen Werten verschmolzen werden.

Wie schwer aber auch wichtig es ist, Werte zu implementieren, diese in die Firmenkultur zu integrieren und zu leben, sehen wir in diesem Kapitel deutlich am Beitrag zur Fusion von Nokia und Siemens. Werte sind etwas Heiliges. Latent und implizit prägen sie die Unternehmenskultur. Sie können nicht im Handumdrehen, sondern nur langfristig verändert werden, indem das Bewusstsein für Werte geschaffen wird.

Das Kulturmodell von Schein (2004) führt uns vor Augen, welche Stellung Werte im Unternehmen einnehmen und wie vielschichtig sie sind. Sie bilden die Basis einer auch nach außen hin wahrnehmbaren Organisationskultur. Die Unternehmenskultur muss daher immer aus verschiedenen Perspektiven betrachtet werden. Erst nach dem erfolgreichen Kontakt zu allen Schichten gelingt der Durchbruch bei der Veränderung der Werte. Hieraus kann eine nachhaltige Implementierung von Kultur und Werten entstehen und ein echter Wandel in den Köpfen der Mitarbeiter sowie eine dauerhafte, tragfähige Grundlage für das Unternehmen geschaffen werden.

Die durch die Globalisierung bedingte Internationalisierung der Unternehmen bringt weitere Herausforderungen mit sich. Die kulturellen Hintergründe der Mitarbeiter müssen stärker denn je ihre Berücksichtigung im Veränderungsprozess finden. Ihre Vielfalt und ihr Einfluss auf die neuen Werte der gesamten Organisation sollten in einem multinationalen Konzern diskutiert werden. So kann es sein, dass sich Mitarbeiter aufgrund ihrer kulturellen Hintergründe gar nicht wertkonform verhalten können oder möchten. In manchen Kulturen gibt es zum Beispiel nicht die Form der direkten Rückmeldung. Es wird als unangenehm und unhöflich empfunden. Daher spielt die Berücksichtigung kultureller Werte bereits in der Gestaltung der Organisationskultur eine wichtige Rolle.

Schon Lattmann (1981) hat auf die unterschiedlichen Ausprägungen der Kultur innerhalb einer Organisation hingewiesen. Je nach Rolle einer Organisationseinheit wird daher mit einer Veränderung für die gesamte Organisation ein Transformationsprozess je Organisationseinheit ausgelöst. Im Laufe des Veränderungsprozesses sollten dabei unterschiedliche Ansprüche, Widerstände und Besonderheiten der Organisationseinheiten berücksichtigt werden. Dies stellt sicher, dass jede Organisationseinheit Teil der neuen Organisationskultur wird und ihre Subkultur in diese erfolgreich integrieren kann.

Interventionen zur Änderung einer Organisationskultur erfordern neben einem nachhaltigen Ansatz, immer auch dauerhafte und wiederholte Investitionen. Eine Organisationsstruktur ist, wie auch die Unternehmenswerte, tief im einzelnen Mitarbeiter verwurzelt. Erst wenn die Mitarbeiter sich den neuen Strukturen anschließen, können diese langfristig verändert werden. Denn eine Organisationsstruktur lebt durch die an ihr beteiligten Personen.

Die Integration neuer Werte geht daher mit der Anpassung bestehender Personalprozesse und -instrumente einher. Zu diesen Instrumenten zählen zum Beispiel das Kompetenzmodell, die Einstellungsrichtlinien, die Leistungsbeurteilung, das Kompensationsmodell und Nachwuchsprogramme. Diese Instrumente unterliegen im Veränderungsprozess einer regelmäßigen Überprüfung, ob die Instrumente noch mit den Zielen der Veränderung übereinstimmen und ob deren Anwendung die richtige Wirkung zeigt. Dazu zählen Fragen wie: Rekrutieren und entwickeln wir unsere Mitarbeiter nach den neuen Unternehmensleitlinien? Welche Anpassungen sind in bestehenden Managementprogrammen notwendig? Sind unsere Mitarbeitergespräche konform mit unseren Leitlinien? Wie finden wir die Unternehmenswerte im Tagesgeschäft wieder? Berücksichtigen wir die Unternehmenswerte in allen laufenden Projekten? Diesen Fragen nachzugehen bedeutet, sich wirklich mit der Veränderung auseinanderzusetzen, sie in den Prozessen zu verankern und in allen Facetten des Unternehmens spürbar zu machen.

Die Integration neuer Werte in bestehende Personalinstrumente beginnt mit einer Analysephase. In einer Matrix werden dabei der Aufwand bei der Implementierung und der geschätzte Einfluss des Personalinstrumentes gegenübergestellt. Je höher der Einfluss und je geringer der Aufwand, desto schneller kann die Analyse und Überarbeitung des Personalinstrumentes in die Wege geleitet werden. Jedes Personalinstrument wird nach diesem Schema beurteilt. Die finale Matrix dient der detaillierten Vorgehensplanung zur Überarbeitung der Personalinstrumente (Abb. 14).

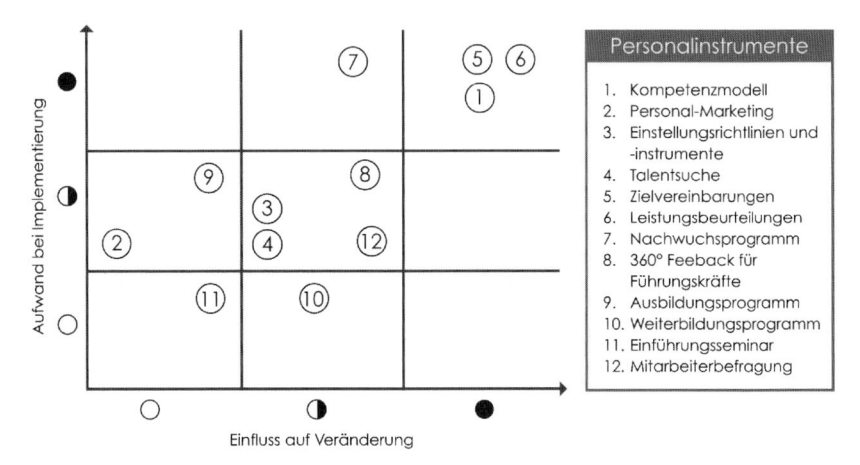

Abb. 14 Beispiel-Matrix zur Analyse von Personalinstrumenten in Veränderungsprozessen

Ebenso können hieraus strategisch wichtige und für den Mitarbeiter sichtbare Projekte abgeleitet werden. Sie sind richtungweisend für die Verankerung der Veränderung. Ein stringentes Vorgehen bei der Integration der Unternehmenswerte in alle bestehenden Personalinstrumente erhöht den Erfolg und die Nachhaltigkeit der Transformation. Nach der Anpassung eines Personalinstrumentes im Hinblick auf die Veränderung, gilt es dessen Einhaltung zu prüfen. Wird das Personalinstrument nicht richtig angewendet, behindert es bei der Umsetzung der neuen Werte. Weitere zeit- und kostenintensive Nachsteuerungsmaßnahmen werden notwendig.

Eines der einflussreichsten Personalinstrumente ist die Leistungsbeurteilung. In jährlichen oder in kürzeren Abständen übt sie einen hohen Einfluss auf Führungskräfte und Mitarbeiter aus. Bei der Beurteilung führt sie Führungskräften und Mitarbeitern immer wieder vor Augen, welche Unternehmenswerte wesentlich sind. Durch den institutionalisierten Beurteilungsprozess verlieren die Unternehmenswerte auch im Arbeitsalltag nicht an Relevanz. Letztendlich hängt die Vergabe der Leistungspunkte oder auch eine mögliche Beförderung an der Beurteilung der Zielerreichung.

Die dazu aufgestellten Ziele sind dabei auf die zukünftigen Unternehmenswerte ausgerichtet. Ihre stringente Planung nach Vision und Strategie des Unternehmens unterstützt den Aufbau des neuen Organisationsmodells. Das Training der neuen Verhaltensweisen ist eng mit dem Verständnis der neuen Rolle und deren Zielen verknüpft. In Mitarbeitergesprächen wir darauf geachtet, dass Teammitglieder genau verstehen, was ihre zukünftige Rolle ist und welche Details und Verhaltensweisen sich hinter dem neuen Verhaltensbegriff verbergen. In diesem Stadium findet bereits eine erste Rollenidentifikation statt. Entweder das Organisationsmitglied ist fachlich geeignet und kann sich mit dem neuen Rollenprofil anfreunden oder es werden neue Aufgaben und Perspektiven in der neuen Struktur gesucht. Erfahrene Veränderungsmanager führen durch Rollenworkshops, die sich über mehrere Wochen ziehen können. Je heftiger und intensiver die Rollenfindung und Diskussion, desto höher ist die Wahrscheinlichkeit, dass alle sich mit ihrer Aufgabe in der neuen Organisationsstruktur identifizieren. Bei der Rollenfindung ist es wichtig, den Mitarbeitern konkret ihre neuen Aufgaben darzustellen. Abstrakte Tätigkeitsschwerpunkte oder die Wertvorstellung des Unternehmens sollten in einer konkreten Aufgabenbeschreibung dargelegt werden. So sollte die Wertvorstellung „Serviceorientierung" übersetzt werden in konkrete Handlungsbeschreibungen, wie „freundlich grüßen", „nach den Wünschen des Kunden direkt fragen", „Empathie zeigen und konkret auf die Anfrage reagieren". In jeder Hinsicht ist eine offene und ehrliche Kommunikation notwendig. Manchmal hat eine Veränderung für den Mitarbeiter persönlich keine Vorteile. Es nützt nicht den Mitarbeitern etwas vorzumachen. Die Mitarbeiter müssen verstehen, was die Veränderung konkret für sie bedeutet, auch wenn sie im ersten Schritt keine sichtbaren Vorteile bietet. Hier hilft es im Sinne einer positiven Vermarktung die Vorteile für die Organisation herauszustellen, die im Umkehrschluss auch wieder den Mitarbeitern zu Gute kommen. So kann beispielsweise durch eine höhere Serviceorientierung die Loyalität der Kunden erhöht werden, was einen Vorteil im Wettbewerb nach sich ziehen wird, die Verkaufszahlen steigert und daraus folgend wiederum in der Organisation Arbeitsplätze und regelmäßige Lohnerhöhungen sichert.

Personalinstrumente, die in der nun folgenden Verankerungsphase herangezogen werden, sind das Kompetenzmodell sowie Weiterbildungs- und Nachwuchsprogramme. Das Kompetenzmodell bildet die Grundlage, um die veränderte Kultur zu operationalisieren und damit die neuen Rollen zu leben. Hierzu wird überlegt, welches Verhalten in der Organisation erreicht werden soll. Daraus werden die zugrunde liegenden Kompetenzen abgeleitet. Kommen Mitarbeiter mit ihrer neuen Rolle langfristig nicht zurecht oder sollen sie in ihrer neuen Rolle besonders gefördert werden, greifen weitere Prozesse wie Weiterbildungs- und Nachwuchsprogramme. Eine inhaltliche Neuausrichtung dieser Prozesse und Programme sichert eine stringente Umsetzung der neuen Unternehmenskultur. Besonders in der Anfangsphase bieten sie Organisationsmitgliedern eine wichtige Orientierung und neuen Halt, um ihren Aufgabenbereich richtig auszuführen.

Darauf abgestimmte Richtlinien für die Einstellung neuer Kandidaten ergänzen diese Programme effizient. Personal-Marketing und Einstellungskriterien als auch Auswahlmethoden werden entsprechend der neuen Zielsetzung umgestellt.

Sie zielen darauf ab, die noch fehlenden Kompetenzen ins Unternehmen zu bekommen und ihre Übereinstimmung mit der neuen Organisationskultur zu sichern. Darüber hinaus werden mit Hilfe der Nachwuchsprogramme Potentialkandidaten frühzeitig erkannt und können entsprechend gefördert werden. Damit kann eine Nachfolgeplanung und Besetzung strategisch wichtiger Aufgaben und Rollen im Hinblick auf die Ziele der neuen Organisationskultur transparent angegangen werden. Kontrollmöglichkeiten, ob diese Instrumente richtig angewendet werden, wie zum Beispiel die Überprüfung, ob die richtigen Zielgruppen die richtigen Trainings bekommen, sichern hierbei die effiziente Umsetzung.

Neue Verhaltensweisen, auch wenn sie klare Vorteile haben, benötigen Zeit bis sie zur Gewohnheit werden. Covington und Chase (2002) empfehlen einen Wiederholungsansatz, der Lern- und Anwendungsphasen in Intervallen kombiniert. Mitarbeiter lernen dabei in der Lernphase einen Teilabschnitt, wenden ihn anschließend an und kommen dann zum nächsten Lernintervall zusammen, in dem sie das Gelernte wiederholen und etwas Neues hinzukommt. Dieses Vorgehen in Intervallen ist sehr erfolgreich, um die Veränderung zur Gewohnheit und zu einem Teil der Organisationskultur werden zu lassen.

Covington und Chase (2002) legen den Organisationen nahe, eine lernende Organisation zu werden. Organisationen können nur besser, schneller und innovativer werden, wenn sie kontinuierlich lernen und stets bereit sind, sich entsprechend zu verändern beziehungsweise anzupassen. Das Konzept des lebenslangen Lernens hat in den letzten 10 Jahren immer mehr an Bedeutung gewonnen. Durch die schnelllebige wirtschaftliche und technische Entwicklung steigt die Notwendigkeit des lebenslangen Lernens und damit einhergehend der Bedarf an Fort- und Weiterbildungsmaßnahmen (Noack & Kracke, 2000). Dabei geht es nicht darum, sich ständig neues Wissen anzueigen, sondern mit Reflektions- und Analysefähigkeiten bewusster umzugehen und aus eigenen Erfahrungen zu lernen. Je höher der Takt der Veränderungen, desto wesentlicher erscheint die Notwendigkeit, sich neuen Gegebenheiten schnell anzupassen. Damit rücken sowohl die Wahrnehmung von Anpassungen und der bewusste Umgang mit ihnen, als auch das Lernen im Rahmen von Veränderungen in den Mittelpunkt der lernenden Organisation.

Kotter (1996) führt fünf wesentliche Faktoren erfolgreichen lebenslangen Lernens auf: 1) Mut zum Risiko, 2) kritische Selbstreflektion, 3) verschiedene Meinungen einholen, 4) Zuhören, 5) Offenheit zu neuen Ideen. Die Berücksichtigung dieser fünf Eigenschaften lebenslangen Lernens sind für Organisationen aller Art aber auch Einzelpersonen äußerst wichtig, um dauerhaft Erfolg zu haben.

Geeignete Instrumente in der Weiterbildung und Ausbildung unterstützen hier in der Praxis. Weiterbildungsprogramme für alle Organisationsmitglieder werden auf diese fünf wesentlichen Faktoren ausgerichtet. Einige Organisationen binden diese Elemente nur in Veranstaltungen für obere Führungskräfte ein. Eine viel deutlichere Prägung der Kultur erreicht man jedoch mit gezielten Trainingsbausteinen für die gesamte Belegschaft. Gleiches gilt für den Bereich der Ausbildung. Je früher die neue Kultur gelebt wird, desto offener gehen die jungen Nachwuchskräfte später mit neuen Veränderungen um.

Kotter (1996) erinnert daran, dass frische Veränderungen schnell wieder verloren gehen könnten, wenn sie nicht in der Kultur verankert sind. Die Verankerung einer Veränderung in der Kultur mit Hilfe von stützenden Personalinstrumenten sichert somit den Verbleib und die Festigkeit der Transformation. Nachhaltige Implementierung und kulturelle Verankerung der neuen Verhaltensweisen gehen daher Hand in Hand. Ein Transformationsprojekt ist nach zwei bis drei Jahren nicht abgeschlossen. Im Gegenteil, dann geht erst die Arbeit los, die Veränderung wirklich zu leben und in der Organisation zu festigen. Dieser Prozess ist notwendig, damit der Fortschritt im oft mehrjährigen Veränderungsprojekt nicht zu schnell verpufft, sondern immanent in der Organisation wirkt.

Unternehmensinterne Beurteilungs- und Kontrollprozesse sind notwendig, um die Wertkonformität im Unternehmen sicher zu stellen. Die Etablierung eines neuen Kompensationsmodells sichert dabei die entsprechende Grundlage. Die Ausprägung der gewollten Fähigkeiten wird durch geeignete Kompensationsmodelle verstärkt. Durch Kopplung einer leistungsabhängigen Vergütungskomponente an die Ziele, werden die betreffenden Verhaltensweisen unterstützt. Zugleich werden damit die Mechanismen der Personalinstrumente überprüft und ihre Gültigkeit auf die Probe gestellt. Je mehr Mitarbeiter an dem neuen Kompensationsmodell beteiligt werden, desto besser kann sich die neue Kultur in der Organisation verankern. Das neue Kompensationsmodell wird mit der umgestellten Zielpyramide abgestimmt. Mitarbeiterprofile und Rollen fließen dazu ein. Damit ist ein umfangreiches Instrumentarium geschaffen, um die Verankerung der neuen Organisationskultur zu stützen.

Überblick über die Praxisbeispiele

Zusammenschluss von Siemens COM Carrier und Nokia Siemens Networks

Bosco Novák, Vorstand Nokia Siemens Networks

Die Globalisierung der Telekommunikationsindustrie und die zunehmenden Entwicklungskosten für neue Technologien wie UMTS führten im Jahr 2004 zu dem Beginn einer großen Konsolidierungsphase. Im Rahmen dieses globalen Trends schlossen sich 2006 dann auch Siemens COM Carrier und Nokia Networks zu Nokia Siemens Networks zusammen.

Sowohl eine straffe und stringente Projektplanung als auch zugrunde gelegte Erfahrungen erfolgreicher Unternehmenszusammenschlüsse, ermöglichten am 1. April 2007 den Auftritt von NSN als neues Unternehmen im Markt. Mitarbeiter und Umwelt wurden informiert, begeistert und involviert. Wichtige Meilensteine wurden gefeiert und damit der Erfolg der Transformation sichtbar gemacht, wie zum Beispiel die Darstellung von NSN auf der wichtigsten Telekommunikationsmesse. Außerdem gelang es NSN im Mai 2007 alle Mitarbeiter in eine unternehmensweite Diskussion der Unternehmenswerte einzubeziehen.

Durch monatliche Pulse Surveys[2] stellte NSN sicher, dass Fehlentscheidungen und Abweichungen vom Weg schnell erkannt wurden. Der positive Trend der Pulse Surveys bestätigte das Unternehmen in seiner Integrationsarbeit.

Als erfolgreich erwies sich ebenso die bewusste Berücksichtung der Wertediskussion bei der Führungskräfteauswahl. Die nominierten Manager entsprachen dem zukünftigen Werteprofil und standen bereits zu Anfang für die angestrebte Unternehmenskultur. Letztendlich liegt eine nachhaltige Veränderung auf den Schultern der Führungskräfte. Je übereinstimmender ihr Aktionsradius ist, desto besser können sie der Geschäftsstrategie entsprechend handeln.

Typische Schwächen im Veränderungsprozess wurden in der globalen Mitarbeiterbefragung im Mai 2008 sichtbar. Das mittlere Management zog noch nicht richtig mit. „Egal wie viel man kommuniziert, es ist immer zu wenig". Außerdem fiel es Mitarbeitern mit längerer Nokia- oder Siemens-Vergangenheit schwerer loszulassen. Die Integrationsarbeit setzte sich nun mit der konsequenten Verankerung der Unternehmenswerte fort.

Von der Behörde zum Wirtschaftsunternehmen – Die Transformation der DB Netz AG

Dr. Volker Kefer, Vorsitzender des Vorstands der DB Netz AG

Der DB Konzern hat vier Megatrends identifiziert, die sich auch auf die DB Netz AG auswirkten: Globalisierung, Demographische Entwicklung, Klimawandel und Ressourcenverknappung sowie Deregulierung. Im Mai 2006 startete damit die DB Netz AG in die Analysephase ihres Transformationsprozesses.

Die DB Netz AG hat auf einen dynamischen Auftakt gesetzt, damit die Veränderung nicht mehr aufzuhalten ist. Die aktive, gestaltende Rolle des gesamten Vorstands der DB Netz AG vermittelte in den Ressorts den dringlichen Handlungsbedarf. Die neue Vision war das tragende Element der Veränderung: „Schaffung einer verlässlichen, bezahlbaren und attraktiven Infrastruktur, auf der möglichst viele Züge bei möglichst guter Pünktlichkeit fahren". Eine ganzheitliche Betrachtungsweise des Infrastrukturunternehmens zeigte sich in dem abgeleiteten Masterplan.

Ein kleines Masterplan-Experten-Team von 15 Leuten, das ressortübergreifend aus der Zentrale und den Regionalbereichen kam, hielt dieses Tempo aufrecht. Die mit den neuen Unternehmenswerten abgestimmte Kompetenz des Veränderungsteams zahlte sich aus. Gute kommunikative Fähigkeiten und Netzwerkfähigkeiten

---

[2] Ein Pulse Survey ist eine Befragung, um das Klima einer Organisation zu erfassen. Die Befragung wird unter den Mitarbeitern der Organisation alle sechs Monate durchgeführt, um Trends zu erfassen, wie die Mitarbeiter ihre Organisation wahrnehmen. Der Begriff „Pulse" kommt aus dem klinischen Bereich und misst den Herzschlag. Der organisationale Puls kann wie der Herzschlag gemessen und graphisch dargestellt werden.

erleichterten die Arbeit im Team und die Kommunikation mit Mitarbeitern der Linienorganisation. Die Werte Mut, Leidenschaft und Neugier stellten sich schnell als Triebfedern für den Veränderungsprozess heraus.

Schnelle Umsetzungserfolge haben eine enorm motivierende und nachhaltige Wirkung für den Veränderungsprozess. Insbesondere die Erreichung wirtschaftlicher Tragfähigkeit in 2007 zeigte allen Beteiligten, dass sich die Suche nach Verbesserungen und Optimierungen gelohnt hat.

Zur Prüfung und Nachsteuerung im Veränderungsprozess wurde ein „Umsetzungsmonitor" eingesetzt. Der Umsetzungsmonitor ist ein Instrument, bei dem die „ProNetz"-Ziele mit Kennzahlen verknüpft und der Erfolg des regionalen Geschäftsverlaufes messbar wird.

2008 stand im Zeichen der Stabilisierung und der Nachhaltigkeit des Veränderungsprozesses. Die Überführung der abgearbeiteten Projekte in die Linienorganisation wurde in Angriff genommen.

Als Zwischenbilanz steht fest: Es ist vieles getan, es hat vieles funktioniert, es ist aber auch noch sehr viel zu tun. Nach einer Phase der Innenorientierung muss sich nun der Fokus nach außen richten, hin zu Kunden und Stakeholdern. Die DB Netz AG hat außerdem die Notwendigkeit und den Nutzen technologischer Weiterentwicklung erkannt und treibt nun den technologischen Fortschritt an. Es wird erwartet, dass der Veränderungsprozess noch weitere zweieinhalb Jahre anhalten wird. Die Voraussetzungen für eine nachhaltige Veränderung wurden geschaffen, nun geht es darum, sie umzusetzen.

Früher, individueller, wirksamer – Die Transformation des Sozialstaates im 21. Jahrhundert

Matthias Platzeck, Ministerpräsident des Landes Brandenburg

Das Wichtige in Zeiten offensichtlicher gesellschaftlicher und ökonomischer Umbrüche ist die Frage, mit welchen programmatischen Antworten die Sozialdemokratie auf die umfassende Veränderung reagieren muss. Benötigt wird ein „vorsorgender Sozialstaat", denn wirtschaftlicher Erfolg setzt Soziales voraus und umgekehrt. Die Veränderung verlangt Werte und Prinzipien, um Stabilität zu schaffen, aber auch die Fähigkeit zum Fortschritt und den Mut zu neuen Lösungen. Der Sozialstaat kann nur insofern bestehen, als dass er diese Werte, Prinzipien und Ziele des 21. Jahrhunderts durchsetzt. Die Herausforderung steht bevor, diese Werte in der Kultur Deutschlands fest zu verankern.

Die Leitideen der Sozialdemokratie wie Freiheit, Gerechtigkeit und Solidarität, Emanzipation und Fortschritt stehen verstärkt in Bedrängnis, wenn Menschen das Gefühl haben, dass ihnen die Probleme über den Kopf wachsen. Gerade aber wenn die Herausforderungen so groß sind, braucht unsere Gesellschaft umso dringender diese Werte und Prinzipien als „Leitplanken". Helmut Schmidt beschreibt den Sozialstaat völlig zutreffend als „die größte kulturelle Leistung, welche die Europäer während des ansonsten schrecklichen 20. Jahrhunderts zustande gebracht haben". Der Sozialstaat ist eine der wichtigsten Säulen, die unsere Gesellschaft in ihrem Wandel stützen und zusammenhalten kann.

Umdenken ist in diesem Zusammenhang wichtig – was in Deutschland noch nicht vollzogen ist. Die Bildungsinvestitionen sind relativ zum Inlandsprodukt gesunken. Es droht ein Mangel an Fachkräften. Deutschland braucht mehr Menschen mit guter Qualifikation und deshalb auch mehr Studierende. Die Bedingungen unserer Zeit heißen Wissensgesellschaft, Globalisierung, demografische Schrumpfung. Wenn nicht frühzeitig in Bildung investiert wird, hat das eine Reihe negativer Konsequenzen für viele Einwohner Deutschlands. Der Sozialstaat ist gefordert, seinen praktischen Nutzen für große Mehrheiten der Menschen erkennbar zu machen.

Die deutsche Sozialdemokratie hat bereits erkannt, dass der Sozialstaat ein integriertes Wirtschafts- und Sozialmodell ist. Eine erfolgreiche Transformation hat hier bereits stattgefunden: dies ist im Grundsatzprogramm klar und deutlich verankert. Den vorsorgenden Sozialstaat in die Praxis umzusetzen, wird die eigentliche Transformation sein, an der konsequent gearbeitet werden muss.

Zusammenschluss von Siemens COM Carrier und Nokia Siemens Networks

Bosco Novák, Vorstand Nokia Siemens Networks

London, 16. Juni 2006

In den Büroräumen einer großen Kanzlei in den Docklands stehen zwei Gruppen von Managern zusammen. Beide Gruppen stehen in den gegenüberliegenden Ecken eines Konferenzraumes. Es gibt keinen Augenkontakt, bisweilen wird ein kurzer Blick hinüber geworfen. Die Stimmen sind gedämpft, es wird Banales diskutiert, dabei wird kurz, nervös gelacht.

An diesem Freitag Morgen treffen sich zum ersten Mal die erweiterten Geschäftsführungen von Siemens COM Carrier und Nokia Networks, um die Ergebnisse monatelanger Verhandlungen zu besprechen und um die ersten konkreten Schritte für den bevorstehenden Merger zwischen beiden Geschäftsbereichen abzustimmen.

Tatsächlich werden drei Tage später, am Montag, 19. Juni, Kapitalmarkt und Industrie über den vereinbarten Zusammenschluss informiert. In Frankfurt stellen sich Klaus Kleinfeld, Vorstandsvorsitzender der Siemens AG, und Olli-Pekka Kallasvuo, CEO der Nokia Oyj, vor die Presse und verkünden die Geburt eines neuen 16 Milliarden schweren Riesen in der Telekommunikationsbranche – mit der klaren Zielsetzung, in den nächsten Jahren unangefochtene Nummer 1 im Markt zu werden.

Die Logik des Zusammenschlusses ist jedem Industriekenner klar. Im hart umkämpften Telekommunikationsmarkt können die notwendigen Forschungs- und Entwicklungsaufwendungen nur noch bei entsprechender Unternehmensgröße und Marktdurchdringung investiert werden. Durch den Merger wird das neue Unternehmen, Nokia Siemens Networks, – oder intern NSN – mit 2,5 Milliarden Euro Entwicklungsaufwendungen zu den 50 größten Forschungsunternehmen der Welt gehören und mit der globalen Vertriebsorganisation in weit über 100 Ländern präsent sein. Der Zusammenschluss bringt Synergiepotential von 1,5 Milliarden Euro, dabei wird mit einer Reduzierung der Mitarbeiterzahl um 10–15 Prozent gerechnet, das heißt um zirka 9 000 Mitarbeiter. Als Starttermin (Day-1) für NSN wird der 1. Januar 2007 bestimmt.

1991-2006

Um die Ereignisse 2006 zu verstehen, ist es notwendig, sich die Dynamik in der Telekommunikationsindustrie in den vorhergegangenen 15 Jahren anzuschauen. Kaum eine Branche hat in so kurzer Zeit eine solch dramatische Entwicklung vollzogen.

Dies wird am besten deutlich, wenn man das Konsumverhalten betrachtet. Aussagen wie „Halt Dich kurz, Du weißt doch, wie viel ein Telefonat kostet" waren Anfang der 90er Jahre noch üblich. Durch die Liberalisierung der Telekommärkte, neue Technologien, wie beispielsweise Internettelefonie und radikal reduzierte Tarifstrukturen, wie Flatrateangebote, sind die Kosten für den Endverbraucher inzwischen auf ein Zehntel gesunken. Als seinerzeit D1 und D2 im Sommer 1991 ihre Mobilfunknetze öffnen, ist das Telefonieren mit Mobiltelefonen ausschließlich ein Privileg für einzelne Geschäftsleute sowie für eine kleine privilegierte Gruppe in den Industrienationen. 15 Jahre später sind mehr als 2,5 Milliarden Menschen an das globale Telefonnetz angeschlossen. In Indien und China gibt es Zuwachsraten von 2 Millionen Teilnehmern in den Mobilfunknetzen – monatlich! Die Verbindung über neue Internetdienste ermöglicht, dass die Welt zunehmend globaler wird; Informationen und Wissen sind überall verfügbar und dabei zu geringen Kosten. Neue Geschäftsmodelle sind entstanden. Länder wie Indien sind Innovationsführer in der Internet-Dienstleistungsindustrie geworden. Die Breitbandstudie von Nokia Siemens Networks belegt, dass auch in Deutschland die Schaffung von zehn zusätzlichen Breitbandanschlüssen pro 100 Einwohnern das Bruttosozialprodukt um 20 Milliarden Dollar anwachsen ließe. Telekomdienstleistungen sind Voraussetzung für weitere Investitionen in andere produzierende Gewerbe.

Diese Entwicklung bewirkt gleichzeitig eine Veränderung der Telekomunternehmen. Nationale Unternehmen wie Britisch Telecom oder die Deutsche Telekom sehen sich lokalem Wettbewerb gegenüber und fangen an, ihrerseits in anderen Ländern zu investieren. Neue Unternehmen wie Vodafone oder America Movile entwickeln sich zu Marktführern. Orascom, ursprünglich ein ägyptisches Telekommunikationsunternehmen, besitzt Geschäftstätigkeiten in Nordafrika, dem Nahen Osten, Asien, aber auch in Italien und in Griechenland. Bharti, einer der führenden Dienstleister in Indien, betreibt ein Telekommunikationsnetz auf Guernsey und Jersey im Ärmelkanal.

Parallel dazu finden mehrere Konsolidierungsrunden der Technologielieferanten statt. Die deutsche Telekommunikationsindustrie der 90er Jahre mit bekannten Firmen wie Siemens, Bosch, DeTeWe, Krone, Hagenuk oder SEL wird durch Akquisitionen oder Verdrängungswettbewerb stark reduziert. Auch europäische Spieler wie Plessey in England, Matra in Frankreich oder Marconi in Italien verschwinden. Die Globalisierung der Industrie, zunehmende Entwicklungskosten für Technologien, wie UMTS sowie der Markteintritt chinesischer Wettbewerber verursachen einen Preisverfall, der entweder durch entsprechende Unternehmensgröße oder aber durch die Konzentration auf einen Nischenbereich kompensiert werden kann. Selbst die verbleibenden größten Telekommunikationsunternehmen, wie Ericsson oder Siemens, sind 2002/2003 gezwungen, massive Kosteneinsparungsprogramme durchzuführen. Alle Unternehmen fangen 2004 an, sich strategisch neu zu positionieren und einer Periode der Orientierung und Sondierung folgt dann 2006 die allseits erwartete nächste Phase der Konsolidierung: Mit Ericsson, Alcatel/Lucent und Nokia Siemens Networks entstehen drei global agierende Firmen, die jeweils doppelt so groß sind, wie die verbleibenden Unternehmen in der Industrie.

Integrationsaktivitäten seit Juli 2006

Das NSN Integration Steering Board (ISB) besteht aus 6 Mitgliedern, den so genannten zukünftigen 4 C's, d.h. CEO (Chief Executive Officer), CFO (Chief Financial Officer), CMO (Marketing und Sales), COO (Technologie, Produkte, Produktion), dem designierten Personalvorstand und dem Integrationsmanager. Drei Manager kommen von Siemens, die anderen drei von Nokia. Da es sich um ein 50/50 Joint Venture handelt, ist Parität in den ersten Monaten der Integrationsarbeit ein wichtiger Aspekt. Es bedarf später einer expliziten Diskussion und transparenten Entscheidung, dass Kompetenz, Eignung und Persönlichkeit bei Personalentscheidungen die wesentliche Rolle spielen und nicht die Firmenherkunft. Vier der sechs ISB Mitglieder haben direkt nach Bekanntgabe des Zusammenschlusses ihre bisherige Funktionen aufgegeben und arbeiten zu 100 Prozent an der Integration. Es stellt sich im Laufe des Jahres heraus, dass diese Maßnahme tatsächlich wesentlich für den Erfolg und die Geschwindigkeit der Integration sein wird.

Das ISB trifft sich zweimal pro Woche, um das Integrationsprojekt zu gestalten und um die zukünftige Ausrichtung von Nokia Siemens Networks zu beschließen. Die anfängliche Euphorie ist der Ernüchterung hinsichtlich der Größe der Herausforderung gewichen; ebenso beginnt die Last der Verantwortung zu wirken. Die Ankündigung des Joint Ventures war von allen Beteiligten positiv aufgenommen worden, von Kunden, Mitarbeitern und Analysten. Aber jedem positiven Kommentar folgte immer sofort der warnende Hinweis, dass zwei Drittel aller Joint Ventures nicht die Erwartungen erfüllen und dass viele Fusionen die ersten Jahre nicht überstehen. Dies wird auch durch jene Beratungsfirmen bekräftigt, die sich um das Mandat der Integration bemühen. Hauptursachen des Scheiterns eines Mergers seien vor allem Schwächen bei der Zusammenführung der Unternehmenskulturen und insbesondere der Verlust des Kundenfokus. Konsequenterweise kündigt Ericsson in der schwedischen Presse an, in den kommenden Monaten aggressiv neue Kunden akquirieren zu können, da sowohl Alcatel/Lucent als auch Nokia Siemens Networks mit der jeweiligen Integration beschäftigt sein werden.

Um die Integration sicherzustellen, wird ein breit angelegtes Integrationsprojekt mit Hilfe zweier Unternehmensberatungen aufgesetzt. Dabei wird auf die Erfahrung erfolgreicher Unternehmenszusammenschlüsse gebaut und eine straffe und stringente Projektplanung eingeführt. Eine der ersten Prioritäten ist die Auswahl eines CIO (Chief Information Officer), der dann sehr schnell siebtes Mitglied des ISB wird. Das Integrationsprojekt beinhaltet alle klassischen Unternehmensfunktionen; jeder Bereich wird im „1+1" Konzept von einer Doppelspitze geführt, d.h. jeweils eine Führungskraft von Siemens und von Nokia führen die Bereiche gemeinsam. Das ISB bestimmt die jeweiligen Führungskräfte gemeinsam, dabei werden die soziale Kompetenz und das Integrationsvermögen genauso wie die fachliche Kompetenz bewertet. Eine zusätzliche Komplexität besteht darin, dass sowohl Nokia Networks als auch Siemens COM Carrier keine eigenständigen Firmen sind, sondern große Geschäftsbereiche des jeweiligen Mutterkonzerns. Daher müssen zusätzlich zwei so genannte „Carve Out" Projekte[1] etabliert werden, welche die legale und wirtschaftliche Separierung der Unternehmenseinheiten durchführen, bevor dann die Verschmelzung stattfinden kann.

Der Zeitplan ist sehr herausfordernd und entsprechend ist eine klare Priorisierung der Aktivitäten nötig, welche vor Day-1 unbedingt vollendet sein müssen. Aufgrund der Ereignisse rund um den Siemens Bestechungsskandal wird schließlich der Zusammenschluss um drei Monate auf den 1. April 2007 verschoben. Diese Verzögerung erlaubt zwar einerseits mehr Vorbereitungszeit bei der Integrationsplanung, andererseits verursacht die Verschiebung jedoch Unsicherheit und Komplexität.

In diesen Tagen werden die wesentlichen Entscheidungen für die nächsten Jahre getroffen. Die Diskussion im ISB dreht sich um drei Hauptfragen:

- „Wie stellen wir den Kundenfokus sicher und verhindern, dass beide Geschäftsbereiche sich bis Day-1 nur noch intern orientieren?"
- „Synergien in Höhe von 1,5 Milliarden Euro sollen realisiert werden. Welches Potential haben wir in welchen Bereichen und wie stellen wir uns auf, um diese Synergien tatsächlich zu realisieren?"
- „Wie ist die zukünftige Geschäftsausrichtung von NSN und welche Auswirkungen hat dies auf das Portfolio, Vertriebskanäle und die Organisationsstruktur?"

Es sind insgesamt fünf Themen, die sich wie rote Fäden durch den Gestaltungsprozess von NSN ziehen und welche der derzeitigen Unternehmensstruktur zugrunde liegen:

- Customer Focus (Kundenorientierung),
- Values (Gemeinsame Unternehmenskultur),
- Synergy Capture (Kostenoptimierung),
- Globally Integrated Enterprise (Globale Unternehmensprozesse),
- Solutions Company (Lösung- und Dienstleistungsgeschäft).

Die Phase der Integrationsplanung vom Herbst 2006 bis zum Frühjahr 2007 wird heute von den direkt Beteiligten als die intensivste Erfahrung ihres Berufslebens beschrieben. Die Vielfalt und Masse an Entscheidungen ist überwältigend.

---

[1] Carve Out bedeutet die Ausgliederung oder die Trennung von einer Tochtergesellschaft bzw. von Unternehmensteilen.

Zwei unterschiedliche Organisationsformen müssen in eine neue Organisation verändert werden. Sowohl die Managementstrukturen als auch die legale Aufstellung in über 100 Ländern wird verändert. Hunderte von Führungskräften über alle Ebenen werden ausgewählt. Die Produkt-Portfolioentscheidungen werden vorbereitet. Diese haben eine besonders hohe Brisanz aufgrund des direkten Einflusses auf die existierenden Kunden, aber natürlich auch wegen der Auswirkung auf die Tätigkeit der Mitarbeiter.

Ein großer Teil der Integrationsarbeit betrifft die Day-1 Readiness. Es gibt einen umfangreichen Katalog an Aktivitäten, die vor dem offiziellen Unternehmensstart erfolgreich durchgeführt werden müssen. Die klare Struktur des Integrationsprojekts, ein konsequentes Reporting, kontinuierliches Nachsteuern, aber insbesondere die Qualität und der persönliche Einsatz der Mitarbeiter im Integrationsprojekt ermöglichen, dass am 1. April 2007 Nokia Siemens Networks als neues Unternehmen im Markt auftritt, auch liebevoll genannt: „Ein Start-up mit 60 000 Mitarbeitern".

Ein Kernbereich des Integrationsprojektes ist die Schaffung einer eigenen Identität. Wenn zwei Drittel aller Merger hauptsächlich an dem Mangel einer gemeinsamen Unternehmenskultur scheitern, dann muss die Unternehmenskultur von Anfang an priorisiert werden, so die übereinstimmende Überzeugung im ISB. Diese Aspekte sind in allen Bereichen der Integration zu sehen: beim Organisationsdesign, in der Führungskräfteauswahl, in der Prozessbeschreibung und bei der Implementierung der ersten Unternehmensrichtlinien.

Values (Gemeinsame Unternehmenskultur)

Nokia und Siemens sind zwei Urgesteine der europäischen Industrie und sind Ikonen der finnischen beziehungsweise deutschen Industrie. Beide Unternehmen haben ausgeprägte Unternehmenskulturen, welche über Jahrzehnte gewachsen sind. Es war von Anfang an klar, dass Nokia Siemens Networks nur dann als Unternehmen zusammenwachsen kann, wenn es gelingt, eine eigene Identität zu schaffen und sich damit von den beiden Eigentümern zu emanzipieren.

Auch wenn im ISB kein Zweifel existiert, dass die Definition von Unternehmenswerten Priorität hat, so gibt es doch bei den Mitarbeitern viele Zweifel und deutliche Kritik. Insbesondere die Tatsache, dass die zukünftige Unternehmensleitung offen eine beträchtliche Restrukturierung angekündigt hat, wird kontrovers diskutiert. „Wie kann man über Unternehmenswerte und eine gemeinsame Kultur sprechen, wenn gleichzeitig angekündigt wird, dass 9 000 Kollegen das Unternehmen verlassen müssen?"

Die erste Phase der Erarbeitung der Unternehmenswerte beginnt bereits im Sommer 2006, dass heißt etliche Monate vor dem Start von Nokia Siemens Networks. Nach zwei weiteren Phasen werden im Herbst 2007 die Nokia Siemens Networks Unternehmenswerte (Values) eingeführt. Es wird noch einige Jahre brauchen, bis die neue Firmenkultur unternehmensweit verankert sein wird (Abb. 15).

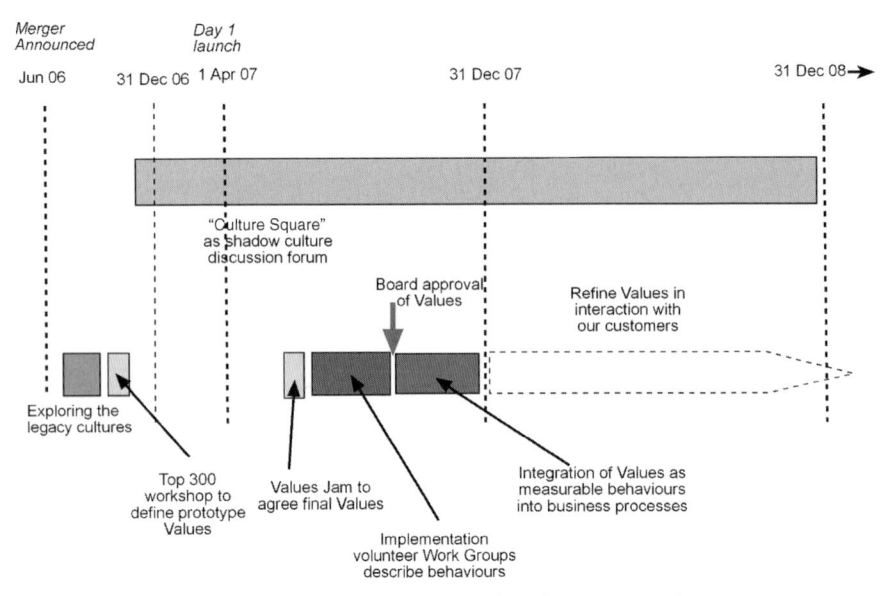

Abb. 15 Zeitplan und Aktivitäten zur Fusion von Nokia Siemens Networks

In der ersten Phase geht es darum zu verstehen, welche Werte in den beiden existierenden Unternehmen bestehen. Nur so ist es möglich, die Unterschiede zu erkennen und dies als Basis für die eigene Unternehmenskultur zu nehmen. Unabhängig voneinander wird jeweils ein Team aus Nokia- und Siemens-Mitarbeitern gebeten, die eigene Unternehmenskultur zu beschreiben sowie Stärken und Schwächen herauszuarbeiten. Mithilfe von Soziologen wird dies graphisch dargestellt.

Die Nokia Kultur wird als agil und dynamisch beschrieben. Teamwork und Flexibilität stehen im Vordergrund. Strukturen und Organisationen haben wenig Bedeutung und verändern sich dynamisch. Die Atmosphäre hat etwas Spielerisches. Die Mitarbeiter beschreiben, dass sich dies in schwierigen Zeiten auch negativ auswirken kann. Fehlende Strukturen, mangelnde Orientierung und Individualismus sind einige der negativen Aspekte, die der Nokia Kultur zugeschrieben werden.

Als Stärke der Siemenskultur wird ebenfalls die starke Teamorientierung genannt, verbunden mit klaren Strukturen und einer strategischen Ausrichtung durch die Unternehmensführung. Organisationen und Prozesse sind klar definiert und arbeiten reibungslos zusammen. Diese gemeinsame Ausrichtung gibt Stärke und Marktmacht. In schwierigen Zeiten kann jedoch die klare Linie fehlen. Es entstehen Reibungsverluste und die strategische Richtung verschwindet. Der Kundenfokus nimmt ab und interne Prozesse überwiegen.

Insbesondere die graphischen Darstellungen beider Unternehmenskulturen erzeugen viel Gesprächsstoff und bilden im Herbst 2006 die Grundlage für die zweite Phase: Die Bestimmung der „cultural direction". Es ist klar, dass es noch einige Zeit dauern würde, bis die Unternehmenswerte definiert sein würden. Es stehen jedoch schon unmittelbar viele Entscheidungen an, welche die Existenz einer kulturellen Ausrichtung erfordern, wie beispielsweise die Nominierung der zukünftigen Führungskräfte. „Wie soll Mitarbeiterführung innerhalb von Nokia Siemens Networks aussehen?" „Welche Persönlichkeiten verkörpern die Identität von Nokia Siemens Networks am besten beim Kunden?" „Welche Verantwortung ordnen wir unseren Führungskräften zu?"

In einigen Workshops und dann auch in Intranet-Blogs diskutieren Führungskräfte und Mitarbeiter die Gemeinsamkeiten und Unterschiede dahingehend, was man von beiden Kulturen in Nokia Siemens Networks beibehalten sollte, was wegfallen kann, welche Gesichtspunkte verstärkt werden müssten und ob eventuell Aspekte fehlen. Der Prozess wird von einem kleinen Change Management Team begleitet. Es ist interessant zu beobachten, mit welchem Engagement sich die zukünftigen Nokia Siemens Networks Mitarbeiter an diesem Dialog beteiligen. Ende 2006 werden die Ergebnisse dem ISB vorgestellt und in den beiden immer noch getrennt existierenden Unternehmen kommuniziert.

Im Nachhinein lässt sich feststellen, dass in dieser Phase der Integration die bewusste Berücksichtigung der Wertediskussion bei der Führungskräfteauswahl die Integration beschleunigte, da die Nominierung der zukünftigen Manager auch in Hinblick auf die angestrebte Unternehmenskultur von Nokia Siemens Networks erfolgte. Die gleiche Konsequenz wurde jedoch nicht bei der Auswahl der Integrationsteams angewandt. Dies führt später dazu, dass einige der vorbereitenden Entscheidungen des Integrationsteams neu getroffen werden mussten.

In den folgenden Monaten erlebt NSN eine intensive Wertediskussion. Der „Culture Square" wird im Intranet als virtueller Marktplatz geschaffen, auf dem die Mitarbeiter intensiv miteinander diskutieren. Insbesondere die Frage „Was bedeutet Open Communication?" bestimmt die Intranetforen. Die Restrukturierungspläne werden konkretisiert, das erste Geschäftsquartal ist sehr enttäuschend und die Mitarbeiter gehen durch eine erste Tiefphase der Integration.

Im Monat nach Day-1 lädt Simon Beresford-Wylie, CEO von Nokia Siemens Networks, alle Mitarbeiter zum VALUES JAM ein. 72 Stunden lang haben alle Mitarbeiter die Möglichkeit online zusammen über die Nokia Siemens Networks Werte zu diskutieren. Über 15 000 Mitarbeiter nehmen dieses Angebot an und so diskutieren bald darauf der australische Serviceingenieur mit dem argentinischen Accountmanager über Respekt, Vertrauen, darüber wie innerhalb von Nokia Siemens Networks mit Fehlern umgegangen wird, über Knowledge Management und viele andere Themen. Interessante gruppendynamische Prozesse sind zu beobachten: sobald ein Mitglied des Executive Board in die Online-Diskussion einsteigt, konzentrieren sich die Diskussionsbeiträge in diesem Bereich. Im Durchschnitt gibt es zu jedem Blogeintrag zehn Folgebeiträge. Das Engagement und die Beitragsintensität übersteigen die Erwartungen bei weitem. Im Folgenden werden die Beiträge von über 100 freiwilligen Mitarbeitern ausgewertet und fließen in die endgültige Definition der Nokia Siemens Networks Unternehmenskultur ein.

Die fünf Unternehmenswerte Win Together, Inspire, Focus on Customer, Innvoate, Communicate Openly werden im November 2007 unternehmensweit eingeführt (Abb. 16).

Abb. 16 Die fünf Unternehmenswerte von Nokia Siemens Networks

Strategische Positionierung und Brand Identity

Der Unternehmensname „NokiaSiemensNetworks" baut bewusst auf der erfolgreichen Historie beider Eigentümer auf. Siemens und Nokia sind über Jahrzehnte bestimmende Akteure im globalen Telekommunikationsmarkt und das junge Joint Venture Nokia Siemens Networks hat die Möglichkeit, auf dieser positiven Grundlage aufzusetzen. Im Unternehmensverbund ergeben sich viele Ansätze, um attraktive Lösungen im Markt anzubieten, die über Nokia Siemens Networks hinausgehen, so zum Beispiel mit Siemens in großen Infrastrukturprojekten, bei denen Nokia Siemens Networks Teile der Kommunikationstechnik bereitstellt und natürlich mit Nokia über die direkte Verbindung der Telekommunikationsinfrastruktur mit den Endgeräten.

Die Erwartungshaltung an, aber auch der Anspruch der zukünftigen Unternehmensleitung ist, dass 1 plus 1 mehr als 2 sein werden. Die strategische Positionierung von Nokia Siemens Networks in einem sich schnell verändernden Markt steht daher sehr schnell im Fokus. Dies wird auch von den Kunden erwartet. Die Investitionen in ein Telekommunikationsnetz überschreiten oft die Milliardengrenze. So wie der Zusammenschluss auf Mitarbeiterseite sowohl Euphorie als auch Verunsicherung bewirkte, so sehen auch viele Netzbetreiber die Vorteile eines finanziell starken Technologiepartners, welcher über ein breites Portfolio verfügt, aber auch verbunden mit der gleichzeitigen Sorge, ob das Joint Venture auch stabil und erfolgreich im Kundeninteresse nach vorne arbeiten wird.

In der Integrationsplanung wird beschlossen, die weltweit wichtigste Telekommunikationsmesse, die 3GSM in Barcelona im Februar zum „Coming Out" von Nokia Siemens Networks zu nutzen. Dann soll die Unternehmensvision zum Telekommunikationsmarkt, die Unternehmensstrategie sowie Ausrichtung des Produktportfolios kommuniziert werden, dies alles mit eigenständigem Branding.

Der Dialog im ISB verändert sich ab Dezember zunehmend von operativen Integrationsthemen hin zu strategischen Szenariodiskussionen. Aufgrund vieler Kundengespräche ist es allen klar, dass der Bedarf an Telekommunikationsleistungen weiter rasant wachsen wird. Die Anzahl an Menschen weltweit, die Zugang zu Telekommunikationsnetzen haben, wird sich bis 2015 von 2,5 Milliarden auf fünf Milliarden verdoppeln. Hauptwachstumsländer werden China, Indien, Brasilien und Indonesien sein sowie die Wachstumsregionen im Nahen Osten und Afrika. Unabhängig davon wird das Internet seine globale Ausbreitung drastisch beschleunigen. Dies bedingt die Notwendigkeit, große Teile der globalen Telekommunikationsnetze auf neue Technologien umzurüsten. Dieses Wachstumsszenario wird jedoch einhergehen mit einem weiteren rapiden Preisverfall der Telekommunikationsleistungen und konsequenterweise auch der Preise für Telekommunikationsnetze. Die existierenden Rollen in der Wertschöpfungskette und die Beziehungen zwischen Inhaltsanbietern, Netzbetreibern und Technologiefirmen werden das Internet und seine Inhalte deutlich verändern. Bei allem notwendigen Fokus auf Kostenwettbewerbsfähigkeit bedeutet diese Entwicklung für NSN, in neue Geschäftsbereiche zu investieren, zum Beispiel im Servicebereich, der teilweise bisher von den Netzbetreibern selbst abgedeckt wurde (Abb. 17).

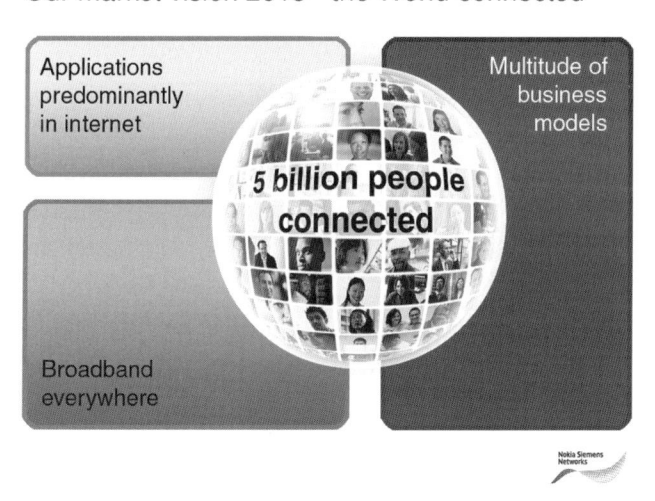

Abb. 17 Die Vision von Nokia Siemens Networks

Diese neue Positionierung von NSN kann mit den existierenden Markenwerten von Nokia Networks und Siemens COM Carrier nicht abgebildet werden. Die Attribute des neuen Unternehmens, die neue Ausrichtung und auch die neue Identität müssen über eine eigene Marke inhaltlich, visuell und emotional dargestellt werden. Obwohl zu diesem Zeitpunkt im Winter 2006 die tatsächliche Unternehmensintegration noch nicht begonnen hat, kann unmittelbar mitverfolgt werden, wie dieses Branding-Projekt zu einer sichtbaren Distanzierung der beteiligten

Nokia Siemens Networks Mitarbeiter von beiden Mutterkonzernen führt. Nokia Siemens Networks würde seine eigene Identität erhalten und bei aller Unterstützung und intensiven Beziehung zu sowohl Nokia als auch Siemens, wird NSN dann als eigenständiges Unternehmen agieren. Innovationskraft, Pragmatismus und starke Emotionen sollen den zukünftigen Auftritt von Nokia Siemens Networks im Markt beschreiben (Abb. 18).

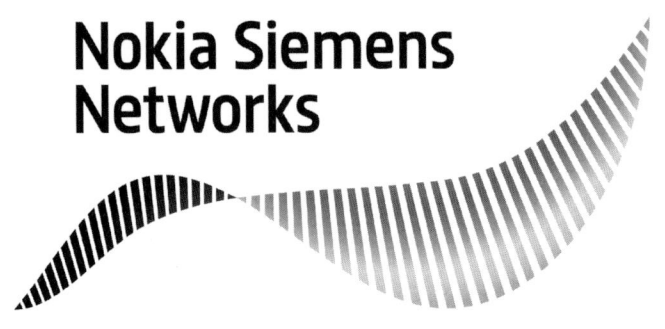

Abb. 18 Nokia Siemens Networks – das Logo

Unternehmenswerte und Markenpositionierung müssen in Harmonie miteinander sein. Viele Elemente der Unternehmensidentität werden durch die Mitarbeiter zum Kunden kommuniziert. Konsequenterweise gibt es eine enge Bindung zwischen Marketingaktivitäten, Change Management, Kommunikation und Gestaltung der gemeinsamen Firmenkultur (Abb. 19).

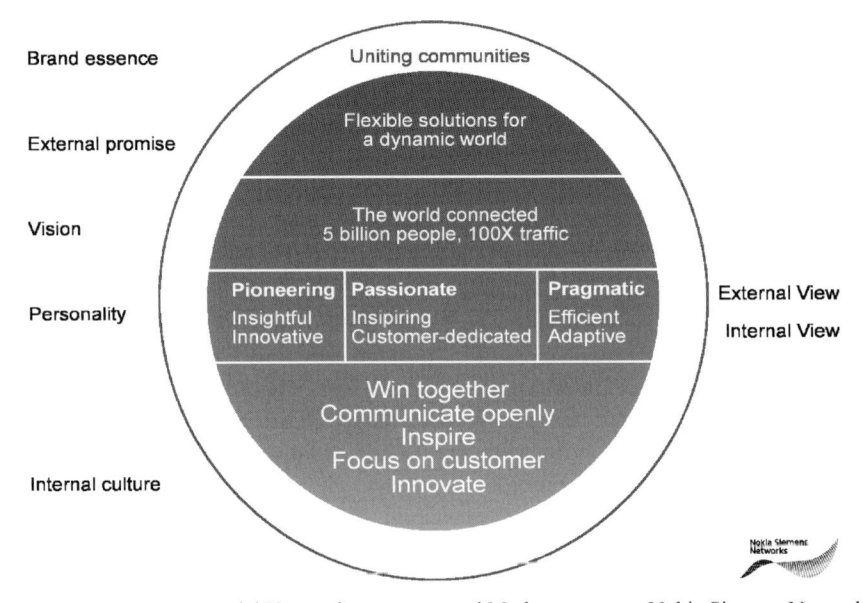

Abb. 19 Zusammenspiel Unternehmenswerte und Markenwerte von Nokia Siemens Networks

Change Management

So wirtschaftlich logisch oder sogar notwendig der Zusammenschluss von Nokia Networks und Siemens COM Carrier von den meisten Mitarbeitern gesehen wird, so emotional schwierig ist der tatsächliche Veränderungsprozess im ersten Jahr. Über Jahre hinweg sind beide Firmen im harten Wettbewerb der Telekommunikationsbranche gegeneinander angetreten; viele Mitarbeiter, insbesondere in Finnland und Deutschland, waren schon sehr lange im jeweiligen Unternehmen; Organisationsstrukturen, Vorgesetzten- und Mitarbeiterbeziehungen verändern sich; Karriereplanung und Zusagen der Unternehmen zur persönlichen Entwicklung sind über Nacht Makulatur.

Die Managementphrase „Egal, wie viel man kommuniziert, es ist immer zu wenig" trifft auch auf die Integration von Nokia Siemens Networks zu. Ein breit angelegtes Change Management-Programm „Creating a Winner" wird implementiert und 9 000 Führungskräfte setzen sich in Ein-Tages Workshops mit der neuen Nokia Siemens Networks Strategie, der neuen Organisationsstruktur und den Kernaspekten der Integration auseinander. Über 10 000 Mitarbeiter machen aktiv Gebrauch vom Change Leadership Portal. Culture Square, Values Wiki, Executive Blog sind einige der Aktivitäten, um allen Mitarbeitern die aktive Involvierung zu ermöglichen. Trotz all dieser Initiativen ist das Empfinden im Unternehmen, dass zu wenig in Change Management investiert wird (Abb. 20).

Our journey towards One NSN has engaged on multiple fronts

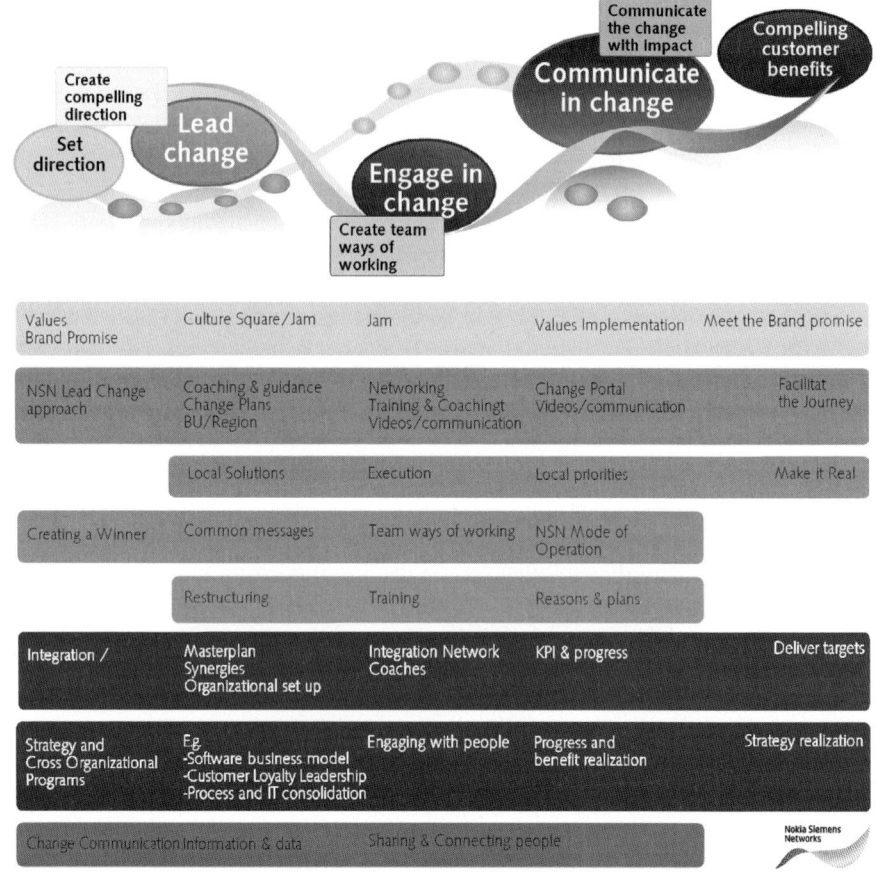

Abb. 20 Initiativen zur Fusion von Nokia Siemens Networks

Monatlich wird eine Mitarbeiterbefragung in Form eines Pulse Surveys durchgeführt. Das Feedback folgt fast klassisch den Emotionen großer Veränderungsprozesse. Besonders kritisch erweist sich dabei die Verschiebung des offiziellen Unternehmensstarts um drei Monate Anfang 2007. Alle Planungen und Kommunikationsmaßnahmen sind auf den 1. Januar 2007 ausgerichtet, als die Entscheidung bekannt gegeben wird, dass der Termin in das erste Quartal 2007, schließlich auf den 1. April, verschoben wird. Das Bild des 10 000 Meter-Läufers macht die Runde, der beim Zieldurchlauf gesagt bekommt, dass dies tatsächlich ein Marathon ist.

Bis zu diesem Zeitpunkt sind ungefähr 400 Führungskräfte für ihre zukünftige Position ausgewählt. Aufgrund operativer, aber auch legaler Gründe wird die weitere Detaillierung der Organisation und der Führungsstrukturen erst nach dem offiziellen Unternehmensstart möglich sein. Diese Verzögerung verursacht in den folgenden drei Monaten viel Frustration und Unsicherheit. Der erste gemeinsame

Auftritt bei der 3GSM im Februar in Barcelona hilft etwas. Zum ersten Mal kann NSN seine zukünftige Ausrichtung und die strategische Positionierung kommunizieren. Das Feedback von Kunden und Analysten ist positiv und wird bei den Mitarbeitern fast euphorisch aufgenommen. Jede externe positive Nachricht hilft, zusätzliche Energie freizusetzen.

Der offizielle Firmenstart am 1. April 2007 wird begleitet von vielen Aktivitäten. In allen Standorten sind Mitarbeiterveranstaltungen organisiert. Nach den drei Monaten Verzögerung beschreiben jedoch viele Mitarbeiter dies eher als einen Tag der Erlösung als einen Tag des Jubels.

Das globale Change Management-Programm besteht aus drei Themengebieten:

- „Lead myself",
- „Lead my team",
- „Lead my business".

Die Rolle der Führungskräfte als wichtigster Faktor für die erfolgreiche Gestaltung der Veränderungsprozesse steht dabei im Vordergrund. Interessanterweise empfinden es aber gerade die Führungskräfte von kleineren bis mittleren Teams als schwierig, ihre Mitarbeiter durch die Veränderungen zu führen, während sie selbst noch nicht genügend Klarheit hinsichtlich ihrer eigenen Person haben.

Im Mai 2008, dass heißt zwei Jahre nach der ersten Ankündigung von NSN und zirka ein Jahr nach dem offiziellen Unternehmensstart führt NSN die erste globale Mitarbeiterbefragung durch, an der sich annähernd 50 000 Mitarbeiter beteiligen. Das Feedback ist vielschichtig und entspricht im externen Benchmark anderen Unternehmen, die auch einen großen Transformationsprozess durchlaufen.

Zwei außergewöhnliche Beobachtungen kann man machen. Zum einen ist die kritischste Distanz im Bereich des mittleren Managements zu sehen. Wie zu erwarten, ist die Einstellung der höheren Führungskräfte sehr positiv. Diese positive Einstellung trifft man jedoch auch im gleichen Maße bei den 20 000 Mitarbeitern in der Produktion und im Servicebereich.

Zum anderen wird deutlich, dass das Engagement für NSN in direkter Abhängigkeit von den Berufsjahren in den ursprünglichen Firmen ist. Mitarbeiter, die erst in den vergangenen zwei Jahren zu NSN gekommen sind, geben ein deutlich besseres Feedback zu NSN und seiner Unternehmensstrategie und -kultur als Mitarbeiter, die vor NSN mehr als fünf Jahre schon bei Nokia oder Siemens waren. Oder in anderen Worten: Es ist schwierig, die Vergangenheit loszulassen.

Ende 2008

Unternehmensberater warnen davor, den Erfolg einer Integration zu früh zu verkünden. Dies führe nur dazu, dass viele wesentliche Aktivitäten nicht mit der notwendigen Konsequenz zu Ende geführt werden. Gleichzeitig erlebt Nokia Siemens Networks, dass zwei Jahre seit Ankündigung des Joint Ventures weder die Kunden noch die Mitarbeiter die Geduld haben, weiter über die Integration zu sprechen. Der Markt hat sich dynamisch weiterentwickelt und die Konsolidierung im Markt wird durch den Eintritt chinesischer Wettbewerber noch beschleunigt. Positionierung im täglichen Wettbewerb, profitables Wachstum und die Transformation zum Software- und Lösungsanbieter bestimmen nunmehr die Agenda der Unternehmensleitung.

Noch gibt es nicht in allen Bereichen ein einheitliches globales Nokia Siemens Networks. Umfangreiche Investitionen in die Führungskultur sind angelaufen, um die Unternehmenswerte konsistent im Gesamtbetrieb zu verankern. Regelmäßig durchgeführte Mitarbeiterbefragungen zeigen seit Monaten einen aufsteigenden Trend und die positive wirtschaftliche Unternehmensentwicklung des ersten Jahres bewirkt einen zusätzlichen Motivationsschub. Dieser Trend wird auch nicht durch die die allgemeine Finanz- und Wirtschaftskrise und die damit verbundene Veränderung der Lage der Telekommunikationsausrüster verändert. An der zweiten Mitarbeiterbefragung 2009 nehmen 89 Prozent der Mitarbeiter teil. Der sog. Engagement Index als Maß der Mitarbeiterzufriedenheit steigt um sieben Punkte auf 74,7 Prozent, ein Wert, mit dem Nokia Siemens Networks in der Spitzengruppe von Unternehmen liegt, die eine grundlegende Transformation erleben.

Von der Behörde zum Wirtschaftsunternehmen – Die Transformation der DB Netz AG

Dr. Volker Kefer, Vorsitzender des Vorstands der DB Netz AG

„Eisenbahnen, Riegel oder Schienenwege sind fahrbare Straßen mit festen Gleisen von Eisenschienen oder von mit Eisen beschlagenem Holz und Steinen, auf denen die Räder der Wagen laufen, wodurch der Widerstand, welchen sie auf gewöhnlichen Wegen am Umfange erleiden, so weit aufgehoben wird, dass beinahe nur die Reibung an der Achse noch zu überwinden bleibt und ihre Fortbewegung durchschnittlich wenigstens zehnfach erleichtert ist."
(Brockhaus Conversations-Lexikon, 1837)

Rollwiderstand

„… ihre Fortbewegung ist durchschnittlich wenigstens zehnfach erleichtert …", das mag für den Rollwiderstand eines Zuges auf der Schiene auch zu Beginn des 21. Jahrhunderts noch gelten – bei der Transformation des Eisenbahninfrastrukturunternehmens DB Netz AG war jedoch mit erheblich mehr Reibung zu rechnen.

Mit rund 34 000 Kilometern Betriebslänge und zirka 39 000 Zugfahrten täglich betreibt die DB Netz AG das größte Schienennetz in Europa und beschäftigt zusammen mit ihren Töchtern rund 45 000 Mitarbeiter. Ein Rad von dieser Größe weist eine enorme Trägheit auf und ist nicht so einfach zu bewegen.

Deshalb fühlten wir uns ein Stück weit wie die Pioniere beim Bau der ersten Eisenbahnstrecken, als wir im Jahr 2006 die Aufgabe in Angriff nahmen, die DB Netz AG in ein profitables Wirtschaftsunternehmen zu verwandeln.

Bei der Veränderung von großen Strukturen braucht es ausgehend von einem kleinen Kern von Akteuren einen relativ starken Impuls, denn nur mit einem starken und nachhaltigen Impuls lässt sich ein derart großes Rad in Bewegung bringen.

Als wir im Mai 2006 die Transformation der DB Netz AG in Angriff nahmen, waren wir überzeugt, dass wir das schaffen konnten, dass wir diesen Impuls setzen konnten.

Globale Transformationsprozesse und die DB Netz AG

So unvorhersehbar die Zukunft eines Marktes sein kann, einige Indikatoren der künftigen Entwicklung sind immer in der Gegenwart spürbar. Megatrends haben weit reichende Auswirkungen auf Unternehmen. Dadurch unterscheiden sie sich von einfachen Tendenzen, die von den Unternehmen in der Regel nur kurzzeitig eine erhöhte Aufmerksamkeit verlangen. Megatrends wirken über lange Zeiträume, werden weltweit wahrgenommen und induzieren globale Transformationsprozesse.

Auch die DB Netz AG spürt diese internationalen Transformationsprozesse. Alle aktuellen Prognosen für den Wachstumsmarkt „Verkehr" – seien sie nun für 2015 oder 2025 – deuten auf einschneidende Veränderungen hin.

Ausgehend davon hat der DB Konzern für sich vier maßgebliche Megatrends identifiziert, die sich auch auf die DB Netz AG auswirken:

- Globalisierung,
- Demographische Entwicklung,
- Klimawandel und Ressourcenverknappung,
- Deregulierung.

Durch die anhaltende Globalisierung haben sich die Warenströme stark verändert – die Zunahme des Transports von Gütern auf der Schiene und die verbesserte Anbindung der Seehäfen an das Schienennetz werden den Bedarf an qualitativ hochwertiger Infrastruktur erhöhen. Die Ansprüche an die Leistung der Infrastrukturunternehmen werden daher weiter steigen. Mehr Güter müssen trotz begrenzter Kapazitäten transportiert werden. Das Nachfragewachstum, 7 Prozent im Jahr 2007, wird sich trotz der aktuellen, globalen Wirtschaftskrise im Schienengüterverkehr grundsätzlich fortsetzen.

Nach Meinung von Experten wird die demographische Entwicklung insgesamt zu einem Bevölkerungsrückgang in Deutschland führen. Dennoch gehen die Prognosen von einer wachsenden und veränderten Nachfrage im Schienenpersonenverkehr aus. Zur Sicherung der Mobilität im Alter wird mit einer verstärkten Nachfrage insbesondere im Personennahverkehr gerechnet. Der Verkehr wird dabei überwiegend in und zwischen den Ballungszentren zunehmen, einzelne Strecken werden stark belastet.

Durch die insgesamt höhere Auslastung bei Güter- und Personenverkehr wird das Streckennetz außerordentlich beansprucht. Es müssen Wege gefunden werden, die Lebenszeitzyklen von Schienen und Weichen zu verlängern.

Der Klimawandel ist ein weiterer Megatrend mit nicht unbedeutenden Folgen für den Schienenverkehr der Zukunft. Stürme, Hochwasser und Extremwetterlagen werden häufiger Schäden an der Schieneninfrastruktur anrichten und Kosten verursachen. Zudem wird die prognostizierte Ressourcenverknappung nicht unerheblichen Einfluss auf die Entwicklung des Verkehrsmarktes nehmen. Die Erdölversorgungskrise, wie sie die Internationale Energieagentur (IEA) vorhersagt, wird die Preise für fossile Energieträger weiterhin steigen lassen. Ressourceneffizienz und die Suche nach alternativen Energien werden die Herausforderungen der Zukunft sein. Um die Folge von Emissionen für die Umwelt zu mildern, wird die Suche nach umweltfreundlichen Mobilitätslösungen noch dringlicher als heute. Wegen seiner günstigen CO_2-Bilanz ist der schienengebundene Verkehr eine attraktive Alternative zum Verkehr auf der Straße und in der Luft.

Deutschland – als großes, europäisches Transitland – wird von den Bestimmungen zur Marktöffnung im Schienenverkehr in besonderem Maße betroffen sein. Im öffentlichen Personenverkehr wird der europäische Markt sich öffnen. Die Liberalisierung im Schienengüterverkehr ist faktisch schon vollzogen. Grenzüberschreitende Verkehre werden weiter zunehmen und es wird mehr internationale, in Deutschland agierende Eisenbahnverkehrsunternehmen (EVU) geben.

Gleichzeitig besteht innerhalb Deutschlands ein anhaltend hohes Maß an Regulierung der Verkehrsleistungen. Alle öffentlichen Eisenbahninfrastrukturbetreiber unterliegen – unabhängig von ihrer Marktstellung – der Regulierung durch die Bundesnetzagentur (BNetzA). Diese Regulierung soll beispielsweise für eine höhere Effizienz bei der Bereitstellung der Trassen, ein ausgewogenes Preissystem und den diskriminierungsfreien Netzzugang sorgen. Hierfür wurde die Bundesnetzagentur mit umfangreichen Kontroll- und Eingriffsbefugnissen ausgestattet. Die Befugnisse der BNetzA gehen weit über die Rechte der Regulierer in anderen europäischen Ländern hinaus.

Diese sich abzeichnenden Veränderungen im Verkehrsmarkt und die Anforderungen von außen begründen den Bedarf an Transformation bei der DB Netz AG.

SPEED I

Alles, was am Anfang zählt, ist „Speed". Für eine lange Analysephase von einem Jahr oder länger ist keine Zeit. Das war uns im Mai 2006 zu Beginn des Transformationsprozesses für die DB Netz AG klar. Wenn die Bestandsaufnahme zu lange dauert, hört niemand im Unternehmen mehr zu, wenn der Veränderungsprozess endlich startet. Der Spannungsbogen bricht zusammen und der Impuls der Veränderungen verläuft im Sand. Wenn es aber gelingt, das Rad schnell in Bewegung zu bringen, dann läuft es mit einer eigenen Dynamik und lässt sich nicht mehr so schnell aufhalten.

Wir wollten schnell sein, also hatten wir keine Zeit, das Geschäft der DB Netz AG deduktiv in seiner vollen Breite und in jeder Einzelheit zu analysieren und daraus abzuleiten, welche Veränderungen möglich und erforderlich sind. Wir hatten nur die Chance, in einer von Hypothesen getriebenen Analyse, heraus zu finden, wie das Geschäft „tickt" und dann zu handeln.

Für das Aufstellen der Hypothesen gaben wir uns sechs Wochen. In dieser Zeit wollten wir durch das Unternehmen marschieren und Verdachtsmomente sammeln – für das, wo sich die Netz AG umstellen sollte und für das, was man besser machen könnte.

Erst danach wollten wir die aufgestellten Hypothesen von einem Experten-Team durch gezielte Analyse überprüfen und bestätigen oder verwerfen lassen.

In der Regel beträgt die Quote bei diesem Ansatz 80:20, das heißt, 80 Prozent der auf diese Weise aufgestellten Hypothesen erweisen sich als richtig und 20 Prozent erweisen sich als falsch oder bringen nicht viel.

Das ist keine schlechte Quote, aber das wichtigste bei dieser Methode ist die Geschwindigkeit. Sobald die Hypothesen stehen und sich in der gezielten Analyse als richtig erweisen, sind die Ansätze für den Veränderungsprozess klar – damit ist man „in medias res" ohne lange Untersuchungsphasen.

Die DB Netz AG in Zahlen

Die Eckdaten verdeutlichen, wie komplex das Geschäft der DB Netz AG ist. Mit rund 34 000 Kilometern Betriebslänge ist das Schienennetz der Deutschen Bahn AG das umfangreichste in Europa. Die DB Netz AG betreibt dieses Streckennetz und sichert rund 350 zugelassenen Eisenbahnverkehrsunternehmen den diskriminierungsfreien Trassenzugang. Die Nutzungsbedingungen sind in Regelwerken festgeschrieben, die in gleicher Weise für alle Eisenbahnverkehrsunternehmen intern wie extern gelten. Auch die Trassen- und Anlagenpreise sind für alle gleich, allerdings werden aktuell lärmabhängige Trassenpreise in der Öffentlichkeit diskutiert.

Die Hauptaufgaben der DB Netz AG bestehen im Neu- und Ausbau der Infrastruktur, dem Erhalt und der Pflege des bestehenden Schienennetzes und der Leit- und Sicherungstechnik (LST). Als Infrastrukturbetreiber führt die DB Netz AG auch den Betrieb durch.

Der Neu- und Ausbau der Infrastruktur folgt der Priorisierung des Bundesverkehrswegeplans. Hierfür werden derzeit mehr als 1,3 Mrd. Euro jährlich ausgegeben. Für den Erhalt des Bestandsnetzes stehen mehr als 3 Mrd. Euro pro Jahr zur Verfügung. Die betreffende Infrastruktur ist äußerst heterogen: Eine Gesamtgleislänge von 63 000 km – Überleitungen, Abstell- und Rangiergleise eingeschlossen – muss gewartet und instand gehalten werden. Rund 71 000 Weichen und Kreuzungen, 800 Tunnel, ungefähr 27 000 Eisenbrücken, 4 500 Stellwerke und 19 000 Bahnübergänge müssen regelmäßig auf ihre Sicherheit überprüft, wiederhergestellt oder erneuert werden. Zu den umfangreichen Anlagen kommt eine Vielfalt in den technischen Systemen mit großen Unterschieden in der Produktlebenszeit.

Als Betreiber der Infrastruktur verantwortet die DB Netz AG auch die Gestaltung des Fahrplans auf Basis der Trassenanmeldungen: täglich 39 000 Zugfahrten.

Um diese Verantwortung wahrnehmen zu können, ist die DB Netz AG dezentral organisiert. Neben der Zentrale in Frankfurt gibt es sieben Regionalbereiche (RB): Süd, Südwest, Südost, Ost, Mitte, West und Nord. Rund 20 000 Mitarbeiter sorgen tagtäglich für den leistungsfähigen, sicheren und zuverlässigen Bahnbetrieb.

Analyse des Geschäftskontextes der DB Netz AG

Die Einflüsse, die von außen auf die DB Netz AG wirken, hängen mit den besonderen Aufgaben des Unternehmens und dessen Finanzierungsform zusammen. Im Spannungsfeld zwischen den Eisenbahnverkehrsunternehmen, der Öffentlichen Hand, des DB Konzerns und Netzmitarbeitern werden hohe Erwartungen an die DB Netz AG herangetragen. Übergreifend sind die Forderungen nach Wirtschaftlichkeit bei hoher Betriebsqualität, Prozess- und Leistungstransparenz sowie Sicherheit des Eisenbahnverkehrs.

Eisenbahnverkehrsunternehmen

Die Eisenbahnverkehrsunternehmen benötigen vor dem Hintergrund der vorhergesagten Zuwachsraten im Personen- und Güterverkehr eine bedarfsgerechte Kapazität der Schienenwege und Anlagen. Im Hinblick auf ihr eigenes Ziel – einer hohen Pünktlichkeit im Eisenbahnverkehr – fordern sie von der DB Netz AG verlässliche Betriebsdurchführung, zuverlässige Bauplanungen und frühzeitige Kommunikation bei Planabweichungen.

Öffentliche Hand

Durch den Druck auf die öffentlichen Kassen gilt die Hauptforderung des Bundes dem effizienten und wirtschaftlichen Mitteleinsatz bei Neubau- und Instandsetzungsmaßnahmen. Die zum Jahreswechsel 2008/2009 in Kraft gesetzte Leistungs- und Finanzierungsvereinbarung (LuFV) sichert langfristig die Mittelausstattung der bundeseigenen Eisenbahninfrastrukturunternehmen und definiert verbindliche Qualitätsparameter für den betriebsbereiten Zustand des Schienennetzes.

Das Eisenbahn-Bundesamt (EBA) sorgt als Aufsichts- und Genehmigungsbehörde für die Sicherheit des Eisenbahnbetriebes. Bauaufsicht und Überwachung des sicheren Zustandes der Eisenbahnbetriebsanlagen und des Eisenbahnbetriebs gehören zu den Aufgaben der Bundesbehörde.

Die Bundesnetzagentur (BNetzA) übernimmt die Aufsicht über den Wettbewerb auf der Schiene und wacht über den diskriminierungsfreien Zugang zur Eisenbahninfrastruktur.

DB Konzern

Die Deutsche Bahn AG sichert als Mutterkonzern der DB Netz AG gesamthaft die Qualität des Eisenbahnverkehrs in Deutschland. Vor diesem Hintergrund werden Ansprüche an Wirtschaftlichkeit und Netz- bzw. Betriebsqualität gestellt.

Netzmitarbeiter

Bei den Mitarbeitern steht neben der Sicherheit des Arbeitsplatzes die Frage nach einer Einbeziehung in die Entwicklung des Unternehmens an erster Stelle. Bei Veränderungsprozessen muss Klarheit bestehen über den eigenen Verantwortungsbereich, den Gestaltungsspielraum und die Wertschätzung der geleisteten Arbeit.

Die Stakeholder der DB Netz AG bestehen also aus Personen und Institutionen aus dem politischen Leben und der Wirtschaft. Ihre Ansprüche und Anforderungen wirken direkt auf die strategische Ausrichtung der DB Netz AG. Wie rasant die Ansprüche wechseln können, zeigt die Diskussion um die Privatisierung der DB AG. 2006 spielten die Folgen einer Privatisierung auch der DB Netz AG eine große Rolle in der strategischen Ausrichtung. 2008 ging es darum, sich auf die Herausforderungen einer Teilprivatisierung ohne Infrastruktur einzustellen.

SPEED II

„Was macht ihr hier?", „Warum macht ihr das so?", „Wie sind die Steuerungsmechanismen für eure tägliche Arbeit?" Das waren die Fragen, die wir den Mitarbeitern auf unserer sechswöchigen Rundreise durch die DB Netz AG immer wieder gestellt haben, während wir uns die Abläufe in den einzelnen Bereichen anschauten.

Nach dieser Orientierungsphase war uns klar, dass die Instandhaltungs- und Baumaßnahmen im Unternehmen hauptsächlich von Regelwerken getrieben wurden und die unternehmerische Planung im Hintergrund stand. Auch waren uns die Abläufe im Unternehmen soweit klar, dass wir eine Reihe von Hypothesen für die Veränderung aufstellen konnten.

Im nächsten Schritt ging es darum, diese Hypothesen anhand von Zahlen zu belegen, die wir für den Masterplan brauchten, den wir dem Konzernvorstand als Grundlage für die Transformation im August vorlegen wollten.

Damit war die Zeit gekommen, ein Masterplan-Team aus fähigen Mitarbeitern zu bilden. Wir entschieden uns für ein kleines, überschaubares Team von 15 Leuten, die ressortübergreifend aus der Zentrale und den Regionalbereichen kommen sollten. Dieses Team sollte uns den benötigten Zahlenbackground, der im Unternehmen bis dahin noch nicht vorlag, in kurzer Zeit liefern.

Auch hier legten wir großen Wert auf Tempo. Nachdem wir die Mitglieder für das Team identifiziert hatten, nahmen wir sie innerhalb von zwei Tagen aus ihren Aufgaben in der Linienorganisation heraus, so dass sie ihre ganze Kraft in die Entwicklung des Masterplans investieren konnten.

Unsere Vorstellung von Tempo löste zu Beginn der Arbeit zum Teil ungläubiges Erstaunen bei den Teammitgliedern aus. So gab einer aus dem Team auf die Frage nach der erforderlichen Zeit für die Erarbeitung und Umsetzung einer neuen Organisationsstruktur einen geschätzten Zeitbedarf von eineinhalb Jahren an. Als wir ihm sagten, dass wir nur sechs Wochen zur Verfügung hätten, meinte er erstaunt: „Ein interessanter Approach!"

Durch unser Tempo und die hoch angelegte Messlatte haben wir eine große Motivation im Team erzielt. Die meisten waren extrem engagiert und bereit, ihr persönliches Schicksal mit dem Erfolg der Aktion zu verbinden.

Um das Tempo aufrecht zu erhalten und direkte Kommunikation zu ermöglichen, siedelten wir das Team auf der Vorstandsetage der DB Netz AG an und sorgten für Unterstützung durch Führungskräfte aus der ersten Ebene direkt unterhalb des Vorstands. In kleinen Gruppen wurden die Optimierungsfelder erarbeitet und mindestens einmal täglich wechselseitig vorgestellt. Bei wöchentlichen Meetings wurden die erarbeiteten Inhalte dann intensiv besprochen und diskutiert.

Obwohl wir bei der Auswahl der Teammitglieder ganz bewusst nach Leuten gesucht hatten, die bereit waren, die Vergangenheit hinter sich zu lassen und nach vorne zu gehen, gab es auch Rückschläge und Widerstände. Unter anderem kam es zu heimlichen Absprachen über vorzulegende Zahlen, um Ergebnisse in bestimmte Richtungen zu treiben. Auch in diesem Fall haben wir schnell gehandelt und solche Vorkommnisse unverzüglich beendet.

Nach rund acht Wochen waren wir mit der Analyse fertig und hatten die Ansatzpunkte für den Masterplan, mit dem wir das Unternehmen DB Netz AG tief greifend verändern wollten. Damit hatten wir es in den berühmten „100 Tagen" geschafft und konnten dem Konzernvorstand der Deutschen Bahn den Masterplan für die Transformation vorlegen.

Der Plan fußte auf unserer Vision von der zukünftigen Ausrichtung der DB Netz AG als einem leistungsfähigen und qualitativ hochwertigen Infrastruktur-Unternehmen mit eigener wirtschaftlicher Tragfähigkeit. Damit war das Zukunftsbild des Unternehmens DB Netz AG klar und leicht verständlich formuliert: Es ging um die Schaffung einer verlässlichen, bezahlbaren und attraktiven Infrastruktur, auf der möglichst viele Züge bei möglichst guter Pünktlichkeit fahren sollten.

Der Masterplan skizzierte ein großes Veränderungsprojekt, das auf die Optimierung der Kernprozesse der DB Netz AG ausgerichtet war. Zugleich zeigte er einen minutiösen Meilensteinplan für die notwendigen Schritte auf. Durch das Aufgreifen von implizit in der Organisation vorhandenem Innovationswissen waren die vorgeschlagenen Maßnahmen nachvollziehbar und plausibel. Eine Ergebnissimulation, die wir zum Abschluss des Masterplan-Projektes durchführten, ergab, dass tatsächlich große Chancen bestanden, die Eisenbahninfrastruktur im Mittelfristzeitraum wirtschaftlich tragfähig zu betreiben.

Der Masterplan wurde im Vorstand der Deutschen Bahn über einen Zeitraum von vier Wochen intensiv diskutiert, im Konzern vielfach vorgestellt und validiert. Und im Herbst 2006 war es schließlich soweit: wir hatten das „Go" für die Umsetzung. Damit war das große Rad in Bewegung.

Die Umsetzung des Masterplans

Jetzt galt es, die Konzepte des Masterplans in der Organisation umzusetzen und über Multiplikatoren alle Mitarbeiter vom Sinn der Veränderungen zu überzeugen. Auch in dieser Phase der Veränderung konnten wir auf die Mitglieder des Masterplan-Teams und die Coaches aus der ersten Führungsebene als Unterstützer zählen, wenn es darum ging, die Inhalte des Plans in der Linienorganisation zu vermitteln.

Schnell fiel auf, dass sich die vorher abgeschlossene Planung für die Geschäftsjahre 2007 und folgende nicht in das entwickelte Konzept einfügte und deshalb angepasst werden musste. Nach dem Erfolgsmuster des Masterplans wählten wir rund 70 Mitarbeiterinnen und Mitarbeitern aus der gesamten Organisation aus und machten sie in Auftaktworkshops mit der neue Strategie vertraut. Durch die Freistellung von ihrem Tagesgeschäft waren sie in der Lage, in kürzester Zeit die regionalen und zentralen Teilplanungen zu hinterlegen. Und bereits Ende Februar 2007 stand die neue Mittelfristplanung.

In dieser frühen Phase der Transformation wurden auch die Verschlankung der Organisation und die Straffung der Prozesslandschaft, mit dem Ergebnis, dass Mitte 2007 die Organisation konsequent an die neue Unternehmensausrichtung angepasst wurde, initiiert. Als Folge wurden parallel dazu die Kernprozesse (Angebots-, Vertriebs- und Produktionsmanagement) vereinfacht und transparent gestaltet. Die Prozesslandkarte stellt sich seither strukturiert dar. Die Anzahl der Vorstandsressorts und Zwischenebenen wurde deutlich reduziert.

Im März 2007 wurde das Umsetzungsprogramm der neuen Strategie ProNetz gestartet, das langfristig Raum für Innovationen und Optimierungen bieten sollte. Auf der Grundlage der im Masterplan identifizierten Kernthemen wurden Projekte aus den Bereichen Produktion, Vertrieb, Angebots- und Unterstützungsmanagement aufgesetzt. Die Verbesserungsansätze der einzelnen Projekte lagen im Bereich technischer Lösungen sowie der Optimierung und Straffung von Strukturen und Prozessen. Die Ausrichtung der Einzelprojekte orientierte sich an den Konzernzielen Wachstum, Wirtschaftlichkeit und Bestandssicherung. Sie waren allesamt hoch gesteckt:

Das Projekt *3-i-Strategie* hat sich die Optimierung der Netzleistung durch abgestimmte und maßnahmenbezogene Planung von Instandhaltungs- und Ersatzinvestitionen auf die Fahne geschrieben. Die zur Verfügung stehenden Mittel sollen passgenau eingesetzt werden.

Das Projekt *Qualität im Betrieb* soll den täglichen Betriebsablauf optimieren, um die Pünktlichkeit im Eisenbahnverkehr zu erhöhen.

Mit dem Projekt *Fahrwegtechnologie* sollen technische Lösungen zur Optimierung der Fahrwegmessung gefunden werden, welche die Verfügbarkeit des Fahrweges bei geringeren Instandhaltungskosten erhöhen.

Das Projekt *Planungskosten* entkoppelt die Planungskosten von den Baukosten. Die Planung soll dadurch transparent gemacht werden, bei gleichzeitiger Reduzierung der Planungskosten.

Im Projekt *Plan²* gilt es, die Baustellenplanung mit der Fahrplanerstellung noch besser zu verzahnen. Dies verringert die baubedingten Verspätungsminuten und ermöglicht es den Eisenbahnverkehrsunternehmen, sich frühzeitig auf Baustellen und dadurch etwas verlängerte Fahrzeiten einzustellen.

Im Projekt *Leit- und Sicherungstechnik* geht es um die Senkung von Investitions- und Betriebkosten für die Stellwerkstechnik bei erhöhter Nutzungsdauer der Stellwerke.

Im Rahmen des Projekts *Innovation/Verfahren (FreeFloat)* soll die Kapazität des bestehenden Schienennetzes durch intelligente Regelungen erhöht werden, ohne dass höhere Investitionen notwendig werden.

Das Projekt *IT-Technologie (WIN)* schafft mit Hilfe moderner IT-Systeme die Voraussetzungen für reduzierte IT-Wartungs- und Betriebsführungskosten. Auch soll hierdurch die Effizienz der Fahrplanprozesse gesteigert werden.

Im Vertriebsbereich konnte das Projekt *Vermarktung/Integrierte Verkehrsplanung* bereits 2007 abgeschlossen und ins Tagesgeschäft integriert werden.

Zusätzlich zu diesen Projekten mit direkter Wirkung auf die Unternehmensziele wurden Unterstützungsprojekte für den Veränderungsprozess aufgesetzt:

Das Projekt *Veränderungsmanagement* soll mit Kommunikations- und Qualifizierungsprogrammen die ProNetz-Philosophie im Unternehmen verankern und den Veränderungsprozess durch den intensiven Austausch mit möglichst vielen Mitarbeitern begleiten.

Das Projekt *Nachfolgeplanung und -sicherung* sichert mit optimierten Personalprozessen die Nachfolge effektiv und nachhaltig. Insbesondere soll der künftige Bedarf an Ingenieuren und Facharbeitern ermittelt werden.

Zur Unterstützung der jährlichen Planungsrunden ist das Projekt *Kaufmännische Systeme und Prozesse* eingerichtet worden. Es gilt Planungs- und Steuerungssysteme für den optimalen Ressourceneinsatz, insbesondere für die Investitionskosten einzurichten.

Das Programm ProNetz bildet somit alle wesentlichen Prozesse der DB Netz AG ab. Jedes einzelne Projekt erfordert enge Zusammenarbeit und gewissenhafte Absprachen zwischen der Projekt- und der Linienorganisation. Die Veränderungen wirken in alle Leistungsebenen hinein und betreffen jeden einzelnen Mitarbeiter in seiner täglichen Arbeit. Von Anfang an wird der Vorstand in alle Entscheidungen der Projekte eingebunden, die Projektleiter berichten direkt an ihn. In monatlich stattfindenden ProNetz-Projekttagen und im Lenkungskreis mit der Geschäftsführung werden die einzelnen Projekte intensiv durchgesprochen.

Die Erfolge der ProNetz-Projekte wurden bereits Ende 2007 für alle Beteiligten sichtbar. Trotz wesentlich erhöhter Bautätigkeit auf den Hauptabfuhrstrecken gelang es 2007, den Schienenverkehr nicht unnötig einzuschränken. Die Pünktlichkeit konnte im Vergleich zum Vorjahr sogar leicht gesteigert werden. Und dies, obwohl rund 4 400 Kilometer Schienen und 1 800 Weichen erneuert, 3,9 Millionen Tonnen Schotter und über 3,3 Millionen Schwellen ausgetauscht wurden.

Eine solch intensive Bautätigkeit konnte nur durch die Bündelung von Baumaßnahmen in Baukorridoren gelingen. Großbaumaschinen wurden effizienter eingesetzt. Die Bauvorhaben wurden dadurch kostengünstiger, die Baumaßnahmen schneller umgesetzt und abgeschlossen.

Für die größten Baustellen wurden eigene Baufahrpläne erstellt. Wertvolle Unterstützung bei der Fahrplanerstellung lieferten neue Technologien, wie beispielsweise die Simulations-Software MakSi QS. Diese analysiert die Wechselwirkung zwischen Zugfahrten und Baustellen und ermöglicht auf diese Weise zuverlässige Terminzusagen. Die Zufriedenheit der Eisenbahnverkehrsunternehmen mit den Leistungen der DB Netz AG hat sich dadurch deutlich verbessert.

Auch in der Instandhaltung wurden bemerkenswerte Fortschritte erzielt. So konnten gut zwei Drittel der mängelbedingten Langsamfahrstellen abgebaut und die präventive Instandhaltung massiv gesteigert werden.

Besonders erfreulich war, dass 2007 das Ziel der eigenen wirtschaftlichen Tragfähigkeit der DB Netz AG bereits erreicht wurde. Erstmals seit 1994, also seit dem Bestehen der DB Netz AG, fiel das Betriebsergebnis positiv aus. Die

Dynamik des Transformationsprozesses hatte sich als richtig erwiesen. Die Veränderungswelle in der DB Netz AG hatte begonnen, ihre Kraft zu entfalten.

Stabilisierungs- und Neuorientierungsphase

2008 stand nun im Zeichen der Stabilisierung und der Nachhaltigkeit des Veränderungsprozesses. So wurde zur Unterstützung des Wandels das Excellence-Programm aufgesetzt. Es vermittelt den von den Veränderungen direkt betroffenen Mitarbeitern die neuen Strategien und Prozesse. Rund 4 500 Mitarbeiter haben diese Qualifikationsmaßnahmen bereits wahrgenommen. Die Schwerpunktthemen sind „3-i-Strategie", „Fahren und Bauen", „Technologie" und „Unternehmerisches Handeln".

Die Trainings des Excellence-Programms werden größtenteils von den Mitarbeitern der ursprünglichen Masterplan-Expertengruppe geleitet. Diese Fachcoaches sind bestens geeignet, die Inhalte der neuen Strategie verständlich und praxisnah zu vermitteln. Dies zeigt das durchgängig positive Feedback der bisherigen Teilnehmer, die besonders loben, dass die zielorientierten und aussagekräftigen Inhalte direkt an ihre tägliche Arbeit anknüpfen.

Seit Mitte 2008 wird der so genannte „Umsetzungsmonitor" eingesetzt. Der Umsetzungsmonitor ist ein Instrument, das die ProNetz-Ziele mit Kennzahlen verknüpft und den Erfolg des regionalen Geschäftsverlaufes messbar macht. Die Kennzahlen werden dabei in den Quartalsgesprächen zwischen den Regionalbereichen und dem Vorstand der DB Netz AG diskutiert. Dazu werden Templates verwendet, die aus dem praktischen Bedürfnis nach Transparenz und Vereinfachung entstanden sind. Datenbasis und Datenquellen sind nun für alle Teilnehmer der Gespräche einheitlich, die Auswertungen können regionalbereichsübergreifend verglichen werden. Der große Vorteil der Templates liegt in der Zeitersparnis für alle Beteiligten: Zeitraubende Diskussionen über die Datenbasis werden vermieden, die Auswertungen erfolgen weitestgehend automatisiert und Sonderabfragen entfallen.

Das zweite Halbjahr 2008 wurde auch dazu genutzt, neue Projekte zu identifizieren und die noch verbleibenden intensiv voranzutreiben. Die Überführung der abgearbeiteten Projekte in die Linienorganisation wird zudem gründlich vorbereitet. Darüber hinaus wird sich ein zukünftiges ProNetz-Projekt intensiv der Analyse unserer Kunden und den veränderten Kundenbedürfnissen widmen.

Im November 2008 hatten alle höheren Führungskräfte der DB Netz AG im Rahmen eines Dialogforums die Möglichkeit, kritisch und konstruktiv zu den bisherigen Ergebnissen des Veränderungsprozesses Stellung zu beziehen. Die durchweg positive Resonanz zeigt, dass die DB Netz AG auf einem guten Weg in die Zukunft ist. Noch positiver ist jedoch, dass unsere Kunden in der letzten Befragung dies genauso sahen und der Kundenzufriedenheitsindex deutlich anstieg.

Die Erfolgsfaktoren

Im Rückblick lassen sich sechs Erfolgsfaktoren für den gelungenen Veränderungsprozess der DB Netz AG ausmachen:

- Die Vision war klar, eindeutig und eingängig, und somit auch leicht zu kommunizieren.
- Der gesamte Vorstand der DB Netz AG trieb aktiv, für die gesamte Organisation sichtbar und konsequent, den Veränderungsprozess voran.
- Das ausgewählte Expertenteam bestand aus Leistungsträgern aus allen Fachfunktionen, jeder einzelne überzeugte durch seine fachliche und soziale Kompetenz. Die Mitglieder dieser Masterplangruppe übernahmen in der Folgezeit die Multiplikatorenaufgabe bei Mitarbeiterveranstaltungen.
- Die Umsetzungsgeschwindigkeit verdeutlichte die Ernsthaftigkeit und Dringlichkeit des Veränderungsvorhabens.
- Kurzfristige und fortwährende Umsetzungserfolge wirkten motivierend auf alle Beteiligten und konnten auf allen Hierarchieebenen im gesamten Unternehmen gesichtet werden.
- Die regelmäßige und zielgruppengerechte Kommunikation an alle Betroffenen räumte Widerstände und Befürchtungen aus dem Weg, die natürlicherweise bei jedem Transformationsprozess vorkommen.

Alle diese Faktoren wirkten darauf hin, die Mitarbeiter in alle Veränderungsphasen mit einzubeziehen und den Wandel mit ihnen gemeinsam zu gestalten.

Erfolgsfaktor Vision

Nicht nur in der Orientierungsphase, sondern während des gesamten Veränderungsprozesses war die klare und eindeutige Vision das tragende Element. Eine gelungene Vision – wie die der DB Netz AG – stiftet Sinn, motiviert und gibt die Richtung der Veränderung vor. Um diese Funktion auch erfüllen zu können, musste sie zudem klar und verbindlich sein. Die Vision der DB Netz AG 2006 war schnell gefunden:

Schaffung einer qualitativ zuverlässigen Schieneninfrastruktur, die in einem integrierten Konzern wirtschaftlich tragfähig betrieben werden kann. Konkret ging es 2006 für die DB Netz AG darum, erstmalig „Schwarze Zahlen" zu schreiben, sich als attraktiver Arbeitgeber zu positionieren und die Kundenzufriedenheit zu erhöhen. Hinter diesen Ideen steckt die Absicht, weitere Marktanteile für den Schienenverkehr zu gewinnen. Dafür mussten Netzkapazitäten erweitert und der Bahnbetrieb pünktlich und zuverlässig gewährleistet werden. Aus dieser Vision konnten somit direkt Anforderungen abgeleitet werden, wie beispielsweise an die Planung und Umsetzung von Baumaßnahmen zur optimalen Auslastung der Infrastruktur.

Die neuen Ziele der DB Netz AG waren somit klar definiert, messbar und vor allem realistisch. Nun galt es, sie konsequent an alle Betroffenen zu kommunizieren.

Auch die neu entwickelte Strategie musste dieser Vision folgen und zeichnete sich durch ihre ganzheitliche Betrachtungsweise des Infrastrukturunternehmens aus: Alle Bereiche – angefangen bei der Technik, über die Prozessabläufe und Organisationsstrukturen – standen auf dem Prüfstand. Es gab keine Tabus.

Erfolgsfaktor Leadership

Als förderlich für den Veränderungsprozess erwies sich vor allem die aktive, gestaltende Rolle des gesamten Vorstands der DB Netz AG. Nicht nur der Vorstandsvorsitzende, auch die Vorstände „Produktion", „Finanzen/Controlling", „Personal" und „Vertrieb" vermittelten in ihren Ressorts den dringlichen Handlungsbedarf und wurden so zu Vorreitern des Wandels.

Wie in jedem Veränderungsprozess wurde die Standhaftigkeit des Veränderungswillens des Vorstandes bei jeder sich bietenden Gelegenheit geprüft. Wir räumten daher viele Termine für Gespräche und Diskussionen in unseren Kalendern frei und verteidigten das Veränderungsprojekt als Vorstand selbst aktiv und konsequent gegen alle Widrigkeiten. In der heißen Phase des Masterplans verstand sich der Vorstand praktisch als Teil des Veränderungsteams und stellte sich bei Widerständen schützend vor seine Mannschaft. Unsere Hauptaufgabe bestand darin, mögliche Konflikte frühzeitig zu erkennen, auf Einwände einzugehen und auf schnellen Lösungen zu bestehen. Daher haben wir es uns auch nicht nehmen lassen, die Erfolge des ProNetz-Projektes bei den unterschiedlichsten Gelegenheiten selbst vorzustellen und traten damit für alle sichtbar als Vorreiter des Veränderungsprozesses nach außen auf.

Eher ungewöhnlich war unser Credo vom tabulosen Hinterfragen althergebrachter Vorgehensweisen. Die Idee dahinter: Es gibt mehr als nur eine „wahre" Vorgehensweise: Die Mitarbeiter sollten das Gefühl haben, sie können zu ihrer Meinung stehen, ohne Angst haben zu müssen, am eigenen Ast zu sägen. Die kreative Lösungssuche stand von Anfang an im Vordergrund des Handels, nicht die Suche nach Schuldigen. Unnötiger, detailverliebter Streit hätte den Veränderungsprozess nur verzögern, schlimmstenfalls stoppen können.

So haben wir auch nicht gezögert, gelbe und rote Karten zu ziehen, wenn sich Mitarbeiter in erster Linie als Bremser des Transformationsprozesses auszeichneten. Erfreulicherweise war dies – bis auf wenige Ausnahmen zu Beginn des Transformationsprozesses – nur selten nötig. Wir sahen unsere Aufgabe eher darin, unsere Mitarbeiter durch konsequentes Handeln und Standhaftigkeit auf den Wandel einzustimmen und positiv zu motivieren, sprichwörtlich mitzureißen.

Bereisungen der Regionalbereiche der DB Netz AG im Jahr 2006 erlaubten uns, die Meinungen und Ideen der Mitarbeiter „an der Schiene" aufzugreifen. Das Gespräch mit den Mitarbeitern zu suchen erwies sich ebenso als vertrauensbildende Maßnahme wie das Offenlegen unserer Änderungsabsichten direkt nach dem

Ende der Konzeptphase. Wir haben zudem häufig den „operativen Leuten" zurückgespiegelt, was wir aus ihren Anregungen aufgenommen haben und durch folgerichtig abgeleitete Zielsetzungen verändern wollten.

Erfolgsfaktor Mitarbeiter

Bei der Transformation der DB Netz AG wurden die Mitarbeiter immer wieder in den Veränderungsprozess eingebunden und über die neuesten Entwicklungen informiert. In Workshops wurden sie mit der neuen Strategie vertraut gemacht und für neue Aufgaben qualifiziert. Darüber hinaus dienten die Workshops zum Abbau von Ängsten und Zweifeln im Zusammenhang mit den anstehenden Veränderungen.

Bei der Mitarbeiterauswahl für die Veränderungsteams der DB Netz AG wurde Wert auf individuelle und fachliche Kompetenz, Sozialkompetenz und Unternehmerkompetenz gelegt. Unter der individuellen Kompetenz wurden Anpassungsfähigkeit, Engagement und Lernbereitschaft verstanden. Für die erfolgreiche Arbeit im Planungsteam waren jedoch auch Mitarbeiter mit einer hohen Sozialkompetenz erforderlich. Gute kommunikative Fähigkeiten und Netzwerkfähigkeiten erleichterten die Arbeit im Team und die Kommunikation mit Mitarbeitern der Linienorganisation. Damit diese Planungsgruppe auch den Sprung von der analytischen Tätigkeit in die Umsetzung schaffte, brauchte es Mitarbeiter, die eigenständig, tatkräftig, ziel- und ergebnisorientiert waren. Die ausgewählten Mitarbeiter hatten sich schon seit Jahren durch diese Fähigkeiten ausgezeichnet.

Die Werte Mut, Leidenschaft und Neugier stellten sich schnell als Triebfedern für den Veränderungsprozesses heraus. Wann auch immer Führungskräfte auffielen, die sich nicht an die Spielregeln hielten und den Veränderungsprozess somit behinderten oder störten, setzte die Führung klare Zeichen: Führungskräfte, die sich gegen jede Veränderung sperrten, wurden frühzeitig aus der Verantwortung genommen. Der Vorstand verteidigte damit aktiv das Veränderungsvorhaben und die Mitarbeiter der Veränderungsteams konnten sich seiner Unterstützung sicher sein.

Erfolgsfaktor Umsetzungsgeschwindigkeit

Komplexe Veränderungsprozesse verschlingen erfahrungsgemäß viel Zeit und Ressourcen. Veränderungen können jedoch nur so schnell umgesetzt werden, wie Mitarbeiterressourcen zur Verfügung stehen. Je länger ein Veränderungsprozess dauert, desto kostspieliger wird er. Verliert der Prozess an Geschwindigkeit, kann dies das ganze Programm gefährden. Das Timing des Veränderungsprozesses der DB Netz AG musste daher wohlbedacht sein. Schrittweise wurden weitere, tatkräftige Unterstützer in die Verantwortung genommen, um die Geschwindigkeit des Prozesses hoch zu halten.

Beim Veränderungsprozess der DB Netz AG wurde den Phasen der Orientierung und des Aufbruchs nur wenig Zeit eingeräumt, insgesamt nicht einmal drei Monate. Den Mitarbeitern und der Organisation wurde dadurch bewusst viel abverlangt. Die Absicht dahinter war, die Mitarbeiter auf den Veränderungsprozess vorzubereiten, ihnen Gestaltungsräume zu ermöglichen und Verantwortung zu leben.

Die Phase der Umsetzung hingegen ist aufgrund der Größe der Organisation zeitraubender. Seit 2007 werden Innovationen entwickelt und Optimierungen umgesetzt. Die Umsetzungsgeschwindigkeit ist dabei nicht das alleinige Kriterium für den Erfolg. Nur in der Kombination mit sichtbaren Leistungen und Ergebnissen ist sie ein Garant für einen gelungenen Wandel und ein Schritt in Richtung hochwertige Infrastruktur und eigene wirtschaftliche Tragfähigkeit.

Erfolgsfaktor sichtbare Erfolge

Schnelle Umsetzungserfolge hatten eine enorm motivierende und nachhaltige Wirkung für den Veränderungsprozess bei der DB Netz AG. Ende 2007 waren die Erfolge für alle sichtbar: Beispielsweise konnte das Präventionsprogramm – wie geplant – erfolgreich durchgeführt und die geplanten Baumaßen zu 100 Prozent umgesetzt werden. Die Reduzierung der Langsamfahrstellen um nahezu zwei Drittel war ein großer Erfolg. Dass bereits 2007 die wirtschaftliche Tragfähigkeit erreicht wurde, zeigte allen Beteiligten, dass sich die Suche nach Verbesserungen und Optimierungen gelohnt hat.

Kommunikation im Veränderungsprozess

Veränderung braucht Kommunikation. Sie dient dazu, bei den Betroffenen Verständnis für den Wandel zu wecken und die Mitarbeiter so zu motivieren, dass sie sich selbst in den Veränderungsprozess einbringen. Nur wenn dies gelingt, ist der Wandel erfolgreich in die Organisation kommuniziert worden.

Die Kommunikationsstrategie des Veränderungsprozesses gliederte sich in die konzernweite Berichterstattung ein. So werden alle Stakeholder (Konzern, Politik und Öffentlichkeit) ganzjährig über die Inhalte und Ziele des Zukunftsprogramms ProNetz systematisch informiert. Zielgruppengerecht wird die ProNetz-Philosophie darüber hinaus in internen Medien mit großer Streubreite veröffentlicht. Dabei handelt es sich beispielsweise um Informationsbroschüren, Sonderdrucke, Fachmagazine und Videospots. In Form von Pressemitteilungen, Interviews und Anzeigen gelingt die Verankerung der ProNetz-Idee im Unternehmen.

Der Erfolg dieser Kommunikationsmaßnahmen lässt sich auch messen. Eine Umfrage ergab, dass sich mittlerweile 92 Prozent der Netzmitarbeiter über das Programm gut informiert fühlen.

Ergänzend finden seit 2006 jedes Jahr im November hierarchie-, regionen- und ressortübergreifende Dialogforen statt. In den Vorträgen und intensiven Diskussionen werden die bisherigen Erfahrungen mit dem Veränderungsprozess besprochen und ein Ausblick in die nahe Zukunft gewagt.

Kulturwandel

Durch den seit knapp zwei Jahren andauernden Veränderungsprozess werden mittlerweile neue Werte im Unternehmen gelebt. Der Veränderungsprozess bewirkt, dass sich nach und nach ein Kulturwandel vollzieht: Herausforderungen werden leichter erkannt und mit Mut und Verantwortungsbewusstsein angenommen, Wirkzusammenhänge stärker erforscht. Die eigenen Verantwortungsbereiche werden zuverlässig, beständig und beharrlich gesteuert und vorausschauend geplant.

Nur wenn die Führungskräfte weiterhin ihren Mitarbeitern die Möglichkeit geben, aktiv und eigenverantwortlich Einfluss auf ihr eigenes Arbeitsgebiet zu nehmen, kann sich diese neue Innovationskultur in der DB Netz AG etablieren.

Der Vorteil dieser „gelebten Verantwortung" ist der Kundennutzen. Wenn Mitarbeiter in ihrem eigenen Arbeitsgebiet eigenständig entscheiden können, wird ein Übermaß an Bürokratie vermieden und allgemein die Qualität der Arbeit gefördert. Der Zufriedenheitsgrad der Mitarbeiter und der Kunden erhöht sich.

Um diese neuen ProNetz-Werte im Unternehmen zu verankern und zu unterstützen, wurden 2008 als Coaching-Maßnahmen in der Zentrale und auf Regionalbereichsebene Führungsforen eingerichtet. Von diesen Foren gibt es zwei Ausprägungen: Führungsforen, die auf gleicher Hierarchiestufe geführten werden, und vertikale, drei Hierarchieebenen umspannende Führungsforen.

Das horizontale Führungsforum hat sich mittlerweile als kollegiale Fallberatung etabliert. Die Teilnehmer dieser moderierten Supervisionsgruppen legt jeder Regionalbereich für sich fest. Das vertikale Führungsforum ist hingegen ein moderierter Tagesworkshop unter Einbindung der Regionalbereichsleitung. Er dient der Information und dem Austausch zum Thema Führung. Führungsverständnis und Erwartungen werden transparent, Verantwortlichkeiten können diskutiert und geklärt werden.

Ausblick

Die DB Netz AG hat mittlerweile einen drei Jahre währenden Prozess des Wandels hinter sich. Es ist vieles getan, es hat vieles funktioniert, es ist aber auch noch sehr viel zu tun. Nach einer Phase der Innenorientierung – notwendig zur Optimierung des Geschäftes – muss sich nun der Fokus nach außen richten, hin zu Kunden und Stakeholdern. Nur ein Unternehmen, das seinen Kunden dient und Nutzen für sie stiftet ist ein gutes Unternehmen. Dies gilt auch und insbesondere für Unternehmen in staatlichem Besitz. Darüber hinaus wollen Kunden und Stakeholder, dass die unternehmerische Führung fortgesetzt wird, da sie ressourcenschonend und qualitätsverbessernd gewirkt hat.

Darüber hinaus muss aber auch der technologische Fortschritt der DB Netz AG massiv vorangetrieben werden. Technologische Weiterentwicklung ist aufwendiger und dauert länger als die Umstellung von Prozessen oder Organisationsstrukturen. Dem höheren Aufwand steht aber eine größere Nachhaltigkeit der Verbesserung gegenüber. Dies lässt die Anstrengungen wertvoll erscheinen. Erste Ansätze sind sichtbar, die Organisation hat die Notwendigkeit und den Nutzen technologischer Weiterentwicklung erkannt und sich auf den Weg gemacht.

Wir glauben, dass der Transformationsprozess noch weitere zwei Jahre anhalten wird. Die wesentlichen Maßnahmen sind ergriffen, Vision und Strategie geklärt und in der Organisation verankert, der Tanker gleichsam in die Kurve gelenkt. Nun muss er noch durch die Kurve fahren, um in einer neuen Richtung unterwegs zu sein. Wenn die neue Richtung erreicht ist wird man in dem dann vorherrschenden System optimieren, denn – wie oben schon gesagt – es gibt noch viel zu tun, um wirklich spitze zu werden. Die Voraussetzungen hat die DB Netz AG geschaffen, sie wird auch den Rest hinbekommen, weil die Mitarbeiter und viele Kunden mittlerweile daran glauben.

Früher, individueller, wirksamer – Die Transformation des Sozialstaates im 21. Jahrhundert

Matthias Platzeck, Ministerpräsident des Landes Brandenburg

Es ist kein Geheimnis: Die Lage der Sozialdemokratie in Deutschland ist nicht unkompliziert. Auch anderswo in Europa sind die Schwierigkeiten beträchtlich, mit denen es sozialdemokratische Parteien angesichts umfassender Veränderungen der gesellschaftlichen und wirtschaftlichen Rahmenbedingungen zu tun haben. Das gilt etwa in Großbritannien, es gilt in Frankreich, in den Niederlanden und anderswo. Sogar in Spanien, in den vergangenen Jahren der große Hoffnungsträger progressiver Politik in Europa, ist die Lage der unter Premierminister José Luis Rodríguez Zapatero erfolgreich (und überaus transformativ) regierenden PSOE (Partido Socialista Obrero Español) nun angesichts der um sich greifenden Finanz- und Wirtschaftskrise deutlich schwieriger geworden.

Im Herbst 2008 blickt die SPD zurück auf sehr bewegte Monate, die zu einem Wechsel in der Führung der Partei geführt haben. Als Parteivorsitzender ist Franz Müntefering an die Spitze der Sozialdemokratie zurückgekehrt. Kanzlerkandidat und zugleich Spitzenkandidat in meinem Bundesland Brandenburg wird Außenminister Frank-Walter Steinmeier. Mit dieser Mannschaftsaufstellung wird eines gewährleistet sein: Die SPD wird im Bundestagswahlkampf 2009 mit einer gemeinsamen Haltung, einem gemeinsamen Selbstverständnis und mit sehr viel Selbstbewusstsein auftreten.

Die sozialdemokratischen Debatten der vergangenen Monate handelten von Personen, von Kandidaturen und Ämtern. Das ist auf die Dauer etwas ermüdend. Wichtiger ist in diesen Zeiten offensichtlicher gesellschaftlicher und ökonomischer Umbrüche die Debatte über Inhaltliches, nämlich über die Frage, mit welchen *programmatischen* Antworten die Sozialdemokratie auf die umfassende Veränderung der Verhältnisse reagieren muss, damit sie sich ihrerseits als Kraft positiver Transformation erweisen kann. Das transformative Projekt der Sozialdemokratie muss im frühen 21. Jahrhundert aus meiner Sicht ganz besonders der vorsorgende Sozialstaat sein. Hier geht es – anders als bei manchen anderen, letztlich nur kurzfristig interessanten Fragen – um ein Thema, das zu diskutieren sich wirklich lohnt.

Moderne Sozialdemokraten wissen, dass soziale und wirtschaftliche Anliegen nicht als *gegensätzlich*, sondern als *komplementär* begriffen werden sollten. Wir wissen, dass wirtschaftlicher Erfolg soziale Voraussetzungen hat – so wie umgekehrt der funktionierende Sozialstaat zwingend auf wirtschaftliche Erfolge angewiesen ist. Ohne diese Erfolge wäre er von vornherein nicht finanzierbar. Sozialdemokraten waren deshalb in Deutschland und Europa im Laufe des 20. Jahrhundert immer dann besonders erfolgreich, wenn Wirtschaft und Soziales sich nicht gegeneinander ausgespielt, sondern als zwei Seiten eines produktiven Wechselverhältnisses begriffen wurden.

Die Feststellung, dass Wirtschaft und Soziales komplementär und zwei Seiten einer Medaille sind – oder doch zumindest sein *sollten*: das ist das Eine. Wie wir das Verhältnis von Ökonomie und Sozialstaat immer wieder aufs Neue zeitgemäß und zukunftstauglich *organisieren*: das ist das Andere. Mein Plädoyer lautet, dass wir dafür mehr denn je einen im besten Sinne *vorsorgenden* Sozialstaat brauchen, der in die Menschen und ihre Fähigkeiten investiert. Und ich bin davon überzeugt, dass Sozialdemokraten heute klar und deutlich über die Chancen und die Perspektiven dieser zeitgemäßen Akzentsetzung sozialstaatlicher Politik sprechen sollten.

Der vorsorgende Sozialstaat ist ein *positives* Zukunftsprojekt der Sozialdemokratie – und genau so sollte diese Diskussion angesichts eines verbreiteten Sozialpessimismus geführt werden: positiv und nach vorn gerichtet. Wir brauchen dieses Zukunftsprojekt in Deutschland erst recht deshalb, weil der Horizont, vor dem wir die Debatte führen, tatsächlich nicht ausschließlich hell und hoffnungsvoll vor uns liegt. Das 21. Jahrhundert ist noch nicht alt, aber eines wissen wir heute schon ziemlich genau: Einfach werden die vor uns liegenden Jahrzehnte nicht. Wer sich darüber in den vergangenen Jahren noch irgendwelche Illusionen machte, den dürften spätestens die Entwicklungen der vergangenen Monate heftig aufgeschreckt und zum Nachdenken veranlasst haben:

- Wir erleben seit dem vorigen Jahr eine schwere globale Wirtschafts- und Finanzmarktkrise, die sich seit dem Herbst 2008 nochmals auf beispiellose Weise verschärft hat und zur schwersten weltweiten Rezession seit 80 Jahren führen könnte.
- Wir hatten im Frühjahr 2008 den plötzlichen Anstieg der Preise für Nahrungsmittel zu verzeichnen; wenig spricht angesichts von anhaltendem Bevölkerungsdruck dafür, dass die Ernährungskrisen in den Ländern der Dritten Welt abklingen werden.
- Wir haben in den vergangenen Monaten einen – von den meisten überhaupt nicht erwarteten – steilen Anstieg der Energiepreise erlebt, die mit der einsetzenden Wirtschaftskrise einstweilen wieder stark gesunken sind. Ein Fass Rohöl kostete vor fünf Jahren gerade einmal 30 Dollar – im Juli 2008 waren es fast 150 Dollar. Niemand kann sagen, wo die Grenze nach oben liegt – und ob es solch eine Preisgrenze nach oben zukünftig überhaupt geben wird.

In globaler Perspektive stehen wir heute vor einem ganzen Berg von Herausforderungen. Keine dieser Herausforderungen ist ganz neu. Aber *neu* ist das Mischungsverhältnis der Probleme. Und *neu* ist auch die Unmittelbarkeit, mit der die Probleme der gesamten Welt ganz direkt auf den Alltag der Menschen in Deutschland durchzuschlagen beginnen, ob an der Tankstelle, im Supermarkt an der Käsetheke, am Arbeitsplatz oder am Bankschalter.

Die Liste der Fragen ist wahrhaft lang, mit der die Welt in unserem Jahrhundert fertig werden muss: Es geht um den Klimawandel und eine sichere Energieversorgung; es geht um globale, aber höchst unzureichend regulierte globale Finanzmärkte; es geht um Überbevölkerung und Ernährungskrisen; es geht um Migration und Integration; es geht um religiösen Fundamentalismus und um Terrorismus; es geht um Massenvernichtungswaffen und organisiertes Verbrechen; es geht um die Gefahr der unkontrollierten Weiterverbreitung von Nuklearwaffen; es geht um regionale Konflikte oder sogar Genozide. Dies alles und vieles mehr werden wir bewältigen müssen.

Gerade wenn wir das Ausmaß dieser und anderer Herausforderungen betrachten, liegt für mich zweierlei klar auf der Hand. *Zum einen:* Die Werte, die Sozialdemokraten besonders wichtig sind, stehen verstärkt unter dem Druck der Verhältnisse. Freiheit, Gerechtigkeit und Solidarität, Emanzipation und Fortschritt – diese Leitideen und Prinzipien geraten dann verstärkt in Bedrängnis, wenn Menschen das Gefühl haben, dass ihnen die Probleme über den Kopf wachsen. *Zum anderen* aber gilt nach meiner Überzeugung umgekehrt: Gerade wenn die Herausforderungen so groß sind, braucht unsere Gesellschaft umso dringender genau diese Werte und Prinzipien als „Leitplanken".

Denn klar ist doch: *Ohne* Emanzipation, *ohne* Gerechtigkeit und *ohne* Lebenschancen für alle würden wir auf jeden Fall an den Herausforderungen der kommenden Jahrzehnte scheitern. Ohne die Fähigkeit zum Fortschritt und den Mut zu neuen Lösungen, werden wir angesichts der angedeuteten Herausforderungen nicht weit kommen. Darum mögen die Werte und die Prinzipien, denen Sozialdemokraten seit nunmehr anderthalb Jahrhunderten verpflichtet sind, heute vielleicht gefährdeter und bedrohter sein denn je. Zugleich aber werden sie heute *dringender benötigt* denn je.

Ihren Ausdruck gefunden haben sozialdemokratische Werte und Prinzipien in der Vergangenheit vor allem im historischen Projekt des Sozialstaats. Helmut Schmidt beschreibt den Sozialstaat völlig zutreffend als „die größte kulturelle Leistung, welche die Europäer während des ansonsten schrecklichen 20. Jahrhunderts zustande gebracht haben". Für den Sozialstaat gilt heute genau dasselbe, wie für die Werte und Prinzipien der sozialen Demokratie: Er ist heute einer Vielzahl von neuen Herausforderungen ausgesetzt. Er steht unter Druck. Aber *verzichten* können wir auf den Sozialstaat heute weniger denn je. Ließen wir zu, dass der Sozialstaat erlahmt, würden wir eine der wichtigsten Säulen verlieren, die unsere Gesellschaft in ihrem Wandel stützen und zusammenhalten kann.

Aber: Der Sozialstaat ist heute nur so tauglich und nur so brauchbar, wie er dazu beiträgt, die Ziele, die Werte und die Prinzipien der sozialen Demokratie auch noch unter den Bedingungen des 21. Jahrhunderts durchzusetzen. Und vor allem: Unser Sozialstaat wird auf die Dauer nur dann Bestand und gesellschaftliche Legitimation besitzen, wenn er nicht eine Belastung, sondern nachweislich eine *Produktivkraft* für unsere Wirtschaft ist. Um genau diese Ziele geht es heute beim Konzept des *Vorsorgenden* Sozialstaats. Und ganz praktisch geht es um die Instrumente, mit denen wir diese Ziele heute verwirklichen können.

Das im Jahr 2007 beschlossene neue Grundsatzprogramm der SPD spielt der vorsorgende Sozialstaat eine entscheidende Rolle. Darüber bin ich sehr froh. Die SPD hat an diesem Punkt eine neue Ausrichtung vorgenommen, die wirklich in die Zukunft weist. Zugleich ist die deutsche Sozialdemokratie mit dieser Neujustierung, für die ich mich im Prozess der Programmdebatte meiner Partei intensiv eingesetzt habe, wieder auf die Höhe der modernen europäischen Debatte über das geeignete Wirtschafts- und Sozialmodell gekommen. Es ist ja kein Zufall, dass heute überall in Europa der *vorsorgende*, der *aktive*, der *in die Menschen investierende* und Lebenschancen *ermöglichende* Sozialstaat die Zielperspektive der Sozialpolitik beschreibt. In diesem Zeichen steht heute die Erneuerung der europäischen Sozialstaaten.

Sowohl unter dem Blickwinkel der Gerechtigkeit als auch aus der Perspektive der ökonomischen Machbarkeit gelten dabei einige Leitprinzipien:

- Erstens: Der Sozialstaat gründet weiterhin auf Erwerbsarbeit; er bleibt erwerbsbasiert und erwerbsorientiert. Und es ist letztlich immer Arbeit, die den Sozialstaat finanziert. Deshalb hat Erwerbsarbeit Vorrang vor dem Bezug von Sozialleistungen. Wo immer möglich, sollen Menschen ihr eigenes Leben aus eigener Kraft leben können. Das ist ein Gebot der Emanzipation und zugleich der ökonomischen Vernunft.
- Zweitens: Investitionen in Bildung und in die pädagogisch hochwertige Betreuung von Kleinkindern sind die wichtigsten Voraussetzungen überhaupt für erfolgreiche Berufsausübung; für wirtschaftlichen Erfolg; für selbst verantwortetes Leben; bei uns in Deutschland auch für die – dringend notwendige – erfolgreiche Integration der Einwanderer.
- Drittens: Die Vereinbarkeit von Familie und Beruf ist eine entscheidende Bedingung für die Gleichberechtigung von Mann und Frau – und zugleich dafür, dass weibliche Erwerbspotenziale genutzt werden können. Im Übrigen wird so dem Geburtenrückgang entgegengewirkt und damit der fortschreitenden Alterung der Gesellschaft begegnet.
- Viertens: Gesundheitsprävention, Rehabilitation und die Chance zum altersgemäßen Arbeiten sind, wo immer es geht, dem vorzeitigen Ausschluss aus dem Erwerbsleben vorzuziehen.
- Und fünftens: Die effiziente Vermittlung und systematische Qualifizierung von Arbeitsuchenden ist besser als dauerhafte Alimentierung durch Sozialleistungen; lebens- und berufsbegleitendes Lernen hilft mit, Brüche im Erwerbsleben vorsorglich zu vermeiden.

In diesem Sinne heißt es im Text des Hamburger Programms der SPD klipp und klar: „Die Qualität des Sozialstaates bemisst sich nicht allein an der Höhe von Transferleistungen, sondern an der Gewährleistung tatsächlicher Lebenschancen, die allen von Anfang an und immer aufs Neue offen stehen müssen." Für diese neue Akzentsetzung habe ich intensiv geworben. Ihr liegt die Überzeugung zugrunde, dass wir den Sozialstaat unter den Bedingungen des 21. Jahrhunderts nur dann bewahren können, wenn sein praktischer Nutzen für große Mehrheiten der Menschen jederzeit erkennbar bleibt.

Dass der Sozialstaat nützlich ist und *warum* er nützlich ist: Dies muss auch für diejenigen deutlich werden, die selbst gar keine Transferzahlungen beziehen. Der Sozialstaat muss immer für die *gesamte* Gesellschaft als wirksam und wichtig erfahrbar sein. Ist dies nicht der Fall, dann büßt er früher oder später seine Akzeptanz und Legitimation ein. Dann bekommen diejenigen Oberwasser, die dem Sozialstaat insgesamt und in jeder denkbaren Variante an den Kragen wollen.

Völlig klar ist, dass der Sozialstaat den Menschen auch weiterhin überall dort „nachsorgend" Sicherheit bieten muss, wo Bedürftigkeit oder existenzielle Not eintritt – im Alter etwa, im Fall von Krankheit oder bei Arbeitslosigkeit. Das Prinzip der Vorsorge steht zur Nachsorge überhaupt nicht im Widerspruch. Das Prinzip Vorsorge trägt aber der Einsicht Rechnung, dass viele soziale Probleme und viele biografische Sackgassen für Menschen dann überhaupt nicht entstehen würden, wenn vorsorgende, aktivierende Politik ihnen von vornherein geholfen hätte. Natürlich haben beispielsweise Arbeitslose mit geringer Qualifikation Anspruch auf sozialstaatliche Leistungen. Für die Betroffenen selbst sowie für die Gesellschaft insgesamt wäre es aber sehr viel besser, wenn deutlich weniger Menschen mit zu geringer Qualifikation in den Arbeitsmarkt eintreten würden, als dies heute in Deutschland noch immer der Fall ist.

Darum müssen wir dafür sorgen, dass niemand ohne zeitgemäße Bildung zurückbleibt – und zwar *am Anfang*, wenn die Lebenswege der Menschen noch nach vorne offen sind. Wie dringend dieses Umdenken ist, verdeutlichen beispielsweise die Bildungsberichte der Organisation für Wirtschaftliche Zusammenarbeit und Entwicklung. In ihrem jüngsten Report stellt die OECD Erfreuliches fest: „In vielen Staaten kann man von einem Paradigmenwechsel sprechen: von der traditionellen Ausbildung, die darauf abzielt, den gegenwärtigen Qualifikationsbedarf des Arbeitsmarkts abzudecken, hin zur Investition in die weiterführende Bildung junger Menschen, um diese zu befähigen, den wirtschaftlichen und sozialen Wandel der Gesellschaft aktiv zu gestalten."

Genau darum geht es. Ausgerechnet in Deutschland aber ist dieser positive Paradigmenwechsel noch nicht hinreichend vollzogen. Die meisten OECD-Staaten wenden immer mehr Mittel für Bildung auf. In Deutschland dagegen sind die Bildungsinvestitionen relativ zum Inlandsprodukt gesunken. Weltweit wächst die Zahl der Studenten, in Deutschland jedoch geht sie zurück – nur in Belgien, in Mexiko und in der Türkei liegen die Quoten noch niedriger. Die Konsequenzen sind ernst: Schon heute droht in Deutschland ein Mangel an Fachkräften – übrigens gerade auch in Ostdeutschland. Vor allem Ingenieure fehlen bereits an allen Ecken und Enden; in absehbarer Zukunft werden nicht einmal mehr diejenigen Ingenieure ersetzt werden können, die in Rente gehen.

Wie alle entwickelten Gesellschaften braucht Deutschland *mehr* Menschen mit guter Qualifikation und deshalb auch mehr Studierende. Die Bedingungen unserer Zeit heißen Wissensgesellschaft, Globalisierung, demografische Schrumpfung. Wer in dieser Lage tatsächlich wirksam in die Zukunft eines Landes und seiner Menschen investieren will, der muss damit bereits bei den Kleinsten anfangen. Die Situation in Deutschland ist noch nicht so, wie sie sein sollte. Völlig zu Recht hat sie OECD-Generalsekretär Angel Gurría folgendermaßen beschrieben: „Kinder werden hierzulande bereits mit zehn Jahren auf unterschiedliche Bildungswege verteilt. Wer aus einer benachteiligten Familie kommt, wird dabei eher auf einen Bildungsweg geleitet, der eine geringere Leistung erwarten lässt."

Die Folgen sind frühzeitig und unnötig verbaute Lebenswege. Die Folgen sind fehlende Aufstiegschancen und soziale Benachteiligungen, die von einer Generation zur nächsten vererbt werden. Unser bisheriges Bildungssystem ist damit nicht nur ungerecht, es ist auch wirtschaftlich widersinnig. Weder moralisch noch ökonomisch können es sich moderne europäische Gesellschaften leisten, mit den Talenten und Schicksalen ihrer Menschen so achtlos und fahrlässig umzugehen. Dies gilt ganz besonders für die heutigen und künftigen Generationen von Einwanderern. Nicht nur in den Großstädten stammen immer höhere Anteile der Kinder und Jugendlichen aus Einwandererfamilien. Sie sind die Zukunft unserer Gesellschaft und Ökonomie. Ob der heute sechsjährige Mehmet in 15 Jahren im Labor steht oder auf der Straße – auch davon hängt die Zukunft unseres Landes im 21. Jahrhundert ab.

Ohne Bildung und Qualifikation zu einem auskömmlichen Arbeitsplatz zu gelangen, ist unter den Bedingungen des 21. Jahrhunderts nahezu unmöglich geworden. Das war nicht immer so, denn es ist noch nicht so lange her – ein paar Jahrzehnte erst – dass oft die Muskelkraft eines einzelnen erwachsenen Mannes ausreichte, um eine ganze Familie zu ernähren. Aber die so genannten einfachen Tätigkeiten sterben aus – oder sie sind in Wirklichkeit nicht mehr „einfach". Denn selbst das, was heute „einfache Tätigkeit" genannt wird, ist oft weit anspruchsvoller als in der Vergangenheit. Es ist eben nicht „einfach", einen Mähdrescher zu bedienen, wenn das Cockpit dieses Mähdreschers mit Computern ausgestattet ist und nicht viel anders aussieht als das Cockpit eines Airbus. Und es ist auch nicht mehr „einfach", als Lagerist zu arbeiten, wenn dafür, wie heute üblich, umfangreiche EDV-Kenntnisse notwendig sind.

Deshalb gilt: Wer heute zu wenig kann und zu wenig weiß, der hat große Schwierigkeiten, in vollem Umfang am Leben der Gesellschaft teilzuhaben. International vergleichende Studien belegen, dass sich in allen Ländern das Risiko späterer Arbeitslosigkeit bei denjenigen verdoppelt, die nicht über eine abgeschlossene Sekundarschulbildung verfügen. Eine weitere Untersuchung belegt: Wenn ein Land bei der Lesekompetenz seiner Kinder nur *einen* Prozentpunkt über dem internationalen Durchschnitt liegt, so steigt dort die Arbeitsproduktivität um 2,5 Prozent – und Arbeitsproduktivität ist die Basis für wachsenden Wohlstand. Eine Studie aus der Schweiz hat sogar festgestellt, dass die Gesellschaft jeden Euro auf Dauer drei- bis vierfach zurückbekommt, den sie in pädagogisch gute Frühförderung und qualifizierte Betreuung für Kinder investiert.

„Der vorsorgende Sozialstaat begreift Bildung als zentrales Element der Sozialpolitik", heißt es wörtlich im Hamburger Programm der SPD. Es geht dabei um individuelle Lebenschancen, es geht um Gerechtigkeit, Chancengleichheit, und die Chance zum sozialen Aufstieg. Aber es geht auch darum, dass unserer Gesellschaft und Ökonomie keine Potentiale verloren gehen dürfen. Darum wollen wir Sozialdemokraten, dass mehr Jugendliche aus sozial schwachen Haushalten die Chance bekommen, das Abitur zu machen und zu studieren. An diesem Punkt war die (west-)deutsche Sozialdemokratie in den sechziger und siebziger Jahren des vergangenen Jahrhunderts schon einmal weiter. Heute gehen viel zu viele Begabungen verloren.

Bei aller Notwendigkeit ihrer eindringlichen Wiederholung: Die Erkenntnisse zum Prinzip des vorsorgenden und in Menschen investierenden Sozialstaates sind gar nicht so neu. Vor allem die skandinavischen Länder führen uns seit langem eindrucksvoll vor, wie das Prinzip der Vorsorge zugleich sozialen Zusammenhalt und wirtschaftliche Dynamik schafft. Gemeinsam mit Frank-Walter Steinmeier und Peer Steinbrück habe ich vor einer Weile ein Buch mit dem Titel „Auf der Höhe der Zeit" herausgegeben (M. Platzeck et al., 2007). Darin enthalten ist ein kurzer, aber sehr lesenswerter Aufsatz von Helle Thorning-Schmidt, der Vorsitzenden der dänischen Sozialdemokraten. Sie schreibt: „Das Ergebnis unseres Willens zu beständigen Reformen in Dänemark ist, dass wir heute die Zeit haben, gründlich über die Frage zu diskutieren, wie wir den Wohlfahrtsstaat für die Zukunft sichern wollen." Die Folge: „Wir müssen den Sozialstaat nicht mit fieberhaften Notmaßnahmen hier und heute retten, so wie es andere europäische Gesellschaften erleben."

Man ahnt, welche „andere" Gesellschaft Helle Thorning-Schmidt meint. Es geht um Dänemarks südliches Nachbarland, es geht um Deutschland. Und es stimmt ja: Die energischen Reformen der Regierung Schröder vor allem seit 2003 dienten in der Tat erst einmal dazu, den bestehenden Sozialstaat in allerhöchster Not zu retten und zu sichern. Das ist seither oft vergessen und verdrängt worden. Von dieser Anstrengung und von dem mit dieser Anstrengung verbundenen Streit hat sich die deutsche Sozialdemokratie bekanntermaßen bis heute nicht völlig erholt. Ich jedenfalls möchte solche Zerreißproben nur höchst ungern wieder erleben. Gerade deshalb, um also nicht noch einmal in solche Ausnahmesituationen zu geraten, haben wir Sozialdemokraten unsere programmatischen Grundlagen auf die Höhe der Zeit gebracht. Klar und deutlich heißt es im Hamburger Programm: „Je früher, individueller und wirksamer das Prinzip der Vorsorge praktiziert wird, desto besser ist der Sozialstaat in der Lage, die großen Lebensrisiken solidarisch abzusichern."

Dieser entscheidenden Einsicht muss der Sozialstaat im 21. Jahrhundert gerecht werden. *Früher – individueller – wirksamer*: Das sind in der Tat drei entscheidende Prüfkriterien für einen vorsorgenden Sozialstaat, der nicht nur aktiv mithilft, die großen Ziele und Ideen der sozialen Demokratie – Freiheit, Gerechtigkeit und Solidarität, Fortschritt und Emanzipation – zu verwirklichen, sondern auch unbezweifelbar als wirtschaftliche Produktivkraft wirkt und deshalb umfassende gesellschaftliche Legitimität besitzt. Die intelligente Kombination von aktivem Sozialstaat, der in die Menschen investiert, und leistungsfähiger Wirtschaft – das macht ein erfolgreiches europäisches Wirtschafts- und Sozialmodell aus.

In diesem Sinne ist das moderne sozialdemokratische Modell des vorsorgenden Sozialstaats ein integriertes Wirtschafts- *und* Sozialmodell. Beides gehört zusammen und bedingt sich gegenseitig. Dass die deutsche Sozialdemokratie diese Einsicht nach intensiven Diskussionen in ihrem neuen Grundsatzprogramm klar und deutlich verankert hat, bedeutet bereits für sich genommen ein Beispiel für erfolgreiche Transformation. Politische Programme, allzu oft unterschätzt, sind in Wahrheit Landkarten, die Orientierung spenden und die Richtung weisen. Nun kommt es allerdings darauf an, das zeitgemäße Leitbild des vorsorgenden Sozialstaates weiter systematisch in die Praxis umzusetzen. Darin erst wird die eigentliche Transformation liegen, an der Sozialdemokraten konsequent arbeiten müssen, für die sie aber auch sehr selbstbewusst werben können. *Auch* wenn die Zeiten schwieriger werden. *Gerade* wenn die Zeiten schwieriger werden.

Literatur

Accenture (2006). *The High-Performance Workforce Study 2006, Accenture Research Report.*
Akkreditierungsrat (2009). *Akkreditierungssystem.* Online im Internet. Verfügbar unter: http://www.akkreditierungsrat.de/index.php?id=9 [09.06.2009].
Alchian, A. A. & Demsetz, H. (1972). Production, information costs and economic organization. *American Economic Review*, 62, 777-795.
Auswärtiges Amt (2007), Denkschrift zum Vertrag von Lissabon vom 13. Dezember 2007. Berlin, 2007.
Bea, F. X. & Göbel, E. (2006). *Organisation, Theorie und Gestaltung.* Stuttgart: Lucius & Lucius.
Berger, P. L. & Luckmann, T. (1966). The Social Construction of Reality: A Treatise in the Sociology of Knowledge. Garden City, NY: Anchor Books.
Brzeziński, Z. (1970). *Between Two Ages: America's Role in the Technotronic Era.* New York: Viking Verlag.
Bundesministerium für Bildung und Forschung (2009). *Der Bologna-Prozess.* Online im Internet. Verfügbar unter: http://www.bmbf.de/de/3336.php [15.3.2009].
Burns, J. M. (1978). *Leadership.* New York: Harper and Raw.
Busch, F. (1991). *Aus dem Leben eines Musikers.* Frankfurt a. M.: Fischer Verlag.
Central Intelligence Agency (2008). *The World Factbook.* Online im Internet. Verfügbar unter: https://www.cia.gov/library/publications/the-world-factbook/ [18.5.2009].
Cheese, P., Thomas, R. J. & Craig, E. (2008). *The Talent Powered Organization. Strategies for Globalization, Talent Management and High Performance.* London/Philadelphia: Kogan Page.
Collins, J. C. & Porras, J. I. (1991). Organizational Vision and Visionary Organizations. *California Management Review*, 3 (1), 30-52.
Collins, J. C. (2001). Level 5 Leadership: The Triumph of Humility and Fierce Resolve. *Harvard Business Review,* 75, No.1.

Covington, J. & Chase, M. (2002). Eight steps to sustainable change. *Industrial Management*, 44(6), 8.
Doppler K. & Lauterburg, C. (1994). *Change Management: den Unternehmenswandel gestalten.* Frankfurt: Campus Verlag.
Ebinger, F. & Schwarz, M. (2003). Nachhaltiges Wirtschaften in kleinen und mittelständischen Unternehmen. Ansätze organisationaler Such- und Lernprozesse. In G. Linne & M. Schwarz (Hrsg.), *Handbuch Nachhaltige Entwicklung. Wie ist nachhaltiges Wirtschaften machbar?* (S. 309-320). Opladen: Leske & Budrich.
ESMT – European School of Management and Technology (2009). Online im Internet. Verfügbar unter: http://www.esmt.org/ [13.6.2009].
Europäische Gemeinschaft (1997). *Vertrag zur Gründung der Europäischen Gemeinschaft.*
Europäische Kommission (2008). *Eurobarometer 69. Die öffentliche Befragung in der Europäischen Union.*
Europäische Union (2007). *Vertrag von Lissabon,* 13. Dezember 2007.
Freud, S. (2001). *Psychologie des Unbewußten,* Studienausgabe, Band 3., 9. Auflage, Frankfurt am Main: Fischer.
Galilei, G. & Strauß, E. (2007). *Galileo Galilei - Dialog über die beiden hauptsächlichsten Weltsysteme. Das ptolemäische und das kopernikanische.* Paderborn: Voltmedia.
Geden, O. (2008). Energie- und Klimapolitik. In: *Themendossier der SWP zum Vertrag von Lissabon,* Berlin 2008.
Göhler, D. & Kurze, K. (2007). Energiepolitik. In: W. Weidenfeld & W. Wessels (Hrsg.), *Jahrbuch der Europäischen Integration 2007* (S. 139 f.). Baden-Baden: Nomos Verlag.
Goleman, D. (1998). What makes a leader. *Harvard Business Review,* 1-11.
Greiner, L. E. & Schein, V. (1988). *Power and Organization Development: Mobilizing Power to Implement Change.* Portland: Addison-Wesley Organization Development Series.
Hersey, P., Blanchard, K. & Johnson, D. E. (2007). *Management of Organizational Behavior: Leading Human Resources.* New Jersey: Prentice Hall.
Hess, U. & Marchlewski, F. (2008). Talent Management 2.0. *Forum Nachhaltig Wirtschaften,* 4 2007/2008, 28-29.
Jensen, M. C. & Meckling, W. H. (1976). Theory of the firm. Managerial behavior, agency costs and ownership structure. Journal of Financial Economics, 3, 305-360.
Jick, T. D. & Peiperl, M. A. (2003). Managing Change. Cases and Concepts. New York: McGraw Hill.
Juncker, J.-C. (2008). Auch Iren können sich irren. Interview mit dem Rheinischen Merkur am 19. Juni 2008.
Jung, C. G. (2001). *Typologie.* München: Deutscher Taschenbuchverlag.
Königwieser, R. & Lutz, C. (1992). *Das systemisch evolutionäre Management. Der Horizont für Unternehmer.* Wien: Orac-Verlag.

Kolb, D. (1984). *Experiential learning: Experience as the source of learning and development.* Prentice-Hall: Englewood Cliffs, NJ.

Kotter, J. P. (1996). *Leading Change.* Boston: Harvard Business School Press.

Kotter, J. P. (1999). *What Leaders Really Do.* Boston: Harvard Business School Press.

Kotter, J. P. & Rathgeber, H. (2006). *Das Pinguin-Prinzip: Wie Veränderung zum Erfolg führt.* München: Droemer/Knaur Verlag.

Kruppa, K., Mandl, H. & Hense, J. (2002). *Nachhaltigkeit von Modellversuchsprogrammen am Beispiel des BLK-Programms SEMIK.* (Forschungsbericht Nr. 150). München: Ludwig-Maximilians-Universität, Lehrstuhl für Empirische Pädagogik und Pädagogische Psychologie.

Lattmann, C. (1981). *Die verhaltenswissenschaftlichen Grundlagen der Führung des Mitarbeiters.* Bern: Haupt.

Lawrence, P. R. (1973). How to Deal with Resistance to Change. In A. C. Bartlett & T. A. Kayser (Eds.). *Changing Organizational Behavior* (p. 385–401). London: Prentice-Hall.

Lewin, K. (1947). *Frontiers in group dynamics.* New York: Harper & Row.

Lewin, K. (1966). Group Decisions and Social Change. In E. E. Maccoby, T. M. Newcomb & E. L. Hartley (Eds.). *Readings in Social Psychology* (p. 197-211). London: Methuen.

Leavitt, H. J. (1964). *Organizational Behaviour and Psychology.* Stanford: Stanford University.

Levy, A. & Merry, U. (1986). *Organizational Transformation.* New York: Praeger Frederick

Luhmann, N. (1984). *Soziale Systeme: Grundriß einer allgemeinen Theorie.* Frankfurt: Suhrkamp.

Mohr, N., Woehe, J. M. & Diebold, M. (1998). *Widerstand erfolgreich managen.* Frankfurt: Campus Verlag .

Mohr, N. (1997) *Kommunikation und organisatorischer Wandel.* Wiesbaden: Gabler Verlag.

Nadler, D. & Tushman, M. (1990). Beyond the Charismatic Leader: Leadership and Organizational Change, *California Management Review* 32, 02, 77-97.

Nehberg, R. (2003). *Die Yanomami-Indianer.* München: Piper Verlag GmbH.

Noack, P. & Kracke, B. (2000). Pädagogische Psychologie: Fragestellungen, Grundbegriffe, Zielsetzungen. In J. Straub, A. Kochinka & H. Werbik (Hrsg.), *Psychologie in der Praxis* (S. 333-352). München: Deutscher Taschenbuch Verlag.

Nork, M. (1989). *Management Training. Evaluation, Probleme, Lösungsansätze.* München: Mering Hampp.

Platzeck, M., Steinmeier F.-W. & Steinbrück, P. (2007). *Auf der Höhe der Zeit: Soziale Demokratie und Fortschritt im 21. Jahrhundert.* Berlin: Vorwärts Buch

Porter, L. W., Lawler, E. E. & Hackman, J. R. (1975). *Behavior in Organizations.* New York: McGraw-Hill.

Puri, K. (2009). *Consumer Electronics Products and Services Usage Report.* [2008/2009 Accenture US Consumer Technology Research Findings] Online im Internet. Verfügbar unter: http://www.accenture.com/Global/Services/By_Industry/Electronics_and_High_Tech/R_and_I/USFindings.htm [30.07.2009].

Roethlisberger, F. J. & Dickson, W. J. (1966). *Management and the Worker.* Cambridge: Harvard University Press.

Rosenstiel, L. von, Nerdinger, F. W., Spieß, E. & Stengel, M. (1989). *Führungsnachwuchs im Unternehmen. Wertkonflikte zwischen Individuum und Organisation.* München: Beck.

Schein, E. H. (2004). *Organizational Culture and Leadership.* San Francisco: Jossey Bass

Scholtissek, S. (2008). *Multipolare Welt. Die Zukunft der Globalisierung und wie Deutschland davon profitieren kann.* Hamburg: Murmann Verlag.

Schreyögg, G. (2003). *Organisation - Grundlagen moderner Organisationsgestaltung, mit Fallstudien.* Wiesbaden: Gabler.

Seufert, S. & Euler, D. (Hrsg.) (2003). Nachhaltigkeit von eLearning-Innovationen. *Arbeitsberichte des Swiss Centre for Innovations in Learning.* St. Gallen: Institut für Wirtschaftspädagogik.

Shanghai Jiao Tong University & Institute of Higher Education (2007). *Academic Ranking of World Universities 2007.* Online im Internet. Verfügbar unter: http://www.arwu.org/rank/2007/ARWU2007_Top100.htm [25.05.2009].

Skinner, B. F. (1953). *Science and Human Behavior.* New York: Macmillan.

Staehle, W. H. (1985). *Management.* München: Vahlen.

Stockmann, R. (1996). *Die Wirksamkeit der Entwicklungshilfe. Eine Evaluation der Nachhaltigkeit von Programmen und Projekten der Berufsbildung.* Opladen: Westdeutscher Verlag.

Thomas, R. J. (2008). *Crucibles of Leadership: How to Learn from Experience to Become a Great Leader.* Boston: Harvard Business School Publishing Corporation.

Tichy, N. M. & Bennis, W. G. (2007). Making judgement calls: the ultimate act of leadership. *Harvard Business Review,* 85 (10), 94-102.

Tichy, N. M. & Sherman, S. (1993). *Control your destiny or someone else will.* New York/u.a.: Doubleday.

Times Higher Education (2007). *World University Rankings 2007 – THE Top 200 World Universities.* Online im Internet. Verfügbar unter: http://www.timeshighereducation.co.uk/hybrid.asp?typeCode=144 [25.05.2009].

Todd, D. J. & Maury, A. P. (2002). *Managing Change: Text and Cases.* London: McGraw-Hill Higher Education.

Ulich, E. (1998). *Arbeitspsychologie.* Stuttgart: Schäfer Poeschel.

Voltaire (1986). *Candide oder Die Beste aller Welten.* Ditzingen: Reclam.

Waterman, R., Jr., Peters, T. & Phillips, J. R. (1980). Structure Is Not Organization. *Business Horizons,* 23, 14-26.

Watzlawick, P., Beavin, J. H. & Jackson, D. D. (1996). *Menschliche Kommunikation, Formen, Störungen, Paradoxien.* Bern: Verlag Hans Huber.

Weber, M. (2002). *Wirtschaft und Gesellschaft. Grundriss der verstehenden Soziologie.* 5. revidierte Auflage, besorgt von J. Winckelmann (Hrsg), Studienausgabe, Nachdruck. Tübingen: Mohr Siebeck.

Weidenfeld, W. (2007). Was eint Europa? Identität in pluralen Wertewelten. In L. Mohn, B. Mohn, W. Weidenfeld & J. Meier (Hrsg.): *Werte. Was die Gesellschaft zusammenhält* (S. 166). Gütersloh, 2007.

Wenzel, T. (2004). *Instrumente zur Bewertung von Nachhaltigkeit in Unternehmen – ein Vergleich.* Diplomarbeit. Technische Fachhochschule und Fachhochschule für Wirtschaft, Berlin.

Williamson, O. E. (1990). *Die ökonomischen Institutionen des Kapitalismus.* Tübingen: Mohr Siebeck.

Wissenschaftsrat (2009). *Exzellenzinitiative.* Online im Internet. Verfügbar unter: http://www.wissenschaftsrat.de/exini_start.html [24.5.2009].

World Intellectual Property Organization (2007). *Patent Report: Statistics on Worldwide Patent Activity.* Online im Internet. Verfügbar unter: http://www.wipo.int/export/sites/www/freepublications/en/patents/931/wipo_pub_931.pdf [23.06.2009].

Worley, C. G., Hitchin, D. E. & Ross, W. L. (1995). *Integrated Change: How Organizational Development Builds Competitive Advantage.* Portland: Addison-Wesley Pub Co Inc.

Wottawa, H. & Thierau, H. (1998). *Lehrbuch Evaluation.* Bern: Verlag Hans Huber.

Herausgeber

Dr. Nikolaus Mohr

Geschäftsführer im Bereich
Communications & High Tech
bei Accenture

Berufliche Position

Dr. Nikolaus Mohr ist Geschäftsführer im Bereich Communications & High Tech und seit mehr als zehn Jahren bei Accenture in Deutschland beschäftigt. Eine seiner Hauptaufgaben ist die Verantwortung und Koordination von Aktivitäten in der Medien- und Telekommunikationswirtschaft in Deutschland, Österreich und der Schweiz.

Er verfügt über langjährige Erfahrungen in der Entwicklung und Umsetzung von Projekten im Bereich Strategie, Organisation und IT bei Großunternehmen und im Mittelstand besonders auf Top-Management-Ebene.

Persönliche Informationen

Dr. Nikolaus Mohr studierte und promovierte im Fachbereich Betriebswirtschaftslehre an der Universität Trier. Im Rahmen seiner akademischen Laufbahn doziert(e) er zum Thema strategisches Management und Transformationsmanagement an den Universitäten Regensburg und Trier. Darüber hinaus war er als Gastdozent für International Business Strategy an der University of Georgia, USA, tätig.

Im Rahmen seiner beruflichen Laufbahn hat er vor allem Unternehmen der Branchen Medien, Telekommunikation und Hightech sowie der Automobil- und Fertigungsindustrie in den Bereichen Strategie, Organisation und IT umfassend beraten.

Dr. Nikolaus Mohr ist Autor mehrerer Managementbücher, Fachartikel und Studien. Er hat unter anderem die Bücher „Widerstand erfolgreich managen" und „Interactive Broadband Media" verfasst.

Norbert Büning

**Geschäftsführer im Bereich
Talent & Organization Performance
bei Accenture**

Berufliche Position

Norbert Büning ist Geschäftsführer im Management Consulting im Bereich Talent & Organization Performance bei Accenture. Er arbeitet seit 1993 für das Unternehmen und koordiniert die Talent & Organization Performance Projekte von Accenture im deutschsprachigen Raum.

Eine seiner Hauptaufgaben ist die Entwicklung neuer, innovativer Dienstleistungen innerhalb eines globalen Expertennetzwerks. Er hat bereits eine Vielzahl von Unternehmen weltweit erfolgreich begleiten und beraten können. Hierzu zählen komplexe, globale Projekte zu Prozessveränderungen sowie Effektivitäts- und Effizienzsteigerungen im Personalbereich. Darüber hinaus sind Konzeption und Implementierung von hybriden Lernprogrammen, Knowledge Management sowie Mitarbeiterportale eine Auswahl seiner weiteren Arbeitsschwerpunkte.

Persönliche Informationen

Norbert Büning studierte Betriebswirtschaft mit den Schwerpunkten Personal- und Organisationsentwicklung sowie Informatik an der Fachhochschule Aachen.

Er verfügt über umfassende Kenntnisse in den Bereichen Organisation- und Personalentwicklung, Lerntheorien sowie Didaktik und Lerntechniken. Er weist umfangreiche Erfahrungen in den Branchen Elektronik und Hightech, Versicherung, Energie, Chemie, Automobil, Transport sowie Government auf.

Norbert Büning ist Autor verschiedener Veröffentlichungen und Referent für zahlreiche Universitäten und Kongresse.

Ursula Hess

**Partner im Bereich
Talent & Organization Performance
bei Accenture**

Berufliche Position

Ursula Hess ist seit 1999 Partner im Management Consulting im Bereich Talent & Organization Performance bei Accenture. Sie betreut dort vor allem Kunden der chemischen Industrie bei der Umsetzung von Transformationen bedingt beispielsweise durch Restrukturierungsmaßnahmen, große IT System-Einführungen oder neue Marktstrategien. Zudem ist sie verantwortlich für die Leitung des Bereichs Organisationsentwicklung und Change Management im deutschsprachigen Raum.

Sie bekleidet seit vielen Jahren Führungspositionen in Deutschland sowie in den USA. Unter anderem war Ursula Hess für sieben Jahre als CEO eines amerikanischen Software- und Beratungshauses tätig.

Persönliche Informationen

Ursula Hess hat im Fachbereich Biochemie und Mikrobiologie diplomiert. Zudem erwarb sie einen MBA-Abschluss in Atlanta, USA, und ist als European Business Coach zertifiziert.

Sie verfügt über umfassende Kenntnisse in den Bereichen Personal- und Organisationsentwicklung, Change Management und Training. Durch ihre langjährige Erfahrung in der Beratung weist sie unter anderem umfangreiche Erfahrungen in den Branchen Pharmazie und Chemie auf und kennt die Belange kleiner und mittelständischer Unternehmen in Gründung und Aufbau.

Ursula Hess hielt bereits zahlreiche Vorträge an Universitäten sowie auf Kongressen in Europa und der USA.

Dr. Anna Maria Fröbel

**Manager im Bereich
Talent & Organization Performance
bei Accenture**

Berufliche Position

Dr. Anna Maria Fröbel ist Manager im Bereich Talent & Organization Performance bei Accenture. Sie arbeitet seit 2004 für das Unternehmen und hat fundierte Kenntnisse sowie Leitungs- und Projekterfahrung im Bereich Change Management umfangreicher, multinationaler Transformationsprojekte im deutschsprachigen Raum.

Mess- und Steuerungskonzepte von Change Management, innovative Lernkonzepte sowie Kompetenz- und Wissensmanagement zählen darüber hinaus zu ihren weiteren Arbeitsschwerpunkten bei Accenture.

Persönliche Informationen

Dr. Anna Maria Fröbel studierte Psychologie mit den Schwerpunkten Arbeits- und Organisationsentwicklung an der Universität Trier und der North Carolina State University, USA. Danach promovierte sie zum Thema Evaluation von E-Kompetenz an der Universität Trier.

Sie verfügt über umfassende Kenntnisse in den Bereichen Organisations- und Personalentwicklung, Change Management, Transformation von Unternehmensbereichen sowie Einführung innovativer Lern- und Wissensmanagementmethoden.

Darüber hinaus hat Dr. Anna Maria Fröbel im Rahmen unterschiedlicher Projekte umfangreiche Erfahrungen in den Branchen Elektronik und Hightech, Energie, Chemie und Automobil gesammelt.

Autoren

Kurt Bodewig

Mitglied des Deutschen Bundestages und Stellvertretender Vorsitzender des Ausschusses für die Angelegenheiten der Europäischen Union

Berufliche Position

Kurt Bodewig ist seit 1998 Mitglied des Deutschen Bundestages und dort stellvertretender Vorsitzender des Ausschusses für die Angelegenheiten der Europäischen Union. Von 2000 bis 2002 war er Bundesminister für Verkehr, Bau- und Wohnungswesen in der Regierung von Gerhard Schröder.

Er hat eine Vielzahl ehrenamtlicher Funktionen inne: Er ist Vorsitzender des Baltic Sea Forums, Präsident der Deutschen Verkehrswacht e.V., Mitglied des Supervisory Board Global Panel Foundation, Kuratoriumsvorsitzender des Deutsch-Litauischen Forums und Maritimer Botschafter der EU-Kommission für Deutschland.

Persönliche Informationen

In seiner Freizeit liest Kurt Bodewig viel. Doch neben der Literatur und interessanten Biographien gehört vor allem das Rennradfahren zu seinen persönlichen Interessen, so auch als Mitstreiter von „Wir spenden Leben – Radsportler für die Knochenmarkspende", einer Gemeinschaft, die öffentlichkeitswirksam die Deutsche Knochenmarkspenderdatei unterstützt.

Seine Familie ist seine Kraftquelle. Mit ihrer Unterstützung bringt er die tägliche Energie auf – für die Arbeit und für das, wofür er sich als politischer Mensch einsetzt.

Prof. Dr. Michael Dowling

Professor für Innovations- und
Technologiemanagement,
Universität Regensburg

Berufliche Position

Prof. Dr. Michael Dowling wurde auf den Stiftungslehrstuhl für Innovations- und Technologiemanagement an der Universität Regensburg berufen und mit Wirkung vom 01.07.1996 ernannt. Er ist Mitglied des Kuratoriums des Hans Lindner Institutes sowie Mitherausgeber und Autor von mehreren Beiträgen des Buches: „Gründungsmanagement: Vom erfolgreichen Unternehmensstart zum dauerhaften Wachstum". Seit Oktober 2007 ist er Mitglied des Senates und Hochschulrates der Universität Regensburg.

Seine Forschungsgebiete sind Strategisches Management, Innovations- und Technologiemanagement, Entrepreneurship und Internationales Management. Er veröffentlicht regelmäßig in Fachzeitschriften und hat bereits verschiedene Stipendien und Auszeichnungen erhalten.

Persönliche Informationen

Prof. Dr. Michael Dowling wurde 1958 in New York, USA, geboren. Er studierte an der University of Texas in Austin (Bachelor of Arts with High Honors; Doctor of Philosophy in Business Administration) und der Harvard University (Master of Science). Als Austauschstudent studierte er zwei Jahre an der Ludwig-Maximilians-Universität in München. Weiterhin arbeitete er als Research Scholar beim Internationalen Institut für Angewandte Systemanalyse (IIASA) in Laxenburg, Österreich, und als Research Analyst bei McKinsey & Company in Düsseldorf.

Nach der Promotion war Prof. Dr. Michael Dowling von 1988 bis 1994 als Assistant Professor an der University of Georgia, USA, tätig und wurde 1995 zum Associate Professor mit Tenure befördert. Im Sommersemester 1990 war er Gastforscher am Institut für Organisation an der Ludwig-Maximilians-Universität München bei Prof. Dr. Eberhard Witte und im Sommersemester 1994 an der Universität Erlangen-Nürnberg am Lehrstuhl für Unternehmensführung bei Prof. Dr. Steinmann. 1995 erhielt er Rufe an die Universität-GHS Paderborn, an die Universität Bayreuth und an die Universität Regensburg. 1999 erhielt er einen Ruf an die Universität zu Köln.

Birgit Fischer

**8-fache Olympiasiegerin,
Unternehmerin,
Dipl.-Sportlehrerin**

Sportliche Position

Birgit Fischer ist die erfolgreichste deutsche Olympia-Teilnehmerin aller Zeiten. Bei sechs Spielen von 1980 in Moskau bis 2004 in Athen gewann sie im Kajak acht Goldmedaillen, dazu viermal Silber; 1984 war sie vom Olympia-Boykott betroffen. Sie wurde 27-mal Weltmeisterin und zweimal Europameisterin und ist damit die erfolgreichste Kanurennsportlerin aller Zeiten. Ihr erstes olympisches Gold gewann Birgit Fischer 1980 in Moskau im Einer-Kajak über 500 Meter, das letzte 2004 in Athen im Vierer-Kajak, ebenfalls über die 500-Meter-Strecke. Damit siegte sie bei allen Olympiateilnahmen mindestens einmal, keine Sportlerin war über einen so langen Zeitraum so erfolgreich in einer olympischen Sportart.

Ihre Karriere beendete Birgit Fischer im Februar 2008. Im Jahr 2004 wurde sie in Deutschland zur Sportlerin des Jahres gewählt und im Juni 2008 in die Hall of Fame des deutschen Sports aufgenommen.

Persönliche Informationen

Am 25.2.1962 wurde Birgit Fischer in Brandenburg an der Havel in der damaligen DDR geboren. Ein sportwissenschaftliches Studium an der Deutschen Hochschule für Körperkultur schloss sie 1991 an der Universität Leipzig als Diplomsportlehrerin ab. Später erwarb sie zusätzlich eine Ausbildung zur Sport- und Touristik-Managerin und gründete im Jahr 2004 ihr eigenes Unternehmen: „KanuFisch".

Im Jahr 1986 kam Sohn Ole zur Welt und im Jahr 1989 Tochter Ulla. Nach ihrer Scheidung ist die Aufgabe, als allein erziehende Mutter für ihre beiden Kinder verantwortlich zu sein, prägend für ihre Lebensgestaltung.

Sie engagiert sich als Botschafterin des Fördervereins „Keine Macht den Drogen e.V.", im Naturschutz als Schirmherrin des Netzwerks „Lebendige Spree" sowie als Kuratorin der Stiftung Liberales Netzwerk. Als Naturfotografin zeigt sie Bilder ihrer Heimat regelmäßig in Ausstellungen.

Friedrich Fuß

Bereichsvorstand Technischer Service T-Home

Berufliche Position

Seit Mai 2009 verantwortet Friedrich Fuß als Bereichsvorstand den Technischen Service der Deutschen Telekom. In der größten Serviceorganisation Europas ist er – auch in der Funktion als Vorsitzender der Geschäftsführung der Deutschen Telekom Technischer Service GmbH – bundesweit für mehr als 21.000 Beschäftigte verantwortlich.

Zuvor war Friedrich Fuß zweieinhalb Jahre als Bereichsvorstand und Geschäftsführer der Deutschen Telekom Netzproduktion GmbH für die gesamte Festnetzinfrastruktur des Unternehmensbereichs T-Home der Deutschen Telekom AG sowie für das Geschäftsergebnis des Bereiches Technik verantwortlich.

Persönliche Informationen

Friedrich Fuß, geboren 1957, studierte Nachrichtentechnik an der Universität der Bundeswehr in Hamburg. Er war bis 1988 als Offizier bei der Bundeswehr tätig.

Seine berufliche Karriere bei der Deutschen Telekom startete Friedrich Fuß 1988 und übernahm verschiedene leitende Positionen in regionalen sowie zentralen Organisationseinheiten. Unter seiner Leitung wurde 2003 die Neuorganisation der Technikbereiche mit rund 50.000 Mitarbeitern in zwei organisatorisch selbstständige Einheiten „Technik" und „Technischer Kundendienst" umgesetzt.

Paul Kenneth Harris

Vorstand
FirstRand Limited

Berufliche Position

Paul Kenneth Harris ist am Besten bekannt als einer der drei Unternehmensgründer von FirstRand (Börsencode Johannesburg JSE: FSR).

Er war maßgeblich an der Gründung der FirstRand-Gruppe beteiligt, die zu einer der bedeutendsten und breit gefächerten Finanzdienstleistungsgruppen Südafrikas mit einem Ruf für Innovationen und Konzepte wurde.

Persönliche Informationen

Paul Kenneth Harris wurde 1949 in Greytown, KwaZulu Natal, geboren. Er besitzt einen Abschluss als Master of Commerce der Universität Stellenbosch, ist verheiratet und hat einen Sohn und eine Tochter.

Seine Lieblingsfreizeitbeschäftigung ist Golf. Paul Kenneth Harris ist Mitglied in zahlreichen Vorständen und ein bekannter und höchst respektierter Geschäftsmann.

Veit M. Hirche

**Geschäftsführer
Hirche GmbH**

Berufliche Position

Seine berufliche Erfahrung entwickelte sich zunächst im Accountgeschäft der IT Branche bei der Führung von Vertriebseinheiten wo er lernte, was die langjährige Entwicklung von Kunden erfordert und bedeutet. Seine gern zitierte Geschäftsphilosophie „Man sieht sich immer zweimal im Leben" ist für ihn kein Ausdruck der Vorsicht, sondern der nachhaltigen Strategie: Man schlage keine Türen zu – und überdies folge man stets der Devise „Mensch bleiben". Letztere Fähigkeit versteht Veit M. Hirche als eine professionelle Kernstärke: Das „Augenhöhe halten" mit seinen Kunden bedeutet für ihn auch Respekt, Selbstbewusstsein und achtsame Präsenz an allen Orten, wo er gebraucht wird.

Persönliche Informationen

Veit M. Hirche wurde 1958 in Wuppertal geboren und lebt mit seiner Frau Katja und den Söhnen Moritz (geb. 1990) und Vincent Maximilian (geb. 1994) in einem kleinen Taunus-Ort nördlich von Wiesbaden.

Über seine Person sagt Hirche selber: „Man sagt mir nach, ich sei ein leidenschaftlicher Netzwerker und ich glaube, man hat damit Recht! Für Menschen da zu sein, wenn Sie einen brauchen und nicht erst dann, wenn man sie selber braucht, ist für mich das Entscheidende im Beruf wie im privaten Leben! Es ist für mich wichtig, mit Menschen in verschiedenen Situationen ihres Lebens immer auf Augenhöhe zu bleiben. Ich liebe Menschen und bin jeden Tag neugierig neue kennen zu lernen. Denn „Netzwerken" ist für mich ein Lebensjob – und ich lebe gerne!"

Marion Horstmann

**Chief Learning Officer und
Head of Global HR Strategy,
Learning & Leadership Development,
Siemens AG**

Berufliche Position

Als Chief Learning Officer und Mitglied des Global Learning Board der Siemens AG ist Marion Horstmann unter anderem verantwortlich für Kompetenzentwicklung und Weiterbildung der Siemens Mitarbeiter weltweit, sowie die Entwicklung und Implementierung von Programmen für die Siemens Führungskräfte. In ihrer Tätigkeit als Head of Global HR Strategy ist sie zudem für die Festsetzung von Personalstrategien, Standards, Prozessen und HR Instrumenten zuständig.

Von 1991 bis 1996 leitete Marion Horstmann die Logistikabteilung von Siemens Nixdorf in Augsburg. 1996 wechselte sie zu Siemens Management Consulting, der Siemens-internen Strategieberatung, und war dort bis 2002 Partner. Von 2002 bis 2005 leitete sie das Siemens Business Excellence Programm top+. Seit 2005 ist sie unter anderem verantwortlich für Siemens Leadership Excellence, das Executive Learning Programm für Führungskräfte, Learning Campus, den Anbieter von Trainings und Weiterbildung für alle Siemens Mitarbeiter, sowie für den Bereich Talent Acquisition, durch den die Siemens-weite Recruiting-Strategie bestimmt wird.

Persönliche Informationen

Marion Horstmann besitzt einen Abschluss in Mathematik der Technischen Universität Braunschweig und erwarb 1999 an der renommierten Wirtschaftshochschule INSEAD eine Zusatzqualifikation in „Strategic Management Tools & Systems".

Sie ist verheiratet und hat zwei Kinder – einen Sohn und eine Tochter. Zu ihrer Lieblingsfreizeitbeschäftigung gehört der Motorradsport.

Prof. Dr. Wolfgang Jenewein

Studienleiter des Executive MBA
und Professor
für Betriebswirtschaftslehre,
Universität St. Gallen

Berufliche Position

Prof. Dr. Wolfgang Jenewein ist Professor an der Universität St. Gallen. Seine Forschung befasst sich schwerpunktmäßig mit den Themen „Leadership in High Performance Teams" sowie „Leadership in Times of Change". Er unterrichtet Leadership und Entrepreneurship an den Universitäten St. Gallen und Toronto und fungiert zudem als Director of Studies des Executive MBA Programs der Universität St. Gallen und als Mitglied des Verwaltungsrates der CIRET Holdings AG.

Prof. Dr. Wolfgang Jenewein trainiert und coacht gegenwärtig Unternehmen wie Allianz, Credit-Suisse, ABB, Julius Bär, die Graubündner Kantonalbank und BMW auf Vorstandsebene im Bereich Leadership. Für seine Forschung zum Thema Leadership, Kooperation und Management in High Performance Teams hat er zudem mit dem Alinghi Segelteam sowie der Deutschen Fußballnationalmannschaft zusammengearbeitet. Darüber hinaus betreut und entwickelt er die Bundesligamannschaft des VfB Stuttgart auf den Gebieten Leadership und Kooperation. Er fungiert dort als Leadership Coach des Trainerstabes.

Persönliche Informationen

Prof. Dr. Wolfgang Jenewein hat ein Masterstudium in Betriebswirtschaftslehre in München abgeschlossen, hält einen Masterabschluss in Volkswirtschaft der Universität Innsbruck und wurde von der Universität St. Gallen zum Doktor (Ph. D.) der Betriebswirtschaft promoviert (mit Auszeichnung).

Er hat diverse Artikel und Bücher zu den Themen Leadership, High Performance Teams und Entrepreneurship publiziert. Eine Liste mit ausgewählten Publikationen findet sich unter:
http://www.alexandria.unisg.ch/Personen/Person/J/Wolfgang_Jenewein

Dr. Volker Kefer

Vorsitzender des Vorstands der DB Netz AG

Berufliche Position

Dr. Volker Kefer ist seit 2006 bei der Deutschen Bahn AG Vorsitzender des Vorstands der DB Netz AG.

Zuvor war er mehr als zwanzig Jahre für die Siemens AG tätig. Seine Karriere begann 1983 als Entwicklungsingenieur im Labor für Wärme- und Verfahrenstechnik. Während dieser Zeit promovierte er zum Dr.-Ing.. Anschließend war er von 1988 bis 1993 in der Projekt- und später Abteilungsleitung für die weltweite Abwicklung von Abhitze-Dampferzeugern beschäftigt. Bis 1996 war Dr. Volker Kefer im Produktmanagement für Dampfkraftwerke tätig, davon unter anderem mit einem halbjährigen Aufenthalt in den USA. Von 1996 bis 1998 übernahm er die Leitung des Zentralen Marketings für Kraftwerksleittechnik. Zuletzt war er jahrelang in vielen wichtigen Positionen der Verkehrstechnik für den Siemens Konzern tätig: von 1998 bis 2001 als Vorstand der Siemens SGP Verkehrstechnik Graz, Österreich, Geschäftsbereich Drehgestelle, bis 2005 als Geschäftsgebietsleiter Lokomotiven, Siemens AG Deutschland, sowie bis 2006 als Geschäftsgebietsleiter Mass Transit, Siemens AG Deutschland.

Persönliche Informationen

Dr. Volker Kefer wurde am 19.01.1956 geboren und besuchte bis 1975 das Gymnasium in Erlangen. Anschließend widmete er sich dem Studium der Elektrotechnik und des allgemeinen Maschinenbaues in München, welches er 1982 beendete. Seine Promotion zum Dr.-Ing. schloss er wenige Jahre später ab.

Seine Freizeit widmet Dr. Volker Kefer vor allem seiner Familie. Zu seinen Lieblingsfreizeitbeschäftigungen gehören zudem Laufen, Lesen und gute Diskussionen bei einem Glas Wein.

Bosco Novák

**Vorstand
Nokia Siemens Networks**

Berufliche Position

Mit Bekanntgabe des Zusammenschlusses zwischen Nokia Networks und Siemens Carrier COM übernahm Bosco Novák im Juni 2006 die Verantwortung als Personalvorstand von Nokia Siemens Networks. Durch diesen Wechsel als Geschäftsbereichsleiter bei Nokia Networks zu seiner ersten Aufgabe im Personalbereich war er in viele Bereiche der Integrationsplanung und anschließend der umfangreichen Transformation des Unternehmens eingebunden. Ferner ist Bosco Novák im Strategy Board maßgeblich an der Veränderung des Unternehmens zum globalen Anbieter für Telekommunikationslösungen beteiligt.

Bosco Novák ist seit Einführung des digitalen Mobilfunks 1991 in der Telekommunikationsindustrie tätig und hat das rasante Wachstum der mobilen Kommunikation und des Internets in unterschiedlichen Verantwortungen miterlebt, unter anderem im Engineering, Produktmanagement und im Vertrieb. 2000 wurde Bosco Novák Geschäftsführer der Nokia GmbH und wechselte dann 2003 in den Bereichsvorstand von Nokia Networks wo er zuletzt das globale Dienstleistungsgeschäft verantwortete.

Bei Nokia Siemens Networks ist Bosco Novák nunmehr seit April 2009 als Chief Market Operations Officer der verantwortliche Vorstand für Marketing und Vertrieb.

Persönliche Informationen

Bosco Novák studierte Elektrotechnik an der Universität der Bundeswehr in München und war bis zum Wechsel in die Telekommunikation als Offizier der Bundeswehr tätig.

Er bezeichnet die Zeit als Personalvorstand bei Nokia Siemens Networks als intensivste Lernkurve seines Berufslebens, in der er seine Erfahrung im Führen einer globalen Organisation im Hightech-Umfeld signifikant erweitern konnte.

Matthias Platzeck

Ministerpräsident des Landes Brandenburg

Berufliche Position

Matthias Platzeck wurde im Juni 2002 und Oktober 2004 zum Ministerpräsidenten des Landes Brandenburg sowie im Juli 2000 zum Landesvorsitzenden der Brandenburgischen SPD gewählt. Von November 2005 bis April 2006 übernahm er das Amt des SPD-Bundesvorsitzenden. Er war von November 1998 bis Juni 2002 Oberbürgermeister der Landeshauptstadt Potsdam.

Er hält eine Vielzahl an Auszeichnungen, unter anderem den Hans-Klose-Preis der Alfred-Toepfer-Stiftung für Naturschutz (November 1995), die Goldmedaille der IHK Potsdam für die Zusammenführung von Wirtschafts- und Umweltpolitik (Mai 1998), den Umweltpreis der Stiftung Europäisches Naturerbe „Euronatur" (Juni 1998) sowie das Bundesverdienstkreuz 1. Klasse (August 1998).

Persönliche Informationen

Matthias Platzeck wurde am 29. Dezember 1953 in Potsdam geboren. Nach Abitur 1972 und Grundwehrdienst in der DDR, studierte er von 1974 bis 1979 Biomedizinische Kybernetik an der Technischen Hochschule Ilmenau und schloss dieses Studium als Diplomingenieur ab. Von 1982 bis 1987 absolvierte Matthias Platzeck ein postgraduales Studium der Umwelthygiene an der Akademie für Ärztliche Fortbildung, Berlin. Im November 1989 beteiligte er sich an der Gründung der Grünen Liga, von Februar 1990 bis April 1990 war er Minister ohne Geschäftsbereich im Kabinett Modrow. Bei den Volkskammerwahlen im März 1990 errang Matthias Platzeck ein Mandat für die Grüne Partei der DDR. In der Fraktionsgemeinschaft Bündnis90/Grüne wurde er parlamentarischer Geschäftsführer und als Abgeordneter der neuen Bundesländer in den Deutschen Bundestag delegiert. Nach der Landtagswahl in Brandenburg 1990 konnte er als Abgeordneter für die Fraktion Bündnis90 in das Landesparlament einziehen. Im November wurde er dann zum Minister für Umwelt, Naturschutz und Raumordnung des Landes Brandenburg berufen. 1994 wurde er erneut zum Minister berufen, 1995 trat Matthias Platzeck der SPD bei. Große Verdienste erwarb sich Matthias Platzeck im Sommer 1997 bei der Bewältigung der Überschwemmungskatastrophe an der Oder.

Annette Maria Roeckl

Geschäftsführerin und Alleingesellschafterin von Roeckl Handschuhe & Accessoires GmbH & Co. KG

Berufliche Position

Seit 2003 ist Annette Maria Roeckl Geschäftsführerin und Alleingesellschafterin von Roeckl Handschuhe & Accessoires GmbH & Co. KG.

Das Familienunternehmen Roeckl Handschuhe wurde 1839 von Jakob Roeckl gegründet und seither von sechs Generationen geführt. 2009 feiert das Unternehmen sein 170-jähriges Bestehen.

Annette Maria Roeckl setzt die Familientradition nach dem von Sir Thomas More geäußerten Satz: „Tradition ist nicht das Bewahren der Asche, sondern das Weitergeben der Glut" fort.

Persönliche Informationen

Annette Maria Roeckls berufliche Karriere im Familienunternehmen begann 1992 mit der Ausbildung zur Handelsfachwirtin im dualen System bei der IHK und Roeckl Handschuhe. Darauf folgten einige Stationen in verschiedenen Abteilungen und Projekten des Unternehmens. 1999 wurde sie dann zur Mitgesellschafterin durch Übertragung 50 Prozent der Unternehmensanteile und übernahm die Leitung des Einzelhandelsbereiches.

Sie schloss 1995 den Abschluss als Handelsfachwirtin/praktische Betriebswirtin mit Auszeichnung ab und erhielt den Meisterpreis der bayerischen Staatsregierung.

Prof. Gerd Uecker

Intendant der Sächsischen Staatsoper Dresden, Semperoper

Berufliche Position

Prof. Gerd Uecker ist seit August 2003 der Intendant der Sächsischen Staatsoper Dresden, Semperoper. Seit September 1993 ist er ebenso als Operndirektor der Bayerischen Staatsoper München tätig, seit April 2005 als Vorsitzender der Deutschsprachigen Opernkonferenz sowie seit 2007 als Vorsitzender des Hochschulrates der Musikhochschule Lübeck.

Er lehrte unter anderem an der Fondazione Levi, Venedig (1980), am Musikkonservatorium in Peking (1984–1986), an der Musikhochschule Stuttgart (1990–1991), als Honorarprofessor an der Hochschule für Musik und Theater München, an der Bayerischen Theaterakademie in München sowie als Gastdozent an der Hochschule für Musik „Carl Maria von Weber" in Dresden.

Persönliche Informationen

Geboren am 15.09.1946 in München, begann Prof. Gerd Uecker nach dem Abitur 1964 sein Musikstudium an der Münchener Musikhochschule in den Fächern Klavier, Musikpädagogik und Dirigieren. 1969 war er als Solorepetitor am Opernhaus Köln tätig und übernahm 1970 einen Lehrauftrag am Rheinischen Musikkonservatorium Köln im Fach Oper. Von 1973 bis 1979 war er Musikdirektor und Leiter der Opernabteilung des Südostbayerischen Städtetheaters Passau, bevor er dann an die Bayerische Staatsoper München als Direktor des Musikalischen Bereichs wechselte.

Dort wurde Prof. Gerd Uecker 1982 Leiter des Intendanzbüros, 1988/89 Künstlerischer Betriebsdirektor und Stellvertreter des Intendanten und 1993 Interimistischer Künstlerischer Leiter, bevor er im September 1993 zum Operndirektor ernannt wurde.

Prof. Dr. Norbert Walter

Chefvolkswirt der
Deutsche Bank Gruppe

Berufliche Position

Prof. Dr. Norbert Walter kam 1987 als Direktor der Volkswirtschaftlichen Abteilung Deutsche Bank Research zur Deutsche Bank Gruppe. Seit 1992 ist er dort der Chefvolkswirt.

Von 2000 bis 2002 war er außerdem Mitglied im Gremium der „Sieben Weisen" zur Regulierung der europäischen Wertpapiermärkte bei der EU-Kommission in Brüssel. Seit 2007 ist Prof. Dr. Norbert Walter unter anderem auch Mitglied im Business and Industry Committee der OECD (BIAC).

Persönliche Informationen

Geboren im Jahr 1944, studierte Prof. Dr. Norbert Walter Volkswirtschaftslehre an der Johann Wolfgang Goethe-Universität in Frankfurt und absolvierte 1968 sein Diplomexamen. 1971 folgte die Promotion an der Goethe-Universität Frankfurt.

Von 1968 bis 1971 war er Mitarbeiter am Institut für Kapitalmarktforschung, Frankfurt am Main, wechselte 1971 jedoch nach Kiel zum Institut für Weltwirtschaft. 1978 wurde er Professor und Direktor im Institut für Weltwirtschaft.

Als Chefvolkswirt liebt Prof. Dr. Norbert Walter die Debatte, und viele sehen ihn in den abendlichen Nachrichten – wie er selber sagt – wie eine Tasse Espresso: klein, schwarz und stark.